1

volume

Relações internacionais do Brasil

temas e agendas

www.saraivauni.com.br

Henrique Altemani de Oliveira
Antônio Carlos Lessa
(Org.)

RELAÇÕES INTERNACIONAIS DO BRASIL
temas e agendas

Volume 1

Apoio

FUNAG FUNDAÇÃO ALEXANDRE DE GUSMÃO

Editora Saraiva

INSTITUTO BRASILEIRO DE RELAÇÕES INTERNACIONAIS

Editora Saraiva

Av. Marquês de São Vicente, 1697 – CEP: 01139-904
Barra Funda — TEL.: PABX (0XX11) 3613-3000
Fax: (11) 3611-3308 — Televendas: (0XX11) 3613-3344
Fax Vendas: (0XX11) 3268-3268 — São Paulo - SP
Endereço Internet: http://www.editorasaraiva.com.br

FILIAIS:

AMAZONAS/RONDÔNIA/RORAIMA/ACRE
RUA COSTA AZEVEDO, 56 — CENTRO
FONE/FAX: (0XX92) 3633-4227 / 3633-4782 — MANAUS

BAHIA/SERGIPE
RUA AGRIPINO DÓREA, 23 — BROTAS
FONE: (0XX71) 3381-5854 / 3381-5895 / 3381-0959 — SALVADOR

BAURU/SÃO PAULO
(SALA DOS PROFESSORES)
RUA MONSENHOR CLARO, 2-55/2-57 — CENTRO
FONE: (0XX14) 3234-5643 — 3234-7401 — BAURU

CAMPINAS/SÃO PAULO
(SALA DOS PROFESSORES)
RUA CAMARGO PIMENTEL, 660 — JD. GUANABARA
FONE: (0XX19) 3243-8004 / 3243-8259 — CAMPINAS

CEARÁ/PIAUÍ/MARANHÃO
AV. FILOMENO GOMES, 670 — JACARECANGA
FONE: (0XX85) 3238-2323 / 3238-1331 — FORTALEZA

DISTRITO FEDERAL
SIG SUL QD. 3 — BL. B — LOJA 97 — SETOR INDUSTRIAL GRÁFICO
FONE: (0XX61) 3344-2920 / 3344-2951 / 3344-1709 — BRASÍLIA

GOIÁS/TOCANTINS
AV. INDEPENDÊNCIA, 5330 — SETOR AEROPORTO
FONE: (0XX62) 3225-2882 / 3212-2806 / 3224-3016 — GOIÂNIA

MATO GROSSO DO SUL/MATO GROSSO
RUA 14 DE JULHO, 3148 — CENTRO
FONE: (0XX67) 3382-3682 / 3382-0112 — CAMPO GRANDE

MINAS GERAIS
RUA ALÉM PARAÍBA, 449 — LAGOINHA
FONE: (0XX31) 3429-8300 — BELO HORIZONTE

PARÁ/AMAPÁ
TRAVESSA APINAGÉS, 186 — BATISTA CAMPOS
FONE: (0XX91) 3222-9034 / 3224-9038 / 3241-0499 — BELÉM

PARANÁ/SANTA CATARINA
RUA CONSELHEIRO LAURINDO, 2895 — PRADO VELHO
FONE: (0XX41) 3332-4894 — CURITIBA

PERNAMBUCO/ ALAGOAS/ PARAÍBA/ R. G. DO NORTE
RUA CORREDOR DO BISPO, 185 — BOA VISTA
FONE: (0XX81) 3421-4246 / 3421-4510 — RECIFE

RIBEIRÃO PRETO/SÃO PAULO
AV. FRANCISCO JUNQUEIRA, 1255 — CENTRO
FONE: (0XX16) 3610-5843 / 3610-8284 — RIBEIRÃO PRETO

RIO DE JANEIRO/ESPÍRITO SANTO
RUA VISCONDE DE SANTA ISABEL, 113 A 119 — VILA ISABEL
FONE: (0XX21) 2577-9494 / 2577-8867 / 2577-9565 — RIO DE JANEIRO

RIO GRANDE DO SUL
AV. CEARÁ, 1360 — SÃO GERALDO
FONE: (0XX51) 3343-1467 / 3343-7563 / 3343-2986 / 3343-7469
PORTO ALEGRE

SÃO JOSÉ DO RIO PRETO/SÃO PAULO
(SALA DOS PROFESSORES)
AV. BRIG. FARIA LIMA, 6363 — RIO PRETO SHOPPING CENTER — V. SÃO JOSÉ
FONE: (0XX17) 227-3819 / 227-0982 / 227-5249 — SÃO JOSÉ DO RIO PRETO

SÃO JOSÉ DOS CAMPOS/SÃO PAULO
(SALA DOS PROFESSORES)
RUA SANTA LUZIA, 106 — JD. SANTA MADALENA
FONE: (0XX12) 3921-0732 — SÃO JOSÉ DOS CAMPOS

SÃO PAULO
AV. MARQUÊS DE SÃO VICENTE, 1697 — BARRA FUNDA
FONE: PABX (0XX11) 3613-3000 / 3611-3308 — SÃO PAULO

ISBN 978-85-02-06042-5
85-02-06042-2

CIP-BRASIL. CATALOGAÇÃO NA FONTE
SINDICATO NACIONAL DOS EDITORES DE LIVROS, RJ.

Relações internacionais do Brasil: temas e agendas, v.1 / Henrique Altemani de Oliveira, Antônio Carlos Lessa (org.).
- São Paulo : Saraiva, 2006

Inclui bibliografia
ISBN 978-85-02-06042-5 (v.1)
85-02-06042-2 (v.1)

1. Brasil - Relações exteriores. 2. Relações internacionais. I. Oliveira, Henrique Altemani de, 1945-. II. Lessa, Antônio Carlos, 1970-.

06-4161. CDD 327.81
CDU 327(81)

Diretora editorial: Flávia Helena Dante Alves Bravin
Gerente Editorial: Marcio Coelho
Editores: Rita de Cássia da Silva
Frederico Marchiori
Produção editorial: Viviane Rodrigues Nepomuceno
Juliana Nogueira Luiz
Revisão de heliográfica: Sibele dos Santos Lytk
Arte, produção e capa: Know-how Editorial
Impressão: EGB - Editora Gráfica Bernardi - Ltda.

Diretoria do IBRI
José Flávio Sombra Saraiva (diretor-geral)
Antônio Carlos Lessa
Antônio Jorge Ramalho da Rocha

1ª edição
1ª tiragem 2006
2ª tiragem 2008

SOBRE OS AUTORES

Amado Luiz Cervo

Professor titular de História das Relações Internacionais da Universidade de Brasília.

Antônio Carlos Lessa

Professor de Relações Internacionais da Universidade de Brasília e Coordenador da Rede Brasileira de Relações Internacionais (RelNet).

Fernando Augusto Albuquerque Mourão

Professor titular da USP.

Fernando Jorge Cardoso

Professor titular da Universidade Moderna de Lisboa e pesquisador no Instituto de Estudos Estratégicos Internacionais (IEEI).

Henrique Altemani de Oliveira

Professor de Relações Internacionais e coordenador do Grupo de Estudos Ásia-Pacífico da Pontifícia Universidade Católica de São Paulo (PUC-SP).

Janina Onuki
Professora da Universidade Estadual Paulista (Unesp).

José Augusto Guilhon Albuquerque
Professor titular aposentado do Departamento de Economia da Universidade de São Paulo (USP) e coordenador do Bacharelado em Diplomacia e Relações Internacionais da Universidade São Marcos.

José Flávio Sombra Saraiva
Professor do Instituto de Relações Internacionais da Universidade de Brasília e diretor-geral do Instituto Brasileiro de Relações Internacionais (IBRI).

Luiz Alberto Moniz Bandeira
Professor titular aposentado de História da Política Exterior da Universidade de Brasília.

Marcelo Passini Mariano
Professor de Relações Internacionais das Faculdades Integradas Rio Branco e pesquisador do Centro de Cultura Contemporânea (Cedec).

Mônica Hirst
Diretora-executiva da Fundação Centro de Estudos Brasileiros de Buenos Aires.

Miriam Gomes Saraiva
Professora do Programa de Pós-Graduação em História da Universidade do Estado do Rio de Janeiro (UERJ).

Nizar Messari
Professor do Instituto de Relações Internacionais da Pontifícia Universidade Católica do Rio de Janeiro (PUC-RJ).

Tullo Vigevani
Professor da Universidade Estadual Paulista (Unesp) e pesquisador do Centro de Cultura Contemporânea (Cedec).

Contato com os autores:
relacoesinternacionais@editorasaraiva.com.br

PREFÁCIO

O primeiro volume da obra coletiva que tenho a honra de prefaciar se insere em dois contextos amplos. Em primeiro lugar, é um dos produtos mais nobres do esforço de consolidação do Instituto Brasileiro de Relações Internacionais (IBRI) e sua dedicação de mais de meio século aos estudos internacionais no País. Desde 1954, quando nascia esse primeiro centro de reflexão, criado no seio da sociedade civil e com vocação para a socialização e para a disseminação do conhecimento das relações internacionais no Brasil, até as atividades recentes voltadas para o esforço no acompanhamento, e de indução de políticas públicas nacionais, o IBRI promove e facilita o debate em torno de grandes temas de interesse estratégico do País.

O mais expressivo objetivo institucional do IBRI ao longo dessas cinco décadas é agregar valor à reflexão brasileira a respeito do lugar do Brasil no mundo. Suas publicações confirmam esse traço, que é perseguido de forma sistemática. Renovado na última década e meia, após sua transferência para Brasília, em 1993, o IBRI está empenhado na formação de um pensamento brasileiro de relações internacionais. Sem xenofobias ou nacionalismos, o IBRI não despreza o olhar nacional sobre os grandes temas da agenda internacional na qual o Brasil precisa se posicionar.

A leitura dos capítulos que conformam esse primeiro volume confirma o que a *Revista Brasileira de Política Internacional*, editada pelo

IBRI desde 1958, está realizando, em outro plano da contribuição do IBRI, ao debate nacional. Autores nacionais — da academia, da diplomacia, das empresas, dos governos que se sucedem, de militares e civis vinculados às mais diversas funções profissionais — elevam o estatuto epistemológico das relações internacionais do Brasil.

A opção é abrir as portas para reflexões originais e ambiciosas em relação às contribuições para a feitura da agenda internacional do Brasil. Sem cair no academicismo das torres de marfim universitárias, o IBRI não abdica de produzir material com forte rigor teórico e metodológico. É o caso desta obra coletiva, organizada pelos colegas Henrique Altemani de Oliveira, professor de relações internacionais da Pontifícia Universidade Católica de São Paulo, e Antônio Carlos Lessa, professor de relações internacionais da Universidade de Brasília, e também, não por acaso, editor da *Revista Brasileira de Política Internacional*.

A obra, escrita primordialmente por acadêmicos, tem rigor acadêmico, mas não circunscreve seu discurso ao teoricismo estéril nem às visões desprovidas de senso prático e aplicado. Útil ao formulador de política externa, ao formador de opinião e ao grande público, a obra certamente será apreciada pelo grande universo de professores, especialistas e estudantes dos cursos de relações internacionais em todo o País. Este livro ajuda aquele Brasil que tem forjado, nos últimos dez anos, uma gradual ampliação de massa crítica na área.

País que saiu dentro de si para o encontro com a sociedade internacional, o Brasil estava à espera de uma obra atualizada e com amplo escopo de temas diferenciados na inserção internacional do País como essa. O IBRI, nesse sentido, sente-se honrado em poder encaminhá-la ao público brasileiro, ávido por livros nacionais que confirmam a nossa vocação de saber pensar os temas globais. Longe de copiar um manual importado, a obra está plasmada por um olhar a partir de dentro do Brasil. A qualidade que preside a análise de cada autor em cada um dos capítulos desse primeiro volume será notada, imediatamente, pelo leitor. Apresentam os autores generosa contribuição, mas a reforçarem a necessidade de rever aspectos da política exterior do Brasil ante as complexidades da inserção internacional de um País que vive entre o centro e a periferia da sociedade internacional.

Também, há um contexto intelectual novo no Brasil e no mundo no início deste século que abriga esta obra e que exigiu dos autores uma reflexão menos animada sobre as noções românticas do internacionalismo liberal que perdurou no pensamento de relações internacionais no Brasil e na América Latina na década passada. Depois dos ilusionismos gerados pela onda de adaptação pouco crítica no que diz respeito aos paradigmas econômicos, políticos e estratégicos do imediato pós-guerra fria, o País retomou certa racionalidade no cálculo estratégico externo. Há um ambiente, externo e interno, novo a alimentar recentes indagações acerca das relações internacionais do Brasil.

Por um lado, a globalização se impôs em seu sentido mais amplo, especialmente naquele atinente à interação produtiva e financeira e embalada pela transformação tecnológica ocorrida desde a Terceira Revolução Industrial. Uma inédita revolução do conhecimento e a ampliação qualitativa dos fluxos imateriais aproximaram as partes mais isoladas do mundo em torno de um verdadeiro sistema mundial.

Por outro lado, forças centrífugas, algumas que se sentiram perdedoras na corrida tecnológica, resistiram a desmontar seus estados nacionais em torno dos difusos fluxos internacionais da globalização. Forças culturalmente reativas à centralidade da globalização liderada pelas economias centrais do capitalismo, ao se sentirem agredidas pelas perdas geradas pela globalização que exclui, parecem ter empurrado o mundo para menos cooperação e mais defesa de interesses nacionais. E nesse movimento foram ajudados pela arrogância dos vitoriosos da globalização econômica. A instabilidade internacional e a acirrada crise do multilateralismo, em todos os níveis, ampliaram-se na mesma proporção que um milênio fenecia para ceder ao novo.

Nesse quadro, o Brasil é convidado a agir. A obra coletiva que prefacio faz extraordinária contribuição nesse momento de quebra de paradigmas, mas o faz de maneira a abrir portas às novas possibilidades analíticas, mais do que a fechar o debate acerca de visões que se tornam velhas na hora da sua explicitação. Assim, os autores estão profundamente marcados pela riqueza do momento da reflexão: o do caminhar para o fim da primeira década do novo milênio. Depois, não apenas do 11 de setembro de 2001 e da invasão do Iraque em 2003, mas especialmente ante os impasses internacionais na Organização Mundial do Comércio, a emergência de novos temas impensados na agenda internacional do Brasil há dez anos, a formação de novas coalizões em torno das quais o Brasil coloca energia diplomática, além dos valiosos temas das recentes parcerias internacionais.

Em síntese, a obra deve ser lida com os olhos voltados para o futuro. Embora predomine em alguns capítulos certa revisão histórica da década passada, o olhar se debruça sobre o futuro de um mundo em contínua transformação. Os autores, renomados professores de relações internacionais em algumas das mais tradicionais universidades brasileira, que se dedicam ao desenvolvimento sistemático das relações internacionais do País, deram um belo exemplo de pluralismo de visões em torno de um objeto tão candente quanto o lugar do Brasil nas novas agendas globais. Souberam todos, desde diferentes colinas, calibrar seus binóculos de forma a ajustar as paisagens das planícies, não apenas para contemplarem suas belezas e virtudes, mas também para registrarem as deformações e as deficiências. Esse balanço é o que torna o livro vivo e equilibrado.

Brasília, junho de 2006.

José Flávio Sombra Saraiva
Professor do Instituto de Relações Internacionais
da Universidade de Brasília e diretor-geral do
Instituto Brasileiro de Relações Internacionais (IBRI).

SUMÁRIO

PARTE 2
AS ANTIGAS E AS NOVAS PARCERIAS

PARTE 3
O BRASIL E O SEU ENTORNO

INTRODUÇÃO

Henrique Altemani de Oliveira
Antônio Carlos Lessa

Desde o fim da guerra fria, a ordem internacional passou por profundas transformações, as quais redefiniram não apenas os esquemas de distribuição de poder mas também a natureza dos vínculos estabelecidos entre os atores do sistema, os seus padrões de atuação e as suas formas de composição e articulação. Analisados em perspectiva, os problemas e os desafios que vêm surgindo nas relações internacionais contemporâneas desde o início da década de 1990 realçam tendências que se firmaram ao longo do período, tanto na dimensão política e estratégica quanto na econômica. O significado conceitual desta conjuntura de transição reside na clara redefinição das regras do jogo internacional e na transformação da própria natureza do sistema internacional, com conseqüências diretas para os atores que dele participam.

A reação do Brasil a essa conjuntura de mudanças radicais foi complexa. Nesse sentido, o País navegou em todas as ondas que circunscreveram a ordem em transformação, adaptando-se a seu modo, às demandas que lhe eram apresentadas. Perdeu-se, à primeira vista, a coerência que a continuidade havia imprimido à ação internacional ao longo dos 60 anos antecedentes ao desmoronamento da ordem da bipolaridade, ao tempo que o pensamento social acerca das questões do desenvolvimento (e, especialmente, das suas vinculações com a inserção internacional) amadureceu. À ruptura do consenso social em torno das linhas de ação autonomistas e do discurso reivindicatório se seguiram, em um primeiro momento, orientações contraditórias e, finalmente, uma certa clareza quanto aos objetivos a serem perseguidos e à estratégia de ação a ser implementada.

Nesse percurso, o Brasil converteu a sua descrença nas virtudes do multilateralismo político em uma entusiasmada adesão aos novos pressupostos da legitimidade que se construiu em âmbito global (especialmente da capacidade estabilizadora dos foros políticos multilaterais, a exemplo da Organização das Nações Unidas). Converteu-se às causas novas impostas pela agenda internacional dos anos 1990, abandonando o perfil reativo que apresentava em temas como meio ambiente, direitos humanos e não-proliferação. Também, abandonou as posturas de bloqueio nas negociações comerciais internacionais, apresentando-se um ardoroso defensor do multilateralismo econômico.

No plano das relações bilaterais, as transformações observadas também foram muitas. Buscou o Brasil a mudança das velhas parcerias e, portanto, convergiu com os Estados Unidos e com o conjunto europeu na necessidade de estabelecer novos modos de encaminhamento das suas agendas, ao mesmo tempo que buscou novos parceiros, a exemplo da China. Enquanto isso, ensaiou a construção do seu projeto de regionalização pela transformação das relações com a Argentina e da agregação de outros países vizinhos e negociou com terceiros a partir dessa base regional. Convenceu-se de que o seu peso político e econômico específico é um importante fator de estabilidade regional (e, portanto, global); apresentou-se diante das grandes potências e da comunidade internacional com os cálculos de uma nova engenharia política, reivindicando a liderança da América do Sul, articulando-se com países como a Índia e a África do Sul e, finalmente, propondo a reforma das instituições multilaterais, a exemplo das Nações Unidas, em cujo Conselho de Segurança passou a pretender assentar.

Foram muitas e intensas, portanto, as alterações percebidas na condução da política externa brasileira desde o início dos anos 1990, o que foi acompanhado pela intensificação do debate científico-acadêmico sobre *relações internacionais* e sobre a própria inserção internacional do País, que traduziu e analisou criticamente essa transformação. É fato, entretanto, que esse processo de tão grande importância para a compreensão do Brasil contemporâneo não tinha sido ainda composto em um painel de grandes proporções, o qual permitisse vislumbrar de modo sistemático os caminhos percorridos pelo País, as escolhas que foram feitas, as parcerias construídas, enfim, a maneira como procurou se inserir na cena internacional contemporânea. É este o objetivo desta obra coletiva, reunida em dois volumes, que tivemos a satisfação de organizar.

Cabem algumas palavras acerca da composição da equipe de pesquisadores que foram convidados a escrever sobre temas da sua especialidade. Concordemos que, atualmente, é farta e diversificada a inteligência brasileira dedicada às *relações internacionais* em geral e à política externa em particular, sendo composta, principalmente, por acadêmicos e por profissionais de algum modo ligados ao Estado (diplomatas e militares sobretudo) e seria bastante difícil recortar essa larga comunidade sem uma escolha de método. Uma das nossas pretensões quando decidimos organizar esta obra, entretanto, era demonstrar a existência de um pensamento social dinâmico, especialmente configurado na academia brasileira especializada — e, por isso, apenas pesquisadores profissionais militando no sistema universitário foram convocados a compor a equipe —, e assumimos que a falta da visão do Estado, especialmente a dos diplomatas, seria um risco razoável a correr se conseguíssemos compor um painel atualizado das *relações internacionais* do Brasil, construído criticamente e sem viéses. Escrevem conosco, portanto, professores e pesquisadores universitários de origens e de escolas de pensamento variadas, os quais apresentam, a seu modo, visões autorizadas, nem sempre convergentes, acerca dos desafios da inserção internacional do Brasil.

Este *Relações Internacionais do Brasil — Temas e Agendas* está organizado em dois volumes. O Volume 1 é integralmente dedicado à compreensão do sistema de relações bilaterais do Brasil e à percepção dos seus constrangimentos. O Volume 2 desta obra é dedicado ao multilateralismo e ao debate social sobre as escolhas internacionais do País.

As três partes deste Volume 1 objetivam sistematizar os constrangimentos sistêmicos das relações internacionais do País, desde o final da Guerra Fria até os nossos dias, apresentar a evolução dos principais relacionamentos bilaterais e, por fim, delinear os desafios da inserção regional do Brasil. A primeira parte, intitulada *As Linhas de Força*, traz as contribuições de Amado Cervo, de José Flávio Sombra Saraiva e de José Augusto Guilhon de Albuquerque e tem por objetivo discutir, em linhas gerais, tanto a evolução da ordem internacional após 1990 quanto apresentar o modo complexo como se adaptou o conjunto de idéias e de valores da política externa a essa conjuntura caracterizada por mudanças tão radicais. A segunda parte do volume, intitulada *As Antigas e as Novas Parcerias*, apresenta um painel dos grandes relacionamentos bilaterais do Brasil por meio dos trabalhos de Mônica Hirst (que analisa as relações com os Estados Unidos), de Miriam Gomes Saraiva (relações Brasil—Europa), de Henrique Altemani de Oliveira (Brasil e as parcerias asiáticas), de Fernando Augusto Mourão de Albuquerque (o Brasil e a África) e de Nizar Messari (o Brasil e o Mundo Árabe). Finalmente, as contribuições de Moniz Bandeira, de Janina Onuki e de Tullo Vigevani compõem a terceira parte do volume: *O Brasil e o seu Entorno*, conversam entre si, ao proporem visões mais acabadas aos velhos problemas da cooperação e das eqüidistâncias nas relações do Brasil com os seus vizinhos e diante dos arranjos hemisféricos.

PARTE 1

LINHAS E FORÇAS

1

A AÇÃO INTERNACIONAL DO BRASIL EM UM MUNDO EM TRANSFORMAÇÃO: conceitos, objetivos e resultados (1990-2005)

Amado Luiz Cervo

1.1 Introdução

O fim da guerra fria modificou a agenda internacional de modo sutil. Não introduziu os novos temas — livre mercado, desregulação, meio ambiente, direitos humanos —, apenas retirou-os da camisa de força que os prendia ao sistema bipolar leste-oeste. Tornou-os globais. O fim da guerra fria engendrou novas idéias, novas esperanças, novas percepções. Parecia substituir o mundo da segurança pelo do comércio, promotor da riqueza das nações. Parecia introduzir a governabilidade global em detrimento do Estado nacional[1].

Se a mudança da agenda internacional era sutil, isso não se pode dizer do jogo das forças profundas da História: o contexto internacional, desde 1989, evidencia o triunfo do capitalismo em termos ideológicos (liberalismo), econômicos (domínio do mercado) e militar (superioridade dos Es-

---

1 BAYLIS, John; SMITH, Steve (Ed.). *The globalization of world politics*: an introduction to international relations. Oxford: Oxford University Press, 2002; SATO, Eiiti. A agenda internacional depois da guerra fria: novos temas e novas percepções. *Revista Brasileira de Política Internacional*, 43 (1), p. 138-169, 2000.

tados Unidos). Ao tornarem-se hegemônicas, essas estruturas configuram o paradigma da globalização. Depois do Estado keynesiano para o mundo, do Estado desenvolvimentista para o Brasil, a globalização imprimiu nova função ao Estado, que não mais controla a política exterior e as relações internacionais como antes[2].

O fim da ordem bipolar, em 1989, parecia sugerir ao Brasil uma alteração radical em sua estratégia de inserção internacional. O Presidente Fernando Collor de Melo expressou essa idéia com as palavras *fuga da periferia*. Mas a alteração da política exterior do Brasil foi bem mais modesta e ocorreu de duas formas. Por um lado, no âmbito do multilateralismo, a postura de autonomia cedeu à postura coletiva no trato de temas da agenda internacional, sejam os temas negociados no Acordo Geral de Tarifas e Comércio (Gatt) — Organização Mundial do Comércio (OMC), como propriedade intelectual, investimentos, comércio de bens e serviços, desregulação econômica, fim dos sistemas de preferência; sejam os temas negociados em outros órgãos, particularmente no sistema da ONU, como meio ambiente, direitos humanos e segurança global. Uma passagem da ação soberana do Estado para a aceitação do coletivo, então chamado de forças da globalização[3]. A atuação em foros multilaterais, uma conduta da fase anterior, acentuou-se, portanto, com a diferença de que não mais se pretenderia modificar a ordem, mas mover-se em seu seio. A integração regional abrigaria o caráter defensivo diante dos riscos da globalização e do multilateralismo[4]. A ação externa do Brasil adquiriu, por outro lado, impulso unilateral, desde 1990: sem negociação e sem contrapartida dos países centrais, mas em nome daquelas forças da globalização e seguindo os passos de outros países da América Latina, o governo brasileiro liberalizou o mercado, os fluxos de capital e a gerência da dívida externa.

Recorremos aos conceitos de neoliberalismo, desenvolvimento e competição internacional para definir as três tendências de fundo observadas na política exterior e nas relações internacionais do Brasil de 1990 até os

2 CERVO, Amado Luiz. O final do século XX: dificuldades para construção de uma ordem global. In: SARAIVA, José F. S. (Org.). Relações internacionais: dois séculos de história. Brasília: Editora da UnB/IBRI, 2001. v. 2, p. 175-219.

3 BELLI, Benoni. O fim da guerra fria: algumas implicações para a política externa brasileira. *Revista Brasileira de Política Internacional*, 39 (1), p. 120-131, 1996.

4 MIYAMOTO, Shiguenoli. O Brasil e as negociações multilaterais. *Revista Brasileira de Política Internacional*, 43 (1), p. 119-137, 2000.

nossos dias. Essas tendências levam o observador a constatar que houve, ao longo de 15 anos, subserviência e realismo, peso do passado, modismo e inovação. A nova inserção não deixa perceber fases em que uma tendência torna-se exclusiva, porém a busca de adaptação às transformações do mundo, por meio de ações e reações. O neoliberalismo da era Fernando Henrique Cardoso (1992-2002), por exemplo, foi um equívoco da moda, ao pensar que a globalização se daria no comércio, quando se deu nas finanças e nos empreendimentos. Correu-se logo atrás do prejuízo. Inaugurou-se o Estado logístico no Brasil, aproximando o Estado da sociedade organizada e imitando o comportamento realista dos grandes Estados. Cardoso (Ministro das Relações Exteriores em 1992-93 e Presidente entre 1995-2002) conceitua, ensaia, e Luiz Inácio Lula da Silva (Presidente desde 2003) avança pelo caminho aberto, com suas coalizões ao sul e seu novo modo de promover a integração regional, que reforçam um poder nacional amesquinhado[5].

Competição internacional, um salto de qualidade em movimento nesses 15 anos, não corresponde à globalização. A competição ainda foi conceituada como desenvolvimento associado às forças do capitalismo e muito menos como expansão para fora do sistema produtivo brasileiro. Vale dizer que nesses 15 anos o País pouco avançou sobre a tendência de fundo das relações internacionais e permanece, portanto, assentado na periferia do mundo. Ao que tudo indica, por um erro de cálculo do seu potencial, cometido pelos dirigentes, os quais deixaram a sociedade com pouca disposição para operar em condições de competitividade sistêmica global.

1.2 O neoliberalismo

Ao adentrarem a década de 1990, governo e sociedade no Brasil não haviam se preparado para uma correção de rumos das relações internacionais do País. Dispunham sobre a mesa de duas propostas contraditórias. Por um lado, dar continuidade ao paradigma nacional, concebido e implementado durante 60 anos, que punha sobre o desenvolvimento a ênfase das idéias, dos objetivos e da agenda; por outro, o chamado de fora, também um conjunto de idéias, objetivos e padrões de conduta, o neoliberalismo, que punha ênfase sobre a globalização.

5 CERVO, Amado Luiz. Política exterior e relações internacionais do Brasil: enfoque paradigmático. *Revista Brasileira de Política Internacional,* 46 (2), p. 5-25, 2003.

O neoliberalismo não foi concebido pela periferia. Era uma proposta política de cunho monetarista, concebida nos Estados Unidos por técnicos do Fundo Monetário Internacional (FMI) e do Banco Mundial e conceituada por autoridades, como James Baker, ou economistas, como John Williamson, com o fim de debelar a crise da dívida da América Latina. Essas propostas, por sua vez, lançavam raízes no pensamento econômico que inspirou experiências da Inglaterra e dos Estados Unidos nas décadas de 1970 e 1980. Um consenso foi se formando no sentido de sacudir o capitalismo por meio do choque de mercado que o desvencilhasse da intervenção do Estado e do caráter social e estimulasse a competição. No início da década de 1990, a miragem dessa via estava no horizonte dos dirigentes brasileiros.

> Tinha razão Enrique Iglesias, ao qualificar os anos oitenta de década perdida para o desenvolvimento na América Latina. Enquanto os países desenvolvidos redefiniam o papel do Estado, liberando as forças de mercado, e revolucionavam os modos de produção, introduzindo progressos da ciência e da tecnologia e globalizando fluxos de capital, o continente latino-americano asfixiado por um estatismo endêmico e séria crise de endividamento, recorria a políticas monetárias e fiscais acrobáticas para compensar, sem êxito, a reduzida abertura de sua economia ao exterior, a defasagem tecnológica, a falta de capital e o imobilismo da capacidade produtiva.

Assim expressava, em 1991, Francisco Rezek, Ministro das Relações Exteriores, as convicções neoliberais que haviam contaminado a opinião dirigente no Brasil[6]. Seu sucessor no Itamaraty, Celso Lafer, reproduzia o mesmo pensamento, no ano seguinte, apoiando a reforma do Estado, concebida pelo Presidente Fernando Collor, que assegurasse "ampla liberdade de ação e de empreendimento [...] a redução da interferência do Estado na vida das pessoas"[7].

Os dois professores (Rezek, da Universidade de Brasília, e Lafer, da Universidade de São Paulo) eram acadêmicos de prestígio, com vasto currículo em relações internacionais. Lafer usava a expressão "mudança paradigmática" para qualificar o modelo neoliberal de inserção internacional que concebia para o Brasil[8].

6 RESENHA de Política Exterior do Brasil, n. 69, p. 53-66, 1991.

7 BRASIL, MRE. *A inserção internacional do Brasil:* a gestão do Ministro Celso Lafer no Itamaraty. Brasília: Funag, p. 121-125, 1993.

8 Ibid., p. 167-202.

Quando o consenso neoliberal tornou-se continental, na teoria e na prática, as idéias e os padrões de condutas interna e internacional adotados pela América Latina produziam poucos resultados econômicos e nenhuma melhora social. A reação do centro do capitalismo diante da ineficiência veio no sentido de aprofundar os padrões neoliberais, uma espécie de consenso de segunda geração: criar condições de sustentação do desenvolvimento por meio de ordenamento jurídico e político estável, com transparência nos gastos públicos, tendo, por fim, a criação de regras e instituições favoráveis à expansão do setor privado. Na segunda metade dos anos 1990, acompanhando seus vizinhos, o Brasil abraçou as regras dessa chamada *boa governança*, tirando delas inspiração para o processo decisório de governo[9]. Os dois primeiros ministros das Comunicações do governo Cardoso, Sérgio Motta e Luiz Carlos Mendonça de Barros, eram porta-vozes da nova inspiração, que permeava o aparelho de Estado. As relações exteriores animavam-se com as idéias neoliberais do Ministro das Relações Exteriores, Luiz Felipe Lampreia, e com a economia do da Fazenda, Pedro Malan. Para todas as crises, entendiam que a opção consistia em aprofundar as medidas neoliberais.

Mas o Presidente Cardoso não revelava tanta convicção. Quando Ministro das Relações Exteriores, em 1993, convocou luminares do Itamaraty e da sociedade para um debate, afirmando querer auscultá-los porque não tinha idéias preconcebidas acerca das relações internacionais do País. Ouviu recomendações que denotavam por parte da inteligência brasileira heterogeneidade e falta de definição paradigmática: reforçar o multilateralismo e insistir na reforma dos seus órgãos, como a ONU, particularmente o Conselho Econômico e Social (Ecosoc), o Banco Mundial, o FMI e o Gatt; exercer função assertiva diante dos novos temas globais, como meio ambiente, direitos humanos, desarmamento e solução de conflitos; aproximar-se de coalizões globais e regionais; priorizar os vizinhos da América do Sul, dando ênfase ao Mercosul, porém sem prejudicar as relações com os países avançados; reforçar o Atlântico Sul; obter insumos de desenvolvimento por meio da cooperação bilateral e das decisões multilaterais; enfim, relançar o tema do desenvolvimento na agenda internacional. A perplexidade do Pre-

9 MIRANDA, Patrícia Leite. Understanding the Washington Consensus. *Carta internacional*, n. 97, p. 13, 2001; BOUCHET, Michel Henry. International financial institutions and the issue of governance. *Carta Internacional*, n. 88, p. 3-5, 2000.

sidente por certo não diminuiu diante da estratégia externa tão dispersiva e, em parte, longe da ortodoxia monetarista neoliberal, que outros assessores seus, doutorados em universidades norte-americanas, como Pérsio Árida, André Lara Rezende, Edmar Bacha, José Serra, Gustavo Franco e o próprio Pedro Malan, insistiam em trazer para o Brasil[10].

Com efeito, do receituário neoliberal norte-americano chegaram duas idéias-força. Em primeiro plano, e em substituição ao crescimento econômico, a ereção da estabilidade monetária como valor supremo da política econômica. As derivações dessa primeira idéia-força converteram-se logo em práticas de impacto sobre o conjunto econômico e as relações internacionais, a cargo do Banco Central, coadjuvado por outras autoridades: metas de inflação, juros altos, carga tributária ascendente, superávit primário e contração da massa salarial. A segunda idéia-força vinha embutida na primeira: a privatização, que necessita da estabilidade monetária para atrair o capital estrangeiro. Ademais, essa segunda idéia-força — porque haveria de se pôr em prática mediante alienação dos ativos nacionais a empresas estrangeiras —, os dirigentes confundiam-na com a própria globalização.

Assim ia se configurando o paradigma neoliberal: subserviente a idéias estrangeiras e destrutivo do patrimônio nacional.

A equipe de governo de Cardoso era, por certo, dominada pelas idéias neoliberais, porém tropeçava, quando decidia, em certos obstáculos, como as hesitações do próprio Presidente e a reação da opinião pública, inclusive da intelectualidade. O Ministro Luiz Carlos Bresser Pereira percebeu os dilemas da inteligência brasileira ao comparar a velha esquerda, burocrática e corporativa, com a nova esquerda, que então governava à base das proposições neoliberais[11]. Duas crises abalaram as convicções do Presidente e a arrogância da sua equipe de governo, de pensamento único: a crise do Real, em 1999, e a crise energética de 2001. Ambas revelaram os limites do modelo neoliberal e reforçaram as críticas por parte da opinião pública e da intelectualidade.

Cardoso assumiu o Ministério das Relações Exteriores em outubro de 1992, ancorado na idéia de mudança. Ao transitar, depois, pela Fazenda e pela

---

[10] BRASIL, MRE-IPRI. *Reflexões sobre a política externa brasileira.* Brasília: Funag, 1993.

[11] PEREIRA, Luiz Carlos Bresser. A nova centro-esquerda. *Idéias & Debates,* Instituto Teotônio Vilela, n. 24, 1999.

Presidência, não fez mais do que reforçar essa convicção: o mundo passava por alterações, e o Brasil deveria sepultar velhas idéias, valores, princípios e padrões de conduta: "A transição de um mundo cujo eixo era a segurança e a confrontação militar para um mundo dominado pela temática econômica e social nos oferece hoje uma posição de relevância, que pode ser ainda maior no futuro [...] Esgotados o modelo de substituição de importações e o nacionalismo autárquico, o país custava, no início dos anos noventa, a completar a sua inserção competitiva na economia internacional [...] os velhos conceitos, os antigos argumentos, os discursos tradicionais podem ser guardados na estante". Para Cardoso, a idéia de mudança continha a de ordem internacional, não mais dominada por Estados, mas por uma rede de conexões entre forças econômicas. Essas novas condições aconselhavam a mudança da política exterior do Brasil na direção da desvinculação do Estado e da agregação do país à rede econômica global[12].

Em matéria publicada na *Revista Brasileira de Política Internacional*, em 2001, Cardoso confirmou sua coerência em política exterior e expôs sua avaliação do próprio desempenho. A política exterior, segundo ele, foi comandada por três mudanças internas: consolidação da democracia, abertura econômica e estabilidade monetária. Dessa forma, construiu-se um novo Estado com a função de agir nos três setores internamente, e condicionar a tal as relações exteriores. Os temas globais não ameaçavam mais o exercício da soberania. Além disso, a abertura com estabilidade monetária afastou a ameaça econômica externa. "Vivemos tempos fascinantes", concluía. Contudo, suas dúvidas não o abandonavam: os fluxos financeiros seguem desgovernados e ameaçam as economias em desenvolvimento; a governança global é insuficiente e deve ser reforçada por meio das decisões multilaterais; os frutos da globalização só podem ser eqüitativamente distribuídos se duas questões urgentes forem solucionadas pela regulação internacional, o sistema multilateral de comércio e o controle das crises financeiras que afetam os países emergentes. Cardoso considerava uma bobagem reagir negativamente à globalização e a seus agentes. Convinha, sim, fortalecer a governança global para evitar o *império das empresas*[13].

12 BRASIL, MRE. *Política externa em tempos de mudança:* a gestão do Ministro Fernando Henrique Cardoso no Itamaraty. Brasília: Funag, 1994b. p. 15-31.

13 CARDOSO, Fernando Henrique. A política externa do Brasil no início de um novo século. *Revista Brasileira de Política Internacional*, 44 (1), p. 5-12, 2001.

A idéia de mudança era, pois, em Cardoso e sua equipe, mais que uma idéia. Era uma filosofia, de inspiração kantiana, que punha fé na ordem internacional, feita de harmonia universal, a ser definitivamente erigida na era da globalização pelas regras da governança mundial. Ao tomar esse rumo, o neoliberalismo encontrou-se com a fé e converteu-se em mais um fundamentalismo: o latino-americano do fim do século XX, como se as grandes potências enfraquecessem seus Estados, seus sistemas de poder e suas políticas introspectivas com a finalidade de derramar sobre o mundo, de forma permanente, a generosidade e a eqüidade.

1.3 O desenvolvimento

Se o neoliberalismo impregnou a inteligência dos dirigentes brasileiros nos anos 1990, não se constituiu tendência exclusiva a determinar as relações internacionais do Brasil, como ocorreu na Argentina. A opinião pública desconfiou do discurso da equipe de Fernando Collor e não perdoou o malogro do seu monetarismo de choque. Inspirou o governo de substituição de Itamar Franco (1992-94), que freou o ímpeto neoliberal com a promoção do desenvolvimento e a valorização do nacional. Mais adiante, as dúvidas de Cardoso refletiam a heterogeneidade da sociedade brasileira que se expressava por meio da opinião pública dos seus segmentos sociais e pelo meio acadêmico. Os sindicatos de trabalhadores, seu partido político, sobretudo os intelectuais, manifestavam ceticismo diante da globalização e dos seus efeitos. O empresariado afagara a abertura econômica e o neoliberalismo, mas logo percebeu que este último era mais um lugar de encontro ideológico do que um meio de promoção de interesses. A negociação entre sindicatos operários e sindicados patronais, pela primeira vez, encaminhou-se como que por encanto. O lucro do sistema empresarial e o ganho do salário uniram forças da sociedade, freando o ímpeto dos dirigentes em sua ânsia de aprofundar a tendência de moda por medidas antinacionais. Mercado livre, na medida em que concretamente salvaguardasse emprego, nível salarial, lucro e competitividade aceitavam empresários e trabalhadores.

Assim, as dúvidas de Cardoso na condução das relações internacionais, ao depararem-se com exigências realistas da sociedade, abriram espaço para preocupações e para alguma ação no sentido de recuperar parâmetros da tendência histórica da política exterior, a promoção do desenvolvimento. Os desenvolvimentistas eram, por certo, vistos com repugnância pelos dirigentes, que os qualificavam de retrógrados e saudosistas. Mas eles anteviam resultados do neoliberalismo que desejavam evitar.

Um dos conceitos que se transformaram em arena de combate político e intelectual entre desenvolvimentistas e neoliberais foi o conceito de modelo substitutivo de importações. Para marcar diferença e sacralizar seu próprio conceito de mudança, os neoliberais partiram em guerra contra o passado de 60 anos, dominado, segundo diziam, pelo modelo substitutivo de importações. A seu ver, teria ele sido responsável por estatismo, instabilidade monetária e isolamento internacional. Muitos outros analistas, contudo, viram nessa tese um grave equívoco de interpretação[14]. Recente estudo de Heloisa Silva revela que o modelo substitutivo de importações, se existiu, não ultrapassou 1960. Na realidade, nunca foi concebido pelos estadistas brasileiros como modelo. O modelo era o paradigma desenvolvimentista, substituição de importações, uma conseqüência, como ocorreu com os outros países capitalistas em determinada fase da sua maturação econômica[15].

Celso Amorim, Ministro das Relações Exteriores em 1992-93, discordava das interpretações negativas acerca do modelo substitutivo de exportações. Porque fora concebido por economistas da Comissão Econômica para a América Latina e o Caribe (Cepal) para dar coerência à política industrial brasileira que assegurou durante décadas um ritmo de crescimento em torno de 8% ao ano, dotando o País de parque industrial diversificado e assegurando o progresso geral[16].

A idéia do desenvolvimento como vetor das relações internacionais do Brasil reconquistou aos poucos espaço perdido na política. O Presidente Itamar Franco definiu sua política exterior, em 1994, com essas palavras: "Constituiu objetivo maior de política externa em meu Governo a geração de condições internacionais favoráveis à realização do desenvolvimento econômico e social do Brasil"[17]. Imprimindo consistência à política exterior, por meio da correção de conceitos pela prática, Itamar Franco reanimou o tema do desenvolvimento, que a diplomacia brasileira havia reconduzido ao

14 ALBUQUERQUE, José A. Guilhon (Org.). *Sessenta anos de política externa brasileira.* São Paulo: Edusp, 1996. 4 v.

15 SILVA, Heloisa C. M. *Da substituição de importações à substituição de exportações:* a política de comércio exterior brasileira de 1945 a 1979. Porto Alegre: Editora da UFRGS, 2004.

16 BRASIL, MRE. *Política externa. Democracia. Desenvolvimento.* Gestão do Ministro Celso Amorim no Itamaraty. Brasília: Funag, 1995. p. 175.

17 BRASIL, MRE. *A política externa do governo Itamar Franco.* Brasília: Funag, 1994a. p. 9.

debate durante a Conferência sobre Meio Ambiente e Desenvolvimento no Rio de Janeiro em 1992. Levou-o à Conferência sobre Direitos Humanos de Viena e obteve do Secretário-Geral da ONU, Boutros-Ghali, o estudo intitulado *Agenda para o desenvolvimento*. Agiu em diversos órgãos multilaterais "de forma a recolocar o desenvolvimento entre os temas que devem receber atenção prioritária da comunidade internacional". Perante a XLIX Assembléia-Geral, apresentou a proposta de convocação de uma Conferência das Nações Unidas sobre o Desenvolvimento, para enfeixar e sintetizar as iniciativas globais[18].

O papel de Itamar Franco foi fundamental. Fazendo um balanço da sua política exterior, Celso Amorim descreveu as ações no sentido de recuperar o desenvolvimento como vetor da ação externa, não da forma como ele condicionara a política exterior durante a vigência do paradigma desenvolvimentista, mas com as adaptações e os avanços requeridos pela globalização. Assim ocorreu durante a Rodada Uruguai do Gatt, com a Integração no Mercosul, com a partida que se deu à Associação de Livre Comércio Sul-Americana (ALCSA), a aproximação dos países da África, da China e da Índia, a criação de consciência e consensos ao sul e a reintrodução do debate nos órgãos multilaterais. Amorim concluía acerca do desenvolvimento:

> tema que havia sido marginalizado, nos últimos anos, seja por uma interpretação superficial e equivocada dos princípios da economia de mercado seja pela ênfase sobre os aspectos ligados à segurança em detrimento da atenção aos problemas estruturais que afetam as comunidades humanas [...] Em sintonia com os esforços de estabilização monetária e de retomada do crescimento econômico do País, a política externa brasileira dedicou-se à geração de condições favoráveis ao desenvolvimento nacional[19].

Cardoso não se desvinculou do conceito e de certas práticas que haviam mantido o desenvolvimento como vetor da política exterior. Deu continuidade aos esforços de restauração do tema sobre a arena internacional, filiando-se à linhagem mental do seu predecessor. Na prática, porém, operou um conceito arcaico e de reduzido alcance na tradição do pensamento bra-

18 BRASIL, MRE, 2004a, p. 23-24; RESENHA de Política Exterior do Brasil, n. 75, p. 158-160, 172-173, 189-197, 1994.

19 BRASIL, MRE, 1995, p. 17-19.

sileiro aplicado às relações internacionais: o conceito de desenvolvimento associado às forças do capitalismo, efêmero instrumento que Gaspar Dutra e Castelo Branco acionaram sem benefícios relevantes[20].

Homem da globalização, Cardoso estabeleceu a seguinte premissa para sua ação externa: o governo brasileiro garante a estabilidade monetária, a abertura do mercado e do sistema produtivo, bem como a regulação sugerida pelo capitalismo, e o setor externo provê o desenvolvimento com investimentos, empresas e tecnologia. Homem contraditório, confidenciou, contudo, ao estadista português Mário Soares que considerava Getúlio Vargas, Juscelino Kubitschek e Ernesto Geisel os maiores estadistas brasileiros em razão da visão de desenvolvimento[21]. Os três presidentes lembrados por Cardoso foram, precisamente, hábeis promotores do outro desenvolvimento, o mais autônomo possível em termos de finanças, empresas e tecnologia.

Apesar de orientar-se por um conceito pobre de desenvolvimento, assim mesmo Cardoso percebeu cedo os entraves postos pelo mundo a seu percurso. Em 1993, não via bem qual a ordem internacional em construção. Havia unipolaridade militar, economia de mercado global, políticas liberais, blocos, emergência dos novos temas, entretanto, dizia: "Um dos grandes desafios que enfrentamos pode ser identificado no esmaecimento do grande debate internacional sobre as questões do desenvolvimento". Ademais, o desenvolvimento estava sendo freado por obstáculos não tarifários dos mercados do norte e por outras medidas unilaterais pelas quais os países ricos discriminavam os países em desenvolvimento: altas taxas de juros; restrições à transferência de tecnologia; baixo fluxo de capital para o sul. Nossa diplomacia, concluía Cardoso, deve trazer novamente "para o proscênio o tema do desenvolvimento". A seu ver, a América Latina havia-se insurgido contra o Estado e apoiado sua atrofia pelo liberalismo. Convinha, sim, substituir a tese liberal do *Estado mínimo* pela do *Estado socialmente necessário*[22].

---

20 CERVO, Amado Luiz; BUENO, Clodoaldo. *História da política exterior do Brasil*. Brasília: Editora da UnB, 2002.

21 CARDOSO, Fernando Henrique; SOARES, Mário. *O mundo em português:* um diálogo. São Paulo: Paz e Terra, 1998. p. 133-139.

22 BRASIL, MRE, 1994b, p. 171-184.

Na mente de Cardoso, o tema do desenvolvimento é confuso. Sobretudo, contaminado pela apologia da mudança, que não lhe permitia perceber o nacional da forma como o perceberam os estadistas brasileiros que dizia apreciar. Bem ao contrário, sua ação externa permitia a três fatores destrutivos penetrar o âmago da nação: endividamento, transferência de renda e alienação de empresas brasileiras, com interrupção de geração própria de conhecimento e de tecnologia[23]. Esses vícios da ação resultam da estratégia multilateral que Cardoso imprimiu na sua ação externa em prol do desenvolvimento. Sua filosofia da mudança — o mundo terá um ordenamento global favorável ao desenvolvimento e produzido pelo multilateralismo — perseguiu-o durante os dois mandatos.

Durante a Cúpula Mundial sobre o Desenvolvimento Social, realizada em Copenhague, em 1995, com a presença de 117 chefes de Estado e de Governo, bem que o mundo reconheceu o tema do desenvolvimento social e do bem-estar da humanidade. Um paradoxo, segundo Alves, na época do neoliberalismo. O conceito de desenvolvimento social superou, então, o econômico. Como, aliás, ocorrera ou ainda ocorreria nas outras conferências globais promovidas pela ONU na década de 1990. Todas elas destinadas a camuflar o desprezo e o cinismo com que os ricos tratavam a questão do desenvolvimento, com intenções, mas sem realizações concretas, reproduzindo o que haviam feito ao aprovar a Nova Ordem Econômica Internacional nos anos 1970. Na era da globalização, mais do que nunca, os países ricos manterão sua indiferença ante a questão, passando a receita do neoliberalismo aos países em desenvolvimento[24].

A preeminência intelectual de Cardoso eclipsou com suas idéias a diplomacia brasileira, particularmente seu ministro de Relações Exteriores, Luiz Felipe Lampreia (1995-2001). Durante os dois últimos anos do governo Cardoso, ocupou o posto o ministro Celso Lafer, de pensamento próprio e forte, realista e idealista, capaz de teorizar um Brasil, potência intermediária, tudo na linhagem do pensamento de Cardoso, o que não lhe permitiu modificar o curso das relações internacionais do País[25].

---

[23] BRASIL, MRE, 1994b, p. 185-191.

[24] ALVES, José Augusto Lindgren. *Relações internacionais e temas sociais.* A década das Conferências. Brasília: Editora da UnB/IBRI, 2001; ———. A cúpula mundial sobre o desenvolvimento social e os paradoxos de Copenhague. *Revista Brasileira de Política Internacional*, 40 (1), p. 142-166, 1997.

[25] LAFER, Celso. *Comércio, desarmamento, direitos humanos.* São Paulo: Paz e Terra, 1999.

A ideologia neoliberal da mudança pôde prosseguir com sua marcha implacável. O novo ordenamento global seria alcançado pela ação multilateral, e o desenvolvimento dele resultaria por encanto: "O terceiro-mundismo acabou. Hoje não há ninguém que se organize em função da idéia terceiro-mundista. Todos aspiramos a ser Primeiro Mundo..." afirmou Cardoso ao *Jornal do Brasil*[26]. Como se uma requisição bastasse.

Percebemos, em conclusão, que o paradigma desenvolvimentista de 60 anos agonizava. Aquele feito de reforço do nacional por meio de empresas, conhecimento e tecnologia, mercados interno e externo, com crescimento econômico em primeiro plano, ao arrepio do equilíbrio fiscal e da estabilidade monetária. Quando se recuperou o tema do desenvolvimento como objetivo da política exterior, por volta de 1992, ele será daí por diante qualificado. Será contaminado pela filosofia neoliberal da mudança, apesar de continuar como imperativo da política exterior[27]. A diplomacia brasileira percebeu e aceitou dois corretivos: que o desenvolvimento passasse à dependência dos países ricos, por meio de instruções ou decisões da OMC, do Banco Mundial e do FMI, e que fosse vinculado, com ou sem hipocrisia, aos novos temas da era da globalização, democracia, meio ambiente, direitos humanos, direitos das minorias e outros. A doutrina brasileira do desenvolvimento atualizou-se ao unificar os discursos "em torno dos valores políticos dos países ocidentais desenvolvidos". Aceitou limites para a soberania, fez concessões e corrigiu o conceito de cooperação externa, alçada à condição de promotora do desenvolvimento pela via do setor privado sem o concurso das forças internas. Essa correção encaminhou o País para o desenvolvimento associado promotor de dependências estruturais, evidenciadas nas crises de 1994-95, no México, 1998, na Ásia e na Rússia, 1999, no Brasil, 2001-2005, na Argentina. Por isso mesmo, a política exterior da era Cardoso recuperou com maior ímpeto o propósito de reformar a ordem internacional por meio do multilateralismo. Sua energia não diferia da luta diplomática dos anos 1960 a 1980, porém Cardoso era menos pragmático e mais messiânico, ao abandonar o duro jogo das relações internacionais e revestir-se de uma auréola de democracia e estabilidade[28].

26 BRASIL, MRE, 1994b, p. 284.

27 *Cadernos de Base de Discussão para o Programa de Governo*; tema: política externa. Brasília, mimeo, 1998. Temas da Campanha eleitoral.

28 LAMPREIA, Luiz Felipe. A política externa do governo FHC: continuidade e renovação. *Revista Brasileira de Política Internacional,* 42 (2), p. 5-17, 1998.

1.4 A competição internacional

O neoliberalismo e a correção da doutrina e da política de desenvolvimento revelaram-se duas tendências de fundo da política exterior e das relações internacionais do Brasil entre 1990 e 2002. Uma terceira tendência, a competição internacional, infiltrou-se entre elas, por modo a limitar-lhes os efeitos negativos sobre a formação nacional.

O modelo de desenvolvimento implementado durante os 60 anos anteriores voltara-se para o mercado interno e para a criação de um núcleo central robusto da economia, sobre o qual pretendeu-se embasar o poder nacional. Descurava a competição internacional, mesmo porque dispunha de um protecionismo exacerbado que não a favorecia. A filosofia da mudança da era da globalização trouxe para as preocupações das políticas interna e externa o desafio da competição.

Revendo seu pensamento, Cardoso reconhecia, em 1996, a inutilidade das teorias tradicionais sobre assimetria e dependência nas relações internacionais. O capital democratizou-se, as empresas migraram das mãos de capitalistas para as mãos de gerentes, o processo produtivo tornou-se mais intensivo em conhecimento e menos em capital, enfim, a desigualdade não era mais fruto da exploração, mas conseqüência da "incapacidade de adaptação aos novos padrões de produção da economia globalizada". Cardoso requeria uma adaptação da periferia, que abandonasse as idéias obsoletas de exploração, confronto capital-trabalho, desenvolvimento nacional autárquico, protecionismo, visão cepalina do desenvolvimento e promovesse a injeção de conhecimento no processo produtivo; enfim, a competição[29].

Essas idéias eram comuns aos dirigentes neoliberais da América Latina na década de 1990. Mas o Brasil distanciou-se dos seus vizinhos ao promover, em boa dose, a competição do seu sistema produtivo, ao evitar sua alienação completa e, enfim, ao preservar sua vocação industrial[30]. O choque da abertura do mercado, desde 1990, colocou o empresariado ante a necessidade de modernizar as plantas industriais ou perder terreno para os produtos estrangeiros que os consumidores apreciavam. Trabalhadores

[29] CARDOSO, Fernando Henrique. O impacto da globalização nos países em desenvolvimento: riscos e oportunidades. *Idéias & Debates*, Instituto Teotônio Vilela, n. 10, p. 15-28, 1997.

[30] CERVO, Amado Luiz. *Relações internacionais da América Latina*: velhos e novos paradigmas. Brasília: Editora da UnB/IBRI, 2001.

e empresários estavam na disposição comum de competir para sobreviver e usaram sua força de pressão para pôr limites ao ímpeto de moda dos dirigentes.

A maneira como a competição afetou a política exterior e as relações internacionais passou por idéias e fases subjugadas ao neoliberalismo, porém com certa coerência abrasileirada.

Segundo percepção de Celso Amorim, manifesta em 1994, o País transitava do modelo substitutivo de importações para a "inserção competitiva". O primeiro modelo fora abalado em razão da crise da dívida dos anos 1980 e vinha sendo corrigido, ainda naquela década, por medidas de liberalização. Após o choque da abertura econômica do governo Collor de Melo, a média tarifária sobre importações reduziu-se a 14,2%, em 1993. O governo Itamar Franco tomou precauções diante da onda de redução tarifária, acelerando a integração no Mercosul, propondo a ALCSA e negociando com firmeza nos foros multilaterais globais. Esses cuidados eram requeridos porque os países centrais corromperam o liberalismo com medidas protecionistas que Amorim qualificava "de segunda geração", tais como anti*dumping*, proteção agrícola, quotas de importação, normas sanitárias e fitossanitárias, acordos ditos de "restrições voluntárias de exportação", comércio administrado, sistema de eco-etiquetagem, regras preferenciais nos blocos que impunham controles de origem para setores como o automobilístico e o têxtil no Acordo de Livre Comércio da América do Norte (NAFTA), vínculo entre comércio e padrões trabalhistas. O reforço do regionalismo e do sistema multilateral de comércio eram remédios à esperteza dos ricos, mas não bastavam. Ao Brasil, convinha, sim, uma "especialização dinâmica", que lançasse sobre a arena global seus nichos de competitividade[31].

Cardoso era mais propenso a aprofundar o modelo neoliberal, porém não se esqueceu das preocupações da diplomacia brasileira no que diziam respeito à competição internacional. Pensou que seus esforços na Presidência deveriam pôr termo à ineficiente intervenção do Estado na economia: "Nada justifica a tese de que o Estado seja melhor empresário do que a iniciativa privada", afirmou a empresários norte-americanos, dizendo-lhes que o Brasil se convertera na "terra das oportunidades"[32]. Deu prossegui-

31 BRASIL, MRE, 1995, p. 265-274.

32 BRASIL, Presidência da República. CARDOSO, Fernando Henrique. *Política externa*: pronunciamentos. Brasília, 1995, v. I. p. 71-80, 133-144.

mento a um vasto programa de privatizações com dois objetivos: retirar aquele Estado ineficiente da atividade econômica e confiá-la à concorrência do mercado. Decidiu, ademais, favorecer o empreendimento estrangeiro, tendo em vista sua produtividade mais elevada em relação ao empreendimento nacional.

Houve algo próprio na estratégia externa brasileira de então. Cardoso não afastou, como fizera a maioria dos dirigentes da América Latina neoliberal em seus respectivos países, a possibilidade de acionar o apoio logístico do Estado com o fim de criar empresas brasileiras competitivas "Vamos lutar juntos, empresariado e Governo, para erguer empresas campeãs, gigantes industriais ágeis e eficazes, em áreas nas quais desfrutamos de vantagens comparativas. Gigantes capazes de competir de igual para igual com seus similares estrangeiros". Tanto Cardoso quanto Amorim insurgiam-se contra o modelo anterior de desenvolvimento que pretendia "produzir de tudo", sendo competitivo em quase nada[33]. O fiel intérprete de Cardoso, Luiz Felipe Lampreia, estabeleceu com clareza a relação entre desenvolvimento e diplomacia durante a era Cardoso: "A função que o Presidente reserva à diplomacia decorre de sua própria concepção do desenvolvimento brasileiro..."[34].

Ao Presidente certamente não faltava concepção própria do desenvolvimento. Além de criticar o modelo brasileiro do passado, também discordava de renomados intelectuais e estadistas seus contemporâneos, que ousassem tomar a globalização como um mal em si. Dirigindo-se ao escritor norte-americano Noam Chomsky, dizia: "Não vejo solução senão no fortalecimento da nova ordem mundial em bases mais abertas, de participação de todos (...) Trata-se de criar novos conceitos de soberania. Não podemos ficar amarrados aos antigos". Dirigindo-se a Mário Soares, não admite sequer que o Estado deva colocar-se em posição de defesa contra a irracionalidade da globalização. Com interpretações dessa natureza, Cardoso encurralava os desafios do desenvolvimento para o multilateralismo, do qual esperava a promoção de novo ordenamento global favorável a todas as nações[35]. E punha ênfase em novo papel do Estado quanto à promoção do

[33] BRASIL, MRE, 1994b, p. 53-54.

[34] RESENHA da Política Exterior do Brasil, n. 76, p. 407-409, 1995.

[35] CARDOSO, 1998, p. 321-334.

desenvolvimento competitivo. Sua política sorve influência da globalização, não de desígnios próprios ou autonomia decisória. O destino do Estado é de se converter em variável dependente dessa força aglutinadora que eliminou a dicotomia centro-periferia. A própria democracia se nutre do livre mercado, em uma simbiose de resultados positivos para o desenvolvimento[36]. Cardoso se queixa de não ser compreendido na profissão de fé que faz em convicções dessa natureza. Mas insiste em sua linha de pensamento e na prática política dela decorrente. Como no passado o capitalismo era capaz de pôr fim à dependência do subdesenvolvimento, no presente, a globalização age com os mesmos resultados[37]. "Os tempos mudam, e nós mudamos com eles". O desenvolvimento é visto agora como resultado das mudanças da política exterior em direção a três objetivos novos: democracia, abertura crescente da economia e estabilidade econômica. Tudo isso significa "atualizar o nosso discurso e a nossa ação externa". A percepção do interesse nacional que o desenvolvimento requer passa por essa "pluralidade de visões" que Lampreia soube ter, segundo Cardoso[38].

Como se percebe, com suas idéias e sua ação conseqüente, Cardoso despe, aos poucos, a política de desenvolvimento de tradicionais conteúdos concretos, como o reforço de um núcleo empresarial nacional, a inovação tecnológica própria e a conquista dos mercados para produtos com maior valor embutido. Substitui esses objetivos concretos por variáveis dependentes da globalização. Dessa forma, sua política exterior voltou-se para a realização de objetivos que nunca figuraram entre os desígnios de nações que haviam passado pela fase do desenvolvimento, quando nela se moviam: a promoção da democracia, a estabilidade e a abertura econômicas. Mas eram os objetivos aplaudidos pelos neoliberais e enaltecidos pelos governos centrais. Por isso, não hesitou o Presidente em investir seu prestígio de intelectual e de estadista em sua diplomacia presidencial.

Cardoso não inventou a diplomacia presidencial. Essa conduta vinha de longe na tradição brasileira, porém tomou com ele nova intensidade. Cardoso deu nova dimensão ao planejamento da ação externa no momento

---

[36] CARDOSO, Fernando Henrique. *Política externa*, p. 133-144.

[37] *O Presidente segundo o sociólogo*: entrevista de Fernando Henrique Cardoso a Roberto Pompeu de Toledo. São Paulo: Companhia das Letras, 1998. p. 81-84.

[38] LAMPREIA, Luiz Felipe. *Diplomacia brasileira*: palavras, contextos e razões. Rio de Janeiro: Lacerda, 1999. p. 9-13.

em que as nações se esforçavam por ostentar sua própria competitividade. Diversificou as iniciativas com o fim de dar a conhecer os interesses nacionais e projetar externamente a imagem de estabilidade interna. Atraiu, pelo mundo, luzes de esplendor sobre si. Após a crise asiática e russa de 1998 e brasileira de 1999, quando a percepção de estabilidade passou para vulnerabilidade, a diplomacia presidencial ofuscou-se[39].

Contudo, a diplomacia presidencial vinculou-se à política de desenvolvimento por se haver associado à diplomacia empresarial. O modelo fechado anterior a 1990 e a auto-suficiência do Itamaraty criaram entraves à conexão entre empresa privada e política exterior. Os processos de integração em curso, Mercosul e Alca, exigiam negociações que envolvessem mais de perto as lideranças de segmentos sociais interessados, que, aos poucos, foram instruídas a preparar-se para acompanhar o Presidente em suas viagens. O México servia de exemplo de diplomacia empresarial bem-sucedida. Por outro lado, o empresariado brasileiro que antes fazia *lobby* em Brasília, suplicando por mais protecionismo, nessa nova fase procurou ganhar tempo para se adaptar à abertura, por meio da produtividade, e, mais adiante, iniciou seu *lobby* no exterior, seguindo o Presidente. A diplomacia empresarial incrementou sua participação, particularmente nas negociações de integração macroindustrial com a Argentina, como o regime automotivo, e em acordos de comércio com o México. Para qualificar os executivos nacionais, a Confederação Nacional da Indústria promoveu debates sobre globalização e foi ativa em subsidiar a agenda brasileira, por exemplo, na preparação da rodada do milênio em Seattle.

Depois de tanto ceder sem contrapartida, o embaixador Rubens Ricupero aconselhava, na virada do milênio, uma correção de atitude, e essa era, por certo, uma influência do empresariado sobre a diplomacia. O Itamaraty assim procedeu, consciente de que não era capaz de abarcar a complexidade dos interesses do desenvolvimento sem associar lideranças de todo tipo ao processo decisório em política exterior[40]. O arcabouço institucional inadequado à construção de um Estado logístico em política exterior mo-

[39] DANESE, Sérgio. *Diplomacia presidencial:* história e crítica. Rio de Janeiro: Topbooks, 1999; ONUKI, Janina. Considerações sobre a diplomacia presidencial brasileira. *Carta Internacional,* n. 83, 2000. p. 11; GENUÍNO, José. O declínio da diplomacia presidencial. *Carta Internacional,* n. 71, p. 7, 1999.

[40] COSTA, Roberto Teixeira. Diplomacia empresarial. *Carta Internacional,* n. 89, 2000. p. 3-4.

dificava-se, a bem da maturação do desenvolvimento nacional, por meio de outra abertura, a do processo decisório, que se deixava penetrar por forças sociais envolvidas no processo produtivo[41].

1.5 A correção de modelo em 2003

A derrota política do partido de Cardoso nas eleições presidenciais de 2002 levou à presidência, no ano seguinte, seu adversário político, Luiz Inácio Lula da Silva, do Partido dos Trabalhadores. Durante a campanha eleitoral, convenceu-se a opinião pública da necessidade de mudar o modelo de desenvolvimento econômico e social e a inserção internacional do País. Cardoso seguira em sua ação externa três tendências de fundo: o neoliberalismo subserviente e destrutivo em relação ao patrimônio da nação, a promoção do desenvolvimento associado às forças do capitalismo e a competição internacional perante a égide do livre mercado. Em que sentido e intensidade houve uma correção de modelo a partir de 2003?

A mudança de modelo foi concebida em dois sentidos: sua face interna se propunha a inclusão social de mais de trinta milhões de excluídos e sua face externa a superação da vulnerabilidade produzida pelos déficits do comércio exterior e da balança de pagamentos, responsáveis por enorme dívida externa.

O primeiro aspecto da mudança envolvia, de perto, aquela da função do Estado. Para Cardoso, como se sabe, a ineficiência do Estado fazia dele um empecilho ao desenvolvimento. Depois de se retirar da atividade econômica, cabia-lhe tão somente assegurar a estabilidade que o mercado faria o que mais fosse necessário. Para Lula, o Estado continua responsável pela estabilidade econômica, porém não existe mais a fé na capacidade do mercado em prover por si as necessidades do desenvolvimento. O Estado vai recobrar, assim, sua função indutora: "A ação diplomática do Brasil estará orientada por uma perspectiva humanista e será, antes de tudo, um instrumento do desenvolvimento nacional", estabeleceu Lula em seu discurso de posse[42].

As linhas de força da ação externa de Cardoso tomaram quatro direções. Em primeiro lugar, o multilateralismo, em razão da crença segundo a qual ele proveria o mundo da globalização de um ordenamento feito de

41 OLIVEIRA, Amâncio J. Instituições e política externa. *Carta Internacional*, n. 85, 2000. p. 13.

42 RESENHA da Política Exterior do Brasil, ano 30, n. 92, jan./jun. 2003. p. 170.

regras *transparentes, justas e respeitadas por todos*, além de benéficas para todos. Comércio internacional, fluxos financeiros, meio ambiente e desenvolvimento, segurança e direitos humanos teriam solução perene no seio desse ordenamento. Por meio de uma segunda linha de ação, surpreendente e desconfiado, Cardoso protegeu o país de eventuais males de uma globalização, que cada vez mais chamava de *assimétrica*, e promoveu a integração no Mercosul e a união da América do Sul. Em terceiro lugar, ao estimular a aproximação dos Estados Unidos, a ação de Cardoso tropeçou no unilateralismo da potência hegemônica global, que punha entrave ao estabelecimento daquele ordenamento tão desejado. Finalmente, Cardoso buscou a aproximação da União Européia e não encontrou entrave político, mas firme defesa de interesses do bloco. As quatro linhas de força da ação externa de Cardoso, marcadas pela conexão com o Primeiro Mundo, como se a ele pertencesse o País, implicaram perdas e retiradas: do Oriente Médio, da África sub-saárica, do Japão e da China, da Rússia e do leste europeu. Implicaram, também, equívocos estratégicos de efeitos perniciosos. O câmbio sobrevalorizado, associado à abertura do mercado, produziu o déficit do comércio. Este agravou as contas externas, apesar da venda de ativos de estatais para empresas estrangeiras. A abertura estabelecida como estratégia de ação externa comprometeu a inserção madura do País no mundo da globalização, que não contou com estratégia alguma. Assim como a década de 1980 foi chamada de década perdida, a de 1990 não passou de uma década de ilusões. Ilusão de divisas, ilusão da liberdade, exclusão social.

Com o objetivo de mudar o modelo de inserção internacional e promover concretamente os interesses brasileiros, Lula também orientou sua ação externa em quatro direções. Todas enfeixadas no propósito de mudar, com humanismo e desenvolvimento, o modelo interno e de inserção internacional, por meio de ação marcada pelo "ativismo responsável e confiante", nas palavras de Celso Amorim, reconduzido ao Ministério das Relações Exteriores[43].

Na esfera da ação multilateral, convinha tirar o País da ilusão kantiana do ordenamento harmonioso e jogar o jogo duro das relações internacionais que as grandes potências mantêm. O símbolo dessa outra visão foi a conduta da diplomacia brasileira durante a Conferência da OMC em Can-

[43] RESENHA, 2003, p. 21.

cun, em 2003. As estruturas hegemônicas do capitalismo que conjugavam interesses europeus e norte-americanos foram, nessa ocasião, abaladas por uma coalizão de países emergentes. Negociava-se, com efeito, a troca de vantagens, porém o G20, grupo criado ao sul por influência brasileira, surpreendeu os ricos ao condicionar concessões na área industrial e de serviços sofisticados a concessões na área agrícola, como o fim dos subsídios e de entraves à entrada de produtos do sul nos mercados do norte. Essa coalizão ao sul abriu caminho para a criação de outras entre países emergentes e as negociações multilaterais de alcance global não mais estavam no controle decisório das estruturas hegemônicas do capitalismo. Em grande medida, a mudança no modo de conduzir as negociações vinham da iniciativa da diplomacia brasileira.

A segunda frente da ação externa de Lula tinha por objetivo atenuar a vulnerabilidade herdada da fase anterior. No entender do Secretário-Geral do Itamaraty, Samuel Pinheiro Guimarães, a vulnerabilidade externa, ao ponto que se havia alçado, comprometia o desenvolvimento e a eliminação de disparidades internas[44]. O novo governo decidiu enfrentar três condições de vulnerabilidade: dependência tecnológica, empresarial e financeira. Além de reforçar o núcleo central robusto da economia nacional, estatal ou privada, Lula empenhou sua diplomacia presidencial para promover negócios brasileiros no exterior. Pela primeira vez, concebia-se a internacionalização da economia brasileira como movimento de expansão de empresas no exterior, com apoio logístico do Estado. Por outro lado, o comércio, além de igualitário — troca real de oportunidades — haveria de prover as contas externas de grandes superávits para amenizar o déficit. Dessas iniciativas, somadas à geração de superávit fiscal interno, resultaria a atenuação das dependências aprofundadas na era Cardoso.

A América do Sul converteu-se em uma frente de ação externa de Lula, não original, porquanto vinha das iniciativas de Cardoso, porém agora com nova intensidade. A idéia de construção de uma unidade política, econômica e de segurança na América do Sul alçou-se ao nível máximo das preocupações do Ministro das Relações Exteriores, Celso Amorim, como também do seu Secretário-Geral, Samuel Pinheiro Guimarães, e do assessor especial para assuntos internacionais, Marco Aurélio Garcia. O ambiente político tornou-se favorável ao curso dessa idéia na virada do milênio, com o

44 RESENHA, 2003.

triunfo de partidos de esquerda em países importantes como a Venezuela, o Chile, a Argentina e o Uruguai. Foi possível negociar a fusão dos dois blocos regionais, o Mercosul e a Comunidade Andina. Mas o sonho da unidade sul-americana deparava-se com obstáculos operacionais, como a inclinação de alguns governos para o lado dos Estados Unidos, cujo tratado privilegiado de comércio buscavam com desespero, e a moratória da Argentina, que a retirou da comunidade financeira internacional, entre 2001 e 2005.

A ação externa de Lula, enfim, pôs em jogo o acumulado histórico da diplomacia brasileira, composto de valores, princípios e padrões de conduta que reforçam o poder nacional e a capacidade de negociação internacional. Três padrões de conduta foram sacrificados pela fase anterior: a independência de inserção internacional, o realismo evoluído para pragmatismo e o desenvolvimento nacional como vetor da política externa. Lula os recuperou, em certa medida, reforçando ainda os demais componentes do acumulado: autodeterminação e não-intervenção, com solução pacífica de controvérsias, juridicismo, cordialidade oficial no trato com a vizinhança, parcerias estratégicas como eixos privilegiados de ação externa e multilateralismo normativo.

A ação internacional do Brasil, com a mudança de governo, orientava-se, portanto, para objetivos realistas: a prioridade da América do Sul enquadrava-se no propósito de negociar a Alca sem sacrificar a vocação de País industrial à hegemonia regional norte-americana; embora permanecendo como traço histórico da conduta diplomática brasileira, a ação multilateral se afastava do idealismo kantiano e tendia ao reforço do poder nacional e à conquista da reciprocidade real; uma agenda comercial afirmativa destinava-se a despir o universalismo do mercado livre a fim de trazê-lo para a realização de interesses efetivos; parcerias diversificadas ao norte e ao sul equilibravam esse universalismo da ação externa com eixos de resseguro[45].

1.6 Avaliação de resultados

O leitor sabe que não se pode avaliar a conveniência ou não de uma tendência de fundo das relações internacionais sem observar seus resultados. Se existe recuo suficiente para avaliar a ação externa da era Cardoso, por certo, esse esforço será menos confiável, ao pretender-se fazer o balanço da primeira metade do governo Lula.

[45] RESENHA, 2003, p. 77-87.

A desideologização do fim da guerra fria trouxe para o Brasil a ideologização do livre mercado, no bojo do neoliberalismo. Não porque, em princípio, o livre mercado fosse nocivo aos interesses brasileiros, mas porque foi o mercado brasileiro cedido sem contrapartida, precisamente quando o norte mantinha ou reforçava seu protecionismo agrícola, tecnológico e industrial. Esse erro de percepção tornou a era Cardoso destrutiva do patrimônio nacional e, conseqüentemente, do poder nacional: venda de empresas brasileiras ao exterior sem esforço no sentido de expandir empresas brasileiras no exterior; endividamento em ritmo exponencial e sacrifício da renda do trabalho e do capital para saldar compromissos da dívida pública; comprometimento de tecnologias desenvolvidas no País e de sua expansão no seio do sistema empresarial.

Os danos do neoliberalismo subserviente foram graves: 86 bilhões de dólares arrecadados com as privatizações foram aplicados em despesas de custeio, e não em investimentos geradores de emprego. A ratificação dos Tratados de Tlatelolco e do Tratado de Não-Proliferação Nuclear foram feitas na ilusão de que o País receberia tecnologias em áreas sensíveis, o que não ocorreu. Os desequilíbrios do setor externo interromperam a tradição de fazer da política exterior um instrumento de promoção do desenvolvimento. Os resultados eleitorais na América Latina, que derrubaram quase todos os governos liberais dos anos 1990 até a eleição de Tabaré Vázquez, no Uruguai, em 2005, corresponderam a um juízo negativo da opinião acerca do agravamento da exclusão social. O fato de ser o livre mercado insuficiente ao desenvolvimento social foi reconhecido pela Cepal. A frente antiglobalização da América Latina e do mundo reuniu-se, periodicamente, em Porto Alegre, exorcizando os males anteriormente referidos[46].

A segunda tendência de fundo das relações internacionais da era Cardoso, a promoção do desenvolvimento, esvaiu-se em discurso muito mais do que deu a conhecer ações concretas, apesar de Cardoso haver desenvolvido uma teoria da *globalização assimétrica*, que distribuía benefícios ao centro e os impedia de chegar aos países em desenvolvimento. Apesar, ademais, de haver segurado os mecanismos de privatização com alienação de ativos a partir da crise finan-

46 BIELSCHOWSKY, Ricardo (Org.). *Cinqüenta anos de pensamento da Cepal*. São Paulo: Record, 2000. 2 v.; GUIMARÃES, Samuel Pinheiro. *Quinhentos anos de periferia*: uma contribuição ao estudo da política internacional. Porto Alegre: Editora da UFRGS, 1999; CASARO, Rita. Fórum social propõe resistência globalizada. *Carta Internacional*, n. 96, 2001. p. 6.

ceira de 1999. O amesquinhamento do Estado ocorreu, precisamente, em sua ação desenvolvimentista, tida, então, por obsoleta e ineficiente. Contudo, seu agigantamento como absorvedor de renda nacional para saldar compromissos financeiros desmentia a própria filosofia neoliberal[47].

A terceira tendência de fundo da era Cardoso, a promoção da competitividade dos sistemas produtivo e de serviços, colheu os melhores frutos. As plantas industriais foram modernizadas para fazer face, em uma primeira fase, à onda de produtos importados, e para expandir as exportações, em uma segunda fase, já durante o governo Lula. Empresas brasileiras de alta tecnologia surgiram, como a Embraer, cujos aviões tornaram-se em alguns anos a principal receita brasileira de exportação. Empreendimentos industriais brasileiros da ordem de dez bilhões de dólares espalharam-se pela América do Sul em tênue demonstração de globalização equilibrada. A produção agrícola brasileira tanto expandiu-se em volume como atingiu o nível mais elevado de produtividade sistêmica global. Esse fato induziu a diplomacia a intensificar sua luta no seio da OMC para eliminar subsídios do norte ao setor agrícola, que eram da ordem de mais de 300 bilhões de dólares anuais. Esses bons frutos da era Cardoso tiram explicação da reação positiva da economia e da sociedade à abertura, reação que não se verificou com a mesma intensidade nos outros países da América do Sul. Por isso, o processo de integração do Cone Sul, uma reserva de base contra os possíveis males da globalização, aprofundou-se, porém evidenciando fragilidades que poderiam comprometê-lo, o que efetivamente aconteceu após o governo de Carlos Menem. A crise do comércio bilateral entre Brasil e Argentina tornou-se aguda, desde 2001, em razão dessa assimetria de competitividade dos sistemas produtivos em ambos os países[48].

Alguns indicadores econômicos e sociais permitem mensurar concretamente os resultados da década de 1990-1999. A média ponderada das alíquotas de importação baixou de 25% para 16%. A relação das importações

[47] LAFER, Celso. *Brazilian international identity and foreign policy*: past, present, and future. Daedalus, Spring 2000. p. 226.

[48] BRASIL, MRE, 1993, p. 127-142; LAMPREIA, 1999, p. 17-21; CORRÊA, Luiz Felipe de Seixas. A política externa brasileira e a agenda de 2000. *Cena Internacional*, 2 (1), p. 5-30, 2000; CORRÊA, Luiz Felipe de Seixas. O Brasil e o mundo no limiar do novo século: diplomacia e desenvolvimento. *Revista Brasileira de Política Internacional*, 42 (1), p. 5-29, 1999.

sobre o Produto Interno Bruto (PIB) cresceu de 4% para 9%. O comércio exterior acumulou um déficit superior a 20 bilhões de dólares entre 1995 e 1998. O ingresso de investimentos externos evoluiu de aproximadamente 5 para 60 bilhões de dólares, de 1992 a 1998. Mas a dívida líquida do setor público, situada abaixo de 30% em relação ao PIB em 1994, aproximou-se de 50% em 1999. A participação do Brasil nos fluxos do comércio mundial passou de 0,8% em 1990 para 0,9% em 1999. Os investimentos diretos externos em 1998 destinaram-se, cerca de 60%, a privatizações, a aquisições ou à introdução de novas empresas. As privatizações arrecadaram 86,5 bilhões de dólares. A dívida externa entre 1990 e 1999 saltou, apesar disso, de pouco mais de 100 bilhões para perto de 250 bilhões de dólares. A produção de grãos passou de 56 milhões de toneladas em 1991 para 83 em 1999, porém a produção industrial estabilizou-se em torno de 0% durante essa década. A taxa de desemprego subiu de 5,4% em 1994 para 8,3% em 1999. O rendimento médio real, que era negativo entre 1990-92, apresentou crescimento em torno de 8% anual, entre 1993 e 1996, para diminuir e tornar-se negativo em 5,5% em 1999. Os 20% mais pobres embolsavam 2% da renda em 1988, 4% em 1999, enquanto os 20% mais ricos recebiam 67% e 63%, respectivamente. A expectativa de vida passou de 66 para 67 anos nesse período[49].

Os dois primeiros anos do governo Lula apresentaram resultados que evidenciavam o esforço de remediar as contas externas. O déficit em transações correntes estimulava o crescimento da dívida externa durante a era Cardoso: em bilhões de dólares, correspondera a 18,3 em 1995, 23,5 em 1996, 30,4 em 1997, 33,4 em 1998, 25,3 em 1999, 24,2 em 2000, 23,2 em 2001 e 7,6 em 2002. Em seu primeiro ano de governo, Lula obteve o primeiro superávit de 4,1 bilhões de dólares em 2003 e um segundo, em 2004, de 11,6 bilhões. Com isso, a herança da enorme dívida externa deixada por Cardoso começava a pesar menos nas relações econômicas internacionais do Brasil. O saldo das contas externas deveu-se, sobretudo, ao forte incremento dos saldos do comércio exterior, 24,7 bilhões de dólares em 2003, 33,6 em 2004. No início de 2005, o Brasil ultrapassou os cem bilhões de dólares de exportações anuais. Lula atenuava a vulnerabilidade externa e ao mesmo tempo relançava o crescimento econômico, que atingiu 5,2% em 2004.

Esses resultados foram alcançados, paradoxalmente, em razão do travamento das negociações comerciais globais, que a imprensa internacional

49 Fontes: IBGE, FGV, Banco Central. Disponível em: <http://www.mre.gov.br>.

tributou à firmeza que a diplomacia de Lula conduzia, desde a reunião da OMC, em Cancun, em 2003, as negociações igualitárias entre ricos e pobres e influía sobre o conjunto dos países emergentes. Mas as negociações regionais para formação da Alca também malogravam, enquanto os Estados Unidos não se dispunham a abrir, de forma igualitária, seu próprio mercado e enquanto colocavam em risco a vocação industrial do Brasil.

A expansão do comércio com a China, a Índia e a América do Sul ocupou a diplomacia, apesar das queixas de empresários e da imprensa de direita de que o governo não dava prioridade a tratados de comércio com os países avançados. Na realidade, ao sul movia-se o Brasil com mais efeito, usando parcerias bilaterais, coalizões de países ou os processos de integração na América do Sul, tendo em vista, precisamente, dobrar os países ricos pela negociação multilateral e levá-los à eliminação de subsídios agrícolas e entraves agrícolas e industriais à entrada de produtos do sul. Uma frente de países emergentes se configurava, na liderança brasileira, como versão atualizada e realista, em nada ideológica, do velho terceiro-mundismo. A unidade da América do Sul avançou em 2005, quando os governos da Argentina, do Brasil e da Venezuela negociaram, enfim, uma aliança estratégica que ia além do simples comércio e se voltava aos setores produtivo e de infra-estrutura física. Uma nova diplomacia presidencial era posta em marcha, conjugada com os interesses da nação e desvinculada de prestígio pessoal a difundir, como ocorria anteriormente[50].

Referências

ALBUQUERQUE, José A. Guilhon (Org.). *Sessenta anos de política externa brasileira.* São Paulo: Edusp, 1996. 4 v.

ALVES, José Augusto Lindgren. A cúpula mundial sobre o desenvolvimento social e os paradoxos de Copenhague. *Revista Brasileira de Política Internacional*, 40 (1), p. 142-166, 1997.

———. *Relações internacionais e temas sociais.* A década das Conferências. Brasília: Editora da UnB/IBRI, 2001.

BAYLIS, John; SMITH, Steve (Ed.). *The globalization of world politics*: anintroduction to international relations. Oxford: Oxford University Press, 2002.

[50] Ver Documentos, atos, artigos, entrevistas, imprensa brasileira e estrangeia, estatísticas etc. expostos no *site* do Itamaraty. Disponível em:<http://www.mre.gov.br>.

BELLI, Benoni. O fim da guerra fria: algumas implicações para a política externa brasileira. *Revista Brasileira de Política Internacional*, 39 (1), p. 120-131, 1996.

BIELSCHOWSKY, Ricardo (Org.). *Cinqüenta anos de pensamento da Cepal.* São Paulo: Record, 2000. 2 v.

BOUCHET, Michel Henry. International financial institutions and the issue of governance. *Carta Internacional*, n. 88, 2000.

BRASIL, MRE. *A inserção internacional do Brasil:* a gestão do Ministro Celso Lafer no Itamaraty. Brasília: Funag, 1993.

BRASIL, MRE. *A política externa do Governo Itamar Franco*. Brasília: Funag, 1994a.

BRASIL, MRE. *Política externa em tempos de mudança:* a gestão do Ministro Fernando Henrique Cardoso no Itamaraty. Brasília: Funag, 1994b.

BRASIL, MRE. *Política externa. Democracia. Desenvolvimento:* gestão do Ministro Celso Amorim no Itamaraty. Brasília: Funag, 1995.

BRASIL, MRE-IPRI. *Reflexões sobre a política externa brasileira.* Brasília: Funag, 1993.

BRASIL, Presidência da República. Fernando Henrique Cardoso. *Política externa*: pronunciamentos. Brasília, 1995. v. I.

CARDOSO, Fernando Henrique. A política externa do Brasil no início de um novo século. *Revista Brasileira de Política Internacional*, 44 (1), p. 5-12, 2001.

______. O impacto da globalização nos países em desenvolvimento: riscos e oportunidades. *Idéias & Debates*, Instituto Teotônio Vilela, n. 10, p. 15-28, 1997.

______; SOARES, Mário. *O mundo em português:* um diálogo. São Paulo: Paz e Terra, 1998.

CASARO, Rita. Fórum Social propõe resistência globalizada. *Carta Internacional*, n. 96, 2001.

CERVO, Amado Luiz. O final do século XX: dificuldades para construção de uma ordem global. In: SARAIVA, José F. S. (Org.). *Relações internacionais:* dois séculos de história. Brasília: Editora da UnB/IBRI, 2001. v. 2.

______. Política exterior e relações internacionais do Brasil: enfoque paradigmático. *Revista Brasileira de Política Internacional*, 46 (2), p. 5-25, 2003.

______. *Relações internacionais da América Latina*: velhos e novos paradigmas. Brasília: Editora da UnB/IBRI, 2001.

______; BUENO, Clodoaldo. *História da política exterior do Brasil*. Brasília: Editora da UnB, 2002.

CORRÊA, Luiz Felipe de Seixas. A política externa brasileira e a agenda de 2000. *Cena Internacional,* 2 (1), p. 5-30, 2000.

______. O Brasil e o mundo no limiar do novo século: diplomacia e desenvolvimento. *Revista Brasileira de Política Internacional,* 42 (1), p. 5-29, 1999.

COSTA, Roberto Teixeira. Diplomacia empresarial. *Carta Internacional,* n. 89, 2000.

DANESE, Sérgio. *Diplomacia presidencial:* história e crítica. Rio de Janeiro: Topbooks, 1999.

GENUÍNO, José. O declínio da diplomacia presidencial. *Carta Internacional,* n. 71, 1999.

GUIMARÃES, Samuel Pinheiro. *Quinhentos anos de periferia*: uma contribuição ao estudo da política internacional. Porto Alegre: Editora da UFRGS, 1999.

LAFER, Celso. *Brazilian international identity and foreign policy*: past, present, and future. Daedalus, Spring 2000.

______. *Comércio, desarmamento, direitos humanos.* São Paulo: Paz e Terra, 1999.

LAMPREIA, Luiz Felipe. A política externa do governo FHC: continuidade e renovação. *Revista Brasileira de Política Internacional,* 42 (2), p. 5-17, 1998.

______. *Diplomacia brasileira*: palavras, contextos e razões. Rio de Janeiro: Lacerda, 1999.

MIRANDA, Patrícia Leite. Understanding the Washington Consensus. *Carta internacional*, n. 97, 2001.

MIYAMOTO, Shiguenoli. O Brasil e as negociações multilaterais. *Revista Brasileira de Política Internacional,* 43 (1), p. 119-137, 2000.

OLIVEIRA, Amâncio J. Instituições e política externa. *Carta Internacional*, n. 85, 2000.

ONUKI, Janina. Considerações sobre a diplomacia presidencial brasileira. *Carta Internacional,* n. 83, 2000.

PEREIRA, Luiz Carlos Bresser. A nova centro-esquerda. *Idéias & Debates,* Instituto Teotônio Vilela, n. 24, 1999.

SATO, Eiiti. A agenda internacional depois da guerra fria: novos temas e novas percepções. *Revista Brasileira de Política Internacional*, 43 (1), p. 138-169, 2000.

SILVA, Heloisa C. M. *Da substituição de importações à substituição de exportações:* a política de comércio exterior brasileira de 1945 a 1979. Porto Alegre: Editora da UFRGS, 2004.

2

OS DESAFIOS DE UMA ORDEM INTERNACIONAL EM TRANSIÇÃO

José Augusto Guilhon Albuquerque

2.1 Introdução

Este *capítulo* está organizado em quatro seções. Na primeira, trato de discutir a especificidade da década de 1990, procurando caracterizá-la como um período de transição entre o fim da guerra fria e uma nova ordem internacional ainda não consolidada. O objetivo dessa primeira parte é mostrar como os fatores constitutivos da ordem internacional, que prevaleceram até o final da década de 1980, já não têm vigência, definindo, assim, uma ordem distinta da precedente. Cinco processos independentes são apontados como fatores constitutivos da ordem internacional que, no entanto, não possui o caráter de permanência necessário para caracterizar o período plenamente como uma ordem consolidada. São eles a despolarização, a dissociação hegemônica, a transnacionalização, a inversão da vulnerabilidade do Estado e a descontenção. Depois de descrever cada um desses processos, aponto as conseqüências de cada um sobre o ordenamento do poder mundial.

Na segunda seção, mostro como os processos associados ao fim da guerra fria, e que definem os atuais contornos da ordem internacional, criaram atores ou deram a atores preexistentes nova ressonância, trazendo para a ordem internacional temas inéditos. Nesta seção dou particular relevo ao que chamo de direitos e valores globais e, especialmente, à articulação desses temas com os novos atores e processos definidores da transição, particularmente os atores não-estatais.

A terceira seção é dedicada a analisar o alcance dos desafios colocados, para os Estados e para os governos, pela emaranhada interconexão entre novos atores e novos temas, em um ambiente internacional tornado crescentemente complexo pelos novos processos internacionais que configuram a atual ordem em transição. Nessa análise, na impossibilidade de examinar todas as dimensões da mudança global, concentro-me nas transformações de caráter sistêmico e limito-me a definir dois desafios que me parecem sintetizar o longo período de mudanças que vem marcando a última década e meia. São eles: o caráter difuso da cooperação e do conflito e o embaralhamento crescente das dimensões doméstica e externa. Isso me obriga a refletir sobre as demandas específicas que o período impõe à formulação e à operação da política externa dos Estados.

A quarta e última seção é dedicada aos desafios colocados pela transição sistêmica para a política externa brasileira. Em primeiro lugar, examino a maneira como as principais dimensões das relações externas do País foram afetadas, no período final da guerra fria, por algumas das tendências já delineadas, e que vieram a aprofundar-se na transição pós-guerra fria. Nessa ótica, analiso mais detidamente os efeitos dos chamados novos temas sobre a vulnerabilidade externa do País, especialmente no que diz respeito à nova temática econômica transnacional e aos direitos e valores globais, que levaram nossa política externa a um período marcadamente reativo e defensivo.

2.2 Uma ordem em transição

A dificuldade para especificar rigorosamente os delineamentos de uma nova ordem internacional aumenta de maneira considerável quando se trata da última década do século XX. Isso porque a complexidade das mudanças sistêmicas, domésticas e institucionais que caracterizam uma nova ordem é, neste caso, exponenciada pela natureza transicional da mudança.

Com efeito, as rupturas profundas na ordem internacional resultaram, freqüentemente, de processos bruscos de mudança, causados por guerras sistêmicas que puseram fim a um período histórico das relações internacionais.

O pressuposto consensual é que tais mudanças destruíram as bases estruturais de uma era para substituí-las por bases inteiramente novas. Já o imediato pós-guerra fria vem mantendo parte das instituições dessa guerra, que nem sempre mantêm sua vigência, enquanto as novas instituições que poderiam consolidar a *likeminded* nova ordem, ainda não foram criadas. Por isso, a ordem internacional da guerra fria foi substituída, não por uma nova ordem inteiramente consolidada, mas por uma ordem em transição.

Um exemplo cabal desse caráter instável da ordem mundial pode ser extraído do próprio cerne do sistema de relações internacionais, isto é, suas instituições de governança. Na guerra fria, é consenso admitir-se que a governança global do sistema mundial era assegurada pela polarização entre as políticas de mútua contenção adotadas pelas potências hegemônicas, bem como das instituições que daí decorriam. Isso não ocorre atualmente.

A constituição e a forma de atuação do Conselho de Segurança da Organização das Nações Unidas (CS/ONU) foram produtos bem característicos da guerra fria, pois, embora congelasse as relações de poder entre os membros mais proeminentes da coalizão vitoriosa na Segunda Guerra Mundial, garantiu, pelo poder de veto atribuído a todos os seus membros, a manutenção da correlação de forças entre os novos contendores da guerra fria. Com o fim desta, a forma de operação do CS/ONU sofreu profundas modificações que o tornaram mais atuante e eficaz, mas sua composição já não reflete o estado das relações de poder no mundo; nem o Conselho nem as Nações Unidas respondem satisfatoriamente às necessidades de governança global.

Regimes e coalizões de diversos tipos foram criados para suprir as deficiências das Nações Unidas no exercício da governança, como o G-7 ou a OCDE, no que diz respeito à governança econômica e financeira. Mas as ameaças transnacionais à paz e à segurança, não obstante inúmeras iniciativas e regimes, bem como as questões ambientais e sociais, permanecem sujeitas a iniciativas unilaterais ou de grupos limitados de *likeminded countries* e, portanto, em larga medida infensas a uma governança global efetiva.

Assim, apesar de seu poder incontestável sobre o sistema decisório do CS/ONU, do sistema monetário internacional e do sistema internacional de comércio, nem o grupo de potências vencedoras da Segunda Guerra nem o grupo de nações mais ricas alcançam um patamar eficaz de coordenação capaz de conter, satisfatoriamente, as principais ameaças à paz e à prosperidade global, como a proliferação nuclear, o terrorismo, os diversos tráficos e o risco de catástrofes econômicas e financeiras ou ambientais.

Mas não são apenas as instituições do pós-guerra e da guerra fria que falham na tarefa de operar uma ordem para a qual não foram previstas. Também ainda não se criaram os instrumentos de governança da ordem emergente. Com isso, o sistema de relações internacionais opõe aos governantes — e particularmente aos formuladores e operadores de suas respectivas políticas externas — um duplo desafio: de um lado, o de tentar adequar instrumentos de ação que já não são eficazes para atingir objetivos inéditos de política externa; de outro lado, o de tentar formular novos objetivos de política externa em uma ótica que já não tem vigência nas relações internacionais.

Diferentemente de uma mudança da ordem internacional mediante uma ruptura brusca, resultante de uma guerra sistêmica, cujo resultado por si só é capaz de antecipar os delineamentos da nova ordem, o fim da guerra fria não provocou uma ruptura, mas deu lugar a uma ordem transitória cujos contornos são destituídos da estabilidade capaz de lhe conferir permanência. E, tampouco, permitem prever, inequivocamente, as condições de uma eventual futura estabilização. Embora com graus diferentes de probabilidade, o desmoronamento da polarização que caracterizou a guerra fria tanto pode favorecer o surgimento de uma nova disputa hegemônica, compatível com uma nova polarização, como conduzir a uma ordem hegemônica, ou, ainda, resultar em uma ordem em equilíbrio[1].

Não obstante, é possível caracterizar um conjunto bem definido de processos os quais, seja por sua novidade, seja pelo papel singular que exercem na transição, podem ser aceitos como delineadores de uma ordem internacional contrastante com a guerra fria[2]. Em outras palavras, as relações in-

---

[1] Não foi à-toa que as primeiras controvérsias sobre o fim da guerra fria, a partir da visão idílica de uma Nova Ordem Mundial, anunciada por George Bush sênior, opondo autores como Samuel Huntington, Francis Fukuyama, entre outros, oscilaram entre essas alternativas.

[2] Desde o início dos anos 1990, venho tratando dessa questão em diferentes lugares: ALBUQUERQUE, José Augusto Guilhon. O fim da guerra fria e os novos conflitos internacionais. In: MOISÉS, J. A. (Org.). *O futuro do Brasil. A América Latina e o fim da guerra fria*. São Paulo: Paz e Terra/Nupri. 1992. p. 151-164; ———. La nueva geometría del poder mundial en las visiones argentina y brasileña. In: BALZE, Felipe de la (Org.) *El* futuro del Mercosur entre *la retórica y el*

ternacionais contemporâneas incorporam novos processos internacionais, criam atores que se organizam em torno de novas questões.

Podemos apontar, pelo menos, cinco processos, sem prejulgar a possibilidade de surgimento de outros, que, embora independentes em sua origem, reforçam-se mutuamente nas relações internacionais contemporâneas: são eles os fenômenos de *despolarização,* de *dissociação hegemônica,* de *transnacionalização,* de *descontenção* e a *nova vulnerabilidade* do Estado.

Hoje é consenso que o desmoronamento do império soviético pôs fim à polarização, mas não criou uma nova polarização nem, como se apregoou, uma nova ordem internacional inteiramente baseada na igualdade entre as nações e em princípios universais, mas, sim, uma situação *despolarizada.* Não existe mais uma potência ou conjunto de potências que constitua um pólo oposto aos Estados Unidos, seja em matéria de organização de mercado, de sistema político, de liderança ou de objetivos militares.

A transição resultou na sobrevivência de apenas uma superpotência com recursos globais de liderança política e de supremacia militar, os Estados Unidos, mas em relação à qual não se constituiu nenhum outro pólo rival. Não obstante a liderança política americana e sua supremacia militar global, a superpotência já não detém a primazia da competitividade, mas a compartilha com um grupo de países, sem cuja cooperação, nem mesmo sua supremacia militar poderia ser exercida em caráter permanente. Isso afasta de imediato a hipótese de uma hegemonia global.

Tampouco, o fim da guerra fria resultou na criação de um novo pólo militar oposto aos americanos, processo que, se não pode ser afastado a longo prazo, ainda não está delineado no horizonte visível. Ainda, as potências capazes de rivalizar com os Estados Unidos no plano econômico não constituem um pólo oposto à superpotência em qualquer sentido da palavra, nem

realismo. Buenos Aires: ABA/Cari, 2000. p. 79-113; ______. A ONU e a nova ordem mundial, p. 161-168. In: *A ONU e a paz* (vários autores). *Estudos avançados*, 25, set./dez. 1995; ______. Um papel para a social-democracia em um mundo globalizado. In: CRUSIUS, Yeda. *Novo contexto internacional e a social-democracia*. Brasília: Instituto Teotônio Vilela, 2003. p 87-101, e particularmente: ______. *Relações internacionais contemporâneas*: a ordem mundial depois da guerra fria. Rio de Janeiro: Vozes, 2005 (Coleção Relações Internacionais). Parte substancial dos argumentos expostos foram delineados nesses textos, sendo inevitável a repetição.

em termos políticos e militares, nem em termos comerciais, nem em termos de organização da economia, ou em termos ideológicos ou de valores. Isto é, todos os candidatos a rivais dos Estados Unidos simultaneamente rivalizam, cooperam e se confrontam, limitadamente, com a superpotência e entre si, mas rigorosamente não constituem um pólo oposto em nenhuma das dimensões que definem a cooperação e o conflito nas relações internacionais.

Hegemonia dissociada é o segundo traço definidor da atual transição. A ele correspondem dois aspectos implícitos no processo de despolarização. Por um lado, a perda da supremacia econômica absoluta restringe a capacidade dos Estados Unidos para tornarem sua liderança política e militar em hegemonia. Ao mesmo tempo, a persistência de sua liderança política e militar limita, em função dos compromissos globais que ela implica, a autonomia doméstica dos Estados Unidos para recuperar a competitividade econômica. Por outro lado, as potências capazes de rivalizar com a superpotência americana em termos comerciais e financeiros não parecem dispostas a pagar os custos da liderança política e da capacidade de decisão militar que uma disputa pela hegemonia global poderia implicar.

Assim, ao contrário de uma convergência entre as supremacias política, militar e econômica, que são as bases da hegemonia, temos uma dissociação entre essas dimensões. Os dois gigantes econômicos[3] são anões políticos, e o gigante político não é capaz de "pagar suas próprias guerras", como sugeriu Henry Kissinger. Está longe de ser um anão, mas precisa da boa vontade e do consentimento de seus principais rivais em competitividade econômica quando seus interesses internacionais estão em jogo. Embora não necessite empregá-la o tempo todo, a capacidade de ação unilateral é condição *sine qua non* da hegemonia, e sua falta implica a não-efetivação da própria condição hegemônica.

A *transnacionalização* é o terceiro processo definidor da ordem em transição. Ela é um fenômeno permanente na história do mundo civilizado, que se acelerou e tomou dimensões globais nas últimas décadas. Trata-se da propriedade que têm certos fenômenos de projetar seus efeitos por meio das fronteiras nacionais. Sua generalização e aceleração vertiginosas, que a tornam "instantânea" para todos os efeitos práticos, golpeiam profundamente as prerrogativas dos Estados nacionais como atores exclusivos das relações internacionais.

---

3 Alemanha e Japão.

À transnacionalização de determinados efeitos das atividades econômicas e sociais, que inclui particularmente a *globalização* do processo produtivo, soma-se hoje a transnacionalização dos processos de formação de opinião pública e de organização de interesses e circulação de idéias. Com isso, os Estados não somente perderam o monopólio da definição da agenda internacional, mas em grande parte essa agenda é hoje influenciada pela opinião transnacional, no sentido de que seus temas e idéias, quando não são avançados por organizações e movimentos não-governamentais, só prosperam quando contam com seu beneplácito.

A existência de fenômenos e processos transnacionais não é nova. O que é recente, adquire um caráter global, e a torna um dos traços dominantes da atual transição, é sua aceleração e generalização. Ambas se devem a dois processos recentes e que se intensificaram na última década, o desenvolvimento vertiginoso de tecnologias cada vez mais sofisticadas nas diversas áreas de comunicações, e a redução inversamente proporcional de custos dessas mesmas tecnologias. Sua combinação permite a mobilidade instantânea ou quase-instantânea de informações, de idéias, de sentimentos, de pessoas, de mercadorias e de dinheiro.

Como resultado da generalização dos processos de transnacionalização, assistimos à globalização de processos de formação de opinião pública, de organização de interesses e circulação de idéias, ao mesmo tempo que assistimos à globalização dos processos básicos de funcionamento da economia: globalização do processo produtivo, da criação e difusão de tecnologias, da oferta e da demanda, dos fluxos de investimentos e de comércio.

O Estado nacional convive mal com um mercado desterritorializado, sobre cujas regras ele não pode legislar. Convive mal com investidores anônimos e difusos que podem ter mais poder sobre a paridade de sua moeda do que o próprio Estado. Convive mal com sua capacidade decrescente para editar políticas eficazes para provocar inovações tecnológicas, para conservar investimentos cada vez mais voláteis, para influir nas escolhas microeconômicas. Mas o Estado não acabou nem está prestes a desmoronar-se. Apenas está adquirindo novas funções e instrumentos.

Pode-se dizer que a resultante geral da mútua contenção na guerra fria era a *estabilidade* das relações internacionais, e particularmente do equilíbrio de poder existente entre as duas superpotências. Com o fim da polarização, a política de mútua contenção perde sua relevância e, com isso, desaparece um importante sustentáculo da estabilidade e do equilíbrio do sistema.

Qualquer que fosse a motivação que deu origem à estratégia de mútua contenção, o objetivo efetivamente atingido foi a estabilidade do sistema de relações internacionais. Com o desaparecimento da ameaça representada pela expansão soviética, a estratégia de mútua contenção não perdeu apenas sua razão de ser. Com ela, desapareceu também a consciência da ameaça à paz mundial representada pelo risco de instabilidade das relações internacionais. O que podemos chamar de *descontenção* é uma certa euforia que acometeu parte das lideranças e da opinião internacional: se o risco de confrontação global não é mais o princípio regulador das relações internacionais, então, tudo é permitido.

Um exemplo desse ânimo de descontenção consistiria em especular sobre como seria o mundo sem as *antigas* constrições abolidas com o fim da guerra fria, sem pensar como seriam as *novas* constrições em um mundo no qual o princípio regente da cooperação e do conflito e, portanto, da estabilidade, desapareceu. Exemplo disso é pensar que a nova ordem será unidimensional como a anterior e, portanto, uma vez que a cooperação e o conflito repousavam na ideologia durante o período de hegemonia polarizada, agora, na despolarização, repousará analogamente em uma única dimensão, por exemplo, a identidade civilizacional[4].

Outro exemplo consiste em pensar, como na visão idealizada de George Bush sênior, que é possível organizar as relações internacionais em torno de mecanismos de cooperação que não sejam, ao mesmo tempo, fatores desencadeadores de conflitos. Outro exemplo, ainda, consistiria em pensar que se poderia substituir mecanismos de organização por princípios de natureza ética. Particularmente, quando se pensa que tais princípios podem substituir a defesa egoísta do interesse nacional na constituição de um sistema de interesses coletivos ou globais.

Creio que se pode justificar a hipótese de que as dimensões das relações internacionais deixaram, com a despolarização e a dissociação hegemônica, de se hierarquizar de maneira simples e absoluta. Isso implica que a supremacia dos interesses políticos, a qual prevalecera na estratégia de contenção mútua, que caracterizou a guerra fria, não será substituída pela primazia dos interesses comerciais ou de outros interesses ou princípios isolados.

---

[4] É o caso de Samuel Huntington, que parece considerar a nova ordem internacional estruturada em torno de um conflito entre a civilização cristã e as demais.

É mais provável, ao contrário, tal como já se pode notar nas relações complexas entre as principais potências, que as dimensões das relações econômicas, políticas e militares dêem margem a mecanismos relativamente independentes de cooperação e conflito. Assim é que as rivalidades comerciais reacendidas entre a Europa, o Japão e os Estados Unidos, dificilmente deixarão de estar acompanhadas de cooperação política e subordinação militar. Em cada uma dessas três dimensões — econômica, política e militar, que formam hoje a matriz das relações internacionais — será possível cooperar em uma, rivalizar em outra e confrontar-se na terceira, independentemente do que ocorra em cada uma das demais.

O último fator que caracteriza a atual transição, por oposição às ordens internacionais que a precederam, é a *inversão da vulnerabilidade* entre o Estados e os atores sociais. O Estado nacional concentra tal poderio em termos de recursos econômicos, de recursos de violência e de recursos morais, que o indivíduo e mesmo os atores coletivos da sociedade estão, diante dele, em uma relação de vulnerabilidade quase absoluta. Existe um desequilíbrio a favor do Estado quanto à capacidade de violência e constrição.

Em decorrência, em grande parte, de fatores semelhantes aos que deram preeminência à transnacionalização, indivíduos, grupos e organizações de todo tipo, inclusive, mas não exclusivamente, organizações militares e pára-militares, passaram a concentrar uma capacidade de destruição desproporcional à capacidade da sociedade, e mesmo do Estado, de se defender.

O terrorismo atual é um bom exemplo, mas devemos incluir nessa categoria também o crime organizado, particularmente o narcotráfico, o tráfico de migrantes, a lavagem de dinheiro e outras redes que não relutam a usar todo o seu poder de causar o mal contra inocentes. O uso do terrorismo atual, pelo contrário, é intrinsecamente um terrorismo cujo alvo específico é a população indefesa.

2.3 Novos atores e novas questões

O principal processo que atua na reconfiguração das relações internacionais, a *transnacionalização*, provoca o aparecimento simultâneo de novos atores e de recentes questões em torno das quais esses atores — juntamente com os já existentes — se organizam. Os novos atores são, em primeiro lugar, novos Estados, fruto do desmembramento do império soviético e de estados do Terceiro Mundo que se expandiram indevidamente, prevalecendo-se dos impasses da guerra fria. São também novas entidades paraestatais de poder, como o crime organizado internacional, alguns tipos de movimentos guerrilheiros e terroristas, movimentos étnico-nacionalistas e algumas organizações não-governamentais radicais, adeptas da ação direta. São, ainda, as organizações não-governamentais multinacionais, empresariais ou não.

As novas questões da agenda global são novas apenas em sua expressão transnacional, pois, na verdade, sempre existiram em sua expressão doméstica. O que lhes empresta especificidade no mundo contemporâneo é o fato de se terem agrupado em duas grandes categorias de "direitos globais" e de "valores globais", freqüentemente associadas na retórica, mas analiticamente distintas.

Direitos globais seriam direitos inerentes à natureza humana ou, pelo menos, à humanidade em seu estágio contemporâneo e que prescindiriam de inclusão formal no direito positivo de um estado nacional, devendo ser sancionados por qualquer instância investida de recursos de poder suficientes para tanto. Tais direitos seriam globais porque se aplicariam a qualquer ser humano, independentemente de seus laços de cidadania e de sua localização territorial. Seriam inerentes porque não dependeriam do conhecimento ou da vontade de seus portadores, nem de sua inscrição em um direito positivo. Teriam sanção automática porque iriam impor o dever de sanção a quem quer que tivesse recursos de poder para isso.

Os direitos globais compreendem desde direitos a um tratamento digno, a direitos relacionados com o trabalho e a educação, a um direito à felicidade sexual etc. Sua tendência é a expansão, uma vez que não dependem de adoção em um processo legislativo, necessariamente controverso, bastando que as manifestações a favor sejam suficientemente altissonantes e as manifestações dissonantes sejam desqualificadas.

Tal como são entendidos pela militância transnacional, os direitos globais possuiriam uma automaticidade semelhante à atribuída ao direito de uso da violência em legítima defesa da vida, da honra e da liberdade. A noção de que um particular possa recorrer à violência em um Estado de direito, nas circunstâncias citadas, estaria baseada na possibilidade de retomar os próprios direitos naturais cedidos ao Estado na constituição da Sociedade Civil. A noção de "dever de ingerência" associada à sanção dos direitos globais baseia-se em uma analogia ao direito "natural" de cumprir e fazer cumprir os direitos "naturais".

Valores globais, por sua vez, seriam valores que, seja por sua inerência à natureza humana, seja por sua vinculação necessária com a sobrevivência da humanidade, seu bem-estar ou sua fruição, não dependem de consentimento, inclinação ou crença dos indivíduos, nem do direito positivo dos Estados, e devem ser respeitados por todos os indivíduos e Estados. Enquanto valores universais, eles não estariam submetidos ao particularismo, à controvérsia, à fé, como todos os demais valores. Os únicos aspectos submetidos a debate seriam sua extensão e alcance, mas não sua verdade, quer seja a preservação de hábitos ou ritos de sociedades "primitivas", a preservação da biodiversidade, a preservação de paisagens etc.

Nas relações internacionais os aspectos mais freqüentemente sublinhados dizem respeito à necessidade crescente dos Estados responderem a interlocutores não-estatais no tratamento dessas novas questões. Entretanto, os problemas sistêmicos introduzidos pelos novos temas e novos atores são de outra ordem.

O "dever de ingerência" levado às últimas conseqüências implicaria uma nova anarquia com predomínio do uso da força, uma vez que não existem parâmetros universalmente aceitos nem inscritos em uma fórmula universalmente aceita, ficando a critério de qualquer instância *capaz de sancionar* os direitos e valores globais, acusar, julgar e sancionar os eventuais culpados. Isso não se aplica aos que, seja como vítimas, seja como instâncias julgadoras, *não disponham de recursos de poder* para tanto.

Além disso, os atores econômicos tendem a associar um custo ao cumprimento dos valores e direitos globais, especialmente normas trabalhistas e ambientais e, assim, tendem a ver, em seus competidores que não cumprem os mesmos padrões, competidores desleais. Daí a tendência a aplicar, unilateralmente, sanções comerciais ou financeiras — seja por meio de dispositivos legais domésticos, seja por meio da ação direta de boicote ou embargo — contra outros países.

Os países mais ricos, aqueles em que os conflitos domésticos em torno das questões transnacionais levaram a regulações mais onerosas, tendem a, por um lado, ver em suas normas a mais pura expressão dos valores universais da humanidade e, por outro, a exigir dos demais países um ajuste a esses padrões. Com isso, os temas de convergência ou harmonização de normas de respeito aos direitos e valores globais tornam-se equivalentes ao tema da adoção, por países menos "humanitários", de padrões estabelecidos por outras nações onde a humanidade supostamente progrediu mais.

Essas três ordens de reações dos atores mais poderosos, Estados e instâncias não-governamentais — a saber, a tendência à ingerência, a contagiar as relações comerciais e financeiras, e à imposição unilateral de padrões regulatórios — dão lugar a um novo fator de conflito internacional com riscos para a estabilidade e para a paz.

2.4 Os novos desafios

Que desafios essa ordem em transição coloca para a política externa? Eles são de diversas ordens e precisamos nos limitar aos que atingem o conjunto dos países por serem de natureza sistêmica. Naturalmente, cada um dos fatores apontados como estruturantes da ordem em transição dá lugar a desafios específicos. Assim, a despolarização obriga os Estados a novos realinhamentos. A dissociação hegemônica torna tais alinhamentos mais complexos, uma vez que as alianças comerciais e financeiras não correspondem a convergências ideológicas ou militares. A transnacionalização confronta o Estado com novos atores. Para lidar com eles, uma nova diplomacia precisa ser inventada. A nova vulnerabilidade dos Estados exige cooperação em questões de segurança, em relação às quais os Estados relutam em cooperar. A descontenção representa desafio análogo.

Em vez de analisar detalhadamente cada um desses conjuntos de desafios, o que seria impossível no quadro deste capítulo, parece ser mais útil concentrar a reflexão em duas grandes dimensões da atual ordem em transição, que, de alguma forma, concentram vários desses fatores em desafios de grande magnitude.

Em primeiro lugar, trata-se de encontar uma resposta na política externa para o *caráter difuso da cooperação e do conflito*. A polarização da guerra fria resultava em alinhamentos definidos e hierarquizados. O alinhamento vital era ideológico, ao qual era subordinado o alinhamento militar, que tinha prioridade sobre o alinhamento econômico e financeiro. Assim, desde que não aderisse ideologicamente ao modelo soviético, um país do bloco ocidental podia restringir sua participação militar e divergir dos padrões de organização do mercado estabelecidos por Washington.

Uma grande amplitude de graus diversos de alinhamento militar era tolerada. Assim, o Brasil resistiu a todas as pressões para participar da guerra da Coréia, e a Iugoslávia, embora mantendo a hegemonia interna do Partido Comunista, não integrou o Pacto de Varsóvia, que era a resposta soviética à Organização do Tratado do Atlântico Norte (Otan). Muitos países aceitaram ceder território para bases militares americanas, outros não. Os primeiros estavam pressionados por situações geoestratégicas que os forçavam a depender do apoio militar americano. No caso do Brasil, houve circunstâncias em que foi possível recusar a instalação de bases militares americanas, e outras em que isto não foi viável.

No plano econômico, a hierarquia dos interesses vitais do bloco americano deixava a questão comercial e de investimentos com uma significativa margem de manobra para os países de sua órbita. Assim, as Comunidades Européias — o denominado Mercado Comum Europeu — foram incentivadas pelos Estados Unidos, para os quais era vital a reação política e militar ao temido avanço soviético, apesar do caráter protecionista e intervencionista dos europeus. A tolerância para com o protecionismo e para com o nacionalismo brasileiro também foi ampla, em que pesem os argumentos em contrário, que apontavam a política externa brasileira pré-Jango como uma forma de "alinhamento automático" com os Estados Unidos.

Na atual ordem em transição, o caráter difuso das bases de cooperação e de conflito provoca desafios diferentes. Variando segundo o tema, as circunstâncias e a dimensão de cooperação e conflito envolvida, países podem alinhar-se, cooperar ou conflitar simultaneamente com os mesmos parceiros em diferentes dimensões e momentos. A recente invasão do Iraque por uma coalizão comandada pelos Estados Unidos é um bom exemplo desse caráter difuso. Países que se alinham com os Estados Unidos em questões como a proliferação nuclear no extremo-oriente não somente não se alinharam, como foi o caso da França e da Alemanha, mas também se recusaram a cooperar e chegaram ao limite do conflito no que diz respeito à invasão e à ocupação do Iraque. No mesmo período esses mesmos países cooperaram com os Estados Unidos no enfrentamento das nações emergentes no que se refere à questão dos subsídios agrícolas no âmbito da OMC.

Países que estiveram em campos opostos na guerra fria, devido a conflitos regionais, como a Índia e o Paquistão, chegaram ao limite de confrontar com os Estados Unidos quanto à não-proliferação, quando procederam a testes nucleares, e agora rivalizam entre si em termos de cooperação com os Estados Unidos nos campos econômico, financeiro e de desenvolvimento de tecnologias sensíveis. Em suma, a questão da cooperação e do conflito já não pode ser sumariamente reduzida a um ponto de alinhamento ou não-alinhamento com qualquer potência ou grupo de potências, em que pese a clara supremacia americana. A questão da cooperação é complexa, exigindo políticas diversas para diferentes dimensões da cooperação. E a questão dos conflitos, incluindo alinhamentos, parcerias e alianças, tende a resolver-se por meio de geometrias variadas e instáveis.

A outra dimensão, resultante do efeito de diferentes fatores, como a transnacionalização e a inversão da vulnerabilidade entre o Estado e os atores sociais, é o *embaralhamento do doméstico com o externo*. Em todas as ordens internacionais, as fronteiras entre as relações de poder no interior de um Estado nacional e aquelas entre Estados são difíceis de definir, e a distinção conceitual está mais próxima das noções que se aprende a usar, mas cuja definição é freqüentemente pressuposta e não explicitada.

A diferença é que, enquanto a criação do Estado nacional foi, ao mesmo tempo, um processo de delimitação de territórios e de estabelecimento de autoridades definidas, com o atual período de transição ocorre o oposto. Dois efeitos principais, de conseqüências altamente disruptivas para a governança global, daí decorrem: de um lado, a tentação crescente dos Estados de estender, para além de seu território e de seus súditos, a sua autoridade legal; de outro, a recíproca, isto é, a tentação de trazer para a cena internacional processos, até então, perfeitamente delimitados no território, na população e na legislação dos demais Estados.

O desafio para a política externa é o de gerir a fronteira entre o doméstico e o internacional, não de acordo com as idéias e os interesses de atores domésticos ou não, mas de acordo com o caráter vital das ameaças envolvidas e com a capacidade do Estado de mobilizar recursos de poder para enfrentá-las, isto é, a política externa dos países passa a ser confrontada com uma aparente margem de liberdade para internalizar ou internacionalizar os desafios que enfrenta. Além disso, a política externa é confrontada com alternativas entre atender a idéias e interesses de atores sociais, movidos pela ética dos valores e dos direitos globais ou à necessidade de responder a ameaças vitais com diferentes graus de inconveniência, e entre atuar com recursos escassos de poder ou com palavras e idéias.

Essa aparente liberdade tem exacerbado, de forma crescente, a inclinação dos governos para empregar ações externas para enfrentar problemas domésticos e a dar tratamento doméstico para desafios externos. A quase totalidade dos conflitos militares pós-guerra fria deu margem a intervenções de grandes potências, motivadas muito mais por pressões domésticas originárias da opinião pública nacional e internacional do que por ameaças a seus interesses vitais.

2.5 O Brasil no novo cenário

O período final da guerra fria foi dominado por questões que prenunciavam a década de 1990: os temas econômicos de natureza transnacional que vieram a ser tratados na ótica da "globalização" e a emergência dos "novos temas" dos direitos e valores globais.

Os temas econômicos que dominaram a década de 1980 — dívida externa, instabilidade monetária, populismo econômico — envolviam um julgamento moral principista que resultava no estabelecimento de uma "culpa" pela violação de alguma regra de bom comportamento das nações e dos Estados. Tais temas confrontavam os Estados com interlocutores difusos, e não com outros Estados ou organismos internacionais ou supranacionais.

Em cada um dos campos da nova temática econômica transnacional, o Brasil foi um alvo preferencial de todos os atores envolvidos, seja os governos, os organismos financeiros internacionais, a comunidade financeira e de investidores e as organizações não-governamentais.

Somando-se à dimensão econômica, o conjunto dos novos direitos e valores globais, defendido pelos movimentos transnacionais de idéias, encontrou, no Brasil dos anos 1970 e 1980, um dos exemplos mais justificáveis do novo "dever de ingerência". E a Amazônia, pela vastidão dos desafios à sustentabilidade ambiental, pela gravidade dos atentados aos direitos humanos e dos povos, pelo radicalismo dos conflitos sociais, condensava, em um único exemplo, a dívida brasileira com a humanidade.

Disso tudo resultou um quadro em que a diplomacia brasileira teve pouca margem de iniciativa na maioria das questões relevantes internacionalmente, e foi condenada a reagir a investidas do exterior, que não podia prever nem controlar. É o período em que a política externa brasileira é basicamente reativa e defensiva.

Nesse mesmo período que prenunciava a transição da guerra fria, a interdependência econômica, financeira e de segurança do Brasil em relação às principais potências tendeu a tornar-se mais profunda e mais complexa. No plano da *interdependência financeira*, pode-se caracterizar a política brasileira como um *alinhamento com autonomia restrita*. A chave dessa política reativa foi a crise da dívida externa ou, mais provocativamente, a "armadilha" da dívida externa. "Armadilha", aqui, designa o fato de que a única forma de escapar à interdependência assimétrica revelou-se ser o *aumento* da interdependência.

De fato, depois do fracasso da politização da questão da dívida externa, tanto no governo Sarney quanto no governo Collor, descobriu-se uma das regras básicas da negociação: a única maneira de obter concessões adicionais, em uma situação de impasse, é oferecê-las também.

A concessão adicional exigida pelos credores e que, depois de aceita e cumprida pelo Brasil, desbloqueou a negociação da dívida externa, foi a de solicitar e obter o aval do Fundo Monetário Internacional (FMI) para o plano de ajuste da economia. Assim, a política econômica brasileira e as metas fiscais e os parâmetros macroeconômicos têm sido adotados em alinhamento mais ou menos estrito com as exigências do FMI.

Do ponto de vista comercial, o Brasil abandonou, durante as negociações da Rodada Uruguai do Gatt, a posição de liderança de uma coalizão de veto, como agora compartilhada com a Índia. A atitude do País tornou-se mais positiva e propositiva, tendo apoiado a criação da OMC e o reforço de sua capacidade de implementação e regulação do comércio internacional.

O Gatt — e por extensão a OMC — deixou de ser visto como um instrumento de abertura forçada de mercados para os países industrializados, passando a ser encarado como um instrumento de convergência entre os interesses distintos de países exportadores e importadores.

Pode-se dizer que, no âmbito comercial, a postura básica das elites e do governo brasileiro tem sido de *resistência ambígua*. Tanto para nossa diplomacia como para o empresariado, para os sindicatos e para a academia, as regras multilaterais de livre-comércio são um meio-termo entre a interdependência assimétrica com os Estados Unidos e a total liberdade de manobra para adotar regras de comércio que nos favoreçam unilateralmente, mas que nos deixariam sujeitos ao unilateralismo dos demais parceiros.

Quanto à *dimensão política*, as relações internacionais do Brasil poderiam ser definidas como um tipo de *participação conflituosa*. Por um lado, o País é um membro pleno, e desde o primeiro momento, do sistema internacional de segurança coletiva. Com o Japão, é, dentre os membros não permanentes, aquele que mais vezes teve assento no Conselho de Segurança das Nações Unidas. Tem uma longa tradição de participação em missões militares de paz e mantém um perfil alto em todas as sessões da Assembléia-Geral das Nações Unidas, que o País se orgulha de inaugurar todos os anos. Além disso, desde que se abriram discussões sobre a reforma da Carta e, principalmente sobre a composição do CS/ONU, o Brasil tem sido um candidato a membro permanente, no que conta com significativo apoio da população e da elite nacional.

Por outro lado, tanto oficiosa quanto oficialmente, a diplomacia brasileira tem-se manifestado crítica do sistema de poder nas Nações Unidas e no sistema internacional como um todo. Mais transparência nas decisões e equilíbrio entre as potências, mais respeito a princípios e menos recurso a diferenciais de poder e riqueza e mais recurso à diplomacia e à solução negociada das disputas são reivindicações que manifestam insatisfação quanto às regras atuais do jogo.

Outro aspecto, este contrastante com a posição crítica assumida por nossa diplomacia, é o que diz respeito à adoção, ainda que relutante, de princípios intervencionistas em contraposição ao princípio de não-intervenção estabelecido na Carta das Nações Unidas e fortemente incutido em nossa tradição de política externa. De uma postura rígida de não-intervencionismo, o País passou a adotar uma política de avaliação, caso a caso, da oportunidade de invocar o direito de autodeterminação ou o dever de ingerência, sobretudo em matéria de proteção à democracia.

Nesse sentido, o Brasil se associou à modificação da Carta da Organização dos Estados Americanos (OEA) e à adoção de uma cláusula democrática, que também foi introduzida no Mercosul em reação à primeira tentativa de golpe militar contra o presidente Wasmosy, do Paraguai. Na sucessão de crises da democracia paraguaia nos últimos dois anos, a diplomacia brasileira manteve um perfil alto de intervenção.

Em relação aos novos *temas transnacionais*, ocorreram algumas alterações significativas referentes à década de 1980. Nossa diplomacia abandonou a postura defensiva e procurou ajustar-se mais às expectativas da sociedade do que aos objetivos do Estado. Sua permeabilidade às pressões da sociedade, particularmente à expressão das organizações de caráter transnacional, aumentou de modo inusitado. Não seria exagero afirmar que a influência desses grupos organizados na formulação de nossa política com respeito aos novos temas tornou-se desproporcional à sua representatividade na sociedade e superou bastante a influência do empresariado em nossa política comercial, por exemplo.

Essa mudança de atitude só não é mais significativa porque houve uma mudança no eixo temático de nossa vulnerabilidade externa. A temática transnacional perdeu muito de sua urgência e de sua virulência.

O Brasil é hoje muito mais vulnerável a julgamentos a respeito de sua balança comercial do que de sua política de desenvolvimento da Amazônia ou pela maneira como protege os direitos humanos. Pesa mais sobre nosso destino o escrutínio sobre o déficit público e a taxa de poupança doméstica do que a velocidade da reforma agrária.

Existe, entretanto, uma nova vulnerabilidade que deriva da conjunção entre essas duas dimensões, isto é, dos novos direitos e princípios transnacionais com o comércio e os investimentos. O efeito da ingerência derivada dos regimes e convenções de proteção aos "novos" direitos, e de garantia de respeito às normas de proteção ao patrimônio da "comunidade" global, é primordialmente moral. E a moral sempre tem um peso para cada medida.

Quando a ingerência toma a forma de sanções — sejam elas econômicas, políticas ou militares — o que conta em última instância é o diferencial de poder. Basta citar os exemplos da China e da Rússia quanto à capacidade e ao empenho da comunidade internacional em lhes impor sanções, e mesmo condenações puramente morais sobre violações de direitos humanos ou direitos dos povos. Há, evidentemente, um peso para a Sérvia e outro para a Rússia, um peso para Cuba e outro para a China.

Embora de caráter muito mais moral do que outra coisa, a diferença entre países signatários e não-signatários de uma convenção ou declaração diz respeito exatamente à admissão ou não dos princípios em causa. E a conformidade com os princípios, mais do que o seu respeito efetivo, de comprovação muito mais difícil, permite granjear, senão aprovação, pelo menos simpatia.

Já a tentativa de adoção de padrões internacionais de normas de proteção ao trabalho, ao meio ambiente, aos investimentos, aos consumidores, aos direitos humanos etc., como regras de lealdade concorrencial no comércio internacional, coloca problemas de natureza totalmente diversa. Uma vez introduzidos no regime internacional de comércio, tais padrões criariam vulnerabilidade, não somente no plano moral, mas com possibilidade de efeitos reais sobre as economias nacionais.

O custo da conformidade, nesse caso, além de declaratório, seria também real. Isso porque, com as vozes emanadas dos movimentos de idéias, motivadas pela conformidade aos princípios — e, portanto, indiferentes aos efeitos colaterais não diretamente relacionados aos seus ideais — far-se-iam presentes interesses reais contrariados com a "competição desleal"[5]. Além disso, a inconformidade provocaria um custo adicional, na medida em que

5 Não é por outra razão que Paul Krugman assinalou, ao inaugurar sua nova coluna jornalística — a primeira do milênio, do século e da década, como fez questão de destacar —, que a aparente derrota imposta à globalização financeira com o fracasso das pré-negociações da nova rodada da OMC, em Seattle, deve-se a um único consenso: o de fechar as portas aos trabalhadores do Terceiro Mundo. Cf. *O Estado de S.Paulo*, 4 jan. 2000.

afetaria a percepção externa do País como um todo, repercutindo sobre as decisões dos governos, dos turistas, dos investidores, tanto internos quanto externos, sem mencionar a opinião doméstica.

Um fator de rigidez a mais reside na propensão dos países ricos a encarar com descréditos os países pobres, sobretudo os não-brancos. Assim como a adoção de mecanismos de defesa comercial (contra práticas "desleais" de comércio) pressupõe que os países competidores adotam regras, mas não as cumprem ou criam outras para distorcê-las, a adoção de padrões compatíveis de políticas fatalmente dará margem à presunção de que tais padrões não são cumpridos ou são distorcidos.

Antes mesmo da adoção de padrões regulatórios internacionais, já são aplicados mecanismos unilaterais de sanção, na forma de certificações e selos de garantia, e nada garante que a conclusão de acordos internacionais vá suprimi-los automaticamente.

A terceira fonte de custos deriva do efeito "ideológico", isto é, sobre a percepção global do país que se afasta ou se aproxima do padrão de convergência de normas e direitos, uma vez legitimados por um acordo formal. Esse efeito pode ser de duas ordens: em primeiro lugar, quando atuar diretamente sobre a percepção de atores externos relevantes, cujas decisões possam implicar custos ou benefícios para um país. É o caso tanto de investidores de risco como de especuladores, prestamistas, turistas, importadores, sem falar em formuladores da política externa e de defesa. Em segundo lugar, tendo em vista que essa percepção externa se reflita na expectativa dos atores relevantes domésticos, cujas decisões passem a ser moduladas em função da probabilidade de afetar as percepções e, por meio delas, as decisões dos atores externos.

2.6 Conclusão

A última década do século XX foi o cenário de uma mudança sistêmica que pôs fim à ordem mundial da guerra fria. Entretanto, tal mudança não levou ao imediato colapso das instituições e regimes internacionais então vigentes, nem consolidou imediatamente uma nova ordem, nem sequer delineou os contornos dessa ordem estável do poder mundial. O resultado não foi, até agora, a inexistência de qualquer ordem, mas uma ordem em transição.

As características dessa transição, que lhe emprestam alguma permanência, tendem a tornar o mundo mais instável, menos previsível e com um número significativamente maior de incógnitas e ameaças do que de equações e recursos de ação. Em um contexto dessa natureza, a política externa é confrontada com desafios para os quais não encontra soluções inspiradas na doutrina ou na experiência.

Enquanto na guerra fria o alinhamento fundamental, em um mundo polarizado entre duas potências hegemônicas, praticamente determinava o conjunto das opções de política externa, pois limitava as alternativas, no atual período as parcerias, alianças e alinhamentos não são mutuamente excludentes. As ações de política externa refletem, como não poderia deixar de ser, a instabilidade do equilíbrio entre as potências, a imprevisibilidade dos atores — particularmente dos não-governamentais — e a superposição de alianças e tendem, por isso mesmo, a guiar-se por critérios *ad hoc*. A heterogeneidade das ações dificulta a consolidação de políticas consistentes, e a ausência destas mina a capacidade de adotar estratégias de longo prazo.

Longe de decretar o fim da política nas relações internacionais — como tantos já previram o fim da história ou dos conflitos — os dois processos mais determinantes dentre os cinco, apontados como definidores do atual período em transição, a *despolarização* e a *transnacionalização* recolocam a política externa no pináculo das relações internacionais. As constrições e as ameaças desencadeadas por ambos os processos são de tal maneira sobrepostas que é impossível estabelecer parcerias, alianças e alinhamentos integralmente coerentes entre si.

Com isso, a predeterminação das escolhas internacionais por fatores de natureza sistêmica, regional ou doméstica desaparece, e o lugar para a formulação autônoma da política externa ressurge com todo o vigor. Isto não significa, entretanto, que qualquer política externa venha a ser possível e que as escolhas no campo internacional deixem de ter um custo. O improviso, a idealização, o doutrinarismo terão um lugar, que lhes é proporcionado pela natureza aberta do sistema em transição, mas, por isso mesmo, pagarão um alto preço pelas escolhas sem fundamento no interesse vital do Estado.

Referências

ALBUQUERQUE, José Augusto Guilhon. A ONU e a nova ordem mundial. In: A ONU e a paz (vários autores). *Estudos avançados*, 25, set./dez. 1995.

———. *Relações internacionais contemporâneas*: a ordem mundial depois da guerra fria. Rio de Janeiro: Vozes, 2005 (Coleção Relações Internacionais).

———. La nueva geometría del poder mundial en las visiones argentina y brasileña. In: BALZE, Felipe de la. *El futuro del Mercosur entre la retórica y el realismo.* Buenos Aires: ABA/Cari, 2000.

———. O fim da guerra fria e os novos conflitos internacionais. In: MOISÉS, J. A. (Org.). *O futuro do Brasil. A América Latina e o fim da guerra fria.* São Paulo: Paz e Terra/Nupri. 1992.

———. Um papel para a social-democracia em um mundo globalizado. In: CRUSIUS, Yeda. *Novo contexto internacional e a social-democracia.* Brasília: Instituto Teotônio Vilela, 2003.

3

À BUSCA DE UMA NOVA SOCIEDADE INTERNACIONAL:

teoria e prática das relações internacionais no início do século XXI

José Flávio Sombra Saraiva

3.1 Introdução

O objetivo desse breve capítulo é o de propor uma interpretação acerca de algumas das tendências em curso nas relações internacionais contemporâneas. O ponto de partida é a noção de que as práticas dos Estados nacionais, das organizações e instituições internacionais, das sociedades em movimentos e dos atores transnacionais, entre outros, são acompanhadas, explícita ou implicitamente, por conjuntos de percepções, de valores, de identidades e de conceitos que emanam de tais práticas. De forma biunívoca, essas são alimentadas por conceitos e teorias.

Indagações diversas podem ser sugeridas na busca do entendimento sobre as características marcantes das relações internacionais contemporâneas. Há uma dimensão sistêmica que confere lógica interna e coerência universal nas relações internacionais no início do novo milênio? Há uma sociedade internacional uniforme e dominada por regras aceitas pelo conjunto dos Estados? Qual o peso relativo da imediata transição do pós-guerra fria para os novos contornos das relações internacionais contemporâneas? O que pesa mais na agenda internacional dos novos tempos: a economia política da globalização, o peso geopolítico e estratégico de grandes plataformas científico-tecnológicas ou as dimensões da segurança internacional? Quais os lugares políticos e econômicos dos Estados situados às margens da sociedade internacional? Qual o valor específico dos novos atores não tradicionais na conformação da sociedade internacional?

Agendas e temas variados nascem e renascem. Há vários roteiros e métodos que podem ser utilizados. Do realismo clássico, passando pelas vertentes do internacionalismo liberal, às correntes pós-modernas, as relações internacionais vêm assistindo à ampliação dos seus horizontes analíticos em todo o mundo. No caso brasileiro, a sadia disputa teórica e metodológica no estudo das relações internacionais é aspecto motivador do desenvolvimento da área no Brasil.

Procurou-se, neste capítulo, trilhar apenas mais um caminho, entre tantos possíveis. A forma de apresentação é quase esquemática e corresponde aos primeiros momentos de uma reflexão ampla que está em curso acerca das matrizes da sociedade internacional pós-guerra fria. A idéia de sociedade internacional[1] provê a matriz conceitual em torno da qual são analisados processos, estruturas, fenômenos, além de atores internacionais relevantes para o esforço de construção da visão de conjunto. Indaga-se a respeito da pertinência do uso do conceito de sociedade internacional para abarcar a diversidade de visões e de práticas internacionais do momento.

O texto está dividido em duas partes. Na primeira, avaliam-se os processos históricos recentes que convergem para a formação das relações internacionais depois da guerra fria. Na segunda, são sugeridos alguns temas centrais em que o movimento das relações internacionais, em período de transformação dialética, opera no contexto atual. Observam-se, nesse caso, os paradigmas em mutação da ordem bipolar para uma sociedade internacional mais difusa e complexa do início do século XXI.

---

1 Aqui o conceito de sociedade internacional se aproxima das postulações típicas à escola inglesa das relações internacionais, em especial dos debates intelectuais advindos do British Committee of the Theory of International Politics. Veja, por exemplo, o livro organizado, há exatamente uma década, por autores do grupo britânico: FAWN, Rich; LARKINS, Jeremy (Ed.). *International society after the Cold War.* London: MacMillan, 1996. Ver também dois livros essenciais à discussão do conceito de sociedade internacional: DUNNE, Tim. *Inventing international society:* a history of the English school. London: MacMillan, 1989; VIGEZZI, Brunello. *The british committee on the theory of international politics (1954-1985)*: the rediscovery of history. Milan: Unicopoli, 2005.

Entre as quatro características escolhidas para discutir o tempo presente na segunda parte do texto, uma, na conclusão, é dedicada aos aspectos mais conceituais da sociedade internacional contemporânea. De forma breve e aberta, pergunta-se mesmo se é possível utilizar o conceito de sociedade internacional em mundo tão diverso, dividido e heterogêneo. Existirão, na prática, várias sociedades internacionais concomitantes? Elas se comunicam de que maneira? Ou tais sociedades internacionais não chegam, de fato, a celebrarem uma comunicação satisfatória?

3.2 O peso da história nas relações internacionais contemporâneas

A história não serve apenas de preâmbulo. Ela é parte intrínseca à formação das estruturas do presente e matriz genética dos fenômenos internacionais atuais[2]. O que se tem por presente é, em larga medida, a resultante dos choques de condensação de processos que se avolumaram no passado ante as novas condições que alimentam o inédito. Isso explica, em parte, a presença de uma série de processos que, ainda inacabada, se faz ativa na nova ordem internacional do presente[3].

Novas hierarquias, balanças de poder, interação e multiplicação de atores, tensões entre projetos de bases culturais distintas, emergência de outras formas de transnacionalizações econômicas, políticas, sociais e imateriais, entre outras impulsões internacionais, modificaram o perfil do início do século XXI. A contribuição, no entanto, de alguns fatores anteriores ao novo caráter da sociedade internacional contemporânea permanece sugerindo alguma continuidade no novo tempo e a indicando à intervenção de regularidades que conferem coerência de longa duração às relações inter-

---

2 Como lembraria Carr, de forma mais atualizada, em seu clássico manual: CARR, E. H. *Que é história?* 3. ed. São Paulo: Paz e Terra, 1982. p. 113-130.

3 Essa foi uma das preocupações maiores dos autores britânicos que — envoltos na discussão acerca da pertinência da aplicação do conceito de sociedade internacional a diferentes temporalidades e contextos históricos, conforme exarado das reuniões e dos textos produzidos pelos British Committee on the Theory of International Politics — insistem na "redescoberta" da História como um relevante instrumento teórico e metodológico na formação de uma ontologia própria às relações internacionais. Ver: VIGEZZI, 2005, p. 289-309. Vale também ver os problemas atinentes à força da história moderna na conformação da ordem internacional européia do século XIX em: WICHT, Martin. *A política do poder*. Brasília: Editora da UnB/IPRI/Imprensa Oficial do Estado de SP, 2004.

nacionais dos dias atuais. Serão necessárias várias acomodações nas próximas décadas para que se possa, de fato, mapear na plenitude a paisagem internacional do mundo contemporâneo.

Algumas perguntas, contudo, podem ser levantadas. Qual o peso do passado recente na conformação do novo? Quais as características importantes, herdadas da chamada de ordem da guerra fria, que, eventualmente, permanecem e influenciam a conformação das relações internacionais do mundo contemporâneo?

A primeira característica da guerra fria a permanecer na nova ordem foi seu movimento, datado historicamente entre as décadas de 1950 e 1970, de gradual flexibilização da tensão bipolar em favor da admissibilidade da diversidade de interesses. A segunda de suas características, a crescente permissividade à diversidade cultural no sistema internacional, foi a matriz do caráter menos discriminatório da sociedade internacional do presente.

Em outras palavras, a sociedade internacional do presente não advém de uma única experiência cultural nem é tributária de uma única base geopolítica como fora a sociedade internacional européia do século XIX. Autores ingleses, como Adam Watson, já haviam chamado a atenção para o fato de a sociedade internacional européia ter fenecido em sua obra de fazer do mundo seu espelho.[4] Isso também se poderia dizer da ordem internacional da guerra fria.

3.2.1 A força da flexibilização gradual

Embora conceitos e modelos típicos à politologia e à historiografia norte-americana de relações internacionais tenham consagrado, à forma de John Gaddis[5], uma noção excessivamente dicotômica da ordem da guerra fria, ela não foi, de fato, sempre bipolar. Os avanços das pesquisas mais recentes, em vários e multinacionais projetos de revisão dos estudos da guerra fria, confirmam o peso para os dias atuais da histórica flexibilização gradual da ordem bipolar na direção de novas constelações de polaridades que já se desenhavam nos intestinos do concerto americano-soviético. Essa

---

4 WATSON, Adam. *The evolution of international society. A comparative historical analysis.* London/New York: Routledge, 1992.

5 GADDIS, John. *We now know:* rethinking cold war history. Oxford: Oxford University Press, 1997.

flexibilização gradual ganharia contornos mais dramáticos, naturalmente, ante a declínio do poder soviético[6].

Quais os processos históricos por meio dos quais essa transição da ordem bipolar para a ordem pós-bipolar operou? O primeiro advém da própria evolução gradual, interna ao condomínio dos dois gigantes, e que seguiu, de forma ascendente na direção da cooperação direta entre os dois e a remover a hipótese de deflagração direta entre os Estados Unidos e a União Soviética.

Essa tendência, em parte formada já na década de 1950 sobre o conceito de coexistência pacífica, e aprofundada nas décadas de 1960 e 1970, foi a garantia de certa segurança e previsibilidade na transição da ordem da guerra fria para a ordem internacional contemporânea sem grandes traumas. Do condomínio americano-soviético para os novos arquipélagos de poder e de interesses desenhados nas décadas de 1980 e 1990, houve um caminho menos tortuoso do que os previstos pelos modelos das teorias realistas clássicas e mesmo pelas proposições liberais. As últimas, apesar de sua diversidade, tenderam a dar valor ontológico à nova hegemonia capitalista do centro em detrimento de fatores ou variáveis, como a diversidade cultural e a emergência de novas polarizações estatais na Eurásia no pós-guerra fria.

Houve, nesse sentido, uma transição mais suave do que muitos analistas apresentaram e ainda apresentam, particularmente aqueles que exageram os abismos entre os dois tempos: o da guerra fria e o do pós-guerra fria. Os liberais sublinharam a vitória fulgurante do capitalismo hegemônico liderado pela superpotência remanescente da guerra fria[7]. Os neorealis-

6 Ver, nesse caminho mais cauteloso de entendimento das rupturas históricas nas relações internacionais, a extraordinária contribuição da historiografia francesa pós-Renouvin e Duroselle, como os livros de Girault e Frank: GIRAULT, René. *Relations internationales contemporaine*, t. 1: *Diplomacie européenne; nations et imperialismes, 1871-1914,* t. 2, em colaboração com FRANK, Robert. *Turbulente Europe et nouveaux mondes, 1914-1941*, t. 3, em colaboração com THOBIE, Jaches; FRANK, Robert. *La loi dês géants, 1941-1964*. Paris: Masson, 1985, 1988 e 1993, respectivamente. Ver também os dois volumes do livro por mim organizado: SARAIVA, José Flávio Sombra (Org). *Relações internacionais*: dois séculos de história. Brasília: Instituto Brasileiro de Relações Internacionais, 2001.

7 Como se percebe na obra celebrada de Francis Fukuyama. Ver também IKENBERRY, G. John. *After victory*: institutions, strategic restraing, and the rebuilding of order after Major War. Princeton: Princeton University Press, 2001.

tas logo insistiram no momento unipolar, quase imperial, gerado pela *pax americana*[8].

Ao contrário das proposições realistas e liberais clássicas, deve-se reconhecer que o surgimento de percepções e identidades próprias, em várias partes do globo, ao lado da guerra fria, mas não tributárias dela, seriam o mote do novo tempo das relações internacionais no início do novo século. Essas percepções e esses caminhos culturais e ideológicos alternativos se espraiaram pelo mundo de maneira discreta, porém decisiva, a modificar gradualmente o monopólio da bipolaridade ideológica típica à guerra fria.

Esses aspectos gerariam efeitos relevantes para o conjunto das relações internacionais bastante antes do fim da União Soviética ou da derrubada do muro de Berlim, além de antecederem aos efeitos dos atentados terroristas do 11 de setembro de 2001. Não-alinhamento automático aos discursos da guerra fria, emergência do integrismo islâmico, esforços de descolonização mental e percepções de vulnerabilidades nos corações das sociedades civis das democracias dos centros de poder global, entre outros fatores sociais e culturais como as reações da opinião pública norte-americana ao fiasco da guerra do Vietnam, movimentos estudantis como os de 1968 e a crítica à sociedade de consumo, entre outras forças, engendraram percepções e identidades que se transformaram, aos poucos, nas bases da transição da ordem da guerra fria para a nova ordem global. Estão hoje no coração da emergência de novos atores relevantes na conformação da sociedade internacional contemporânea.

3.2.2 A consciência da diversidade de interesses

O segundo grande fator de corrosão gradual da guerra fria, e elemento a animar as transformações do mundo atual, é a tomada de consciência da diversidade de interesses que se generalizou já nos tardios anos 1950 do século passado, muito embora ainda não contivesse grande peso relativo no esquema bipolar. Mas a diversidade de interesses cresceu ao longo das décadas seguintes. A franca aceleração da divisão de interesses no jogo internacional das décadas de 1960 e 1970, por exemplo, mostrou, já na-

8 Ver, por exemplo, a crítica de Andrew Hurrell acerca dessas análises em HURRELL, Andrew. Pax Americana ou império da insegurança? *Revista Brasileira de Política Internacional*, 48 (2), p. 30-54, 2005.

quela época, que a bipolaridade já não se aplicava ao campo econômico. A emergência japonesa e a confirmação da vocação integracionista da Europa iriam modificar a própria dinâmica da bipolaridade.

A França viria ensaiar, com De Gaulle, os passos da distensão na Europa Ocidental. Eles foram seguidos pela *Ostpolitik* alemã que levaria, na década de 1970, Willy Brandt, eleito na Alemanha ocidental por uma coalizão social-democrata e liberal, a avançar uma política de aproximação com a Alemanha oriental. Esse entrosamento entre europeus acabou por aliar as duas superpotências, que se curvavam a visões e a preocupações regionais de segurança.

A Conferência de Helsinki sobre Segurança e Cooperação na Europa (CSCE), realizada em 1975 e preparada cuidadosamente desde novembro de 1972, confirmou a tendência do desarmamento dos espíritos entre soviéticos e norte-americanos. Leonid Brejnev e Gerald Ford, ao assinarem o acordo final de Helsinki com todos os mais de 30 chefes de Estado e de governo da Europa, amenizaram as três décadas de desconfianças mútuas. Os europeus buscavam algo além de uma harmônica saída para o tema da segurança. Reivindicavam seus próprios espaços de poder negados pelo jogo das superpotências.

A consciência da diversidade de interesses, embora não fosse uma nova característica das relações internacionais do pós-guerra, apareceu nos anos 70 como uma de suas mais dinâmicas características. Muitos fenômenos que modificavam a fisionomia do mundo, como o revigoramento da capacidade operativa dos Estados europeus, o nascimento da idéia da Comunidade dos Estados Europeus, a determinação francesa de construir sua própria política militar fora dos esquemas do atlantismo anglo-saxão, os novos dados estratégicos mundiais que punham em xeque a Aliança Atlântica, entre outros fatores, fizeram a diversidade empurrar o caráter bipolar do sistema internacional para formas mais flexíveis, bem antes da derrubada do muro de Berlim. Isso modifica a declaração geralmente aceita de ser o desmoronamento do muro o símbolo do fim da guerra fria.

Outro exemplo da elevação da diversidade vem da própria América Latina. A região viveria décadas de transição e incerteza no mesmo período referido anteriormente, marcado por ditaduras militares em alguns países-chave da região, mas buscaria também certa afirmação internacional. Traçando perfil próprio de não-alinhamento automático às áreas de influência herdadas da Segunda Guerra Mundial, países como o Brasil e o México reivindicaram, cada um a seu modo, a ocupação de posições de destaque no sistema internacional. O modelo do nacional-desenvolvimentismo, ainda vigoroso, sobreviveria graças a uma certa eqüidistância em relação às prebendas da superpotência hemisférica, não muito animada com processos de industrialização acelerada, com capacidade exportadora e de relativo desafio ao escoamento dos produtos norte-americanos na periferia do capitalismo.

O componente desenvolvimentista das relações internacionais das décadas de 1960 e 1970 embotaria a ideologia da guerra fria e moveria paixões e ideologias políticas para o embate Norte-Sul. Animados pelo grito de independência, países afro-asiáticos viriam propor, ao lado da América Latina, o conceito de forja de uma nova ordem econômica internacional em favor do, então, chamado de Terceiro Mundo. Procuraram apresentar-se como um todo, como uma unidade vigorosa nas relações internacionais.

Haveria, nesse caso, um perfil romântico de reforma da ordem econômica, mas também um traço pragmático contrário à redução das potencialidades internacionais dos Estados à margem do poder global. Não se trata de um sonho idealista, porquanto certamente guiavam-se os países do sul por percepções concretas de interesses que jogavam sobre o cenário internacional em movimento concatenado e global. Trata-se, por certo, de ilusões igualitaristas, visto que julgavam tais países deter poder suficiente para reverter os parâmetros da ordem a seu favor.

A crise econômica mundial dos anos 70, com desfecho inconcluso ainda nas décadas seguintes para muitos países, também seria um fator de corrosão gradual da ordem da guerra fria em décadas anteriores aos anos 1990. Especialmente as crises energéticas e financeiras, responsáveis por um longo período de intranqüilidade nas relações internacionais, ofereceram razões para a revisão do próprio papel central e tradicional dos Estados nacionais na política internacional.

As crises energéticas e financeiras mundiais, exemplificadas nos dois choques de preço do petróleo nos anos 1970 e na crise de convertibilidade do dólar norte-americano, prenunciaram a mudança do paradigma tecnológico-industrial do capitalismo. Essa mudança de referência econômica veio confirmar a criatividade do capitalismo praticado em grande parte do mundo perante as experiências de economia planificada dos países socialistas. Em certa medida, os anos 1970 oferecem as matrizes históricas para a multiplicação de fenômenos — como a denominada globalização liberal, a crise do modelo socialista no Leste Europeu e os movimentos de regionalização econômica que vieram a prosperar na década de 1990.

3.2.3 A fissura que vem dos anos 1970

Localizada temporalmente entre os desdobramentos da *détente* dos fins dos anos 1960 e o sobressalto provocado pelo retorno do antagonismo Leste-Oeste da primeira metade dos anos 1980, as relações internacionais dos anos 1970 possuem unidade histórica e conceitual própria. A década foi de incertezas e de grandes indefinições na ordem internacional, ainda monitorada pelos dois gigantes. A ampliação de atores e temas internacionais, a elevação de novos interesses no Sul e nos aliados tradicionais dos Estados Unidos, a recomposição da balança de poder em favor da Europa e certas partes da Eurásia, especialmente Japão e China, seriam sua maior contribuição à diversidade nas relações internacionais da guerra fria.

Nesse sentido, perde certo sentido continuar a falar de guerra fria já naquelas décadas, uma vez que a hipótese de guerra direta entre as superpotências esteve descartada em favor dos processos de negociação da contenção e do controle mútuo de arsenais nucleares. A cúpula americano-soviética de 1972 foi exemplo relevante da elevação da consciência acerca dos limites do terror. A visita de Nixon, a primeira de um presidente norte-americano à União Soviética, revestiu-se de esperanças de gerenciamento da paz e da busca de um novo equilíbrio menos bipolar da ordem global. Um verdadeiro código de conduta seguiria os anos da *détente* e realimentaria o sistema de poder dual sobre o mundo. Do processo negociador resultou o Tratado Salt, que reordenava a inserção internacional das duas superpotências em clima de distensão.

O avanço dos entendimentos entre Washington e Moscou foi incontestável naqueles anos e pavimentaram o caminho para a gradual erosão da ordem bipolar. De 1970 a 1975, as exportações ocidentais para a União Soviética quadruplicaram, especialmente animadas pela ampliação da demanda soviética por produtos agrícolas e industriais diversificados. Os defensores da *détente* chamavam a atenção, no Ocidente e no Oriente, para os aspectos positivos criados pelos intercâmbios econômicos novos. A abertura comercial entre os gigantes era garantia de paz duradoura no conjunto das relações Leste-Oeste. A Emenda Jackson, de dezembro de 1974, e o próprio acordo comercial de outubro de 1972, garantiram aos soviéticos, nos Estados Unidos, as vantagens da cláusula da nação mais favorecida. A tradução dessas condições excepcionais no relacionamento mercantil entre as superpotências permitiu a elevação do volume do comércio de 200 milhões de rublos em 1971 para 3 milhões em 1979. Era claro o avanço econômico resultante das conquistas políticas da era da *détente*. Esses fatos teriam mais peso no fim da guerra fria do que a queda simbólica do muro de Berlim na década seguinte.

É evidente, no entanto, que essa evolução precoce na direção da corrosão dos paradigmas da guerra fria não pode ser superestimada. A aproximação americano-soviética não pode ser objeto de uma visão simplista e ingênua. A convivência tolerante em parte dos anos 1970 e na segunda metade dos anos 80 não significou a inexistência de tensões entre Moscou e Washington. Permaneceriam problemas herdados da guerra fria em algumas áreas como a situação de Berlim, a divisão da Alemanha e a questão fronteiriça com a Polônia.

A fissura no interior dos dois blocos políticos no Ocidente e no Oriente, bem antes da derrubada do muro de Berlim e da extinção da União Soviética em 1991, iriam corroer o condomínio de poder em favor de uma clara flexibilização da ordem internacional. Essas noções já eram percebidas pelas forças sociais, políticas e econômicas externas aos dois gigantes. Nos Estados Unidos, ela foi percebida, claramente, pelos agentes políticos e pela sociedade no seu conjunto já nos anos 1970 e 1980. A crise econômica, o escândalo de Watergate, o trauma da Guerra do Vietnã, entre outros fatores, haviam levado os norte-americanos a uma certa crise de consciência em sua política exterior. Gritos de *no more Vietnã* erodiram o consenso em política exterior nos anos 1960. O declínio dos meios de potência, ainda que percebidos, dividiram a opinião pública e prepararam o espírito para o fim da idéia da existência de um eterno inimigo que vinha do Oriente. A guerra fria iniciava seu declínio ideológico.

3.2.4 A ausência de um lastro cultural comum

Uma característica última que chama a atenção para o peso da história da guerra fria sobre o mundo pós-guerra fria é do fato de que a primeira não deixou um lastro único, comum, que passasse a predominar culturalmente sobre a segunda. Nem o socialismo real conseguiu se impor no mundo ao final do século XX, tampouco a ideologia do capitalismo de oportunidades imperou na nova ordem, para frustração dos seus ideólogos estabelecidos não apenas em Washington, mas em um enorme espectro de autores e formuladores ao Ocidente.

A dimensão cultural das relações internacionais do mundo contemporâneo não é, nesse sentido, dominada por uma forma hegemônica ou universalmente aceita. Inexiste uma moldura cultural única a ser seguida. Apesar da vitória de Pirro, alcançada pela internacionalização da globalização econômica como um projeto de liberalização crescente e da ampliação da comunicabilidade societária nas relações internacionais pós-guerra fria, em parte, da década de 1990, a reviravolta provocada pelo 11 de setembro de 2001 viria demonstrar que havia formas encobertas de rejeição ao princípio abrangente e atualizado da velha idéia da harmonia de interesses. A forma apresentada pelos centros de poder do capitalismo ocidental não se fez convincente em enormes áreas geoculturais do planeta, principalmente no espaço da Eurásia islâmica.

Como lembrado por Samuel Huntington[9], há um fracionamento cultural, mas que não chega a ser exatamente civilizacional como proposto por esse autor norte-americano. Não há dicotomia, como ele prefere, mas constelações múltiplas dotadas de grande vigor cultural que subsistiram na guerra fria e renasceram ante as possibilidades das brechas abertas pela própria internacionalização dos fluxos materiais e imateriais das últimas décadas.

Em todo caso, essas diferenças de percepções alimentam diferentes visões, acerca das formas com as quais cada sociedade nacional, ou conjunto de sociedades nacionais, ou comunidades maiores de Estados, procuram entender o que elas são, o que desejariam para si e para a sociedade internacional como um todo. Daí a idéia de que a sociedade internacional do pós-guerra fria seja menos discriminatória ante a inexistência de um único pólo de emissão de cânones, códigos, valores e projetos culturais. Tampouco o devir histórico parece ser monopólio de uma única sociedade nacional ou mesmo de um conjunto de países que controla, com suas empresas, os fluxos financeiros, comerciais e tecnológicos mais expressivos nas relações internacionais contemporâneas.

Seria, portanto, inocência teórica imaginar que a ausência de um lastro cultural comum que amalgame as formas culturais nas relações internacionais pós-guerra fria seria um fenômeno absolutamente novo. Ao contrário, o estudo detalhado dela, como está sendo feito hoje em várias partes do mundo, está a demonstrar que, para além das dimensões econô-

---

9 HUNTINGTON, Samuel. *Who are we?* Americas great debate. New York: Free Press, 2004. Ver também o seu livro clássico a respeito do tema: HUNTINGTON, Samuel. *The clash of civilizations*. New York: Simon and Schuster, 1996.

micas e políticas e da disputa Leste-Oeste, havia a permanência ou adaptação de um conjunto de regras e valores os quais seguiam mais relevantes para as múltiplas sociedades nacionais. O integrismo islâmico se expandia no manto da guerra fria. As formas radicais de antiocidentalismo eram urdidas em vários Estados nacionais do Oriente Médio na mesma proporção que o Estado de Israel era protegido pelo gigante ocidental. O nacionalismo de fins na América Latina, por exemplo, teve função supletiva ao esforço de adensamento econômico e de inserção positiva dos Estados da região em toda a guerra fria[10].

Em síntese, ao lado do esforço de hegemonização dos seus valores por parte das superpotências, seus arquipélagos de vassalagem e seus ideólogos em várias partes do globo, movimento de contenção da mesma proporção era empreendido por comunidades epistêmicas nacionais no sentido contrário ao das idéias hegemônicas[11]. O mundo pós-guerra fria iria se beneficiar, em muito, dessa força profunda nas relações internacionais da bipolaridade imperfeita.

3.3 Das complexidades internacionais do presente à idéia de sociedade internacional no século XXI

Se a história não retrata apenas o passado, o presente não é apenas expectativa do futuro. As realidades contemporâneas apresentam suas espe-

[10] Ver, por exemplo, a extraordinária contribuição da escola argentino-brasileira ao estudo da história das relações internacionais contemporâneas e sua riqueza para a demonstração do quanto a guerra fria, ainda que presente, não presidiu as relações externas dos Estados nacionais. A desideologização da inserção da região, especialmente de países como o Brasil, levaria a menos paixão pelo meio do alinhamento à superpotência hemisférica, mesmo entre setores expressivos dos liberais associativistas. Ver, entre tantos livros e teses, especialmente: CERVO, Amado L.; BUENO, Clodoaldo. *História da política exterior do Brasil*. Brasília: Editora da UnB/IBRI, 2002; FIGARI, Guillermo. *Pasado, presente e futuro de la política exterior argentina*. Buenos Aires: Grupo Editor Latinoamericano, 1993; PARADISO, José. *Debates y trayectoria de la política exterior argentina*. Buenos Aires: Editorial Planeta, 1993; MONIZ BANDEIRA, L. A. *Estado nacional e política internacional na América Latina*: o continente nas relações Argentina—Brasil. São Paulo: Ensaio, 1993; SARAIVA, José Flávio Sombra. *O lugar da África:* a dimensão atlântica da política externa do Brasil. Brasília: Editora da UnB, 1996.

[11] Ver, nesse caso, o excelente livro de MARTINS, Estevão Chaves de Rezende. *Relações internacionais:* cultura e poder. Brasília: IBRI, 2002.

cificidades e irredutibilidades. Ainda que certas regularidades possam ser encontradas na história e nos processos que se sucedem, as relações internacionais do início do novo século possuem suas matrizes próprias e originais.

Em alguma medida, pode-se dizer que as relações internacionais do início do novo século não são automaticamente semelhantes em natureza e forma às experiências anteriores. Embora analogias e possibilidades múltiplas de comparação possam ser realizadas com experiências anteriores, a atualidade das relações internacionais é única e singular. Identificar quais as complexidades principais, dar conta do seu processo de formação, agrupá-las e hierarquizá-las permanece sendo o grande desafio intelectual do momento para o estudo sistemático das relações internacionais contemporâneas, no Brasil e no mundo.

Como, neste capítulo, não reside a ambição de fazer um mapa completo das características da nova ordem global nem se deseja esgotar todas as possibilidades de análise, apenas sugerem-se algumas pistas para futuras investigações. Para esse estudo, quatro complexidades foram escolhidas com o intuito de sugerir que as relações internacionais do presente são objeto de extraordinária singularidade, rompendo características da guerra fria, ainda que trazendo condensações do passado imediato.

Essa relação dialética entre o passado imediato e os fatores novos é o que permite que a nova ordem guarde, como discutido antes, uma certa matriz de continuidade ao lado do seu próprio *aggiornamento*. As novas complexidades a serem evocadas neste estudo, entre outras que são igualmente possíveis relacionar, seriam as seguintes:

a) a nova natureza dos conflitos: a estreita relação da economia política da globalização com as novas formas de conflito no início do século XXI;
b) a emergência de nova geografia política global e emergência do Sul por meio de coalizões lideradas por potências emergentes;
c) a dramática crise do multilateralismo: o retorno, com nova face, dos egoísmos nacionais;
d) as dificuldades e as limitações para a construção de uma sociedade internacional contemporânea: pouco lastro comum, baixos consensos culturais e valores a serem compartilhados.

Essas complexidades inéditas, embora com raiz anterior, conferem face peculiar à sociedade internacional do novo milênio e enclausuram as versões que consagraram o mundo pós-guerra fria como um mundo de baixa tensão e voltado para certa regulação natural do mercado por meio de contenções mínimas dos regimes internacionais e da globalização produtiva, comercial e financeira. Por meio desses dois instrumentos, seria possível alcançar, para os liberais, uma certa governança global. Essa imagem seria rapidamente superada ante a crueza da realidade internacional que se abateria sobre os sonhos românticos de lavra kantiana que predominaram em grande parte da década de 1990. O 11 de setembro de 2001 foi um alerta para o fato de que o novo século continha seminais formas de conflitos de escala global, diferentes dos da guerra fria.

3.3.1 A globalização e os novos conflitos globais: uma nova forma de assimetria

A globalização econômica, acoplada à ordem pós-guerra fria, mudou a forma dos conflitos internacionais. Uma das únicas possíveis regularidades na história das relações internacionais, a guerra mudaria de perfil no presente[12]. O paradigma clausewitziano não está superado, já que a política internacional contemporânea tem seguido a máxima de se perpetuar por meio do recurso à guerra[13].

A guerra do Iraque e a crescente desestabilização política em várias partes do globo estão a indicar que a guerra é uma regularidade com capacidade de resistir à vontade da cooperação internacional e ao esforço da paz duradoura. Também é nova a propensão da sociedade internacional à anarquia e à desordem, como lembram os autores da escola inglesa[14].

Chama a atenção, no entanto, nos últimos anos, as inéditas formas de recurso à guerra, que deixaram de ser, predominantemente, ideológicas para se tornarem guerras eminentemente econômicas. Clausewitz, nesse

---

12 A respeito do tema das regularidades nas histórias das relações internacionais, ver: DUROSELLE, Jean-Baptiste. *Todo império perecerá*. Brasília: Editora da UnB, 2003. Ver também KENEDY, Paul. *The rise and fall ot the great powers*: economic change and military conflict from 1500 to 2000. New York: Randon House, 1987.

13 CLAUSEWITZ, Carl Von. *On war*. Princeton: Princeton University Press, 1832, p. 37.

14 Ver, especialmente: CARR, E. H. *Vinte anos de crise (1919-1939)*. Brasília: Editora da UnB/IPRI/Imprensa Oficial de São Paulo, 2001; BULL, Hedley. *A sociedade anárquica*. Brasília: Editora da UnB/IPRI/Imprensa Oficial de São Paulo, 2002.

caso, é substituído pelo traço malthusiano dos novos conflitos. Essa idéia, sugerida originalmente pelo filósofo britânico John Gray, alcança crescente adesão no campo dos estudiosos da guerra, área central para o entendimento das relações internacionais contemporâneas[15].

Guerras por recursos naturais declinantes e escassos, em meio ao crescimento desenfreado e incomparável de populações jamais visto na história humana, passaram a ser uma hipótese plausível no presente. Qualquer guerra generalizada nas primeiras décadas do século XXI, em proporção semelhante às duas grandes deflagrações do século XX, tende a se tornar guerra de mortandade elevada e eliminação em massa de populações, ante o problema das redes de suprimento em larga escala demandadas pela gigantesca população global de mais de 6 bilhões e meio de pessoas, a crescer, particularmente, na Eurásia. Em outras palavras, os fatores demográfico e econômico, forças profundas no sentido de Pierre Renouvin, passaram a agir de forma crescente sobre os novos desígnios internacionais contemporâneos[16].

Guerras de escassez batem às portas do novo século a demonstrar seu efeito catastrófico sobre a humanidade. Os países ricos dependem, de forma crescente, do controle dos seus recursos naturais, de maneira firme, para assegurar o bem-estar social, os preços da sociedade do bem-estar sob controle e, portanto, a ordem.

A desordem da periferia parisiense de dezembro de 2005 e as manifestações da juventude universitária de classe média em abril de 2006, fatos recentes, expressam a crise do emprego, do trabalho e dos recursos escassos que ameaçam a democracia social na própria Europa. Para tais países, o preço do petróleo, em especial, necessita de preços internacionais baixos para poderem continuar sua pujança econômica e o equilíbrio político interno.

Nesse sentido, a própria social-democracia se faz vítima da face dura da globalização, ao negligenciar necessidades elementares da segurança humana e da identidade social. Em alguma medida, a reconciliação da eco-

---

15 Ver, por exemplo, o movimento dos estudos de segurança internacional que, reconhecendo os fundamentos herdados por Tucídides, Hobbes e Clausewitz, avançam em campo minado ante os limites por eles mesmos reconhecidos, como indiretamente reconhece Edward Kolodziej em seu livro recente: KOLODZIEJ, Edward A. *Security and international relations*. Cambridge: Cambridge University Press, 2005. p. 307-317.

16 RENOUVIN, Pierre; DUROSELLE, Jean-Baptiste. *Uma introdução ao estudo da história das relações internacionais*. São Paulo: Difel, 1974.

nomia de mercado com a democracia enfrenta novo desafio. Agregue-se a isso o fato de que a falida experiência do socialismo real na Rússia e no Leste Europeu empurraram seus cidadãos para a inclusão social nos países europeus ocidentais.

No Golfo Pérsico, ou em países da África, ou mesmo na América Latina, como no caso da Venezuela, populações inteiras, muitas vezes manipuladas por governantes que politizam o tema do petróleo nos termos da política internacional, necessitam dos preços altos do petróleo para sobreviverem ou para terem acesso a mecanismos redistributivos internos de renda e escolarização. A tensão está posta de forma clara em termos malthusianos. O encaminhamento de soluções fora do recurso aos conflitos por recursos naturais garantidores do barateamento dos custos de produção em larga escala — em geral voltados para alimentar o consumo dos países centrais e setores médios e elevados dos Estados na periferia — parece difícil.

Na Ásia Central, por outro lado, a voracidade da expansão capitalista das economias nacionais da China e da Índia, ante seus pesos demográficos explícitos, desequilibrou as relações econômicas internacionais do início do novo século. Taxas elevadas de crescimento econômico demandam energia, matérias-primas e recursos naturais de toda ordem, a beneficiar outras economias emergentes como a brasileira, mas a agonizarem a social-democracia ocidental. Assim, a extraordinária mobilidade do capital permite às empresas localizar produção em que regulamentação, custos e recursos naturais possam ser menos onerosos. Expõe-se a contradição entre a dimensão alcançada pela globalização e os sistemas políticos atualmente existentes em todas as partes do mundo.

O que está por trás de tanta instabilidade e imprevisibilidade? O conflito explícito na nova ordem global entre a economia política do capitalismo e a segurança econômica e a identidade ou coesão social no interior das sociedades nacionais. A desigualdade se impôs como um fato essencial à política mundial. Duas dimensões são pertinentes perceber: aquela atinente ao espaço interno dos Estados e a outra relativa às relações entre os Estados[17].

Disparidades de riqueza, poder e de segurança marcam as relações internacionais dos primeiros anos do novo século em sua especificidade. A

[17] BORON, Atílio. *Imperio & imperialismo:* uma lectura crítica de Migchael Hardt y Antonio Negri. Buenos Aires: Clacso, 2004. p. 55-74.

globalização, neste texto, entendida em seus aspectos mais relacionados à liberalização econômica, vem exacerbando o abismo entre ricos e pobres nas regiões em desenvolvimento. As características dessas novas assimetrias são nítidas: crescente desigualdade de poder político e influência, criação de novas dimensões na desigualdade, países que assistem à erosão e à inviabilidade do próprio Estado nacional, entre outros fatores. Outros Estados estão sendo fortalecidos pelo processo da globalização, portanto estão em melhor posição para aproveitar oportunidades e conter riscos.

Nesse sentido, a disparidade de poder entre os Estados é hoje mais marcante e visível, gerando um crescente nível de impacto na maneira em torno das quais as regras, os direitos e os valores são apresentados, impostos ou defendidos no plano global. Novas regras e normas — tanto no campo dos investimentos quanto em áreas como as de segurança militar, manejo do meio ambiente, ou política social — estão se tornando uma força adicional dos estados beneficiados pela globalização para impor seus desígnios e para controlar as instituições internacionais.

Estados menos poderosos estão, mais que no passado, tornando-se *rule-takers*. No campo interno dos Estados fracos, a globalização vem erodindo a capacidade dos governos de lidar com um conjunto de políticas sociais, econômicas e de tratamento de conflitos. No plano da política mundial, as conseqüências são ainda mais profundas. Se a globalização gera novas agendas criativas e inovadoras para os Estados e instituições no plano mundial, como atuar em tais circunstâncias sem lastro, se o aumento da desigualdade reduz suas capacidades de atuar perante os problemas de maneira eficiente.

Não deve causar surpresa, portanto, as reações contra a globalização, em múltiplos foros, de Seattle a Porto Alegre, passando pelo mártir de Gênova. Até mesmo os foros da tecnocracia das instituições internacionais, como o Fundo Monetário Internacional e o Banco Mundial, vêm tratando mais diretamente os temas da pobreza, da desigualdade e da eqüidade. Ganha alguma força a reforma de instituições no âmbito das Nações Unidas (Conselho de Segurança) e na Organização Mundial do Comércio (OMC)[18]. O impacto, no entanto, dessas mudanças cosméticas, será percebida em

18 Sobre algumas dessas iniciativas das instituições internacionais ver: HURRELL, Andrew; WOODS, Ngaire. *Inequality, globalization and world politics*. Oxford: Oxford University Press, 1999.

um tempo mais dilatado que o dos dias atuais, no qual ainda o balanço é modesto dos avanços realizados.

3.3.2 Uma nova geografia política?

O segundo aspecto mais explícito da sociedade internacional contemporânea vem sendo o redesenho da balança de poder em favor de uma nova geografia política. Em alguma medida, segue a hegemonia dos Estados Unidos, em forma ascendente para alguns e descendente para outros analistas. Mas aparecem indícios de que há um movimento importante de construção de novo equilíbrio de poder, a envolver menos unipolaridade e mais multipolaridade.

Resta pouca dúvida acerca dos limites da expansão do poder norte-americano no novo século. Há limites internos, na sociedade norte-americana, ante sua desconfiança em relação à pujança de sua economia e à capacidade global de alcance da missão histórica de levar adiante seu conjunto de idéias e práticas, por meio consensual, para o seio da nova sociedade internacional. Há limites externos, expostos pela elevação de novas polaridades de poder internacional que, ainda que não contrastem, estratégica e economicamente, com os Estados Unidos, estão em franca ascensão.

Depois de um longo debate que tomou quase toda a década de 1990 acerca da hegemonia global dos Estados Unidos na era pós-bipolar, duas conclusões relevantes valem a pena ser analisadas. Em primeiro lugar, não resta dúvida de que as fontes de poder dos Estados Unidos são significativas e relevantes para o entendimento da balança de poder no novo século. O uso rígido e egoísta dessa capacidade, no plano internacional, será, como já o é em parte, o império da insegurança[19]. O não-uso dessa capacidade seria igualmente criar problemas de administração da ordem global, ante a ausência de uma força de contenção com igual dimensão. Esse é certamente um dos dilemas para as próximas décadas nos desafios de interpretação das relações internacionais contemporâneas.

Em segundo lugar, os Estados Unidos vem sendo, no pós-guerra fria, um garante desastroso da vulnerabilidade sistêmica gerada pela globalização ante uma Europa combalida pelas ameaças econômicas da Eurásia e das áreas inseguras às margens da hegemonia norte-americana. A questão migratória ocupa um lugar especial na Europa contemporânea.

[19] Conforme HURRELL, 2005, p. 51.

O receituário hierárquico, prescritivo e coercitivo da ação externa norte-americana, apoiado em última instância pelo G-8, seria bom exemplo da admissibilidade implícita dos seus parceiros mais fortes do poder dos Estados Unidos de garante da ordem. Mesmo sem força para aplicar esse receituário de forma unilateral, entendem seus parceiros que apenas os Estados Unidos teriam condições de enfrentar adversidades como a agenda do terrorismo internacional de forma completa. O caso da guerra do Iraque é sintomático nesse jogo dos Estados Unidos em relação aos seus parceiros fortes na cena global.

O outro lado dessa história, no entanto, resulta da ascensão gradual de uma nova geografia política na qual a Eurásia toma assento decisivo na balança de poder global. A Rússia não abdicou do seu papel mundial. E uma expressiva segunda área de polarização internacional ascendente se afirma, nos campos econômico, estratégico e político, na Ásia. A China lidera o esforço de inserção internacional carregando dois terços da humanidade que habita aquela região do globo.

Tendência já percebida nos anos 1980 e que levou a crescimento exponencial na década de 1990 e nos primeiros anos do novo século, restam poucas dúvidas de que a China não se tornou apenas uma presa a mais da incorporação de sua economia nacional à economia da globalização e aos fluxos financeiros internacionais. Há um projeto de poder mundial chinês, de tipo estratégico, em curso. Essa espécie de *weltpolitik* chinesa, não à moda da lógica do intruso implantada pela Alemanha na segunda metade do século XIX, ainda trará arestas e preocupações para a hegemonia norte-americana.

Essa é uma transformação profunda no seio dos vetores que orientam o futuro da sociedade internacional. Os asiáticos vieram para ficar no seio da sociedade internacional. Difícil é, simultaneamente, prever os resultados dessa incursão no longo prazo, embora não resida pouca dúvida acerca da irreversível na elevação da Eurásia, sob uma certa articulação estratégica entre a China, a Índia e, em parte, a Rússia na evolução mais recente das relações internacionais contemporâneas.

Resultante do crescimento mais exuberante na história do capitalismo, dos seus primórdios à terceira Revolução Industrial, a ascensão chinesa é objeto de admiração, de surpresa e de óbices. É essa uma área de tensão, catalisadora de conflito, a qual já foi referida na parte anterior dessa segunda parte do capítulo. A China avança gradualmente na afirmação dos seus objetivos geoestratégicos e amplia sua base de segurança energética, necessária à expansão do poder nacional[20].

Os chineses, sempre comedidos e a trabalhar em silêncio, já não escondem sua vontade de projeção geopolítica. As palavras membro da Academia de Ciências da China Zhang Hong-Ming falam por si:

> No nosso entender, o objetivo da política diplomática chinesa é estabelecer uma nova ordem política mundial que lhe permita ocupar uma posição favorável, visando aumentar seu direito à palavra nos assuntos internacionais. Portanto, após a crise do Kosovo, embora a China continue adotando sua estratégia diplomática de não-alinhamento, desejaria contrabalançar a ambição de um "mundo unipolar" dos Estados Unidos[21].

Uma terceira área de polarização, que apesar de já ter seguido em parte a cartilha do atlantismo dirigido pelos Estados Unidos, é a Europa. Depois da reconstrução e da ajuda do Plano Marshall, a Europa demonstrou, a partir dos anos 1950, que tinha seu projeto de retomada dos espaços internacionais perdidos nas duas grandes guerras do século XX. A criação contínua européia permitiu, ao longo de algumas décadas, o soerguimento do continente e a reinserção ativa dos Estados europeus no coração das relações internacionais contemporâneas. Embora sem contestar os parâmetros clássicos da guerra fria, essa emergência da Europa colocava novos desafios à ordem internacional, porquanto deslocava a competição do terreno do liberalismo universal e ilimitado proposto pelos Estados Unidos para o dos mercados organizados e, até certo ponto, protegidos.

Ampliada na primeira década do século XXI a quase 500 milhões de habitantes, assistindo ao mais relevante processo de integração regional de Estados nacionais na história das relações internacionais, a Europa não

20 SENA, Raquel F. *A política externa chinesa*: o lugar do Brasil. Brasília: Editora da UnB, 2004 (dissertação de mestrado); CUNHA, Lílian Fernandes da. *Em busca de um modelo de cooperação sul-sul*: o caso da área espacial nas relações entre o Brasil e a República Popular da China. Brasília: Editora da UnB, 2004 (dissertação de mestrado); BELLUCCI, Beluce (Org.). *Abrindo os olhos para a China*. Rio de Janeiro: Educam, 2004.

21 HONG-MING, Zhang. A política chinesa na África. In: BELLUCCI, 2004, p. 260. Ver também o artigo de OLIVEIRA, Henrique Altemani de. Brasil e China: uma parceria estratégica. *Revista Brasileira de Política Internacional*, 57 (1), 2004. p. 7-30.

quer ser reduzida à mediadora entre o poder dos Estados Unidos e a China. Busca na sociedade internacional contemporânea, como sempre procurou na história das relações internacionais, seu próprio lugar. Apesar de reconhecer a contribuição do Plano Marshall e ainda agradecendo a participação norte-americana na reconstrução pós-Segunda Guerra Mundial, a Europa vem, pelo menos retoricamente, afastando-se do seu promotor na direção de um contorno mais autonomista nas suas visões, percepções e identidades[22].

Uma quarta polarização internacional, ainda sem capacidade de enfrentamento direto contra a hegemonia americana, mas que emerge de forma assertiva na sociedade internacional do presente é o Sul. Não é um velho Sul, como aquele que buscara meios como o ajuntamento do Grupo dos 77 ou do não-alinhamento dos anos 1960 e 1970, mas é um novo Sul, hierárquico e dirigido pelos Estados nacionais mais avançados em diferentes regiões do amplo espectro geográfico do Sul, com inclusões eventuais de Estados menos desenvolvidos do Norte.

Além da China e da Índia, que recorrendo às suas características de países em desenvolvimento, fazem parte da gerência desse novo Sul países, como a África do Sul, a Nigéria e a Argélia, no continente africano, ou o Brasil, na América do Sul. São Estados com uma certa capacidade de atração geopolítica em seu espaço regional, dotados de certa pujança econômica e relativamente felizes na adaptação competitiva à abertura de possibilidades na globalização econômica, com vontades políticas de participar do xadrez internacional e com certa ambição de agir ao lado dos fortes no Conselho de Segurança das Nações Unidas.

Enquadram-se nessas novas articulações, em forma de coalizões internacionais, dois grupos que agem, crescentemente, na cena internacional contemporânea. O Grupo dos 4 — composto pela Alemanha, Brasil, Índia e Japão — imagina possível incorporar-se ao Conselho de Segurança da ONU mesmo como membros não permanentes. O Fórum de Diálogo Índia, Brasil e África do Sul (IBAS) — ao incluir a Índia, o Brasil e a África do Sul — empreende esforço inédito de concertação em áreas que vão da segurança à ação conjunta nos foros internacionais.

Transcorre natural embate acerca do estatuto desse novo Sul. Organizado em torno de demandas específicas, o Grupo dos 20 age na OMC a ten-

[22] LESSA, Antonio Carlos. *A construção da Europa*: a última utopia das relações internacionais. Brasília: IBRI, 2003.

tar demover as barreiras de acesso dos produtos agrícolas nos mercados do Norte. A incisiva participação brasileira, ao lado da Índia, nos avanços desses dias na OMC, explicita que há relação biunívoca da política do Grupo dos 20 com políticas de valorização de um grande franja da sociedade internacional contemporânea, o qual não usufruiu benefícios do comércio desigual e controlado pelas economias centrais. Agrega-se a isso a noção de responsabilidade internacional entranhada na política multilateral desse tipo de coalizão[23].

Apesar da crise do multilateralismo, as Nações Unidas ainda têm uma função na sociedade internacional atual. Fórum renovado e caixa de ressonância dos grandes temas da agenda internacional, a Assembléia-Geral das Nações Unidas vem ampliando seu escopo de ação e recuperando sua credibilidade como um certo parlamento mundial. Uma eventual reforma do sistema das Nações Unidas significará a revitalização das funções históricas da Assembléia-Geral.

A África é a última fronteira do capitalismo mundial. A Europa e os Estados Unidos, sem falar na China e na Índia, vêm estudando mais e participando ativamente dos destinos do continente. Iniciativas de protagonismo africano, como a Nova Parceria para o Desenvolvimento da África (Nepad), lançada em 2001, demonstram o quanto a elite africana está se entrosando com a comunidade internacional no sentido de construção do seu desenvolvimento. Há, assim, razões mais que objetivas e pragmáticas, além das noções de solidariedade internacional e da reposição da dívida histórica, que justificam e legitimam a reaproximação de Estados mais avançados ao Sul do continente africano.

Em síntese, essa quarta polarização, a do Sul, diferente da "frente dos povos atrasados" dos anos 1960 e 1970 e distanciado das ilusões criadas pelo velho jargão da Nova Ordem Econômica Internacional (Noei), agrega uma dimensão mais plural, realista, menos ideológica e, principalmente, demonstra uma inédita capacidade de influenciar ou modificar a agenda global. Em alguma medida, o novo Sul já vem alterando aspectos da sociedade internacional contemporânea[24].

---

[23] LIMA, Maria Regina Soares de. A política externa brasileira e os desafios da cooperação sul-sul. *Revista Brasileira de Política Internacional*, 48 (1), p. 24-59, 2005.

[24] FAZIO VENGOA, Hugo (Comp.). *El sur en el nuevo sistema mundial*. Bogotá: Siglo del Hombre Editores/Universidad Nacional de Colombia, 1999.

Conceitualmente estruturado em torno da idéia do desenvolvimento como um valor universal da sociedade internacional, os Estados mais avançados do Sul, em corrente de coalizões, age conforme essa noção. A ênfase retórica no acesso à cidadania de grandes massas populacionais na periferia do sistema global é acompanhada por uma prática que chamou a atenção na reunião ministerial da OMC, em Cancún, no México, em 2004. O nascimento do Grupo dos 20 naquela ocasião ocorreu, como expressou o então comissário do comércio europeu, Pascal Lamy, como uma erupção telúrica a compor definitivamente a nova geografia política do mundo.

3.3.3 A crise do multilateralismo: emergência dos egoísmos nacionais e retrocesso nos processos de integração

Uma terceira e dramática característica marca a sociedade internacional contemporânea: a mais profunda crise do sistema multilateral jamais vislumbrada pelos atores políticos internacionais desde o fim da Segunda Guerra Mundial. Fenômeno que assusta o poder decisório dos Estados mais débeis, a crise do multilateralismo tem efeito draconiano sobre a própria noção de viabilidade dos Estados nacionais na periferia do sistema global.

Sabe-se, em princípio, que o multilateralismo beneficia a razão média, o *middle course*, o equilíbrio desejado. Facilitador da construção de consensos e valores na sociedade internacional, a ênfase multilateral permite que os atores da cena internacional possam construir, no diálogo, as saídas para as crises, sejam políticas, econômicas, sociais ou mesmo de ordem cultural. O sistema onusiano, como coração político e jurídico do esforço multilateral mais importante da sociedade internacional contemporânea, tem sofrido abalos incontestes. Da Guerra do Iraque às indefinições acerca da sua própria reforma, a ONU vem sendo criticada pela sua obsolescência, inadequação aos desafios do presente e baixa representatividade das novas realidades demográficas, políticas e sociais internacionais.

Ao mesmo tempo, o sucedâneo de insucessos no multilateralismo econômico já foi, em parte, discutido na primeira sessão dessa segunda parte do capítulo. Há uma economia global caótica e obsessivamente voltada para a engrenagem financeira. A dimensão produtivista e empregatícia, tradicional ao desenvolvimento do capitalismo, vem sendo deixada à deriva, alterando as relações clássicas entre o capital e o trabalho em favor das novas tenções entre os que tem trabalho e emprego e os que não os tem.

Para analistas sociais das relações internacionais, chegou-se ao limite do suportável no que tange à ampliação da exclusão social e da concentração de renda.

Emergem mercados globais anárquicos que destroem antigas modalidades de capitalismo e criam formas, quase sempre instáveis e de baixa empregabilidade. Bolsões de excluídos não apenas nas periferias do capitalismo, mas também no centro, compõem a paisagem dos grandes centros urbanos na Europa e nos Estados Unidos, agregando-se a isso a insegurança social e a violência urbana sem controle público eficiente. Nesse sentido, há uma tensão forte entre a globalização e o multilateralismo, porquanto o segundo suporia uma certa capacidade de negociar as contradições do presente em favor da segurança econômica e da identidade social, tanto no interior dos Estados nacionais quanto na sociedade internacional.

Os impasses nas negociações econômicas multilaterais, como as que se verificam no caso da Rodada de Doha, explicitam a profundidade da crise. O retrocesso nas aproximações dos processos de integração regionais ou sub-regionais é um fenômeno que se espraiou nas relações internacionais contemporâneas. Áreas de livre comércio entre regiões em processos de integração são negociadas a passos de tartaruga. Refugam-se os mecanismos diplomáticos em favor da fala grossa dos mais poderosos.

Em outras palavras, assiste-se ao fenômeno político e cultural preocupante como o retorno dos egoísmos nacionais. Exemplos de toda ordem, em várias partes da sociedade internacional, podem ser enumerados. Apenas dois exemplos da história recente serão utilizados para sugerir, conceitualmente, a necessidade do se debruçar sobre essa dimensão da vida internacional a qual, pela história, já se sabe para qual ponto convergem: o exacerbar dos egoísmos nacionais e o vislumbre de guerras fratricidas.

Os dois exemplos são, a saber:

a) o caso da Constituição da Europa e as dificuldades de continuação da construção do projeto de integração;

b) as relações entre os Estados Unidos e seus parceiros e adversários na sociedade internacional contemporânea.

A vitória dos franceses céticos em relação à Constituição européia, em 2005, embora não deva ser vista como uma tragédia coletiva da integração européia, é um sinal de que houve certa regressão nas percepções e nas identidades integracionistas, mesmo no centro da experiência mais exitosa de integração regional. As integrações, naturalmente, não são linhas retas a correrem para um fim único, como na monotonia da noção de progresso do século XIX. Em alguma medida, tais idéias modernizadas e adaptadas às relações internacionais animaram os teóricos funcionalistas da integração e os apaixonados pelo mundo supranacional europeísta. Ávidos por retirar a tensão inerente à construção de um processo complexo, apagaram a força inquebrantável das sociedades nacionais no coração das opções internacionais dos Estados.

Os processos de integração são construídos historicamente, com batalhas fratricidas, ganhos e perdas, além de fatores que jogam pesos diferenciados em cada quadratura temporal. No passado, a Europa perigou não existir, ante as forças que operaram contra a transferência gradual de soberania de Estados recém-saídos de uma deflagração que mais se pareceu um suicídio coletivo.

No presente, as dificuldades da institucionalização pelo meio constitucional na Europa são notórias, especialmente aquelas advindas da crise política interna em vários Estados europeus, da França à Inglaterra, passando pela Alemanha. Mas elas também sinalizam que a integração não pode ir além do desejo das sociedades organizadas politicamente. Não parece ter sido insanidade votar contra um projeto constitucional que petrifica os fortes em detrimento dos fracos ou que realiza desejos das grandes empresas em detrimento dos valores sociais e dos direitos constituídos pelo estado do bem-estar na França. É preciso olhar o teor de cartazes e vozes que se alinharam a uma Europa social mais do que a uma Europa econômica, financista e excludente socialmente.

Guardada a cautela europeísta inerente ao atlantismo anglo-saxônico, a população francesa prendeu-se, depois de séculos de ecumenismo, à sedução da valorização do egoísmo nacional. Mas, ao proclamá-lo, o fez de forma inconsciente, mas a gerar algum efeito simbólico e de percepções coletivas para toda a Europa. Há, em muitos outros países e em muitas outras populações, uma desconfiança da Europa burocrática de Bruxelas, conduzida por funcionários afastados dos dramas sociais do desemprego e das dificuldades das indústrias menos exuberantes, recentemente atacadas pela invasão dos produtos chineses.

As lições da França não são apenas para os europeus. Também servem ao Extremo Ocidente, ao sul da Américas, ao Mercosul e à Comunidade Sul-Americana de Nações, regiões voltadas às suas dificuldades intestinas pelas crises de sempre. Lembram os franceses aos sul-americanos que o movimento do ir e vir é próprio ao encontro entre diferentes sociedades. Dúvidas e recuos táticos para negociar o futuro estratégico compõem o devir de processos de transferência de soberania nacional na América Latina e na África.

O problema central, a ser resolvido pelo tempo, é saber se esses recuos táticos não comprometerão a dimensão estratégica dos processos de integração e que, portanto, não sacrificarão um dos fundamentos da sociedade internacional contemporânea. A cair na lógica dos egoísmos nacionais e no realismo antigo, a sociedade internacional fenecerá. O arranjo grociano tenderá a transformar-se em estado de natureza à moda hobbesiana.

O segundo exemplo é igualmente elucidativo para os novos desafios internacionais nas próximas décadas e confirma a grande dificuldade do multilateralismo como instrumento prático nas relações internacionais contemporâneas. A reeleição do presidente norte-americano George Bush, acompanhado em escala planetária, reforçaria a consciência histórica norte-americana acerca da conservação do poder quase imperial, auto-ungido pela sociedade norte-americana na reeleição de Bush, para os seguintes quatro anos, na Casa Branca.

Mas também trouxe implicações para o tema dos egoísmos nacionais e da crise do multilateralismo. O irracionalismo em política exterior, associado à lógica obtusa e arrogante da imposição de vontades próprias, sem a consideração dos interlocutores, tornou-se não apenas a regra do agir, em desrespeito aberto ao direito internacional, mas também um comportamento político aceito pelo conjunto da sociedade norte-americana, e não apenas por ela.

A onipotência norte-americana, legitimada ideologicamente pela noção da contenção do comunismo e do poder soviético, fazia algum sentido na velha guerra fria, mas deixaria de fazer sentido no mundo atual. A Guerra do Iraque, caso mais evidente de decisão unilateral, atentou mesmo contra a noção de bom senso e a visão estratégica por parte do processo decisório, tão relevante para o equilíbrio internacional e para a previsibilidade.

Para vários autores mais idealistas, essa forma de agir e pensar dos líderes norte-americanos sepulta a própria inteligência, a razão e o sentido básico de cooperação entre os Estados. O unilateralismo e o desrespeito aos valores e aos padrões elementares de conduta internacional estariam, assim, levando a sociedade internacional ao insuportável.

Os dois breves exemplos, ambos do tempo mais recente, coincidem em *momentum* e em dimensões, na tragédia da coletividade internacional.

Desinteligências, deflagrações internacionais, conflitos armados não são fenômenos alheios à convivência entre povos, estados e nações. Os manuais clássicos nos ensinaram a não manter tanta ingenuidade no plano da política internacional. Da Guerra do Peloponeso, passando pela Guerra dos Cem Anos, à Segunda Guerra Mundial, os grandes conflitos sempre existiram e sempre existirão sem que o mundo se acabe. Elas são uma das tradicionais regularidades na evolução das relações internacionais.

O que é novo, no entanto, é que o acumulado de racionalidade e sensibilidade deixou de ter papel relevante na solução das contendas e diferenças internacionais. Do egoísmo nacionalista para o fascismo, o passo é curto, mas consistente.

3.3.4 Sociedade ou arquipélagos de sociedades internacionais? À busca de um novo paradigma para as relações internacionais do século XXI

Ao retornar às questões levantadas no início do capítulo, conclui-se que parece limitada a noção de sociedade internacional para o que se vislumbra na quadratura atual das relações internacionais. A combinação da ordem à justiça, necessária à aplicação da noção de sociedade internacional, parece não ser predominante nas relações internacionais no início do novo milênio. As três características tratadas nas sessões anteriores demonstram os limites da aplicação do termo na acepção clássica, realizada pela escola inglesa, e nos debates que duraram várias décadas em torno do British Committee of International Politics. Mesmo recentemente, os dilemas apontados por Rosemary Foot, John Gaddis e Andrew Hurrell em relação ao binômio ordem-justiça são arrasadores para os primeiros anos do século XXI[25].

A política externa norte-americana oscila entre ordem e justiça, para recair mais sobre o usufruto da primeira do que sobre as oportunidades de estímulo à segunda. O conceito de guerras preventivas, acoplado às mais diferentes interpretações da doutrina de segurança nacional, empurra a ação externa dos Estados Unidos para o campo do combate ao terrorismo em detrimento das ênfases na cooperação. A justiça fez-se prisioneira da ordem e a ordem é exercida por intermédio de mecanismos que inibem as possibilidades cooperativas entre os Estados com os quais a superpotência

25 FOOT, Rosemary; GADDIS, John; HURRELL, Andrew. *Order and justice in international relations*. Oxford: Oxford University Press, 2003.

necessita atuar. O recurso à exportação de um modelo único de democracia de mercado parece não se adaptar às diferentes comunidades que compõem as relações internacionais do mundo atual.

As políticas exteriores dos Estados ricos reproduzem essas ênfases, agregando a elas outras tônicas de afirmação dos egoísmos nacionais, mesmo que disfarçados em fórmulas de construção de pífias identidades com os parceiros menos favorecidos na cena internacional. O multilateralismo padece ante a corrosão gradual dos consensos. A imagem kantiana do mundo regulado por normas e padrões universalmente aceitos não ganhou força. Um sistema de regras, organizado em torno de regimes internacionais toleráveis e pactuados, perdeu sua sedução em importantes comunidades nacionais ou grupos de Estados que não se sentem beneficiados pelos limites impostos.

No Sul, as políticas exteriores dos Estados emergentes nem sempre coincidem com a voz dos Estados mais fracos. Os primeiros querem avançar seus lugares na hierarquia internacional. Os segundos assistem à corrosão elementar da capacidade de exercer a própria gestão das tensões sociais e nacionais e das políticas internas.

Os paradigmas da globalização, da segurança internacional e do próprio Estado nacional estão em transição, como lembram Ersel Aydinli e James Rosenau[26]. A anarquia vê a globalização e as turbulências advindas de causas múltiplas, que se debruçam sobre a vida internacional criando um ambiente de incertezas e irracionalismos.

Registre-se, também, a mobilização social transnacional a favor de uma ordem internacional mais equilibrada, menos fluida, mais segura e previsível, ciosa da proteção dos indivíduos e das comunidades fragilizadas pelas tormentas das diferentes formas de incerteza. O chamado de "fantasma de Seattle", a evidenciar o peso dessas forças sociais, persegue toda reunião internacional de chefes de Estado e de governo do G8 ou de conferências e reuniões da OMC, do FMI ou do Banco Mundial. São gritos que aparentemente não explicitam uma nova agenda internacional, nem novos padrões e valores que justifiquem sua transformação em valores e lastro comum da sociedade internacional. Indicam, no entanto, uma modificação paradigmática relevante: a reivindicação, em contraste flagrante com a corrente que

---

[26] AYDINLI, Ersel; ROSENAU, James. *Globalization, Security, and the Nation-State:* paradigms in transition. New York: State University of New York Press, 2005.

defende o retorno dos egoísmos nacionais, da proposta da cidadania universal, transfronteiriça e solidária.

Diante do que fora exposto, qual a pertinência da utilização da noção de sociedade internacional para as relações internacionais do início do novo século? De fato, há limites práticos e teóricos para a utilização desse conceito. Talvez a saída seja a assunção da existência de arquipélagos de sociedades internacionais que se comunicam entre si pelo meio conflitivo ou cooperativo, além de meios intermediários, em um leque de interações que oscila, caso a caso, em função do tema e dos interesses e percepções envolvidos[27].

Arquipélagos de sociedades internacionais retratam melhor a imagem da ordem internacional do século XXI. Menos discriminatórias e mais diversificadas em suas matrizes culturais, essas diversas sociedades internacionais, sem serem espelhos invertidos da velha sociedade internacional européia em sua expansão[28], crescem e se desenvolvem nas relações internacionais contemporâneas. Há arquipélagos de sociedades internacionais em torno de Estados e nações integristas islâmicas; também há os de hegemonia capitalista liberal, tanto quanto os de realistas autonomistas, em torno da China e dos seus valores históricos renovados na ascensão internacional daquele país e seu entorno.

Ao contrário do que sugeria Hedley Bull para o futuro — quando falava de uma possível nova sociedade internacional que fosse uma certa "universal society of peoples", junção da tradição ocidental com os elementos culturais dos que lutaram contra essa mesma tradição nas margens da sociedade internacional européia e que deveriam ser incorporadas à primeira para que uma verdadeira nova sociedade internacional global pudesse germinar — há uma nova forma de organizar esses conjuntos culturais e de valores comuns nas margens da hegemonia européia (e hoje norte-ameri-

27 O mais recente livro a fazer o balanço da escola inglesa, com ênfase especial ao período de existência do British Committee of Theory on International Politics, mas a reconhecer os limites para a aplicação do conceito de sociedade internacional para o mundo atual, é o de VIGEZZI, 2005, p. 85-106. Vigezzi comenta claramente o fato na seguinte passagem: "A new world-wide international society appears so difficult to construct and at the same time so valuable precisely because it has to take such experiences into account" (p. 106).

28 BULL, Hedley; WATSON, Adam (Ed.). *The expansion of international society*. Oxford: Oxford University Press, 1984.

cana) bastante além dos limites da velha escola inglesa de relações internacionais. Uma boa dose de cosmopolitismo epistemológico e uma certa abertura de horizontes intelectuais se farão necessárias ao escrutínio dos novos tempos.

Referências

AYDINLI, Ersel; ROSENAU, James. *Globalization, Security, and the Nation-State:* paradigms in transition. New York: State University of New York Press, 2005.

BELLUCCI, Beluce (Org.). *Abrindo os olhos para a China*. Rio de Janeiro: Educam, 2004.

BORON, Atílio. *Imperio & imperialismo:* uma lectura crítica de Migchael Hardt y Antonio Negri. Buenos Aires: Clacso, 2004.

BULL, Hedley. *A sociedade anárquica*. Brasília: Editora da UnB/IPRI/Imprensa Oficial de São Paulo, 2002.

———; WATSON, Adam (Ed.). *The expansion of international society*. Oxford: Oxford University Press, 1984.

CARR, E. H. *Que é história?* 3. ed. São Paulo: Paz e Terra, 1982.

———. *Vinte anos de crise (1919-1939)*. Brasília: Editora da UnB/IPRI/Imprensa Oficial de São Paulo, 2001.

CERVO, Amado L.; BUENO, Clodoaldo. *História da política exterior do Brasil*. Brasília: Editora da UnB/IBRI, 2002.

CLAUSEWITZ, Carl Von. *On war*. Princeton: Princeton University Press, 1832.

CUNHA, Lílian Fernandes da. *Em busca de um modelo de cooperação sul-sul*: o caso da área espacial nas relações entre o Brasil e a República Popular da China. Brasília: Editora da UnB, 2004.

DUNNE, Tim. *Inventing international society:* a history of the English school. London: MacMillan, 1989;

DUROSELLE, Jean-Baptiste. *Todo império perecerá*. Brasília: Editora da UnB, 2003.

FAWN, Rich; LARKINS, Jeremy (Ed.). *International society after the Cold War*. London: MacMillan, 1996.

FAZIO VENGOA, Hugo (Comp.). *El sur en el nuevo sistema mundial*. Bogotá: Siglo del Hombre Editores/Universidad Nacional de Colombia, 1999.

FIGARI, Guillermo. *Pasado, presente e futuro de la política exterior argentina*. Buenos Aires: Grupo Editor Latinoamericano, 1993.

FOOT, Rosemary; GADDIS, John; HURRELL, Andrew. *Order and justice in international relations*. Oxford: Oxford University Press, 2003.

GADDIS, John. *We now know:* rethinking cold war history. Oxford: Oxford University Press, 1997.

GIRAULT, René. *Relations internationales contemporaine*, t. 1: *Diplomacie européenne; nations et imperialismes, 1871-1914,* t. 2, em colaboração com FRANK, Robert. *Turbulente Europe et nouveaux mondes, 1914-1941*, t. 3, em colaboração com THOBIE, Jaches; FRANK, Robert. *La loi dês géants, 1941-1964*. Paris: Masson, 1985, 1988 e 1993, respectivamente.

HONG-MING, Zhang. A política chinesa na África. In: BELLUCCI, Beluce (Org.). *Abrindo os olhos para a China*. Rio de Janeiro: Educam, 2004.

HUNTINGTON, Samuel. *The clash of civilizations*. New York: Simon and Schuster, 1996.

———. *Who are we?* Americas Great Debate. New York: Free Press, 2004.

HURRELL, Andrew. Pax Americana ou império da insegurança? *Revista Brasileira de Política Internacional*, 48 (2), p. 30-54, 2005.

———; WOODS, Ngaire. *Inequality, globalization and world politics*. Oxford: Oxford University Press, 1999.

IKENBERRY, G. John. *After victory*: institutions, strategic restraing, and the rebuilding of order after Major War. Princeton: Princeton University Press, 2001.

KENEDY, Paul. *The rise and fall ot the great powers*: economic change and military conflict from 1500 to 2000. New York: Randon House, 1987.

KOLODZIEJ, Edward A. *Security and international relations*. Cambridge: Cambridge University Press, 2005.

LESSA, Antonio Carlos. *A construção da Europa*: a última utopia das relações internacionais. Brasília: IBRI, 2003.

LIMA, Maria Regina Soares de. A política externa brasileira e os desafios da cooperação sul-sul. *Revista Brasileira de Política Internacional*, 48 (1), p. 24-59, 2005.

MARTINS, Estevão Chaves de Rezende. *Relações internacionais:* cultura e poder. Brasília: IBRI, 2002.

MONIZ BANDEIRA, L. A. *Estado nacional e política internacional na América Latina*: o continente nas relações Argentina—Brasil. São Paulo: Ensaio, 1993.

OLIVEIRA, Henrique Altemani de. Brasil e China: uma parceria estratégica. *Revista Brasileira de Política Internacional*, 57 (1), 2004.

PARADISO, José. *Debates y trayectoria de la política exterior argentina*. Buenos Aires: Editorial Planeta, 1993.

RENOUVIN, Pierre; DUROSELLE, Jean-Baptiste. *Uma introdução ao estudo da história das relações internacionais*. São Paulo: Difel, 1974.

SARAIVA, José Flávio Sombra (Org). *Relações internacionais*: dois séculos de história. Brasília: IBRI, 2001.

———. *O lugar da África:* a dimensão atlântica da política externa do Brasil. Brasília: Editora da UnB, 1996.

SENA, Raquel F. *A política externa chinesa*: o lugar do Brasil. Brasília: Editora da UnB, 2004.

VIGEZZI, Brunello. *The british committee on the theory of international politics (1954-1985)*: the rediscovery of history. Milan: Unicopoli, 2005.

WATSON, Adam. *The evolution of international society. A comparative historical analysis.* London/New York: Routledge, 1992.

WICHT, Martin. *A política do poder*. Brasília: Editora da UnB/IPRI/Imprensa Oficial do Estado de SP, 2004.

PARTE

2

AS ANTIGAS E AS NOVAS PARCERIAS

4

OS CINCO "AS" DAS RELAÇÕES BRASIL–ESTADOS UNIDOS: aliança, alinhamento, autonomia, ajustamento e afirmação

Mônica Hirst

4.1 Introdução

No século XXI, as relações entre Brasil e Estados Unidos enfrentam novos desafios e oportunidades. As transformações de conteúdo e forma das relações bilaterais passaram a estar diretamente vinculadas às perspectivas de mudança em ambos países. A combinação da primazia militar à determinação de assumir plena liderança internacional levou os Estados Unidos a reafirmarem seus atributos imperiais no sistema mundial. Para o Brasil, a consolidação da democracia, os efeitos da globalização econômica mundial e o fim da guerra fria remodelaram as pressões e os seus interesses domésticos e externos. Atualmente, o País busca uma agenda afirmativa com os Estados Unidos, o que depende de uma complexa dinâmica de interações, envolvendo atores governamentais e societais.

As áreas de discrepância entre os dois países tornaram-se mais transparentes, e se bem podem representar uma fonte de politização importante — principalmente no contexto brasileiro — perderam sua centralidade no desenho da "grande estratégia" do Brasil. Um ponto crucial a ser destacado é o da adaptação deste relacionamento aos novos tempos da política e da economia internacional. Ao mesmo tempo que podem ser identificados elementos de continuidade das relações Brasil—Estados Unidos, torna-se notável o contínuo processo de renovação do conteúdo da agenda bilateral. Trata-se de um relacionamento que se complexifica dia a dia, a partir de uma dinâmica permanente de renovação de temas e interesses.

Partindo de uma abordagem simples e direta, este artigo pretende dar um panorama geral do relacionamento Brasil—Estados Unidos. Seu objetivo principal é mostrar que este relacionamento, que atravessou diferentes fases no decorrer do século XX, oscilando entre bons e maus momentos, jamais cruzou a fronteira que pudesse conduzir a uma confrontação aberta de parte a parte. Desde uma visão histórica abrangente, pode-se identificar cinco fases que se rotulou com os cinco "As" das relações Brasil—Estados Unidos: aliança, alinhamento, autonomia, ajustamento e afirmação.

Não obstante, embora as relações tenham sido predominantemente amigáveis, frustrações recíprocas afloraram em vários momentos. Foram desencontros cíclicos, motivados por erros de cálculo sobre o comportamento do "outro". Assim se deu no fim da Segunda Guerra Mundial, quando o Brasil esperava um reconhecimento especial por sua participação militar na luta contra os países do Eixo. No início da década de 1950, vieram à tona novas frustrações, quando o governo brasileiro deixou de receber o pretendido apoio norte-americano para as suas políticas de desenvolvimento econômico. Decepções do lado brasileiro fizeram-se notar outra vez em meados dos anos 1960, em frente à ausência de uma política americana de compensações pelas medidas adotadas de contenção das "forças comunistas domésticas". Novamente, na metade da década de 1970, registram-se sinais de frustrações por parte do Brasil, motivadas, primeiro, por este não ter sido promovido à condição de país-chave na política externa dos Estados Unidos e, posteriormente, por ser tratado como um dos países-alvo da política norte-americana de não-proliferação de armas atômicas e de combate à violação de direitos humanos. Em meados dos anos 1980, o Brasil lamentou, com outros países latino-americanos, a ausência de uma solução política para a crise da dívida externa e, finalmente, nos anos 1990, a falta de um apoio norte-americano diante das turbulências financeiras de caráter global foi a causa de novos desapontamentos.

As decepções também se acumularam no lado norte-americano. As políticas econômicas nacionalistas do Brasil feriram, repetidamente, os interesses privados norte-americanos desde os anos 1940. No campo político e de segurança, destacam-se a decepção causada pelas resistências do País de prestar apoio militar aos Estados Unidos na Guerra da Coréia e na Guerra do Vietnã, as posturas críticas manifestadas à política centro-americana de Washington dos 1980, à Guerra do Golfo nos 1990 e, finalmente, pelo posicionamento contrário à guerra no Iraque.

Este artigo está dividido em três partes. A primeira dá conta, brevemente, de uma classificação por fases das relações Brasil—Estados Unidos ao longo do século XX, com ênfase na última etapa, inaugurada nos anos 1990. A segunda parte corresponde a uma análise dos novos desafios das relações econômicas Brasil—Estados Unidos, com enfoque de quatro dimensões específicas: a) as políticas econômicas brasileiras e o impacto dos investimentos diretos norte-americanos, b) as transações comerciais bilaterais, c) a dimensão multilateral das relações comerciais e d) as negociações da Área de Livre Comércio das Américas (Alca). Na terceira, examinam-se as relações políticas entre os dois países nos últimos 20 anos, destacando dois tipos de agenda: uma que envolve questões de *primeiro nível*, que remetem essencialmente à dimensão interestatal, cobrindo os temas de política regional e mundial e de segurança internacional; e outra definida por questões de *segundo nível*, geradas pela atuação de atores não-governamentais em temas como direitos humanos, meio ambiente, migração brasileira para os Estados Unidos, a formação de opinião pública e o espaço ocupado pelas percepções políticas de ambos os lados. Ao final, esboçam-se brevemente as perspectivas das relações Brasil—Estados Unidos no futuro próximo.

4.2 Antecedentes

Ao longo do século XX, o relacionamento Brasil—Estados Unidos ocupou um papel central nos assuntos externos brasileiros e na agenda hemisférica norte-americana, podendo-se identificar do lado do Brasil quatro etapas claramente diferenciadas. A primeira ficou conhecida como a de uma *aliança* "de facto", iniciada nos primórdios da vida republicana brasileira e perdurando até os primeiros anos da década de 1940. A segunda é marcada pelo *alinhamento* do Brasil aos Estados Unidos, que apesar de alguns percalços se estendem de 1942 a 1977. Na terceira fase, o Brasil assume uma política *autônoma* diante dos Estados Unidos, mantida até 1990, quando o Brasil inaugurou a fase de *ajuste* das relações com os Estados Unidos. Esta fase se caracteriza por uma postura mais flexível em relação às expectativas norte-americanas no âmbito das políticas econômico-comerciais, diplomáticas e de segurança internacional. Finalmente, inaugurou-se um quinto período de *afirmação* nas relações Brasil—Estados Unidos, marcado por posicionamentos altivos que pretendem demarcar os limites das concessões e os alcances das pretensões brasileiras.

Com o fim de recuperar essa trajetória, apresentarei, a seguir, alguns dos aspectos políticos e econômicos mais destacados desse relacionamento, tomando como marco a inauguração da República brasileira em fins do século XIX.

4.2.1 Aliança

Até a última década do século XIX, o relacionamento Brasil—Estados Unidos se deu de forma esporádica devido, sobretudo, aos vínculos dominantes do Brasil com o mundo Europeu, particularmente com a Grã-Bretanha.

No entanto, no fim do século XIX, quando os movimentos republicanos brasileiros passaram a observar a experiência política norte-americana como fonte de inspiração e quando os Estados Unidos começaram a abrir seu mercado ao café brasileiro, as relações entre os dois países ganharam consistência.

Dessa forma, durante a Primeira República, as relações Brasil—Estados Unidos seguiram o modelo de uma aliança informal ou, como caracterizado por Bradford Burns, de uma aliança "não-escrita" (*unwritten alliance*). Embora prescindisse de assistência militar mútua, o apoio diplomático recíproco e as intensas relações econômicas teceram uma sólida amizade entre as duas nações.

Essa aliança era percebida como estratégica para o Brasil, tendo em vista que conforme a percepção deste País, a ordem mundial dominada pelos interesses eurocêntricos enfrentaria um processo de esgotamento, o que levaria os Estados Unidos a se converterem em um poderoso ator internacional. O responsável pela construção dessa percepção dos Estados Unidos como principal poder ascendente no sistema internacional foi o Barão do Rio Branco, ministro das Relações Exteriores (1902-1912) e fundador da diplomacia brasileira no século XX.

Durante a Primeira República, o Brasil distanciou-se, paulatinamente, da esfera de influência britânica que, no entanto, manteve sua importância relativa até a eclosão da Primeira Guerra Mundial, quando os Estados Unidos aumentaram sua presença comercial no Brasil em setores antes dominados pelos ingleses, como transportes, mineração e frigoríficos.

Além do fator comercial, em várias ocasiões, Brasil e Estados Unidos intercambiaram ajuda, destacando-se o apoio dos Estados Unidos ao governo brasileiro na resolução de questões limítrofes com a Argentina, a Guiana Francesa e a Guiana Inglesa, seguido do apoio logístico dado pelo Brasil ao governo norte-americano em 1898, no conflito contra Espanha.

4.2.2 Alinhamento

A revolução de 1930 no Brasil e a chegada ao poder do democrata Franklin Roosevelt em 1932, nos Estados Unidos, inauguraram um período de amplas transformações políticas e econômicas em ambos os países, as quais tiveram reflexos imediatos na política externa destes.

O Secretário de Estado Cordell Hull pregava a substituição de práticas intervencionistas — amplamente usadas pelos Estados Unidos no final do século XIX e começo do século XX[1] —, pela negociação diplomática. Essa postura foi predominante durante os anos 1930 e teve implicações não só para o Brasil, mas para toda a América Latina, inaugurando un novo estilo de relacionamento conhecido como "política da boa vizinhança".

Conforme o envolvimento dos Estados Unidos na Segunda Guerra mundial, foi montado um sistema de segurança hemisférico baseado em programas bilaterais de cooperação militar que surtiu rápidos efeitos na região; um exemplo foi a aprovação do compromisso de rompimento de relações com o Eixo, durante a Terceira Reunião de consulta dos Chanceleres, em 1942, no Rio de Janeiro (rejeitada apenas pelo Chile e pela Argentina).

A partir do começo dos anos 1940 até meados dos anos 1970, o Brasil passou por três etapas na sua posição de alinhamento com os Estados Unidos. Durante a primeira etapa, a cooperação militar e econômica entre os dois países teve uma crescente importância para o Brasil, que precisou ceder a várias pressões norte-americanas em troca de empréstimos para financiar seu desenvolvimento em áreas estratégicas[2].

A segunda etapa do alinhamento está fortemente condicionada pelo maniqueísmo do conflito Leste-Oeste. Os Estados Unidos identificavam a América Latina como área de influência norte-americana, e isso incrementou os vínculos militares, políticos e econômicos já existentes. No entanto,

1 Entre 1898 e 1934 os Estados Unidos intervieram militarmente na República Dominicana, no Haiti, em Cuba, em Honduras, na Guatemala e no Panamá.

2 A primeira posição do Brasil em relação à guerra foi de neutralidade, em 1939. Entretanto, em 1942, o Brasil, fortemente condicionado pelos acordos firmados com os Estados Unidos para a obtenção de fundos, rompeu relações com o eixo.

apesar das limitações impostas pela bipolaridade, o Brasil continuou com seu projeto de desenvolvimento econômico, manifestado na ênfase nacionalista do segundo Governo Vargas, no apelo ao desenvolvimento de Juscelino Kubitschek e no sentido inovador da política externa independente dos governos Quadros-Goulart.

Entretanto, Washington já não se mostrava tão disposto a financiar o desenvolvimento brasileiro, e as diferenças entre os dois países tornaram-se mais fortes, agravadas pela questão petrolífera e pela criação da Petrobrás. O caráter conflitivo da agenda bilateral só era amenizado pela cooperação nuclear e no campo de defesa, que experimentaram importantes avanços nesse período.

No final dessa segunda etapa, o Brasil estava imerso em graves problemas de déficit orçamentário e de alta da inflação. Além desse quadro de instabilidade, as relações com os Estados Unidos se complicaram, quando do lançamento da Política Externa Independente (PEI), pelo governo Quadros-Goulart. A PEI defendia a ampl iação da autonomia do Brasil no plano internacional, desvencilhando-o das limitações impostas pela bipolaridade e identificando-o com outras nações do mundo subdesenvolvido na América Latina, África e Ásia.

O ponto culminante de tensão entre os dois países nesse período se deu quando decisões tomadas pelo presidente João Goulart e pelo governador do Rio Grande do Sul, Leonel Brizola, como nacionalização de empresas estrangeiras, feriram interesses privados norte-americanos no Brasil. Dessa forma, o golpe militar de 1964 foi motivado também por fatores externos ao mesmo tempo que foi amplamente apoiado pelos Estados Unidos.

A partir de 1964, ambos os países entraram na terceira etapa do alinhamento, marcada pelo abandono das premissas da PEI e retomada do alinhamento irrestrito aos Estados Unidos. Os conceitos de fronteiras ideológicas, soberania limitada e círculos concêntricos estiveram muito presentes nesse primeiro momento enquanto a percepção dos Estados Unidos como líder do mundo livre justificava a aliança para o fortalecimento do ocidente.

Para fins dos anos 1960, a postura de aliado irrestrito começa a sofrer algumas alterações, favorecidas pela paralização momentânea do conflito leste-oeste proporcionada pela *détente*. O Brasil retomou algumas premissas da PEI e no plano interno se consolidou a opção pelo modelo nacional-desenvolvimentista.

Na verdade, o Brasil pretendia abandonar o alinhamento irrestrito e manter um tratamento especial, mas não obteve a resposta desejada por parte de Washington. A frustação dessas expectativas gerou um movimento nos meios militar e diplomático no sentido de se revisar a postura do Brasil de aliado dos Estados Unidos.

4.2.3 Autonomia

No governo de Ernesto Geisel, o Brasil entrou em uma nova fase nas relações bilaterais. Em busca de autonomia e universalismo, o Brasil pretendia um entendimento com Washington que permitisse substituir o alinhamento por uma relação especial, estratégia esta que foi interrompida com a chegada de Jimmy Carter ao poder em 1976. O ativismo do presidente norte-americano na defesa dos direitos humanos e em prol da não-proliferação provocou fortes desavenças entre esses países, que duraram até 1978, quando as relações adquiriram um baixo perfil político, o qual persistiu até o final do governo Geisel.

Por outro lado, a agenda econômico-comercial se ampliava e se tornava mais complexa, cabendo ressaltar o papel predominante dos bancos norte-americanos do crescente endividamento externo do Brasil.

A falta de sintonia ou a indiferença no campo político mantiveram-se até fins dos anos 1980, enquanto a agenda econômico-comercial continuava ganhando peso e complexidade, com a inclusão de temas como patentes farmacêuticas e temas de informática.

Nessa época, a diplomacia brasileira adquiriu mais substância política: aprofundaram-se os laços com a América Latina — particularmente com a Argentina —, reforçaram-se as restrições ao governo sul-africano e foram negociados acordos de cooperação com a China e a União Soviética.

4.2.4 Ajustamento

Desde 1990, quando se consolidou a democracia brasileira, a política externa do Brasil foi ajustada aos novos tempos, marcados pelo fim do conflito Leste-Oeste e o veloz impacto da globalização econômica.

A decisão do Brasil de integrar a comunidade de democracias de livre mercado significou a ruptura do projeto construído desde 1974. No governo Collor, temas como direitos humanos, não-proliferação e meio ambiente entraram na agenda, enquanto no campo econômico interno eram anunciadas reformas que envolviam liberalização dos investimentos, privatizações de empresas, abertura comercial, renegociação da dívida externa. Defendia-se a idéia de transformar a política externa brasileira em uma ferramenta que ampliasse a competitividade internacional do País.

Na crise interna do governo Collor, essas alterações perderam impulso, e o Brasil reforçou seus interesses no cenário regional, com projeto como o aprofundamento do Mercosul e a criação de uma Área de Livre Comércio Sul-Americana.

Com a chegada de Fernando Henrique Cardoso e com o impacto da estabilização econômica lograda com o Plano Real, e renovaram-se as expectativas de credibilidade e prestígio internacional do Brasil. A diplomacia presidencial se transformou em um valioso meio para incrementar relações públicas de alto nível com os países industrializados e para consolidar o Mercosul. Nessa etapa, procurou-se desenvolver um relacionamento amistoso com os Estados Unidos e as relações bilaterais foram caracterizadas por uma interação cordial entre os mandatários dos dois países.

No entanto, as tensões no campo econômico-comercial somadas às perspectivas desencontradas quanto ao ordenamento internacional pós-guerra fria logo puseram em evidência os limites da reaproximação entre os dois países. Se para os Estados Unidos os esforços do Brasil para se ajustar às orientações neoliberais do Consenso de Washington não eram suficientes, o Brasil percebia que o sistema unipolar nascente diminuia sensivelmente suas margens de manobra.

4.3 Desafios nas relações econômicas Brasil—Estados Unidos

Ao longo da década de 1990, o relacionamento econômico Brasil—Estados Unidos adquiriu nova complexidade. Além de envolver uma teia de interesses e pressões mais diversificada, passou a desenvolver-se em diferentes esferas. Tanto os vínculos mantidos nos campos dos investimentos como das transações financeiras e comerciais passaram a estar sujeitos permanentemente às pressões liberalizantes dos Estados Unidos.

Observou-se um processo acumulativo de desavenças por percepções críticas de ambos os lados. Do lado brasileiro, tornou-se difícil compatibilizar esses desencontros com a crescente vulnerabilidade econômica externa do País. Os impedimentos enfrentados para a retomada do crescimento, o alto grau de exposição às crises monetárias internacionais e a marginalização contínua no sistema do comércio mundial geraram constrangimentos que enfraqueceram a posição brasileira na comunidade empresarial e nos organismos de crédito internacionais.

Para uma melhor análise das relações econômicas entre Brasil e Estados Unidos, dividimo-las em quatro dimensões principais. A *primeira* refere-se à presença dos Estados Unidos na atividade econômica do País por meio de investimentos diretos. A *segunda* dimensão diz respeito ao âmbito das transações comerciais. A *terceira* dimensão refere-se ao multilateralismo, institucionalizado pela Organização Mundial do Comércio (OMC) e a *quarta* dimensão, que também extrapola o campo dos laços estritamente bilaterais, envolve a agenda regional.

4.3.1 Os investimentos diretos norte-americanos

Depois de quase dez anos de tentativas frustradas, o programa de estabilização brasileiro posto em marcha em 1994 mostrou resultados positivos e duradouros. À medida que a inflação ia sendo finalmente controlada, a confiança doméstica e internacional pôde ser reestabelecida[3]. Ao mesmo tempo, a aplicação de rígidas políticas monetárias — responsáveis por taxas de juros extremamente elevadas — obrigava o País a sujeitar-se a índices moderados e, por vezes, recessivos de crescimento econômico. Esse dilema acompanhou a gestão da economia brasileira ao longo de grande parte da década de 1990, tornando particularmente insatisfatórios os resultados obtidos durante o segundo governo Cardoso.

Dadas essas características, a nova política econômica do Brasil criou um ambiente extremamente propício para o capital privado transnacional. À proporção que o Plano Real mudava a imagem econômica externa do País, círculos empresariais e governamentais norte-americanos passaram a aplaudir a abertura da economia brasileira.

Vale ressaltar, no entanto, que havia uma sorte de descontentamento por parte do governo e pelo meio empresarial norte-americanos no que se refere ao programa brasileiro de privatizações, visto como um processo incompleto e repleto de imperfeições. As principais queixas eram motivadas pela exclusão do programa de áreas consideradas cruciais, como o petróleo e a energia elétrica. Logo surgiram reclamações e críticas da parte dos Estados Unidos ao Brasil referentes aos procedimentos fiscais e alfandegários, ao cumprimento da legislação relativa à propriedade intelectual e à maior transparência nos métodos de regulação econômica. No caso da reforma fiscal, o Brasil

3 Os índices de inflação foram reduzidos em uma média de 40% ao mês, no início de 1994, para uma taxa anual de 22% em 1995, 9,34% em 1996, 7,48% em 1997 e 0,71% em 1998.

foi repetidamente criticado pelo seu pesado sistema tributário, responsável pela absorção de cerca de 30% do seu Produto Interno Bruto (PIB)[4].

Não obstante, entre 1991 e 1998, os Estados Unidos foram a principal fonte de investimentos estrangeiros no Brasil, triplicando sua presença no País[5], principalmente nos setores financeiro e de manufaturados — químicos, transporte e alimentação.

Por sua vez, o Brasil tornou-se o primeiro destino de investimentos estrangeiros diretos dos Estados Unidos no Terceiro Mundo, captando mais de 50% do total desses na América do Sul.

Tabela 4.1 Investimentos estrangeiros diretos dos Estados Unidos (1998)

Posição	País	Valor (US$ milhões)
1	Reino Unido	178,648
2	Canadá	103,908
3	Holanda	79,386
4	Alemanha	42,853
5	França	39,188
6	Japão	38,153
7	**Brasil**	**37,802**
8	Suiça	37,616
9	Austrália	33,676
10	Panamá	26,957
11	México	25,877
12	Hong Kong	20,802

Fonte: Banco Central do Brasil.

4 As declarações do embaixador dos Estados Unidos no Brasil, Anthony Harrington (1999-2001), ilustraram tais queixas. Em uma conferência na Câmara Americana de Comércio, enquanto mencionava uma lista de expectativas *vis-a-vis* no Brasil, suas palavras foram claras: "Imprevisibilidade deixa nossos investidores nervosos" (*O Globo*, 4 nov. 1999).

5 O volume de investimentos diretos desse país no Brasil alcançou aproximadamente US$ 38 bilhões em 1998.

Após essa fase de expansão dos anos 1990, os investimentos diretos norte-americanos no Brasil iniciaram um movimento descendente, em consequência de três fatores não relacionados: a desaceleração do crescimento econômico dos Estados Unidos, o fim dos processos de privatização relevantes no Brasil e a maior exposição econômica externa brasileira após a crise monetária de 1999.

Nessas circunstâncias, a dívida pública brasileira aumentou, notavelmente, no fim da década de 1990[6], e a obtenção de apoio externo — particularmente do governo dos Estados Unidos — havia-se tornado crucial para o País enfrentar o impacto causado pelas turbulências externas e a desvalorização do real[7].

Às condições econômicas frágeis que persistiram no Brasil ao longo do biênio 2000-2001 somaram-se a uma nova onda de incertezas geradas pelas eleições presidenciais de outubro de 2002. No entanto, os mercados e os investidores foram se acalmando com a aprovação de um empréstimo de US$ 30 bilhões concedido pelo Fundo Monetário Internacional (FMI), após negociações conduzidas pelo governo Cardoso e endossadas pelos candidatos à Presidência. Subseqüentemente, as preocupações externas iniciais, motivadas pela vitória do líder do Partido dos Trabalhadores, foram afastadas no momento em que este se comprometeu a honrar integralmente os compromissos assumidos pelo governo anterior.

4.3.2 O comércio Brasil—Estados Unidos: uma agenda renovada

Ao longo dos anos 1990, as relações comerciais Brasil—Estados Unidos enfrentaram novos desafios, consequência sobretudo das importantes mudanças ocorridas nas transações bilaterais. Em primeiro lugar, observou-se um crescimento significativo do intercâmbio bilateral. Em segundo, depois de muitos anos de superávit comercial do lado brasileiro, a situação inverteu-se e, em meados da década de 1990, os Estados Unidos passaram a ser responsáveis por aproximadamente 50% do déficit comercial total do Brasil.

6 Um quadro relativamente confortável, no qual a dívida pública representava menos que 30% do PIB, foi substituído por um cenário alarmante, em que ultrapassou 60%.

7 Ao longo dos anos 1990, o continuado monitoramento e endosso do FMI e do Banco Mundial converteu-se em peça indispensável das políticas de estabilidade no Brasil.

Depois de 1999, as expectativas de que o comércio Brasil—Estados Unidos se tornaria mais equilibrado aumentaram, como resultado de dois novos fatores: a) o impacto da desvalorização da moeda brasileira no início de 1999; e b) a importância crescente do comércio intrafirmas nas transações bilaterais.

Tabela 4.2 Comércio Brasil—Estados Unidos (US$)

Ano	Exportações	Total de exportações (%)	Importações	Total de importações (%)
1980	3.439.945	17,09	4.071.064	17,73
1985	6.844.516	26,70	2.589.906	19,69
1990	7.594.263	24,17	4.392.958	21,26
1995	8.628.812	18,67	10.519.498	21,05
2000	13.180.528	23,93	12.894.269	23,09

Fonte: Ministério do Desenvolvimento, Indústria e Comércio, "Intercâmbio Comercial Brasileiro Estados Unidos (1980-2001)".

À proporção que o saldo comercial positivo dos Estados Unidos com o Brasil se tornou constante, aumentou a importância do mercado brasileiro para as exportações norte-americanas. Além disso, embora as exportações brasileiras para o mercado norte-americano não tenham declinado durante os anos 1990, as exportações dos Estados Unidos dirigidas ao Brasil cresceram mais rapidamente depois de 1994. Esta assimetria, entretanto, não calou as queixas dos Estados Unidos às barreiras comerciais brasileiras e aumentou as queixas do Brasil às barreiras comerciais norte-americanas. Contra as expectativas norte-americanas, as medidas brasileiras de liberalização comercial aprofundadas nos anos 1990 não contribuíram para a superação das discrepâncias entre os dois países neste terreno. Inaugurou-se uma nova fase de imputações, na qual o Brasil passou a se ressentir ainda mais da falta de reciprocidade norte-americana, ao mesmo tempo que o governo dos Estados Unidos mantinha ativa a insistência de que as políticas brasileiras de abertura do mercado eram insuficientes em vista da "falta de competitividade da indústria brasileira". Pouco a pouco, as discordâncias no comércio bilateral passaram a contaminar a arena das negociações comerciais multilaterais.

No entanto, as modificações no perfil do comércio Brasil—Estados Unidos passaram a fazer parte de um novo cenário de déficits comerciais brasileiros, gerados, principalmente, pelo fortalecimento do real. A expansão das exportações norte-americanas para o Brasil parecia ser mais uma consequência da liberalização comercial do que resultado do crescimento econômico. Após a desvalorização do real em 1999, as expectativas foram de um melhor desempenho da balança comercial brasileira, em consequência de uma rápida retomada das exportações para seus principais parceiros comerciais. De fato, o País reduziu significativamente seu déficit comercial com os Estados Unidos. As autoridades brasileiras foram enfáticas ao afirmar que esse crescimento provinha de uma competitividade maior dos produtos brasileiros, e não da redução das barreiras comerciais norte-americanas, que seguiram representando uma fonte permanente de atrito entre os dois países.

Após os ataques terroristas de 11 de setembro, observou-se uma securitização das posições protecionistas norte-americanas. Os contenciosos comerciais entre os dois países foram acompanhados por uma escalada de tensões intergovernamentais que se tornaram públicas de ambos os lados. Nesse contexto, Brasil e Estados Unidos perceberam que os mal-entendidos no comércio bilateral iriam surtir efeitos inevitáveis para as negociações hemisféricas.

4.3.3 A dimensão multilateral

As medidas brasileiras de liberalização comercial coincidiram com relevantes mudanças no sistema mundial de comércio. O novo marco institucional inaugurado com a criação da OMC, em 1994, ampliou o compromisso do Brasil com o regime de comércio multilateral. Da mesma forma, o País aumentou sua participação nas consultas multilaterais e nos mecanismos instituídos pela OMC para a solução de controvérsias. Além do destaque adquirido pelas negociações, envolvendo a redefinição das regras do jogo do comércio internacional, as disputas comerciais entre Brasil e Estados Unidos ganharam nova visibilidade nos fóruns multilaterais. Também se tornaram possíveis novas coalizões externas com países igualmente prejudicados pelas restrições impostas de ambos os lados, o que em muitas ocasiões "desbilateralizou" as disputas em questão. Estas passaram a ser resolvidas na OMC, em obediência ao conjunto de regras e procedimentos ao qual os dois países aceitaram estar subordinados.

Entre 1948 e 1991, o Brasil envolveu-se em apenas 13 disputas no Acordo Geral de Tarifas e Comércio (Gatt), em dez das quais como País demandante. As queixas contra o Brasil foram levantadas pelos Estados Unidos somente em um caso, enquanto houve cinco disputas em que o Brasil apresentou queixas contra ele. Entre 1992 e 1996, o total de disputas envolvendo o Brasil cresceu para 17, das quais três correspondiam a demandas realizadas pelos Estados Unidos.

Além de seu envolvimento em um conjunto de disputas comerciais, o Brasil tornou-se ativo no questionamento das regras do sistema de comércio multilateral. O País passou a concentrar sua atenção em dois importantes aspectos das negociações comerciais internacionais: a questão dos subsídios agrícolas e da flexibilização das demandas referentes aos novos temas da agenda, por exemplo, a propriedade intelectual.

Seguindo essa linha de ação, o governo brasileiro foi um firme defensor da criação da OMC e, desde então, contribuiu para aglutinar um grupo de países que passaram a demandar uma nova rodada de negociações comerciais, rotulada a *Rodada do Milênio*[8]. Em 2001, uma nova rodada foi inaugurada em Doha — após o fiasco do Terceiro Encontro Ministerial da OMC em Seattle, em 2000 — onde duas coalizões foram formadas, reproduzindo a divisão Norte-Sul: uma liderada pelo Brasil e pela Índia, seguidos por um grande grupo de países subdesenvolvidos, e outra comandada pelos Estados Unidos, com a presença da Suíça, do Canadá, da Austrália, da Nova Zelândia e da Alemanha.

A conclusão dessa nova *Rodada* está prevista para o final de 2005, coincidindo com a conclusão das negociações hemisféricas, o que tende a radicalizar as posições de ambos os países nessas negociações.

4.3.4 A dimensão regional

A formação do Nafta pelos Estados Unidos, pelo Canadá e pelo México plantou as sementes para a constituição de uma área de livre-comércio hemisférica ao mesmo tempo que Brasil e Argentina promoveram a criação do Mercosul.

Enquanto nos Estados Unidos a política interna cumpriu historicamente um papel decisivo na condução das políticas de comércio exterior, no Brasil, a presença dos interesses domésticos na agenda comercial internacional corresponde a um fenômeno recente, que coincide com a consolidação da

8 A Rodada anterior, denominada Rodada Uruguay, ocorreu entre 1986 e 1994.

democracia no País[9]. No caso da Alca, as diferenças entre as posições do Brasil e dos Estados Unidos tornaram-se uma fonte de politização interna na sociedade brasileira, que terminou levando a uma notável exacerbação dos sentimentos antiamericano.

O Brasil desenvolveu diferentes posições em frente ao projeto da Alca, desde que surgiu a idéia de uma integração hemisférica. Primeiro, quando a "Iniciativa Bush" foi lançada em 1990, o Brasil mostrou *desdém* em relação à formação de uma área de livre-comércio nas Américas. Quatro anos depois, na Cúpula de Miami, o País assumiu uma postura *defensiva*, dominada por cálculos de soma zero, temendo que o Mercosul e a Alca fossem mutuamente excludentes. Finalmente, uma terceira atitude emergiu com a preparação da Cúpula de Santiago (1998), quando tiveram início as negociações formais para a Alca. Daí em diante, o Brasil assumiu uma posição *afirmativa*, fundamentada em duas motivações: a) o peso da sua presença no Mercosul e b) a articulação de uma posição nacional em relação à Alca, ancorada nos interesses convergentes definidos pelo governo, o empresariado e os dirigentes sindicais[10].

Em lugar de uma dinâmica harmoniosa de negociações hemisféricas, os entendimentos para a Alca conduziram reações fragmentárias e competitivas. Enquanto o Brasil parecia estar menos interessado no efeito derrame do Nafta, países como Argentina e Chile mostraram-se bastante ansiosos por receber o mesmo tratamento outorgado ao México. No caso do Mercosul, esse tipo de impacto conspurcou o processo de negociação entre Brasil e Argentina, além de ter contribuído à relutância chilena em aderir ao bloco do Cone Sul[11].

Após a cúpula de Miami, em 1994, conscientes dos custos da exclusão, o governo brasileiro concentrou seus esforços para que fossem ampliados os prazos de negociação da Alca.

---

9 LIMA, Maria Regina Soares de. Instituições *Democráticas e política exterior*. Contexto Internacional, v. 22, 2000.

10 VEIGA, Pedro da Motta. *El Mercosur y el proceso de construcción del Alca*. Integración y Comercio, Buenos Aires: Intal, 1998. p. 3-32; LIMA, Maria Regina Soares de. Brazil's response to the new regionalism. In: MACE, G.; THÉRIEN, J. P. (Ed.). *Foreign policy and regionalism in the Americas*. Boulder, CO, Lynne Rienner Publichers, 1996. p. 137-158.

11 HIRST, Mônica. *Democracia, seguridad e integración*. Buenos Aires: Editora Norma, 1996. p. 189-222.

Por sua vez, ao mesmo tempo que o governo norte-americano se mostrava disposto a aprofundar seu compromisso com o regionalismo, ele partia do suposto que a Alca conduziria à dissolução de outros regimes de integração regional, como o Mercado Comum Centro-Americano, o Pacto Andino e o Mercosul. Visando cumprir esse objetivo, tornou-se crucial para a Casa Branca a obtenção da autorização no congresso da "via rápida" (fast track — FTA), que lhe permitiria levar à frente as negociações hemisféricas. No entanto, a crise mexicana provocou um debate sobre os custos e os benefícios do Nafta, minando a base de apoio do governo no âmbito legislativo favorável à montagem de esquemas preferenciais na região e forçando a administração Clinton a mudar sua estratégia em relação ao regionalismo nas Américas.

Uma nova série de encontros preparatórios da Alca ocorreu em setembro de 1996. Dessa vez, a presidência temporária do Brasil gerou um senso de responsabilidade para o País em relação à articulação das propostas latino-americanas, ao mesmo tempo que o governo brasileiro passou a imprimir à sua participação um sentido político, respondendo à mobilização observada internamente.

Com presteza, o Itamaraty transformou as demandas de setores empresariais e das organizações sindicais em relação à Alca em um argumento para a fundamentação de suas posturas. Assim, uma politização de viés nacionalista ganhou projeção, com a anuência do governo e sustentada por setores do empresariado e da área sindical e por segmentos partidários e acadêmicos. Em todos os casos, observou-se uma crescente preocupação não só quanto aos efeitos econômicos assimétricos da liberalização comercial em jogo mas também quanto à ausência de garantia de reciprocidade por parte dos Estados Unidos. O impacto das disputas comerciais entre Brasil e Estados Unidos, particularmente aquelas em que as exportações brasileiras eram sistematicamente afetadas pelas barreiras norte-americanas, contribuíram para reforçar esse tipo de apreensão.

Nesse contexto, uma proposta foi tecida com sucesso pelo Brasil, compreendendo três premissas essenciais: a indissolubilidade do Mercosul, o gradualismo no processo de negociação e o equilíbrio entre custos e benefícios. Do lado dos Estados Unidos, a administração Bush (filho), desde o seu início, em 2001, emitiu sinais de que a negociação da Alca se tornaria uma prioridade do seu governo. Contudo, a materialização da tal intenção dependeria da capacidade do novo governo de superar a resistência doméstica que já havia impedido por quatro anos a aprovação pelo Congresso norte-americano da autorização da "via rápida", agora chamada de "Autorização para a Promoção Comercial" — Trade Promotion Authority (TPA).

Com a aprovação da TPA, em dezembro de 2001, aprofundaram-se ainda mais as discrepâncias entre o Brasil e os Estados Unidos. Interpretada pelo governo brasileiro como um obstrutor às negociações da Alca, a nova legislação incluía condições consideradas inaceitáveis, como a cláusula que outorgava ao governo dos Estados Unidos o direito de realizar consultas sobre as políticas monetárias adotadas por outros países, quando estas fossem interpretadas como uma fonte de insegurança para a competitividade dos produtos norte-americanos. Assim, começou a diluir-se a fronteira entre os territórios das negociações hemisféricas e dos contenciosos comerciais bilaterais. De forma crescente, os representantes dos Estados Unidos passaram a condicionar negociações comerciais específicas a um acordo hemisférico mais amplo.

A partir de 2002, pesadas declarações de ambos os governos conduziram a um ambiente difícil, com influência sobre o processo da Alca em seu conjunto. No final do governo Cardoso, inaugurou-se a última fase de negociação da Alca (2003-2004) e embora o processo envolvesse 34 países, Estados Unidos e Brasil assumiram uma posição central na sua condução.

Do lado norte-americano, a administração Bush passou a enfrentar uma situação ambígua, na qual o reconhecimento dos custos de excluir o Brasil da Alca caminhava lado a lado às posturas que refletiam um protecionismo crescente e uma menor flexibilidade política associada à securitização da agenda internacional desse país. A consciência dos riscos em questão forçou os mandatários de ambos os países a buscarem um caminho de maior consenso, o que pôde ser observado no encontro Lula-Bush, em maio de 2003. Não obstante, os desdobramentos seguintes das posições mantidas pelos Estados Unidos no processo negociador revelaram que, para Washington, esse consenso não prescindia do empenho de se esvaziar e/ou isolar as resistências brasileiras.

4.4 As relações políticas Brasil—Estados Unidos

Na década de 1990, as relações políticas Brasil—Estados Unidos sofreram transformações influenciadas, simultaneamente, por mudanças internas e externas. Os temas que refletem essas transformações podem ser ordenados — embora de forma não totalmente satisfatória — em dois grupos: questões de *primeiro* nível, que incluem os temas da agenda interestatal, remetendo às políticas regional e mundial e de segurança internacional;

e questões de *segundo* nível, que estão vinculadas à "agenda global", cuja dimensão bilateral foi estimulada em grande medida pela ação e pela pressão de movimentos sociais, atores não-governamentais e pela opinião pública.

4.4.1 A agenda de primeiro nível

4.4.1.1 Política e segurança internacional

Nos anos 1990, tornou-se consensual no Itamaraty a idéia de que as relações com os Estados Unidos alcançaram uma etapa de "maturidade política". Os contatos bilaterais ganharam franqueza, evitando-se que as áreas problemáticas — como as disputas comerciais — contaminassem o relacionamento em sua totalidade. Ao mesmo tempo, a política externa brasileira lançou mão de uma agenda positiva no que diz respeito às expectativas dos Estados Unidos na área de segurança internacional, particularmente aquelas referentes à adesão a regimes internacionais de não-proliferação — Tratado de Não-Proliferação (TNP); Regime de Controle de Tecnologia de Mísseis (MTCR) — às operações de paz da Organização das Nações Unidas (ONU).

No entanto, a construção de uma agenda positiva de manutenção da paz não impediu que os dois países mantivessem posições diferentes em uma ampla parcela de resoluções da Assembléia-Geral da ONU, relativas aos temas de desarmamento e direitos humanos. Enquanto os votos de ambos os países raramente coincidem na Assembléia-Geral, eles normalmente convergem no Conselho de Segurança. Isso se explica pelo fato de que, na Assembléia-Geral, a identidade internacional do Brasil se guia pelas posições do Terceiro Mundo, que geralmente contrastam com as dos Estados Unidos e de outras potências mundiais. Este perfil, entretanto, adquire novos matizes no Conselho de Segurança, que lida com uma agenda mais complexa e diretamente vinculada aos esforços de manutenção da paz mundial.

De fato, os mais recentes eventos mundiais confirmavam a ampliação do alcance da convergência com os Estados Unidos, particularmente em relação aos valores políticos e aos esforços pela paz mundial. Nesse sentido, a reação do governo Cardoso ao ataque terrorista de 11 de setembro de 2001 nos Estados Unidos foi de reforçar sua afinidade e sua ligação aos valores políticos ocidentais, expressando sua solidariedade em face da tragédia. Esse apoio, entretanto, esvaeceu-se diante da preparação militar dos Estados Unidos para atacar o Afeganistão e, posteriormente, em frente à decisão da administração Bush de atacar o Iraque, para derrubar o regime de Saddan Hussein. A partir de então, o Brasil reagiu com dois tipos de resposta. De um lado, redobrou seus esforços em defesa do multilateralismo e, de outro, mostrou uma clara preocupação com o impacto humanitário das ações de intervenção militar e reforçou as medidas de controle das operações de lavagem de dinheiro no Brasil que poderiam facilitar as operações terroristas. Dessa forma, o governo brasileiro evitou o alinhamento à política de defesa dos Estados Unidos, mas assegurou seu apoio à guerra contra o terrorismo, liderada por Washington.

4.4.1.2 Política e segurança regional

Pouco a pouco, o Brasil passou a assumir uma postura mais atuante em questões de segurança regional. O uso da diplomacia presidencial pelo governo Cardoso tornou-se particularmente importante para estreitar o contato com a Casa Branca, em contextos de crises políticas na América do Sul. Assim, a partir de uma convivência menos tensa, Estados Unidos e Brasil concordaram, por exemplo, com a idéia de que o tema Colômbia deveria ser abordado de forma flexível e aberta, levando-se em consideração as percepções de cunho regional, sub-regional ou dos países individualmente. Na eclosão da guerra Equador-Peru em 1995, bem como nos momentos de maior turbulência política no Paraguai, esse diálogo foi crucial para coordenar posições.

No período 1997-98, as negociações de paz entre Equador e Peru foram coordenadas pelo governo brasileiro em consulta permanente com o dos Estados Unidos, da Argentina e do Chile (os quatro países foram designados mediadores formais da disputa desde 1942)[12]. Em outubro de 1998, os governos dos dois países em conflito, finalmente, assinaram um tratado de paz em Brasília, suspendendo as hostilidades.

Em relação ao Paraguai, o Brasil buscou agir de forma coordenada com a Argentina, visando frear reveses autoritários. Tornou-se frequente a utilização da cláusula democrática do Mercosul como instrumento de pressão para conter as forças antidemocráticas paraguaias[13].

Em tempos mais recentes, o governo norte-americano passou a observar com mais atenção as iniciativas do Brasil na América do Sul, a começar

12 HERZ, Mônica; NOGUEIRA, João Pontes. *Ecuador vs. Peru*. Boulder: Rienner, 2002. p. 49-96.

13 Vale mencionar que esse tipo de atuação mostrou-se contraditório à proteção oferecida pelo Brasil a líderes paraguaios pouco identificados com os ideais democráticos, como o ex-presidente Alfredo Stroessner e o general Lino Oviedo.

pela organização, em agosto de 2000, do primeiro encontro de presidentes sul-americanos. Naquela ocasião, 12 chefes de estado compareceram à Primeira Cúpula Presidencial Sul-Americana, em Brasília, cuja agenda incluiu cinco tópicos: defesa da democracia; comércio regional; infra-estrutura regional; informação, ciência e tecnologia; e luta contra o narcotráfico.

Se por um lado Brasil e Estados Unidos compartilham a visão de que é necessário fortalecer os valores democráticos na América do Sul, por outro, nem sempre coincidem sobre o método mais adequado para alcançar este fim. Dessa forma, a política externa brasileira preservou sua postura antiintervencionista, enquanto, para os Estados Unidos, a promoção do estado de direito nas Américas justificava a ingerência em assuntos políticos internos dos países da região.

Após os atentados de 11 de setembro, os interesses de segurança dos Estados Unidos na América do Sul foram diretamente afetados, o que inevitavelmente repercutiu sobre as relações com o Brasil. Na 5ª reunião Ministerial de Defesa das Américas, realizada em Santiago em 2002, novas tensões surgiram entre Brasil e Estados Unidos diante das demandas de Washington com respeito às políticas de segurança na região, especialmente aquelas de combate ao terrorismo.

No que diz respeito ao combate ao narcotráfico, a agenda continha menos pontos de conflitos e, desde o início dos anos 1990, este tema converteu-se em um tópico de importância crescente na agenda bilateral, e a principal preocupação das autoridades norte-americanas passou a estar referida ao papel desempenhado pelo Brasil enquanto corredor de passagem para o embarque de drogas para os Estados Unidos e como produtor de químicos precursores e drogas sintéticas. Nesse sentido, foi assinado um acordo bilateral sobre narcóticos (1994), atualizado por um Memorando de Entendimento (1996) e pelo Tratado de Assistência Legal Mútua (MLAT, 1997). Paralelamente, a colaboração bilateral em atividades de combate ao tráfico de drogas expandiu-se em arenas multilaterais, como o Programa de Controle de Drogas da ONU (UNDCP) — ao qual o Brasil aderiu em 1991 — e a Comissão para o Controle de Abuso de Drogas da OEA (OAS/Cicad). Além da expansão da agenda cooperativa, o governo norte-americano ampliou sua presença nas polícias brasileiras com a instalação de uma representação do FBI em Brasília. Nesse mesmo contexto, foram registrados positivamente em Washington os avanços obtidos no Brasil com respeito ao envolvimento da polícia e do Legislativo nas atividades antinarcóticas. Também foi tido como relevante o estabelecimento, em 1998, de um Secretariado Antidrogas e a formação de uma Comissão Parlamentar de Inquérito (CPI), em 1999, especialmente dedicada ao narcotráfico, na época uma investigação sem precedentes sobre as conexões entre o tráfico de drogas, lavagem de dinheiro, crime organizado e corrupção. Vale ainda mencionar que o governo dos Estados Unidos, além de prover equipamentos e pessoal para o Secretariado, passou também a trabalhar em colaboração com essa agência em programas educativos antidrogas e antiviolência.

4.4.2 A agenda de segundo nível

4.4.2.1 Direitos humanos

Em meados dos anos 1970, os direitos humanos tornaram-se um tema espinhoso no relacionamento do Brasil com os Estados Unidos. Durante a administração Carter (1977-80), a política oficial dos Estados Unidos assumiu uma posição particularmente crítica às ditaduras militares latino-americanas, incluindo o Brasil. A inclusão do tema dos direitos humanos no relacionamento com o Brasil tornou-se uma questão sensível nas relações bilaterais, o que somado a outras desavenças com o governo norte-americano causou a deterioração das relações políticas entre os dois países. No final da década, contudo, com a liberalização gradual do regime político brasileiro e término da administração democrata nos Estados Unidos, o tema dos direitos humanos perdeu visibilidade na agenda bilateral.

Com o fim da era autoritária na América do Sul e o processo de paz na América Central, o tema dos direitos humanos passa por uma redefinição de enfoque e de sujeito[14]. Confrontadas com a necessidade de se ajustarem à realidade democrática, as Organizações Não-Governamentais (ONGs) de direitos humanos diversificaram sua agenda na América Latina, adotando uma perspectiva inclusiva. Já no início dos anos 1990 havia, aproximadamente, 60 ONGs de origem internacional voltadas para uma agenda não mais referida apenas a motivações políticas. A preocupação agora estava centrada no problema do abuso, discriminação e/ou injustiça envolvendo direitos políticos, sociais, econômicos e culturais. As questões da "intervenção" e da autoridade tornaram-se mais complexas e sutis na abordagem de situações flagrantes de violação e abuso. Ao mesmo tempo, ganhava visibilidade no Brasil uma nova agenda sobre abuso dos direitos humanos, com repercussões internacionais

14 KECK, Margaret; SIKKINK, Kathryn. *Activists beyond borders*. Ithaca: Cornell University Press, 1998.

imediatas. Os abusos adquiriram conotação dramática quando denúncias locais e internacionais passaram a mencionar a vitimização da população infantil nas grandes cidades brasileiras. Esse cenário piorou ao longo dos anos 1990, pelo conhecimento público da ação de esquadrões da morte contra crianças e adultos de rua nos centros urbanos do País.

Para fazer frente a esse cenário e lidar com as pressões da Comissão de Direitos Humanos da ONU, dos governos europeus e dos Estados Unidos e das ONGs internacionais, mesmo antes de dispor de uma política ativa de direitos humanos, o Brasil passou a fazer-se presente no campo da diplomacia de direitos humanos. Nos Estados Unidos, o tema ganhou nova relevância na agenda oficial, com a administração Clinton. Entretanto, a Casa Branca mostrou-se cuidadosa com o Brasil, no sentido de não incluir o tema dos direitos humanos na lista de questões pendentes da agenda bilateral.

Vale ainda mencionar que o fato de os abusos aos direitos humanos no Brasil tornarem-se foco de atenção de ONGs dos dois países não se traduzia, necessariamente, em uma coincidência entre estas quanto às percepções e às recomendações de políticas. Enquanto nos Estados Unidos a estratégia destas organizações apontava para a expansão do ativismo e para a possibilidade de interferência crescente nos órgãos de governo, no planejamento e na recomendação de políticas, no Brasil, passou-se a destacar a necessidade de estabelecer uma conexão mais estreita entre o respeito aos direitos humanos e a implementação de políticas sociais. Mas havia pontos em comum, como a preocupação compartilhada por ONGs brasileiras e norte-americanas com a proteção de dois grupos minoritários: as populações indígenas e a comunidade afro-brasileira.

Em relação a esta última, pode-se observar uma percepção negativa por parte das ONGs norte-americanas não só quanto à forma como as questões raciais são abordadas no Brasil mas também quanto ao estágio de organização dos movimentos antidiscriminatórios no País. A população afro-brasileira vem se constituindo em um tema sensível na agenda política brasileira em função do mito da "democracia racial", uma falácia de enorme eficácia no sistema de crença das elites locais. Esse ponto de preocupação comum fez que um novo tema surgisse na agenda intersocial: a recente formação de laços entre afro-americanos e afro-brasileiros.

4.4.2.2 Meio ambiente

Desde o fim da guerra fria, os Estados Unidos assumiram maior protagonismo nas discussões mundiais sobre o meio ambiente, que envolvem temas como as mudanças do clima global, a destruição da camada de ozônio, a poluição dos mares e dos oceanos e a degradação dos recursos naturais. Nos anos 1990, a degradação ecológica passou a ser percebida nos Estados Unidos como uma ameaça aos interesses estratégicos nacionais.

Para o Brasil, a importância crescente da questão ambiental esteve associada aos novos contextos políticos domésticos e internacionais. Paradoxalmente, ao mesmo tempo que a democratização favoreceu a expansão de organizações sociais engajadas na preservação ambiental, o Brasil tornou-se um país-alvo das campanhas ambientais globais. Em fins dos anos 1980, a exposição do País às críticas internacionais agravou-se com as denúncias sobre ausência de controle oficial à prática de queimadas de grandes extensões de terra da floresta amazônica.

Assim, a diversidade de ecossistemas e os desafios para tornar a proteção ambiental uma política efetiva no Brasil criaram uma agenda rica e complexa, envolvendo uma extensa gama de atores governamentais e não-governamentais[15]. Foi nesse contexto que o Ministério de Relações Exteriores expandiu sua atuação nos foros multilaterais em parceria com outras agências governamentais e ONGs locais, substituindo a postura defensiva inicial por uma ativa diplomacia ambiental.

Nos Estados Unidos, uma mobilização crescente das organizações sociais e governamentais passou a exigir que o Brasil assumisse maior responsabilidade na preservação de seus recursos naturais. Grupos ambientais norte-americanos tornaram-se uma fonte de pressão sobre o governo brasileiro, bem como sobre as instituições financeiras multilaterais, especialmente o Banco Mundial e o Banco Interamericano de Desenvolvimento (BID), que impuseram novas condições às suas políticas de financiamento vinculadas ao desempenho do País na área ambiental[16].

No Brasil, a preparação para a Conferência da ONU sobre Meio Ambiente e Desenvolvimento (Unced) em 1992 — conhecida como Rio-92 —, tornou-se um ponto de inflexão na história da política ambiental brasileira. Além do envolvimento governamental na organização da Cúpula da Terra,

15 AMES, Barry; KECK, Margaret. The politics of sustainable development: environmental policy making in four Brazilian states. *Journal of Interamerican Studies & World Affairs*, 39:4, Winter 1997-1998: 1-40.

16 MC CLEARY, Rachel. The international community's claim to rights in Brazilian Amazonia. *Political Studies*, n. 39, 1991: 691-707.

os ambientalistas brasileiros iniciaram uma mobilização de alcance mundial para patrocinar um Fórum Global, que acabou por atrair 30.000 participantes afiliados a movimentos sociais e a ONGs locais e internacionais[17].

Para a política externa brasileira, a aprovação da Agenda 21 na Cúpula de 1992 lançou a plataforma de sua diplomacia ambiental. Foram formuladas políticas específicas direcionadas a "problemas ambientais globais" relativas à mudança climática, destruição da camada de ozônio e perda da biodiversidade. Foi ainda nesse quadro que a implementação de políticas ambientais pela maioria dos estados brasileiros ampliou as bases para o envolvimento do BID e do Banco Mundial no financiamento de iniciativas de saneamento e higiene. Além disso, o País tornou-se um importante "mercado verde" para as exportações dos Estados Unidos de tecnologias, bens e serviços.

As questões ambientais passaram assim a representar um capítulo importante na agenda intergovernamental e intersocietal Brasil—Estados Unidos. Desde outubro de 1995, realizam-se, anualmente, encontros entre os dois governos para passar em revista os tópicos principais da agenda ambiental internacional[18].

Com a administração Bush e o endurecimento da posição oficial norte-americana nas arenas multilaterais voltadas para o tema ambiental, novas diferenças emergiram do Brasil. O governo brasileiro, que defendia a necessidade de um compromisso por parte dos países industrializados em relação aos efeitos de contaminação global, criticou a decisão dos Estados Unidos de rejeitarem o Protocolo de Kyoto, explicitada durante a 7ª Conferência da ONU sobre Mudança Climática (novembro de 2001). O governo dos Estados Unidos se mostrou relutante em seguir o exemplo de outros parceiros comerciais — como a União Européia e o Japão —, que aceitaram submeter suas decisões ambientais domésticas aos regimes multilaterais, e afirma que o Brasil apresenta a mesma resistência quando o debate enfoca o tema da biodiversidade. Nesse caso, a posição em favor de controles internacionais mais efetivos imediatamente produz reações dos círculos governamentais e não-governamentais brasileiros.

---

17 HOCHSTETLER, Kathryn. The evolution of the Brazilian environmental movement and its political rules. In: CHALMERES, Douglas et al. *The new politics of inequality in latin america*. Oxford: Oxford University Press, 1997.

18 Desde a indicação de um subsecretário para Assuntos Globais pelo Departamento de Estado, o governo dos Estados Unidos mantém encontros similares com a Índia, a China e o Japão.

4.4.2.3 Imigração brasileira

Embora menos importante do que no caso de outros países da América Latina, a população brasileira nos Estados Unidos expandiu-se notavelmente nas duas últimas décadas do século XX[19]. Os Estados Unidos tornaram-se o principal destino de um novo fluxo migratório brasileiro, induzido, essencialmente, por motivações econômicas.

Apesar de a oportunidade econômica ser sua principal motivação, a atração pelos Estados Unidos é também estimulada pela busca de uma melhor qualidade de vida, o que envolve o acesso a serviços e a condições de segurança pública. Pesquisas revelam que grande parte dos brasileiros que vivem nos Estados Unidos está inserida no mercado de trabalho em empregos de baixa qualificação e remuneração. Como mencionado anteriormente, essas condições são compensadas por um sentimento generalizado de que a qualidade de vida nos Estados Unidos é superior à do Brasil por oferecer melhores oportunidades de acesso a direitos-cidadãos. Além disso, embora os salários que recebem sejam considerados baixos para os padrões norte-americanos, eles não o são de acordo com os parâmetros no Brasil, principalmente levando-se em consideração as vantagens oferecidas pelas diferenças cambiais.

Os brasileiros que residem nos Estados Unidos apresentam grande variação quanto à faixa etária, gênero e origem social. Esses imigrantes não gostam de ser considerados um segmento da comunidade hispânica e não vivem nas mesmas vizinhanças nem desenvolvem relações com outros "latinos". Comparado com outros grupos latinos nos Estados Unidos, o brasileiro não compartilha um forte sentimento de comunidade e seus integrantes, em geral, percebem a permanência no País como uma experiência temporária. Sua rede social está baseada em processos de reunificação familiar e/ou em outros vínculos — especialmente pelo casamento — com cidadãos norte-americanos.

4.4.2.4 Percepções e opinião pública

Em fevereiro de 2001, foi preparado para o Council of Foreign Affairs, um memorando a ser apresentado ao novo governo norte-americano, do qual constava um diagnóstico realista das relações com o Brasil. O documento

19 De acordo com o censo norte-americano de 1980, a comunidade brasileira tinha pouco mais que 50.000 habitantes. Algumas pesquisas recentes realizadas sobre a imigração brasileira aos Estados Unidos afirmam que, atualmente, vivem nos Estados Unidos quase 800.000 "brazucas".

afirmava que este País seria o "suporte de qualquer iniciativa política bem-sucedida dos Estados Unidos na América do Sul"[20]. Outrossim, este relacionamento era considerado essencial para influenciar o futuro político e econômico do hemisfério. Dentre os pontos mais relevantes deste memorando, destacam-se o reconhecimento da importância do entendimento bilateral e da necessidade de que sejam identificadas as diferenças entre ambos os países, bem como a vantagem de se enfocar o relacionamento bilateral para além dos interesses norte-americanos. Nesse sentido, aponta-se a urgência de os norte-americanos abandonarem a postura de negligência benigna em relação ao Brasil. O vínculo com a nação brasileira deveria estar baseado em quatro motivações: seu poder econômico; sua localização central na América do Sul; seu *status* como parceiro comercial e receptor de IED dos Estados Unidos; e seu papel diplomático no âmbito sul-americano e nas instituições internacionais[21].

O documento identifica ainda cinco áreas de mal-entendidos que deveriam ser superadas:

> o legado do passado das políticas externas dos EUA em relação ao Brasil; o temor no Brasil (e por alguns nos EUA) de que o livre comércio no hemisfério possa ser prejudicial; a percepção brasileira de que os EUA possam restringir a soberania brasileira na região amazônica; a apreensão interna e dos vizinhos do Brasil frente a um relacionamento bilateral mais estreito; e os elementos de competição que existem entre os dois países[22].

A visão de que as relações Brasil—Estados Unidos teriam de melhorar coincide com a posição de alguns conservadores proeminentes do *establishment* norte-americano. Henry Kissinger, por exemplo, recomenda que ambos os países empreendam esforços para construírem uma relação especial. Se, por um lado, seria desejável que os Estados Unidos tratassem o Brasil com mais sensibilidade e consideração, por outro, este deveria conceber uma relação harmoniosa com os Estados Unidos como prioridade de sua política externa[23].

---

20 *A Letter to the President and a Memorandum on the U.S. Policy Toward Brazil*, Statement on an Independent Task Force Sponsored by the Council on Foreign Relations, New York, 2001. Disponível em: <www.cfr.org/p/pubs/Brazil>.

21 Ibid.

22 Ibid.

23 *Los Angeles Times*, Los Angeles, 4 Apr. 2002. Ver também HAKIN, Peter. Dos maneras de ser global. *Foreign Affairs*, México, v. 2, n. 1:130-144, 2002.

Enquanto nos Estados Unidos é raro um tipo de visão que reconheça componentes de poder nos dois lados, no Brasil, as percepções relativas aos Estados Unidos sempre envolvem considerações sobre políticas de poder. Desde o término da Segunda Guerra Mundial, os Estados Unidos são percebidos pelas elites brasileiras como o fator de poder mais importante na política mundial.

No entanto, a emergência de novas realidades, tanto na esfera doméstica como internacional, mudou as percepções no Brasil sobre os Estados Unidos. Uma combinação de elementos, destacando-se o fim da guerra fria, a maior exposição econômica do País causada pela globalização financeira e comercial e a importância crescente da opinião pública doméstica como conseqüência da consolidação democrática, contribui nessa direção. Uma visão crescentemente politizada ganhou espaço em torno da política externa e de segurança, da presença econômica internacional e mesmo da produção cultural dos Estados Unidos. A afirmação da liderança mundial norte-americana após o fim da guerra fria, no marco de uma ordem unipolar, tornou-se, no Brasil, uma fonte de apreensão e de olhar crítico por parte das Forças Armadas, dos meios político-parlamentares, da burocracia, dos acadêmicos, dos setores empresariais e das organizações sociais. Os atores governamentais e os não-governamentais coincidem em apontar que os Estados Unidos representam mais uma fonte de preocupação do que uma oportunidade para o País; que a hegemonia norte-americana impõe mais custos que benefícios. Criou-se uma vinculação entre as posições que questionavam a liderança dos Estados Unidos àquelas que apontavam os efeitos maléficos da globalização. Como conseqüência, o sentimento antinorte-americano veio a constituir-se em um dos componentes ideológicos do processo de consolidação democrática no Brasil.

No entanto, é importante destacar que, nos anos 1990, as posturas antinorte-americanas não partiram de Itamaraty, que não via vantagens em impulsar uma agenda conflitiva de soma zero com os Estados Unidos. As visões críticas em relação a este País foram cultivadas em outras esferas governamentais e não-governamentais, tornando-se para alguns segmentos políticos e sociais um componente identitário.

Esse sentimento ganhou impulso com os avanços das negociações sobre a Alca a partir de 1998 e, posteriormente, como reação às decisões de política externa da administração Bush que levaram às ações militares no Afeganistão e no Iraque. Ao mesmo tempo, a combinação entre consolidação democrática, estabilidade econômica e diplomacia presidencial estimulou no Brasil a construção de uma auto-imagem afirmativa em questões externas. Para tanto, o governo brasileiro mostrou a preocupação de melhorar a imagem do País junto à opinião pública internacional; norte-americana em particular. Nesse contexto, uma relação mais fluida com os Estados Unidos passou a envolver a expectativa de que o País fosse reconhecido como um ator relevante no cenário da política mundial.Vale mencionar a iniciativa da embaixada do Brasil em Washington para conhecer as percepções norte-americanas sobre o País.

Com o intuito de corrigir os sentidos equivocados e aprofundar as imagens positivas do País, o Ministério de Relações Exteriores contratou, em 2001, o National Opinion Research Center (NORC), da Universidade de Chicago, para conduzir um estudo minucioso de opinião pública[24]. Estabeleceu-se uma divisão em três grupos: a) o público em geral, b) os formadores de opinião e c) "uma atmosfera intencional daqueles americanos que são tanto especialistas em Brasil como influcntcs cm áreas que afetam a relação do Brasil com os Estados Unidos". Esta classificação facilitou a análise dos resultados de acordo com fatores como: nível educacional, interesse pelo Brasil e por outros países estrangeiros em geral e viagens ao exterior. Entre as principais revelações da pesquisa sobre o público norte-americano, destaca-se o reduzido conhecimento sobre o Brasil, somado à tendência de confundi-lo com outros países latino-americanos (embora não em questões-chave como imigração e narcotráfico). Outro dado a ser salientado refere-se à constatação de que "os mais informados geralmente têm impressões mais negativas sobre o Brasil do que os menos informados".[25] Os formadores de opinião e, naturalmente, o público específico mostraram-se os mais bem informados sobre o Brasil.

4.5 Balanço e perspectivas

Neste artigo, procurou-se oferecer uma visão resumida das relações Brasil—Estados Unidos nos anos 1990, com especial ênfase nas agendas econômica e política. O objetivo principal deste exercício foi de sublinhar que apesar de sua maior densidade atual, essa vinculação repetiu no pe-

[24] REYNOLD, Michael et al. A public opinion poll on Brazil's image in the United States of America. *Final Report. National Opinion Research Center at the University of Chicago*, 14 Apr. 2000.

[25] Ibid.

ríodo mais recente um padrão de desencontros e frustrações recíprocos observado ao longo dos últimos anos.

Comparadas com 30 anos atrás, as relações econômicas bilaterais compreendem atualmente um quadro mais diverso e desafiante de negociações comerciais e de pressões financeiras e monetárias. Tal como foi apontado, os entendimentos comerciais bilaterais entrelaçam-se com disputas administradas em foros multilaterais e difíceis negociações regionais. O mesmo tipo de complexidade ocorre com respeito às questões de política e segurança, como também foi apontado. O fato de as relações políticas Brasil—Estados Unidos enfrentarem novos desafios no âmbito regional não implica necessariamente a construção de um campo de interesses comuns. Na realidade, é bastante difuso o alcance de iniciativas cooperativas entre os dois países, particularmente pelo esforço do Brasil de ampliar seu raio de ação e influência no espaço sul-americano. Também parece importante destacar o impacto combinado da constituição de uma agenda global no plano externo com o processo de democratização no Brasil.

Constata-se assim que as agendas econômica e política geram um movimento cíclico de expectativas e frustrações. No Brasil, estes ciclos acompanham macrovisões sobre as potencialidade do País, que vinculam a noção de sua especificidade à de um destino depositado em seu futuro. Quando se atrela este tipo de visão ao relacionamento com os Estados Unidos, cria-se a expectativa de que estes reconheçam o potencial brasileiro e lhe confiram o *status* merecido nos âmbitos latino-americano e mundial. Tornou-se comum, portanto, a percepção de que a inauguração de novas etapas históricas no Brasil se projetaria em sua inserção externa, repercutindo sobre seu relacionamento com os Estados Unidos.

A oscilação entre expectativa e frustração pode ser observada nas diferentes fases, resumidas no início do artigo — aliança, alinhamento, autonomia e ajustamento —, que marcaram esse relacionamento no transcurso do século XX. O encerramento de cada uma coincidiu com a renovação de visões dissonantes de ambas as partes. Vale salientar que, se bem o contexto perene de assimetrias entre os dois países leva a que a "responsabilidade" pela frustração sempre recaia mais sobre o Brasil, os dois países compartilham percepções igualmente carregadas de decepção.

No presente, as relações Brasil—Estados Unidos poderiam estar iniciando uma nova etapa de desencontros. Por um lado, a inauguração do governo Lula esteve fortemente associada à idéia de mudança, que trouxe como uma de suas conseqüências o início de uma etapa afirmativa no diálogo com os Estados Unidos. Por outro, a administração Bush, desde o 11 de setembro, incluiu novas prioridades na política externa norte-americana, com impacto inevitável nas relações com o Brasil. O componente de mudança no vínculo bilateral certamente será menor do que os dois países esperam e gostariam. Em lugar de oferecer apoio à luta global contra o terror, o Brasil propôs o início de uma luta global contra a pobreza, deixando claro sua disposição limitada de se envolver na cruzada antiterrorista liderada por Washington.

Poder-se-ia, de forma breve e arriscada, lançar algumas idéias sobre o futuro das relações Brasil—Estados Unidos. Mesmo tendo herdado uma agenda feita, o governo Lula manifestou logo de início sua intenção de introduzir mudanças nesse relacionamento, buscando imprimir-lhe uma marca afirmativa. Para tanto, seu primeiro esforço foi o de dissipar as apreensões de que a identidade partidária do novo governo brasileiro fosse conduzir a uma gestão radicalizada que colocasse em questão os valores defendidos pela comunidade de negócios e pelas autoridades governamentais norte-americanas. Em seguida, a preocupação do governo do PT foi revitalizar as comunicações bilaterais entre o Planalto e a Casa Branca, com o propósito de assegurar um diálogo interpresidencial entre os mandatários dos dois países. O contato mantido durante a visita a Washington, em maio de 2003, quando se observou uma "química pessoal" entre os presidentes Bush e Lula, foi uma indicação nesse sentido.

4.5.1 Na frente econômica

Ao longo de 2003, ficou evidente que o (des)entendimento com os Estados Unidos no processo de negociação da Alca se tornaria a questão de maior destaque e sensibilidade na agenda bilateral no primeiro ano do governo Lula. Apesar do desconforto por receber uma herança pouco desejada — especialmente após a aprovação da Lei Agrícola (Farm Bill) norte-americana, prevendo generosos subsídios internos e os termos impostos pela autorização do Congresso norte-americano (TPA) —, o governo Lula se viu compelido a implementar uma linha de ação afirmativa em negociações consideradas altamente desfavoráveis para o País. Sua primeira decisão foi aceitar a data de janeiro de 2005 como prazo para a implementação do Acordo — agora postergado —, procurando ao mesmo tempo manter a liderança nos entendimentos Mercosul-Estados Unidos. Para tanto, tornou-se crucial assegurar posições consensuais com os seus sócios — especialmente com a Argentina — sobre os temas de comercialização de produtos industriais e agrícolas, serviços, regulação da propriedade intelectual, compras governamentais, subsídios agrícolas e a aplicação de medidas pára-alfandegárias.

De fato, o diálogo do governo brasileiro com o setor empresarial mostrou-se mais difícil do que fora previsto, registrando-se notáveis discordâncias intra e interministeriais. Criou-se um elo entre a controvérsia em torno dos erros e dos acertos das orientações seguidas nas negociações da Alca e o embate travado entre neodesenvolvimentistas e ortodoxos no campo da política econômica. Não se deve menosprezar, neste caso, o impacto das pressões do governo Bush, que além de levar às últimas conseqüências suas táticas fragmentadoras no âmbito latino-americano, dobrou sua munição coercitiva em relação ao Brasil e à Argentina, passando a defender uma vinculação entre negociações monetário-financeiras e econômico-comerciais.

No âmbito sub-regional, o Brasil passou a lidar com o mais custoso resultado político causado pelas dificuldades acumuladas desde 1995 para a consolidação do Mercosul como uma união aduaneira. Produziu-se um "atraso" na integração sub-regional em relação às negociações hemisféricas. Este descompasso terminou comprometendo a vantagem obtida na etapa inicial do processo negociador da Alca, quando se assegurou que os arranjos comerciais sub-regionais já estabelecidos não seriam sacrificados em nome de um acordo hemisférico.

A decisão dos Estados Unidos, anunciada em fevereiro de 2003, de fragmentar suas ofertas negociadoras mediante propostas diferenciadas quanto ao universo de produtos beneficiados por reduções tarifárias — uma para o Caribe (85%) e outras para a América Central (64%), para os países andinos (68%) e para o Mercosul (50%) — implicou uma discriminação desconfortável para o Brasil e seus sócios. A variedade de prazos de redução de produtos beneficiados levou a uma teia de negociações e pressões cujos principais resultados foram estimular a competição entre os países da região, aumentar o poder negociador norte-americano e enterrar a cláusula de nação mais favorecida no âmbito hemisférico.

Outra fonte de divergência na América Latina passou a ser a discussão sobre a necessidade de repartir a agenda de entendimentos entre a OMC e a Alca, sendo de interesse dos Estados Unidos que os temas de subsídios agrícolas e regras de comércio (*antidumping* e créditos às exportações) fossem da alçada da agenda global. Essa estratégia, entretanto, perdeu vigor com o impasse criado na reunião de Cancún (setembro de 2003). De fato, a constatação de que o custo político de uma retirada do processo de negociação hemisférico poderia ser superior ao de sua permanência, somada à deliberação dos Estados Unidos de reduzir a abrangência de suas ofertas aos países do Mercosul, levou o governo Lula a buscar uma Alca de alcance menor — rotulada como Alca "light" ou "Alquinha" —, que causasse a menor quantidade possível de danos aos interesses do País. Buscava-se evitar que os Estados Unidos recorressem mais uma vez à sua tática de "algo por nada", tão repetida na história de seus entendimentos comerciais com o Brasil. A redução do alcance da agenda, entretanto, não diminuiu o nível de tensão e a escalada de desentendimentos entre brasileiros e norte-americanos nas sucessivas reuniões ministeriais realizadas no decurso de 2003 e 2004, tornando-se cada vez mais difícil que ambos os países se mantenham sentados à mesa negociadora[26].

Do lado do governo norte-americano, criou-se uma frente de pressão tripartite articulada entre o USTR, o Departamento de Comércio e o Departamento do Tesouro, ampliando-se o espaço da diplomacia coercitiva, segundo a qual se estabeleceria uma vinculação entre o sucesso das negociações da Alca e a continuidade do apoio do FMI. Em segundo lugar, observa-se a atuação de grupos de interesse ligados aos setores produtivos industriais e agrários dos Estados Unidos, os quais passaram a contar com instrumentos protecionistas ainda mais eficazes a partir da aprovação do TPA. Finalmente, devem ser mencionadas as organizações sindicais e de meio ambiente, iludidas com a idéia de que, a partir da eleição de Lula, o Brasil adotaria uma posição mais flexível com respeito à inclusão de cláusulas laborais e de proteção ambiental na agenda de negociações da Alca. Uma vitória do Partido Democrata nos Estados Unidos certamente teria estimulado ainda mais esse tipo de pressão. Esse conjunto de interesses leva a predominar em Washington a visão de que o Brasil representa o principal obstáculo para o sucesso das negociações comerciais hemisféricas regionais.

Deve-se sublinhar, ainda, que será cada vez mais difícil dissociar a dimensão bilateral das relações comerciais Brasil—Estados Unidos do processo negociador da Alca. Existe plena consciência da parte do Brasil de

[26] Marcelo de Paiva Abreu desenvolve uma análise pessimista sobre o espaço de manobra do Brasil no processo negociador da Alca (ver *Estado de S.Paulo*, 16 fev. 2003).

que o seu mercado representa a principal atração para os Estados Unidos no processo da Alca, somando-se a isso o fato de que, para o governo norte-americano, é mais eficaz exercer pressão por sua liberalização no contexto de negociações hemisféricas do que em entendimentos bilaterais. A ampliação do acesso ao mercado dos Estados Unidos constitui um interesse permanente da política comercial brasileira, o que explica em grande medida a decisão do governo Lula de se manter sentado à mesa de negociações do Acordo. Embora esforços venham a ser empreendidos para aumentar o comércio com outras grandes economias — como Rússia, China e Índia — e aprofundar os vínculos com a América Latina, os Estados Unidos ainda representam o destino mais cobiçado das exportações brasileiras. Convém registrar que, em 2002, além de absorver 27% das vendas externas do Brasil — das quais 75% correspondem a produtos industrializados de maior valor agregado e conteúdo tecnológico —, os Estados Unidos foram responsáveis por 42% do superávit comercial do País. O notável aumento das exportações nos anos 2003-2004 mantiveram esta tendência.

4.5.2 Na frente política

As diferenças entre ambos os países no terreno da política mundial tendem a manter-se e mesmo a aprofundar-se diante das prioridades estratégicas globais dos Estados Unidos, traçadas desde o 11 de setembro. Buscando traçar um caminho próprio — e até certo ponto alternativo — de ação, o Brasil vem dando nova ênfase à defesa do multilateralismo para o tratamento de situações de crise de segurança e política internacional. Também tornou-se uma preocupação de sua política externa ampliar o dialogo político com outras potências intermediárias, como África do Sul e Índia, e com potências mundiais, como a China e a Rússia.

As afinidades entre Brasília e Washington serão eventualmente encontradas em relação à agenda regional, particularmente em situações nas quais as instituições democráticas estejam em condição de risco. Em temas de segurança e defesa, aparecem posições convergentes e dissonantes. Se Estados Unidos e Brasil parecem coincidir na conveniência da manutenção do Tratado Interamericano de Assistência Recíproca (Tiar), não são idênticas as visões sobre o teor intervencionista das políticas de defesa da democracia. Assim, a clara disposição do governo brasileiro de atuar mais ativamente em situações de turbulência política na região abriu, simultaneamente, um novo campo de diálogo e de diferenças com os Estados Unidos. Também são diversas as posições dos dois países quanto ao papel a ser desempenhado pelas Forças Armadas no combate ao narcotráfico e ao crime organizado.

As posturas assumidas pelos dois países em relação à crise na Venezuela nos primeiros meses de 2003, quando, pela primeira vez, os Estados Unidos aceitaram participar interpares em uma iniciativa diplomática regional foi ilustrativa. Também, pela primeira vez, o Brasil assumiu a liderança na condução de tal iniciativa, rotulada como o *Grupo dos Amigos da Venezuela*, que incluiu também a Secretaria-Geral da Organização dos Estados Americanos (OEA), o México, o Chile, a Colômbia, a Espanha e Portugal. Seu principal objetivo foi viabilizar o diálogo entre o governo de Hugo Chávez e os grupos de oposição, na busca de uma solução política que não violasse os princípios democráticos. Embora os resultados concretos tenham sido modestos, as presenças de Estados Unidos e Brasil, somadas ao empenho mediador da OEA, contribuíram na ocasião para impedir a deterioração da situação política na Venezuela, que poderia terminar em uma guerra civil.

Contudo, um resultado parcialmente bem-sucedido na Venezuela não implicará menor distância entre Brasília e Washington em relação a Chávez e a outras realidades turbulentas na região. Percepções desencontradas poderão ser aprofundadas no caso da guerra na Colômbia, na medida em que o governo norte-americano se aferre à idéia de seu envolvimento neste país, sendo parte de sua ação militar e política de combate ao terrorismo.

A título comparativo vale sublinhar que não são menores os contrastes entre as afinidades político-ideológicas de Washington e Brasília com Caracas e Bogotá. As relações da administração Bush com Álvaro Uribe na Colômbia têm sido muito mais cooperativas que aquelas mantidas com Hugo Chávez na Venezuela, diferentemente do que ocorre no caso do governo Lula. No médio prazo, Washington espera que o envolvimento brasileiro na guerra colombiana possa ajustar-se às suas prioridades de segurança. Já o Brasil pretende contribuir — de forma associada às Nações Unidas — para que seja iniciado um diálogo pacificador entre todas as partes em conflito.

Ainda no âmbito regional, Cuba poderia, eventualmente, tornar-se um novo item da agenda Brasil—Estados Unidos, sempre e quando o governo Lula usasse sua relação fraternal com o governo Castro para persuadir o regime cubano a uma postura menos defensiva em relação à sua democratização. Esse tipo de atuação, entretanto, deveria ser acompanhado de um esforço de convencimento, por parte dos Estados Unidos, de moderar o uso de políticas coercivas em relação a Cuba.

Enquanto as relações interestatais tendem a se tornar ainda mais complexas, os vínculos intersocietais devem se ampliar notoriamente. A consolidação democrática no Brasil durante os anos 1990 levou ao fortalecimento de movimentos e organizações não-governamentais comprometidos com a proteção dos direitos humanos e do meio ambiente. Uma das conseqüências da eleição de Lula foi a ampliação do peso político das causas defendidas por esses grupos na sociedade e no governo. Embora a projeção internacional da liderança de Lula seja mais significativa para áreas do Terceiro Mundo, ela também tende a alcançar segmentos mais politizados das sociedades industriais, incluindo os Estados Unidos. Outrossim, a projeção internacional dos movimentos sociais no Brasil deverá extrapolar a capacidade de liderança do novo governante. No caso de melhorias sociais visíveis no Brasil perante a administração Lula, automaticamente se ampliará sua projeção internacional tanto no Terceiro Mundo como no mundo desenvolvido. Associar as prioridades de combate à pobreza e à distribuição desigual de renda no campo doméstico à performance internacional tornou-se a característica mais inovadora do novo governo.

O Brasil vem mostrando intenção de avançar nos próximos anos para a construção de uma liderança sul-americana, com a expectativa de expansão de sua presença internacional. Naturalmente, esta determinação será tanto menos custosa e arriscada para o País quanto menos impacto negativo causar nas suas relações com os Estados Unidos. Além disso, para os Estados Unidos, o fato de o Brasil ser percebido como um País com pouco a oferecer em termos de apoio militar e influência política internacional na guerra contra o terror pode ser útil para reduzir os custos de visões distintas e para fazer um melhor uso dos pontos em comum compartilhados pelos dois países.

Referências

ABREU, Marcelo de Paiva. Crise, crescimento e modernização sutoritária: 1930-1945. In: ———. (Org.). *A ordem do progresso*. Rio de Janeiro: Campus, 1990.

AMES, Barry; KECK, Margaret. The politics of sustainable development: environmental policy making in four Brazilian states. *Journal of Interamerican Studies & World Affairs*, 39:4, Winter 1997-1998

BURNS, E. Bradford. *The unwritten alliance:* Rio-Branco and Brazilian American Relations. New York: Columbia University Press, 1966.

CERVO, Amado Luiz; BUENO, Clodoaldo. *História da política externa do Brasil, 1822-1985*. São Paulo: Ática, 1986.

DANESE, Sergio. *Diplomacia presidencial*. Rio de Janeiro: Topbooks, 1999.

FONSECA JR., Gelson; LEÃO,Valdemar Carneiro (Org.). *Temas de política externa brasileira*. Brasília: Funag\Ática, 1989.

GARCIA, Eugênio Vargas. *Uma cronologia de história das relações internacionais do Brasil*. Brasília: Edição do autor, 1999.

HAKIN, Peter. Dos maneras de ser global. *Foreign Affairs,* México, v. 2, n. 1: 130-144, 2002.

HERZ, Mônica; NOGUEIRA, João Pontes. *Ecuador vs. Peru*. Boulder: Rienner, 2002.

HIRST, Mônica. *O processo de alinhamento nas relações Brasil—Estados Unidos*: 1942-1945. Rio de Janeiro, IUPERJ, 1982

———. A política externa do segundo governo Vargas. In: ALBUQUERQUE, José Augusto Guilhon (Org.). *Sessenta anos de política externa brasileira (1930-1990).* Cultura Associados\USP, p. 211-230, 1996. v. 1.

———. Brasil—Estados Unidos: de la diferencia al conflicto. In: HIRST, Monica (Org.). *Continuidad y cambio em lãs relaciones America Latina\Estados Unidos*. Buenos Aires: GEL, 1987.

———. *Democracia, seguridad e integración.* Buenos Aires: Editora Norma, 1996.

HOCHSTETLER, Kathryn. The evolution of the Brazilian environmental movement and its political rules. In: CHALMERES, Douglas et al. *The new politics of inequality in latin america*. Oxford: Oxford University Press, 1997.

KECK, Margaret; SIKKINK, Kathryn. *Activist beyond bordes.* Ithaca: Cornell University Press, 1998.

LAFER, Celso. *A identidade internacional do Brasil e a política externa brasileira.* São Paulo: Perspectiva, 2001.

LIMA, Maria Regina Soares de. Brazil's response to the new regionalism. In: MACE, G.; THÉRIEN, J. P. (Ed.). *Foreign policy and regionalism in the Americas.* Boulder, CO, Lynne Rienner Publichers, 1996.

———. *The political economy of Brazilian foreign policy:* nuclear energy, Trade and Itaipu. PHD Dissertation. Vanderbilt University, 1986.

MALAN, Pedro Sampaio. Relações econômicas internacionais do Brasil (1945-64). In: FAUSTO, Boris. *História geral da civilização brasileira*. Rio de Janeiro: Bertrand Brasil, 1989. v. 11.

MC LEARY, Rachel. The international community's claim to rights in Brazilian Amazonia. *Political Studies*, n. 39, 1991.

MOURA, Gerson. *Autonomia na dependência:* a política externa brasileira de 1935 a 1942. Rio de Janeiro: Nova Fronteira,1980.

REYNOLD, Michael et al. A public opinion poll on Brazil's image in the United States of America. *Final Report. National Opinion Research Center at the University of Chicago*, 14 Apr. 2000.

RICÚPERO, Rubéns. *Rio Branco:* o Brasil no mundo. Rio de Janeiro: Contraponto\Petrobrás, 2000.

SAN THIAGO DANTAS. *Política externa independente*. Rio de Janeiro: Civilização Brasileira, 1962.

VEIGA, Pedro da Motta. *El Mercosur y el proceso de construcción del Alca.* Integración y Comércio. Buenos Aires: Intal, 1998.

5

AS RELAÇÕES BRASIL–EUROPA DE 1990 A 2004: entre o inter-regionalismo e o bilateralismo

Miriam Gomes Saraiva

5.1 Introdução

As relações com a Europa do início dos anos 1990 até 2004 tiveram um significado muito importante para o Brasil nos marcos da ordem internacional mais homogênea, pluralista e de caráter ocidental. No campo político, essa ordem aponta para a necessidade de todas as sociedades partilharem de normas internas comuns identificadas com o pluralismo democrático. No campo econômico, o paradigma neoliberal passou a ser tanto o marco de referência da economia internacional quanto o elemento orientador da reformulação e da execução de políticas de ajuste e mudanças estruturais no interior dos Estados. Em termos produtivos, a transnacionalização progressiva que tomou impulso com os avanços tecnológicos dos anos 1980 atuou como parte deste processo.

Nesse quadro, a Europa viveu três processos importantes para se entender as relações do Brasil com a região. Em primeiro lugar, neste novo cenário e como potências também gestoras desta nova ordem, os países europeus buscaram ampliar sua presença no cenário internacional em termos também políticos e por meio de um comportamento baseado em valores e princípios inerentes ao modelo interno europeu. Promoção da democracia e do pluralismo político, defesa dos direitos humanos, defesa do meio ambiente, liberalização econômica, entre outros, passaram a ser elementos constantes nas declarações européias, assim como condicionadores das relações dos europeus com terceiros Estados. Visando implementar este projeto, foi criada, em 1993, a Política Externa e de Segurança Comum (PESC), que busca articular o comportamento dos países comunitários *vis-à-vis* o exterior.

Em segundo lugar, na perspectiva de ampliar sua presença externa, a União Européia incrementou e desenvolveu o mecanismo de diálogos inter-regionais como forma de manter contatos com o mundo em desenvolvimento, com uma cara própria, diferente do padrão norte-americano. Em terceiro lugar, a União Européia (UE) experimentou, durante o período, dois processos simultâneos. Por um lado, viveu um aprofundamento da integração com o Tratado de Maastricht e, por outro, experimentou dois momentos de expansão do bloco incorporando novos Estados (em 1995 e 2004), o que mobilizou recursos diplomáticos europeus muito grandes.

Desde a perspectiva brasileira, o Brasil teve durante o período de 1990 a 2004 quatro presidentes e um ritmo não uniforme na estruturação do modelo econômico, que tiveram impactos na área da política externa. Na passagem para os anos 1990, a política externa brasileira sofreu modificações com uma revisão do paradigma que a norteava anteriormente; a diplomacia brasileira pôs em cheque o paradigma anterior e buscou redefinições acrescentando novas categorias de interpretação da realidade na manutenção de outros conceitos mais tradicionais[1].

Durante o governo de Collor de Mello, a diplomacia brasileira buscou se aproximar do espectro liderado pelos Estados Unidos e abandonar o perfil terceiro-mundista. No administração de Itamar Franco, mais desenvolvimentista, a diplomacia adere à idéia das polaridades indefinidas; ordem instável em que não estava pré-definido o lugar que cada um dos principais atores viria a ocupar[2]. Com a ascensão de Fernando Henrique Cardoso, as idéias mais marcantes são a percepção da existência de um concerto inter-

---

1 HIRST, Mônica; PINHEIRO, Leticia. A política externa do Brasil em dois tempos. *Revista Brasileira de Política Internacional*, Brasília, IBRI, ano 38, n.1, p. 5-23, 1995. p. 11.

2 LAFER, Celso; FONSECA JR., G. Questões para a diplomacia no contexto internacional de polaridades indefinidas. In: FONSECA JR., G.; CASTRO, S. H. Nabuco de (Org.). *Temas de política externa brasileira II*. São Paulo: Paz e Terra/Ipri, 1994. v. 1, p. 49-77.

nacional; o novo conceito de soberania compartilhada (sujeição às normas dos regimes internacionais em um mundo de valores universais); e a idéia de autonomia pela integração. A adesão aos regimes internacionais é visto como elemento importante[3]. Por fim, com o início do governo de Lula da Silva, a diplomacia passou a dar mais prioridades para questões político-estratégicas que se traduziram em um movimento mais proativo no campo comercial e, no campo político, a busca de forma mais incisiva no sentido de ampliar o papel do País na política internacional.

Neste quadro, dois elementos foram constantes e importantes de serem destacados: a visão do Brasil como um *global trader e* a busca da diplomacia brasileira de colocar o País como *global player*. Estes dois elementos traduziram-se em um comportamento incisivo na busca de mercados e investimentos, e na candidatura do País a ocupar um assento permanente no Conselho de Segurança das Nações Unidas.

No que diz respeito às relações do Brasil com a Europa, cabe destacar inicialmente que a evolução do Mercosul por um lado e, por outro, do processo de integração nos marcos da União Européia, condicionou as relações bilaterais do período, transferindo uma quantidade cada vez maior de temas para a dimensão regional. No campo econômico, as relações com os países europeus foram importantes tanto em termos comerciais quanto financeiros e de investimentos. Se tomamos os continentes por sua totalidade, a Europa certamente foi o continente que mais interagiu com o Brasil neste campo. Mas trata-se também de relações difíceis, sobretudo em relação à União Européia, mesmo sendo a UE principal parceira comercial do Brasil e que tenha sido assinado um acordo-quadro de cooperação com o Brasil, individualmente, e um da UE com o Mercosul, enquanto grupo, as negociações para aplicação

---

3 A diplomacia brasileira percebe aos Estados Unidos na nova ordem como o pólo com mais recursos de poder, mas com uma relativa inércia para aplicá-los. Neste quadro incerto, o cenário internacional seria marcado por um "concerto" com um discurso homogêneo de defesa da democracia, direitos humanos, livre mercado etc. e a tendência a formar regimes em sua defesa. Mas as condições de manutenção deste "concerto" seriam a grande adaptabilidade da liderança norte-americana às demandas das potências e, em segunda instância, dos países médios. FONSECA JR., Gelson. Anotações sobre as condições do sistema internacional no limiar do século XIX: a distribuição dos pólos de poder e a inserção internacional do Brasil. In: DUPAS, G.; VIGEVANI, T. (Org.). *O Brasil e as novas dimensões da segurança internacional.* São Paulo: Alfa-Omega/Fapesp, 1999. p. 32.

dos acordos foram difíceis e as divergências entre Brasil e UE se fizeram sentir tanto nas negociações diretas quanto nos marcos da Organização Mundial do Comércio (OMC). No campo político, as relações foram mais fluidas e basearam-se na promoção e na defesa dos valores considerados fundamentais pelos europeus e vistos como valores comuns à Europa e ao Brasil como a democracia e a defesa dos direitos humanos. Neste campo, houve diversos contatos e o mais importante foi o diálogo político estabelecido entre a UE e os países do Mercosul. Se este diálogo não se traduziu em resultados concretos, trouxe indiretamente o fortalecimento do Brasil como ator internacional e, não menos importante, o compromisso e o debate da diplomacia brasileira sobre temas tão importantes.

As relações do Brasil com a Europa durante os anos 1990 englobam três dimensões importantes que devem ser destacadas. Em primeiro — e mais relevante — estão as relações do Brasil com a Comunidade Européia/União Européia como um todo. Nesse caso, trata-se de relações econômicas de caráter comercial, de cooperação ou investimentos, e relações de caráter mais político que se dão basicamente nos marcos dos diálogos inter-regionais. A segunda dimensão inclui as relações do Brasil com países europeus ocidentais membros ou não da União Européia em termos individuais, ou nos marcos de organizações como a Comunidade Ibero-Americana de Nações. Por fim, estão as relações do Brasil com os países do leste europeu que não fazem, então, parte da UE, que ocupam um espaço menor no arco das ações externas brasileiras no período. Nesse grupo, as relações do Brasil com a Rússia assumem um padrão mais particular.

5.2 Brasil e Europa nos anos 1980

Durante a década de 1980, as relações do Brasil com a Comunidade Européia, com países europeus ocidentais em termos bilaterais e com países socialistas europeus experimentaram avanços. Se nos anos 1970, a aproximação havia se concentrado mais no campo econômico, durante os anos 1980, o incremento das relações deu-se mais nos campos político e da cooperação. Um quadro geral das relações nesse período pode nos facilitar a compreender as mudanças e a continuidade dos anos 1990.

Durante a década de 1970, as relações entre a Comunidade Européia (CE) e a América Latina haviam avançado no campo econômico. Os países europeus buscavam ampliar os mercados para suas exportações e investimentos, assim como garantir as provisões de matérias-primas. O Brasil, por seu turno, implementava um processo de diversificação de parceiros externos. No campo político, os europeus procuravam possíveis aliados em um quadro externo mais multipolar, enquanto o Brasil buscava relação distintas das mantidas com os Estados Unidos. Mas este tipo de relação não saiu do campo das intenções. Entre outros motivos, muitos governos europeus não viam com bons olhos o governo autoritário brasileiro.

Desde este período, a CE — por meio do seu órgão Executivo, a Comissão — mostrava preferências pelo diálogo com o coletivo de países da região, em detrimento de interações individuais. Nos marcos do processo de integração europeu, também existia o interesse em formar um arco cada vez maior de iniciativas externas comuns. No início dos anos 1970, foi estruturado o Grupo Latino-Americano de Bruxelas (Grula) — grupo que reunia os diplomatas latino-americanos de Bruxelas e membros da Comissão —, mas com algumas restrições. Além de haver experimentado uma interrupção entre 1982 e 1985, tratava-se de contatos entre embaixadores e funcionários da CE que limitavam-se a conversações de natureza mais pragmática, econômica, de difícil formulação comum. Como elemento agravante, a existência do Grula esvaziava as possibilidades de um diálogo direto entre o Brasil e a CE.

Em termos de intercâmbio comercial, as relações do Brasil com os países comunitários se davam em dois níveis: as relações bilaterais inter-estatais e as relações entre o Brasil e a CE como instituição reguladora do comércio comunitário.

No decorrer da década de 1980, as relações comerciais seguiram o baixo perfil que já se manifestava desde meados da década anterior. Em 1982, entra em vigor o segundo acordo de Cooperação assinado entre a CE e o Brasil, acrescentando aos tópicos do primeiro acordo apenas a formação de uma comissão mista que procurou operacionalizar os mecanismos de cooperação empresarial e científica previstos no acordo. Este não teve um impacto importante nas relações do Brasil com a CE. O que prevaleceu durante o período foi o endurecimento do protecinismo — o Brasil perdeu benefícios do Sistema Geral de Preferências em 1981 quando foi "graduado" — e a manutenção de uma economia protegida por parte do Brasil. A Política Agrícola Comum (PAC) colocou-se como principal obstáculos às exportações brasileiras para o bloco. A entrada de Portugal e Espanha na CE, em 1986, não significou nenhum ganho em termos econômicos.

Durante a década, enquanto as relações retrocediam no campo econômico, avançaram no campo político. Embora a América Latina em geral — e o Brasil em particular — fosse considerada para a CE uma região de importância secundária no arco de suas atuações externas, isto não significou que não houvesse interesse em aprofundar relações. Em um projeto mais amplo da CE de aumentar sua presença no cenário internacional, a América Latina ocupou um espaço específico no arco dos interesses europeus.

Nesta etapa, o que chamava a atenção da Europa comunitária eram a instabilidade centro-americana e os processos de transição para a democracia vividos por diversos países da região (como no caso do Brasil). No final da década, em uma conjuntura internacional marcada pela interdependência, foram colocados novos temas na agenda inter-regional, entre eles o narcotráfico e a proteção do meio ambiente.

Dentre as ações políticas consensuadas que mais se destacaram no período, o modelo do diálogo inter-regional ocupou um papel de destaque; este foi um instrumento importante da estratégia inter-regionalista européia.

Em 1984, o diálogo político inter-regional foi utilizado com a região pela primeira vez com os países centro-americanos — incluindo também os países do Grupo de Contadora e mais tarde do Grupo de Apoio (que incluía o Brasil). Tratou-se de um mecanismo de cooperação inter-regional organizado, visando contribuir para a adoção de uma solução negociada para a crise na área; orientando-se depois para a cooperação e para o desenvolvimento.

Em 1987, o Conselho de Ministros concordou em realizar encontros informais, em âmbito ministerial, com os países do Grupo do Rio. Em junho do mesmo ano, o documento da CE sobre as orientações para as relações com a América Latina já reconhecia o Grupo como um interlocutor válido na região.

O diálogo da CE com o Grupo do Rio foi um canal importante de interação entre o Brasil e os países europeus, sobretudo até o início do diálogo União Européia—Mercosul, em 1995. O diálogo adotou, no começo, um caráter basicamente político e de tipo informal. No final de 1990, foi institucionalizado e teve seus princípios e áreas para cooperação econômica definidos. Desde a perspectiva européia, como para as relações com a América Latina em geral, o diálogo não significou um tema prioritário; ao contrário, fazia parte do conjunto de diálogos inter-regionais mantidos pela Europa comunitária com países ou grupo de países em geral. Desde a perspectiva brasileira, o diálogo poderia ser um canal para se conseguir que a CE estabelecesse compromissos concretos de cooperação com os países da região, assim como para debater os obstáculos que se colocavam no campo comercial. Buscava-se nos europeus comunitários interlocutores para problemas que afetavam a região.

O diálogo organizou-se enquanto um mecanismo flexível, assentado sobre um procedimento de consultas de caráter informal, de tipo intergovernamental. Sua agenda estabeleceu-se como ampla e aberta, dando lugar a debates sobre questões propriamente latino-americanas ou a temas de caráter mais geral. No entanto, e contrariando as expectativas brasileiras, a cooperação limitou-se a tratar os temas econômicos de forma muito generalizada, e sem assumir compromissos concretos. Não era do interesse comunitário aprofundar certas discussões de natureza econômica, que exigissem resultados e tomadas de posições reais. As referências feitas pelo Brasil nos marcos das reuniões aos problemas decorrentes do protecionismo europeu não obtiveram respostas verdadeiras[4].

Ao final da década, a queda do Muro de Berlim teve impactos no comportamento das relações da América Latina com a CE. A necessidade de maior integração dos países do centro e do Leste Europeu levou a uma reorientação das preocupações da CE para o interior do continente europeu e um aumento das atividades nesta área. Isso deixou relações com parceiros mais distantes, como no caso do Brasil, em compasso de espera.

No que diz respeito às relações do Brasil com países europeus ocidentais, durante a década de 1970, com o pragmatismo responsável, a diplomacia brasileira havia buscado maior aproximação com alguns destes países, que ficou conhecida como "opção européia". Esta iniciativa visava, por um lado, diversificar os parceiros econômicos externos e conseguir insumos para a aplicação do II Plano Nacional de Desenvolvimento. Por outro lado, tinha um caráter político, vinculado ao objetivo de afirmação do Brasil no cenário internacional implícito no projeto de Brasil potência emergente. Os europeus como pólos de poder, mas sem ser potência hegemônica, seriam parceiros políticos importantes.

A interrupção desta iniciativa ao final do governo Geisel trouxe um relativo esvaziamento da dimensão política dessas relações que marcou toda a década de 1980 em termos bilaterais. As atuações brasileiras neste campo limitaram-se aos diálogos inter-regionais da CE com a América Central e com o Grupo do Rio.

4 Ver Intervenção de Luiz Felipe Lampreia na V Reunião Ministerial da UE com o Grupo do Rio (MRE, 17 mar. 1995, p. 89-92).

Como contato político bilateral a ser assinalado, em função da imigração clandestina de brasileiros e contrabando, durante o período foram demarcados definitivamente as fronteiras entre o Brasil e a Guiana Francesa[5].

O que teve continuidade, sim, em relação à década de 1970 foram as relações bilaterais no campo da cooperação econômica, tecnológica e acadêmica, com destaque para a cooperação com a Alemanha. Em relação aos investimentos, os dos alemães, durante os anos 1980, tiveram um crescimento importante, enquanto a participação alemã no total das exportações brasileiras declinou entre 1975 e 1990[6]. No que se refere à cooperação nuclear, durante os anos 1980, o Acordo Nuclear assinado com a Alemanha em 1975 enfrentou obstáculos em sua aplicação em função tanto do agravamento da situação econômica brasileira quanto das desconfianças alemães em relação ao desenvolvimento do programa atômico paralelo por parte das Forças Armadas brasileiras[7].

Em relação a Portugal, desde a consolidação do novo regime político português pós-revolucionário, as relações luso-brasileiras haviam retornado à normalidade. As tradicionais visitas foram retomadas e alguns acordos foram assinados, com destaque para o Acordo de Cooperação Econômica e Industrial e o Acordo de Cooperação Científica e Tecnológica[8]. Em 1989, houve no Maranhão uma reunião de cúpula de chefes de Estado de países de língua portuguesa, que lançou o projeto da criação de uma comunidade de países lusófonos.

No que se refere às relações do Brasil com os países socialistas do leste europeu, durante a década de 1980, o comportamento do Brasil em frente a estes países foi marcado pela busca de expansão do intercâmbio comercial

---

5 LESSA, Antonio Carlos. Os vértices marginais de vocações universais: as relações entre a França e o Brasil de 1945 a nossos dias. *Revista Brasileira de Política Internacional*, Brasília, Ipri, ano 43, n. 2, p. 28-58, 2000. p. 47-48.

6 Passando de 8% em 1975 para 4,1% em 1990 (THOMPSON-FLORES NETTO, Francisco. Relações Brasil—Alemanha. In: FONSECA JR., G.; CASTRO, S. H. Nabuco de (Org.). *Temas de política externa II*. Brasília: Fundação Alexandre de Gusmão/São Paulo: Editora Paz e Terra, 1984. v. 2, p. 103-115.

7 LOHBAUER, Christian. *Brasil—Alemanha:* fases de uma parceria (1964-1999). São Paulo: Fundação Konrad Adenauer, 2000. p. 147.

8 Houve visitas de Figueiredo e Sarney a Portugal e dos presidentes Ramalho Eanes e Mário Soares ao Brasil.

e por contatos políticos vagos[9]. O Brasil assinou uma série de acordos de cooperação com países da área socialista, mas o intercâmbio comercial não progrediu. Foi mantido o superávit brasileiro durante toda a década[10].

Em relação à União Soviética, desde 1961, vinham sendo mantidas, basicamente, relações comerciais de pouco conteúdo político. Durante os anos 1980, houve um relativo incremento tanto no campo comercial quanto em termos políticos. Neste campo, o ato mais relevante no início da década foi a negativa da diplomacia brasileira em aderir ao embargo econômico decretado pelos Estados Unidos à URSS em virtude da invasão desta no Afeganistão.

Desde o princípio dos anos 1980, a diplomacia soviética passou a olhar a América Latina com mais interesse; o que teve resultados nas relações com o Brasil. No princípio da década e com a assinatura do Acordo Básico de Cooperação Científica e Tecnológica, começou entre os dois países uma cooperação científica e tecnológica que se deu sobretudo no campo acadêmico. Iniciou-se também projetos conjuntos no campo energético. Em termos comerciais, o valor do comércio entre ambos teve aumento, cujo ponto máximo foi atingido em 1983. Mas a partir de meados da década as relações comerciais declinaram, decorrente em parte das crises econômicas vividas pela União Soviética e pelo Brasil no período, mas mantendo sempre um superávit para o último[11]. Também no campo econômico, neste período, houve um desenvolvimento de *joint-ventures* entre empresas soviéticas e brasileiras, visando empreender grandes projetos de engenharia em países mais pobres. Isso contribuiu para que ambos os países consolidassem sua presença no continente africano.

A partir de 1985, com o início das reformas internas na União Soviética e com o governo civil no Brasil, os contatos políticos entre os dois países

---

9 VIZENTINI, Paulo Fagundes. *A política externa do regime militar brasileiro. Multilateralização, desenvolvimento e construção de uma potência média (1964-1985).* Porto Alegre: Editora da UFRGS, 1998. p. 323.

10 CERVO, Amado Luiz; BUENO, Clodoaldo. *História da política exterior do Brasil.* São Paulo: Ática, 1992.

11 GUIMARÃES, Lytton L. Brasil—URSS: os processos de mudança e as relações bilaterais. In: ALBUQUERQUE, J. A. Guilhon (Org.). *Sessenta anos de política externa brasileira (1930-1990)*: o desafio geoestratégico. São Paulo: Annablume/Nupri/USP, 2000. p. 424. Apresenta uma tabela do comércio durante a década.

foram retomados por meio de visitas de autoridades e de um diálogo mais fluido[12]. Em 1987, em visita do chanceler Eduard Shevardnadze a Brasília, foi assinado um comunicado conjunto que representou o primeiro documento político assinado pelos dois países. Em 1988, o presidente José Sarney fez uma visita à União Soviética, onde assinou um Acordo Cultural, um protocolo sobre cooperação no campo espacial e na utilização do espaço para fins pacíficos e, em termos políticos, a "Declaração de Princípios da Interação em Favor da Paz e da Cooperação Internacional" teve um peso importante.

5.3 O Brasil e a Comunidade/União Européia entre 1990 e 2004

As relações do Brasil com a União Européia entre 1990 e 2004 podem ser entendidas por duas dimensões. A primeira, diz respeito ao universo das relações inter-regionais e divide-se entre as relações da UE com a América Latina como região, as relações UE—Grupo do Rio e as relações com os países do Mercosul. Nos três casos, o Brasil participou ativamente. Pode-se agregar também o diálogo inter-regional estabelecido entre o Parlamento Europeu e o Parlamento Latino-Americano. A segunda dimensão refere-se à atuação individual do Brasil diante da UE.

5.3.1 O Brasil nos marcos das relações inter-regionais

O diálogo grupo a grupo é a base do inter-regionalismo europeu e um instrumento específico de contato da UE com parceiros externos sobretudo do mundo em desenvolvimento. Este mecanismo teve início nos anos 1970 e desenvolveu-se durante os anos 1980. Ele circunscreve o comportamento europeu em frente aos países da América Latina em geral[13]. Segundo Mo-

---

12 Barros (1994) fala destes diálogos e Guimarães (2000, p. 408-412) apresenta com mais detalhes a ligação da mudança no teor das relações russo-brasileiras com as mudanças políticas nos dois países.

13 Sobre os diálogos grupo a grupo, ver: REGELSBERGER, Elfriede. The twelve's dialogues with third countries: progress towards a communauté d'action? In: HOLLAND, M. (Ed.). *The future of European political cooperation. Essays on theory and practice.* London: MacMillan, 1991. p. 161-179; MONAR, Jorg. Political dialogue with third countries and regional political groupings: the fifteen as an attractive interlocutor. In: REGELSBERGER, E.; SCHOUTHEETE DE TERVARENT, P.; WESSELS, W. (Ed.). *Foreign policy of the EU. From EPC to CFSP and beyond.* London: Lynne Pienner Publishers, 1997. p. 263-274. Sobre o histórico dos

nar[14], tratar-se-ia de um instrumento flexível que poderia tanto preceder quanto complementar relações econômicas levadas adiante pela Comissão; seria um meio conveniente de divulgar as posições políticas européias e de buscar convergência com parceiros externos; poderia ser útil para estratégias de médio e longo prazos de incentivo à cooperação regional; e permitiria à União afirmar sua identidade coletiva.

O interesse europeu pelos processos de integração regional pode ser explicado por diversos fatores: o sucesso do processo de integração européia promoveu um ideal de integração no interior das instituições comunitárias; a integração de parceiros externos facilitaria a interação com a UE e estes processos seriam um instrumento garantidor da democracia política e da segurança regional; no campo econômico, facilitariam a inserção de economias mais frágeis em uma economia internacional globalizada.

O início dos anos 1990 trouxe um novo impulso aos diálogos com o "novo regionalismo" europeu. Este vinculou mais claramente o liberalismo e a globalização econômica com a integração regional, a promoção da democracia e a inclusão social. Desde a perspectiva européia, a liberalização econômica deve vir acompanhada de apoio à democracia, aos direitos humanos, à inclusão social e à integração regional[15].

Neste marco, as relações da Comunidade/União Européia com América Latina seguiram a dinâmica da década anterior, mas beneficiando-se do impulso vivido pelo inter-regionalismo europeu. Embora a América Latina seguisse sendo área não-prioritária, como forma de manter sua presença na região, a UE manteve os diálogos anteriores e institucionalizou novos contatos. Durante os anos 1990, os diálogos com a América Central e o

diálogos da CE com a América Latina, veja: SARAIVA, Miriam Gomes. *Política externa europea. El caso de los diálogos grupo a grupo con América Latina de 1984 a 1992.* Buenos Aires: GEL, 1996.

14 MONAR, 1997, p. 266-267.

15 Sobre o novo inter-regionalismo europeu ver Grugel, que dá uma visão muito boa destacando estas características diferenciadoras de outros modelos de inter-regionalismo. GRUGEL, Jean. La Unión Europea y América Latina: interregionalismo, identidad y gobernabilidad. In: FRERES, C.; PACHECO, K. (Ed.). *Desafíos para uma nueva asociación. Encuentros y desencuentros entre Europa y América Latina.* Madrid: Libros de la Catarata, 2004.

Grupo do Rio tiveram seqüência, sendo estabelecidos outros com os países Andinos, México, Mercosul e Chile e, no final da década, iniciado um diálogo baseado em encontros periódicos entre chefes de Estado e governo da União Européia, América Latina e Caribe[16].

Apesar do descompasso entre expectativas latino-americanas (e brasileiras em particular) em relação aos diálogos, estes tiveram um peso importante para a integração política entre ambas as regiões. Suas principais linhas de atuação e temas examinados seguiram orientações gerais do comportamento europeu de caráter inter-regional para países em desenvolvimento: defesa da democracia e proteção de direitos humanos; ajuste com abertura da economia; apoio aos processos de integração regional e sub-regional[17]. No decorrer da década de 1990, novas questões como estabilidade política; consolidação do estado de direito; luta contra o narcotráfico, tráfico de armas e crime organizado foram incluídas nos diálogos.

No campo da cooperação econômica, acompanhando os diálogos, em 1994, o Conselho Europeu de Essen aprovou um documento que estabelecia a dinâmica e os objetivos das relações com a América Latina, e que indicava a adoção de diferentes enfoques para países específicos e sub-regiões: manteve uma política de cooperação para o desenvolvimento com os países centro-americanos e andinos por meio da assinatura de acordos de terceira geração e negociou acordos de associação inter-regional com o México (1997, em vigência desde 2000) e Chile (2002). Em relação ao Mercosul, o Documento propôs a assinatura de um acordo de liberalização comercial[18].

As Cúpulas de chefes de Estado e governo da UE e América Latina/Caribe, realizadas em 1999, 2002 e 2004 comportaram diálogos com países e grupos de países da região; dentre eles, os encontros do mesmo nível apenas com os chefes de governo do Mercosul.

---

16 Deste mecanismo, já houve os três primeiros encontros: em 1999, 2002 e 2004.

17 Os temas do pluralismo democrático e do respeito aos direitos humanos foram questões básicas da agenda externa européia nas décadas de 1980 e 1990, assim como tornaram-se cláusula de abertura dos acordos de cooperação inter-regional.

18 *Basic Document concerning the Relations of the UE with Latin American and Caribbean States* — citado por: MULLER-BRANDECK-BOCQUET, Gisela. *Perspectives for a new regionalism*: relations between the UE and the Mercosur. *European Foreign Affairs Review,* Kluwer Law International, n. 5, p. 561-579, 2000, p. 568.

Nos marcos do diálogo com o Grupo do Rio, a ocorrência de reuniões interministeriais consolidou-se no decorrer da década e o diálogo cumpriu sua função nos projetos da União de participar de forma mais ativa do ordenamento de um sistema internacional baseado no pluralismo democrático e na economia de mercado. As questões de segurança regional e internacional também se fizeram presentes, embora a situação neste campo nos países do Grupo não afetasse diretamente os países europeus. Na reunião de cúpula de 2000, foi declarada a Zona de Paz Sul-americana, embora sem poder solucionar o problema do narcotráfico e do crime organizado[19]. Neste quadro, os temas mais freqüentes têm sido democracia, direitos humanos, apoio e reforma das Nações Unidas, criação do Tribunal Penal Internacional, proliferação de armas químicas e nucleares, narcotráfico e terrorismo.

Este diálogo também contribuiu para a abertura de espaços mais favoráveis aos interesses econômicos europeus na América Latina em termos gerais, para o respaldo fornecido pela UE aos processos de integração na região e para o reconhecimento do Grupo do Rio como um ator internacional. O diálogo manteve aceso os vínculos entre a União Européia e a região, que no final da década de 1990 desdobraram-se nas reuniões de cúpula entre a UE, América Latina e Caribe. O início do diálogo entre a UE e o Mercosul também foi favorecido pela existência desta experiência em curso.

No que diz respeito às relações da UE com o Mercosul, a assinatura do Tratado de Assunção em 1991 despertou a atenção da CE, em particular da Comissão[20]. O novo bloco era o principal parceiro comercial da CE na América Latina, assim como o principal receptor dos investimentos diretos. Os países do Mercosul, por seu turno, demonstraram um interesse claro

---

[19] O narcotráfico e o crime organizado são as questões mais próximas ao campo da segurança que mais preocupam a UE. Sobre a presença dos temas relativos à segurança nas relações UE—América Latina, veja: TVEVAD, Jesper. La agenda de seguridad en las relaciones Europa-América Latina. In: BODEMER, K.; GRABENDORFF, W.; JUNG, W.; THESING, J. (Ed.). *El triángulo atlántico*: América Latina, Europa y los Estados Unidos en el sistema internacional cambiante. Sankt Augustin: Konrad Adenauer Stiftung/Adlaf, 2002. p. 112-123.

[20] BATALLER, Francisco. *La evolución institucional comunitaria y sus efectos sobre América Latina*. Comision Europea, Bruselas, *Working Paper* LATECA1.WP — 8 dez. 1992, p. 7, em documento interno chamava a atenção que no interior da CE, a Comissão e outras instâncias seriam mais favoráveis à América

pela negociação de um acordo de cooperação com a CE. Para estes, o bloco havia se tornado o principal mecanismo de interação econômica com terceiros Estados. Ademais, a CE era (e segue sendo), no princípio da década, o principal parceiro comercial do Mercosul.

Tabela 5.1 Distribuição regional do comércio externo do Mercosul (em % total)

	1992	1996
Importações da UE	23,9%	26,1%
Exportações para UE	31,9%	24,5%
Importações dos Estados Unidos	22,3%	21,0%
Exportações para Estados Unidos	16,7%	15,3%

Fonte: VASCONCELOS, Alvaro. EU and Mercosur. In: TELÒ, M. (Ed.). *Ue and new regionalism. Regional actors and global governance in a post-hegemonic era.* Aldershot/Hants: Ashgate, 2001. p. 138-139.

Assim, os países do Mercosul tomaram a iniciativa de apresentar à Comissão uma proposta de acordo futuro de cooperação entre ambos. A resposta da CE por meio da Comissão foi a assinatura de um Acordo de Cooperação Inter-institucional, em 1992, visando promover a capacidade das instituições do Mercosul por intermédio da cooperação técnica.

Nos primeiros anos de funcionamento do Mercosul e desde a assinatura deste Acordo, iniciou-se um processo de aproximação econômica, de fato, entre ambos. As exportações de bens da CE/UE para os países do Mercosul aumentaram 250% entre 1990 e 1996, enquanto os investimentos deste ano corresponderam a 17% dos investimentos da UE em países considerados emergentes[21].

Latina que a maioria dos Estados membros. Sobre o comportamento europeu para o Mercosul, ver: SARAIVA, Miriam Gomes. A União Européia como ator internacional e os países do Mercosul. *Revista Brasileira de Política Internacional*, Brasília, Ibri, ano 47, n. 1, p. 84-111, 2004.

[21] Estes dados podem ser vistos em COM 1998a. O documento destaca também que os IED's europeus nos países do grupo cresceram em uma média anual de 46,5% entre 1993 e 1997. Em termos das exportações e importações da UE em 1995, a América Latina situava-se em torno do 5%, e o Mercosul concentrava 3%.

Tabela 5.2 Comércio de bens entre a UE-15 (UE-12 até 1994) e Mercosul (em milhões de ECU's)

Exportações da UE p/ Mercosul	**1990**	**1996**	**% Crescimento**
Argentina	1,234	5,799	370%
Brasil	3,636	11,688	221%
Paraguai	175	321	84%
Uruguai	233	685	194%
Total	5,278	18,493	250%

Fonte: COM 1998b, baseado em dados do Eurostat.

Em dezembro de 1994 — no mesmo mês da Cúpula de Miami que decidiu o início das negociações para a formação da Área de Livre Comércio das Américas (Alca) —, começaram as negociações para um Acordo Marco Inter-regional da UE com os países do Mercosul. Um ano depois, em dezembro de 1995, foi assinado o Acordo Marco Inter-regional de Cooperação. Como outros acordos assinados pela UE no mesmo período, abria caminho para a institucionalização do diálogo político e a cooperação em duas áreas: liberalização e promoção comercial e a intensificação da cooperação econômica. Visava também um intercâmbio de experiências em matéria de integração. A base da cooperação seria o sistema de valores comuns, como a democracia e o respeito aos direitos humanos. Tratava-se de um acordo preparatório para negociações futuras, sem condições prévias para a liberalização comercial nem datas definidas que estabelecessem o andamento do diálogo.

Mesmo antes do Acordo entrar em vigor, a Comissão e o Mercosul acordaram em uma implementação provisória da cooperação no campo comercial. Em 1996, as estruturas previstas neste começaram a funcionar, e, até 1998, foram realizados 20 estudos comerciais e levadas a cabo quatro rodadas de negociação.[22] Mas os passos no sentido da liberalização comercial mostraram-se difíceis, encontrando obstáculos nas posições protecionistas de alguns setores europeus.

No campo político, os espaços abertos pelo Acordo Marco foram aproveitados, e o diálogo foi levado adiante apesar da ausência de uma institucionalização. Foi criado um Conselho de Cooperação que pôde dar se-

[22] VALLE, 2002, p. 130.

qüência ao diálogo, objetivando discutir temas vinculados ao Acordo mas, também, outros temas internacionais considerados de interesse comum. Os encontros passaram a ocorrer nos marcos das Assembléias-Gerais das Nações Unidas ou nos encontros ministeriais da UE com o Grupo do Rio.

Sem fugir do modelo de diálogo da UE com países em desenvolvimento, os principais temas debatidos nos encontros vêm sendo organizados desde a vertente européia e dizem respeito à reforma das Nações Unidas; à proteção e promoção da democracia, do pluralismo político e dos direitos humanos; à redução das armas nucleares ou químicas; ao posicionamento em frente aos conflitos internacionais; ao combate ao narcotráfico; à formação/funcionamento do Tribunal Penal Internacional[23].

No campo econômico, a UE buscou acomodar o Mercosul no arco de seus interesses no sentido de maior abertura do mercado dos países do bloco para importação de produtos de tecnologia avançada, assim como criar melhores condições para investimentos no setor de serviços. As expectativas do Mercosul, por seu turno, eram basicamente abrir o mercado europeu para suas exportações agrícolas e atrair investimentos externos (além de ter um interlocutor político de peso no cenário internacional que pudesse também prestar apoio aos regimes dstão para o Mercosul, a UE não estava em condições de atendê-la. Entre 1990 e 1996, as importações da UE desde o Mercosul aumentaram somente em 9%[24].

A questão das exportações de produtos agrícolas do Mercosul e da PAC vem sendo o pano de fundo das relações entre ambos durante o período. A maior parte das exportações do Mercosul como bloco para a UE é composta de produtos primários e as negociações sobre qualquer redução nas barreiras tarifárias e não tarifárias impostas aos produtos provenientes dos países do Mercosul vêm avançando muito lentamente[25]. Na prática, estas negociações iniciaram somente em 2001 e ficaram condicionadas aos resultados da

[23] Mais recentemente a luta contra o terrorismo ocupou um espaço prioritário nos debates.

[24] Em 1990, o total das importações de bens do Mercosul pela UE-12 foi de 13.678 milhões de ECU's; em 1996, o total destas importações — agora com a UE-15 — foi de 14.865 milhões de ECU's (COM, 1998b).

[25] Em 1996, 52% das exportações do Mercosul para a UE foram de produtos agrícolas e, 37% destes eram considerados produtos "sensíveis" (COM, 1998a).

rodada de negociações da OMC iniciada em Doha[26]. A possibilidade da UE de modificar a PAC foi sempre um desafio devido à importância política e à tradição interna existente e aos *lobbies* organizados em sua defesa.

As negociações com os Estados Unidos para a formação da ALCA incentivaram a aproximação entre as duas regiões. Para o Brasil, ter a parceria com a UE seria um bom contrapeso a estas negociações que, por sua vez, têm se apresentado difíceis.

No campo político, em 1995, uma declaração da PESC, da UE, mostrou satisfação pela ratificação do Tratado de Tlatelolco pela Argentina e pelo Brasil, e pela assinatura, um acordo quadripartite entre Argentina, Brasil, a Agência Internacional de Energia Atômica (AIEA) e a Agência Brasileiro—Argentina de Controle e Contabilidade (Abacc). Para a UE, estes atos significaram o apoio destes países a regimes internacionais. Em 1996, diante da tentativa fracassada de golpe militar que ocorreu no Paraguai e das dificuldades experimentadas pelo processo de consolidação democrática no País nos anos seguintes a UE mostrou preocupações e buscou monitorar a evolução da situação paraguaia. Os demais países do Mercosul — coincidentes com a preocupação européia — mobilizaram esforços para evitar o golpe no Paraguai e, em seguida, declararam a vigência das instituições democráticas como condição essencial para a existência do bloco. Em 1998, a "Cláusula Democrática" foi ratificada e incorporada ao Tratado originário pelo Protocolo de Ushuaia.

Durante 1998, as discussões na Comissão sobre o início das negociações previstas no Acordo Marco começaram a tomar corpo, com apoio, principalmente, da Espanha e da Alemanha. As principais expectativas da UE em relação ao Mercosul nas negociações, além do diálogo político já em curso, eram a liberalização do setor de serviço, a abertura dos mercados públicos e a liberalização do movimento de capitais, com a cooperação econômica.

Em julho de 1999, o Acordo Marco Inter-regional de Cooperação entrou em vigor, mas com as negociações do setor agrícola condicionadas ao fim da rodada do milênio da OMC, previsto para dois anos depois. Foi decidida a retomada formal das negociações entre as partes com a formação do Comitê Bi-regional de Negociações, visando a liberalização das relações comer-

[26] A previsão inicial era a liberalização do comércio de produtos agrícolas ser definida na "rodada do milênio" da OMC, e a UE poderia, então, estruturar sua política *vis-à-vis* o Mercosul em relação a estes produtos.

ciais para a assinatura futura de um acordo de associação inter-regional. Sem datas precisas definidas, os encontros poderiam ter início em 1999, mas a remoção de taxas alfandegárias estava prevista para começar apenas a partir de 2001.

A crise do Mercosul em 1999, decorrente da desvalorização da moeda brasileira e dos efeitos negativos desta medida sobre a economia argentina — e a falta de mecanismos institucionais capazes de solucionar os problemas intra-bloco —, levantou dúvidas desde a UE em relação à possibilidade de se construir uma interação mais profunda nos campos econômico, político e institucional com o Mercosul. A crise revelou a falta de uma coordenação de políticas macroeconômicas e fiscais no bloco e, portanto, que este não era o mercado de maior potencial de crescimento entre as experiências de integração em curso nem um modelo futuro de integração sul-sul.

No que diz respeito à abertura dos mercados agrícolas, as negociações seguiram travadas. A impossibilidade de implementar uma reforma efetiva da PAC no sentido de uma redução significativa do protecionismo e subsídios agrícolas consolidou-se como objeto de duras críticas por parte dos países do Mercosul. O fracasso da rodada do milênio da OMC, que liberalizaria o comércio no âmbito multilateral, também contribuiu para atrasar as negociações entre ambos.

Com a entrada em vigor do Acordo Marco, dez rondas de negociação foram implementadas na área econômica entre 1999 e meados de 2003, dedicadas à estruturação do acordo de associação inter-regional. As conversações enfocaram o modelo de diálogo político a ser implementado nos marcos do futuro acordo, as questões de cooperação e os temas comerciais[27]. No entanto, estes debates não produziram ações concretas.

Os temas de cooperação também receberam atenção. O Acordo Marco previa a cooperação econômica em diferentes áreas, e, durante o período, a UE foi a principal doadora de ajuda não-reembolsável aos países do Mercosul, orientada sobretudo para o reforço das instituições do bloco, para dinamizar as estruturas econômicas e comerciais e em apoio à sociedade civil em setores como informação e emprego. A promoção de investimentos, nestes anos, foi direcionada, em boa medida, para a compra de empresas públicas privatizadas e para o setor de serviços. No decorrer do período, a

[27] Referentes ao diálogo UE—Mercosul houve reuniões específicas em 2000, 2001 e 2003 e reuniões nos marcos das Assembléias das Nações Unidas.

cooperação no campo de investimentos cresceu, em função dos processos de democratização, liberalização econômica e integração[28].

Durante a II Cúpula de chefes de Estado e de governo da UE com a América Latina e Caribe, em 2002, houve um novo encontro entre a UE e o Mercosul, que foi acompanhado de diversos encontros paralelos de atores não-governamentais[29]. Mas trouxe poucos resultados para o Mercosul em termos da liberalização comercial. Documento da Comissão[30] que traça a estratégia para o Mercosul até 2006 reitera os temas tratados em documentos anteriores. Nas referências aos países do Mercosul por parte de membros da Comissão, a importância da "parceria política e econômica" é ressaltada[31]. Mas, quando o Acordo Marco cumpre 10 anos, a assinatura de um acordo de associação ainda é incerta e as posições do Mercosul e da UE continuam distantes.

Por fim, o diálogo estabelecido entre o Parlamento Europeu e o Parlamento Latino-Americano é importante ser destacado. Este mecanismo de contato permanente teve início em 1972 e tem lugar nas Conferências Interparlamentares Europa-América Latina[32].

Durante os anos 1970 e parte dos 1980, as Conferências tiveram um papel importante na defesa dos direitos humanos e das instituições democráticas. A consolidação democrática na região, porém, esvaziou a mobilização das Conferências, mas deve-se ter em conta que, apesar do esvaziamento e embora o Parlamento Europeu tenha poderes limitados nos marcos da estrutura da UE, este dispõe de mecanismos para influir sobre a cooperação comunitária com terceiros países, assim como tem um papel simbólico importante.

---

28 Sobre a cooperação econômica e promoção de investimentos da UE no Mercosul, ver: RIBEIRO HOFFMANN, Andrea. *The foreign policy behavior of the UE towards the Latin American Southern Cone States (1980-2000)*: has it become more cooperative? The cases of foreign direct investment and agricultural trade. Fakultät für Sozial-und Verhaltenswissenschaften der Eberhard-Karls-Universität Tübingen. 2003. Tese (Doutorado).

29 O Fórum Empresarial Mercosul—UE, criado em 1999, tem tido um papel ativo no processo de aproximação entre ambos.

30 (COM, 2002a).

31 Ver discursos de Comissário Chris Patten com destaque para Patten (9 nov. 2000).

32 O Parlamento Latino-Americano foi criado em 1964 e institucionalizado em 1987. Desde 1992, reúne-se sempre em São Paulo. As conferências se dão a cada dois anos. Sobre o tema, ver: MALAMUD, Andrés; SOUSA, Luís de. *Regional Parliaments in Europe and Latin America.* Apresentado em XXV Latin American Studies Association, Las Vegas, 7-9 Oct. 2004.

Nos anos 1990, o Parlamento Europeu teve uma atuação importante no campo da defesa dos direitos humanos, proteção ambiental, paz internacional e não-proliferação de armamentos. Desde a perspectiva latino-americana, agregam-se as preocupações com a transferência de tecnologia, cooperação para o desenvolvimento sustentável e superação dos entraves no campo comercial[33]. Nesses temas, é mais difícil atingir posições de consenso.

5.3.2 O Brasil e a União Européia: relações bilaterais

Como nas relações da União Européia com a América Latina, as relações da UE com o Brasil em termos bilaterais podem ser examinadas conforme a dimensão política — pautada por valores comuns — e a dimensão econômica — mais difícil, que compreende comércio, investimentos e cooperação econômica em diversos setores. Nas duas dimensões, a UE é vista como ator relevante no cenário internacional e como uma opção estratégica para o Brasil.

A tônica das relações políticas entre o Brasil e a UE do princípio dos anos 1990 até 2004 são os valores compartilhados, aos quais são feitas referências na grande maioria dos discursos diplomáticos brasileiros. Segundo essa visão, o legado histórico dos europeus para América Latina inclui uma visão de mundo e um conjunto de princípios, que seriam, basicamente, a defesa da democracia, as preocupações com a paz regional e internacional, a construção de um mecanismo de integração como forma de relacionamento com os países vizinhos e a identidade cultural originária do passado histórico[34].

A relevância dada a estes valores pode ser vista na política externa européia desde os anos 1970; e nos anos 1980, esta temática foi defendida e incorporada formalmente como premissa às linhas gerais da política externa européia com a assunção de um comportamento orientado para

---

33 Ver Discurso de Fernando Henrique Cardoso na XI Conferência Interparlamentar Europa—América Latina, em maio de 1993. (MRE, jan./jun. 1993, p. 95-100).

34 Em entrevista para a imprensa, o comissário europeu Manuel Marín comentou que a América Latina seria um continente com o qual a UE partilharia valores, o que não aconteceria em outras áreas com as quais a UE coopera, mas onde há diferenças religiosas, culturais, na concepção de democracia e de direitos humanos. Não há uma Europa-fortaleza. *Jornal do Brasil*, 23 jun. 1999, p. 10.

a promoção da paz, de negociações multilaterais e de apoio às transições democráticas. Nos anos 1990, os vínculos entre liberalização comercial, cooperação econômica e defesa destes princípios passaram a aparecer de forma mais clara nas relações da UE com terceiros países ou grupo de países. No campo da cooperação, desde a perspectiva européia, a manutenção do regime democrático, de suas instituições, do estado de direito, da proteção do meio ambiente, do equilíbrio macroeconômico e da abertura comercial tornaram-se fatores centrais para a manutenção de qualquer compromisso nesse sentido.

Em termos comerciais, as relações podem ser melhor entendidas nos marcos das relações UE—Mercosul. As preferências européias pelos programas de cooperação inter-regionais foram claras. No que diz respeito mais diretamente ao Brasil, em 1990, o país exportou US$ 9,8 bilhões para a CE (31,4% de seu total) e importou US$ 4,2 bilhões (20,5%). O superávit brasileiro ficou em torno de US$ 5,6 bilhões. Para a CE, ao contrário, o Brasil não fazia parte de suas áreas preferenciais, e a participação brasileira no total de suas exportações e importações era (e segue sendo) reduzida.

Durante todo o período, o Brasil se viu prejudicado por regras da UE, com destaque para os direitos compensatórios, para os impostos adicionais e para os subsídios à produção comunitária de açúcar. Em 2002, o valor total das exportações do Brasil para a UE foi de, aproximadamente, US$ 15,1 bilhões (25,4% do total das exportações brasileiras) e o das importações foi aproximadamente de US$ 13 bilhões (27,67%). Comparado aos dados de 1990, o comércio pouco mais que dobrou em termos absolutos, mas com maior crescimento das importações. A UE diminuiu sua participação como destino das exportações brasileiras e aumentou sua atuação como pólo de origem das importações brasileiras. O Brasil seguiu superavitário, embora o superávit tenha se reduzido (para torno de US$ 2,1 bilhões)[35].

Na perspectiva de cooperação, em julho de 1992, o Brasil assinou o terceiro acordo quadro de cooperação com a CE, dando continuidade ao anterior, que vigorava desde 1982[36]. Trata-se de um acordo amplo, que se

35 HOFMEISTER, Wilhelm; TREIN, Franklin (Org.). *Anuário Brasil—Europa 2002*: solução de controvérsias, arbitragem comercial e propriedade intelectual. Rio de Janeiro: Fundação Konrad Adenauer, 2003. p. 287.

36 O Acordo pode ser visto em: MRE, *Resenha de Política Exterior Brasileira*, n. 70, jan./jun. 1992, p. 170-183.

orienta para a cooperação nos campos econômico, comercial, industrial (programas BC-NET Business Corporation Network e ECIP European Community Investiment Partners), de investimentos, científico e tecnológico, em matéria de normas, de energia, de telecomunicações e utilização de técnicas espaciais, luta contra a droga, integração regional, informação e cultura, administração pública, entre outros. Seu primeiro artigo menciona o fundamento democrático da cooperação, ou seja, vincula sua vigência ao respeito aos princípios democráticos[37]. O Acordo foi ratificado em 1995.

O acordo quadro de cooperação assinado entre o Brasil e a CE deixou clara a pouca disposição comunitária de assumir compromissos concretos com a América Latina em geral e o Brasil em particular. De forma ambiciosa, abriu diversos canais de cooperação, mas que não apontaram para resultados concretos[38]. A Comissão Mista Brasil—CE, que já existia anteriormente, com poucos resultados concretos, foi mantida e voltou a se reunir em 1994. A questão do protecionismo agrícola europeu decorrente da PAC continuou nos mesmos padrões.

Um dos pontos considerados estratégicos pela diplomacia brasileira nos marcos da cooperação era o acesso à tecnologia de ponta européia. Desde os anos 1970, os países europeus já se mostravam mais dispostos que os Estados Unidos para transferências no campo de tecnologias, o que é considerado importante para o desenvolvimento brasileiro. Nesse campo, a cooperação deu-se sobretudo com a formação de *joint-ventures* entre empresas brasileiras e européias.

Em relação à cooperação propriamente comunitária e nas perspectivas européias de vincular cooperação/princípios democráticos e defesa dos direitos humanos, em 2002, o valor comprometido com a cooperação atingiu aproximadamente 210 milhões de euros, em projetos em curso. As principais áreas foram: meio ambiente (mais de um terço do total), campo social/luta contra a pobreza e apoio às organizações não-governamentais. No que se refere aos programas horizontais para América Latina, o Brasil

---

[37] Os acordos de cooperação assinados nos anos 1990 pela CE/UE sempre iniciam com esta cláusula democrática. São conhecidos como "acordos de terceira geração".

[38] CAVALCANTI, Geraldo Holanda. O Brasil e a CEE. In: FONSECA JÚNIOR, G.; CASTRO, S. H. Nabuco de (Org.). *Temas de política externa brasileira II*. São Paulo: Paz e Terra, 1994.

participou ativamente do programa ALFA, de cooperação acadêmica, e do Al-Invest, para cooperação econômica[39]. No campo de pesquisa e desenvolvimento, a cooperação foi iniciada em 1983 e seguiu curso durante o período em questão.

Em termos de investimentos, as companhias européias foram as que, no período, mais investiram no País dentre as companhias estrangeiras. Em 1990, 40% dos investimentos e reinvestimentos realizados no Brasil foram originários da CE e seus países membros[40]. E, desde 1995, com a estabilização econômica, os investimentos externos diretos aumentaram. Em 2000, os investimentos oriundos da UE no Brasil atingiram o valor de 19 bilhões de euros (em um total de US$ 32,8 bilhões que o país recebeu de IED's)[41]. Neste bloco, as empresas alemãs, italianas e holandesas concentraram-se mais no setor industrial, enquanto as espanholas e britânicas orientaram-se mais para o setor de serviços.

Nos marcos da diplomacia presidencial — que foi um recurso muito utilizado durante a administração de Fernando Henrique Cardoso —, Cardoso visitou a Comissão Européia em seu primeiro ano de governo, buscando reforçar a imagem do êxito da liberalização econômica e do Plano Real; as negociações do acordo quadro União Européia—Mercosul (assinado no final do mesmo ano); a justificativa brasileira para as negociações para formação da Alca; a solidez do regime democrático; e, não menos importante, a busca de apoio à reforma e à candidatura brasileira como membro permanente do Conselho de Segurança das Nações Unidas. Estes temas perpassarão as relações externas brasileiras de caráter político no período, o que será visto também em relações bilaterais do Brasil com países europeus.

No início da administração do presidente Lula, a tática de negociação com a União Européia teve uma mudança. A importância dada às questões mais políticas e geopolíticas durante essa gestão fez que as decisões sobre negociações com a UE assumissem um caráter mais político em detrimento das negociações de formação da Alca. Em contrapartida, nestes últimos anos, a diplomacia brasileira vem levando adiante uma política de combate direto às posições protecionistas européias nos marcos da OMC.

39 COM, 2002b, p. 18.

40 MRE, jan./jun. 1992, p. 120.

41 COM 2002b, p. 9-10.

5.4 Relações bilaterais do Brasil com países da Europa Ocidental

As relações bilaterais do Brasil com países da Europa Ocidental não seguiram um padrão único. O grau de convergência e proximidade foi diferente em cada caso e oscilou entre relações mais sólidas sobretudo no campo de cooperação econômica — como no caso alemão — ou mais distantes — como em casos, principalmente, dos países menores da Europa. Mas, buscando um marco mais geral para essas relações durante o período, é possível assinalar dois momentos importantes.

O primeiro diz respeito aos princípio da década de 1990, no decorrer do governo de Collor de Mello, quando, em função da organização da Conferência das Nações Unidas sobre Meio Ambiente e Desenvolvimento (Eco 92), a diplomacia brasileira buscou aproveitar o capital diplomático proveniente da organização da conferência e estabeleceu vínculos mais próximos dos países europeus com os quais, até então, o Brasil mantinha contatos muito limitados. Foi o caso da Suécia, da Noruega e da Irlanda. Também em 1992, o Brasil aderiu à Convenção Interamericana dos Direitos Humanos acumulando mais um capital diplomático com os europeus. Mas a crise do governo Collor, porém, inaugurou uma fase de relativa retração da política externa brasileira em relação a países europeus.

Durante o governo de Fernando Henrique Cardoso, sobretudo com ações do presidente, o Brasil retomou os movimentos e avançou no sentido de estreitamento das suas relações diplomáticas com países europeus. Por meio da chamada diplomacia presidencial, Cardoso buscou apresentar a países europeus uma nova imagem do Brasil, como um país com a economia estabilizada (já como fruto do Plano Real), com potencial de crescimento muito grande e com avanços nos campos da democracia, dos direitos humanos e do meio ambiente.

Com esse movimento, o presidente Cardoso buscou, por um lado, aproximar o Brasil de países que, por seu turno, empenhavam-se para ampliar sua presença em um cenário internacional multipolarizado, portanto parceiros importantes para o país[42]. Nesse caso, as negociações de adesão ao Tratado de Não-Proliferação Nuclear (TNP), que culminaram com sua assinatura em 1997, explicitaram uma disposição brasileira de apoiar os regimes internacionais e de buscar, entre muitos outros elementos, atrair a confiança dos europeus.

[42] Durante os anos 1990, por meio da formação da PESC, os países europeus comunitários buscaram ampliar sua presença no cenário internacional.

Por outro lado, o presidente tentava atrair investimentos europeus e, em relação aos países pertencentes à União Européia, buscou um apoio mais explícito para as reivindicações brasileiras contra o protecionismo comercial europeu.

Nesse quadro, a diplomacia presidencial teve um papel importante. Em 1995, Cardoso viajou para o Reino Unido, para Portugal, para a Bélgica, para a Alemanha e para a Espanha. Em 1996, para a Espanha, para a Itália, para a França, para a Suíça e para Portugal. Em 1997, foi para o Reino Unido e para a Itália e, mais no final da década de 1990, a idéia de estabelecer vínculos políticos especiais com chefes de Estado ou governo de corte social-democrata levou Cardoso a novas visitas à Europa.

Em termos de comércio exterior, as relações do Brasil com estes países foram condicionadas pela dinâmica da UE, no caso dos países comunitários. Dentre eles, na passagem para os anos 1990, a Alemanha era receptora de 19,35% das exportações para a UE, seguida pela Itália, com 17,05%, a Holanda, com 16,75%, a França, com 13,01%, Reino Unido, com 11,81%, a Espanha, com 7,56%, a Bélgica e Luxemburgo, com 7,45%, Portugal, com 3,34%, Dinamarca, com 1,77%, Grécia, com 1,51% e Irlanda, com 0,40%[43]. Em relação aos demais, o comércio não foi significativo.

Por fim, um item importante da agenda política bilateral do Brasil com os países europeus durante o período foi o apoio à candidatura brasileira a membro permanente do Conselho de Segurança das Nações Unidas.

Desde o governo de Itamar Franco, a reforma do Conselho de Segurança e a candidatura brasileira para um posto permanente começaram a ser colocadas pela diplomacia brasileira em suas interações com os países europeus. Mais para o final da década, o Brasil começou a receber apoio por parte de países europeus em suas aspirações. Em 2000, Portugal deu publicamente seu apoio, mas foi com o início da administração de Lula que a diplomacia brasileira iniciou um comportamento incisivo nessa questão, angariando apoio vago de países europeus. O passo mais importante foi a formação, em 2004, de um grupo de países candidatos a assentos permanente no Conselho de Segurança e que conta com a parceria alemã, país também candidato (com Japão e Índia).

43 GARRIGA, Teresa Blanco. Brasil y la Comunidad Europea en el marco de las relaciones CE—América Latina. *Cidob D'Affers Internacionals*, Barcelona, Fundación Cidob, n. 23 e 24, p. 267-290, 1992. p. 277.

No quadro das relações do Brasil com países europeus ocidentais, cabe destacar as relações do Brasil com três países específicos que assumiram maior importância no período: Alemanha, Espanha e Portugal, assim como algumas observações acerca das relações Brasil—França.

A partir de meados da década de 1990, teve lugar um esforço bilateral no sentido de ativar as relações entre o Brasil e a França. Como parte deste movimento, desde 1996, houve uma série de visitas e contatos de alto nível e importantes, assim como a tentativa por parte do governo francês de incentivar os investimentos no Brasil. Na prática, os investimentos franceses no País experimentaram um aumento em meados dessa década, direcionados, primeiro, para a indústria, seguido do setor de serviços[44]. No campo comercial, porém, as relações não avançaram. A França seguiu no interior da UE, o principal defensor da PAC, que traz muitos obstáculos para as exportações brasileiras.

As relações do Brasil com a Alemanha são as que merecem maior destaque nos marcos das relações Brasil—Europa. Se o início dos anos 1990 significou para o Brasil a consolidação democrática em termos políticos, e as mudanças em sua política externa, em termos gerais, durante esse mesmo período, a Alemanha viveu o processo de unificação, que lhe trouxe uma busca de maior peso na política internacional e uma presença mais permanente nos países em desenvolvimento. Nesse projeto, em 1991, o chanceler Helmut Kohl fez uma prolongada visita à América Latina, de caráter também político. As principais áreas de interesse da Alemanha em relação à América Latina (incluindo Brasil) no período foram a proteção do meio ambiente, o comércio e os processos de abertura das economias na região[45]. Em comparação ao Brasil, mais especificamente, as relações tiveram como temas prioritários o diálogo da União Européia com o Mercosul, a reforma do Conselho de Segurança das Nações Unidas, a liberalização do comércio internacional e a defesa do meio ambiente[46].

No campo econômico e sobretudo da cooperação, foi a Alemanha a principal parceira do Brasil no continente europeu. No início dos anos 1990, a

---

[44] Segundo Lessa, na média do período entre 1990 e 1997, a França subiu para a posição de segundo investidor no Brasil, com uma participação de 6,4% no total de fluxos externos recebidos. (LESSA, 2000, p. 51-52).

[45] LOHBAUER, 2000, p. 131.

[46] Ibid., p. 152.

Alemanha era o principal investidor da CE no Brasil, e segundo investidor em termos gerais. A maioria dos investimentos convergia para a indústria de transformação. Esses investimentos sofreram, porém, um declínio em meados dos anos 1990, em contrapartida aos investimentos franceses e espanhóis que cresceram atraídos pelo processo de privatização de empresas públicas. Investimentos alemães se reorientaram em grande medida aos países do Leste europeu, com destaque para a Polônia, para a República Tcheca e para a Hungria.

Em termos de comércio, embora a Alemanha tenha ocupado um papel de destaque entre os parceiros comerciais brasileiros, o saldo comercial do Brasil passou a ser deficitário, em 1993, em função da abertura comercial, da valorização da taxa de câmbio e da expansão da atividade econômica. No início da década, o comércio alemão com a Polônia, a Hungria e a ex-Tchecoslováquia aumentou bastante[47]. Como agravante, a Alemanha não conseguiu modificar as regras do protecionismo europeu.

A área da cooperação foi uma das mais importantes nas relações Brasil—Alemanha do período, e uma dimensão significativa dessa cooperação foi a do campo de ciência e tecnologia. Nessa área, os principais setores de cooperação foram: a nuclear, a informática, a química fina, a mecânica fina, a biotecnologia, os novos materiais e as pesquisas do meio ambiente. Existe também, desde o final dos anos 1960, uma Comissão Mista que avalia os projetos de pesquisa a serem apoiados[48]. Os principais canais de cooperação foram o Conselho Nacional de Desenvolvimento Científico e Tecnológico (CNPq) e a Coordenação de Aperfeiçoamento de Pessoal de Ensino Superior (Capes), pelo lado brasileiro, e o Serviço Alemão de Intercâmbio Acadêmico (DAAD) e as fundações políticas, pelo lado alemão.

Em relação à cooperação nuclear, depois de uma década de dificuldades na aplicação do Acordo Nuclear Brasil—Alemanha, no início dos anos 1990, as discussões sobre seu desdobramento voltaram à tona. Nesse ano, a Alemanha introduziu no licenciamento das suas exportações nucleares

---

47 Lohbauer chama a atenção ao fato de, em 1994, o comércio da Alemanha com estes três países ter atingido mais que o dobro do comércio da Alemanha com o Brasil, com o México e com a Argentina. (LOHBAUER, 2000, p. 131).

48 O Acordo Geral de Cooperação em Pesquisa Científica e Desenvolvimento Tecnológico foi assinado entre ambos em 1969. No mesmo ano, foi assinado também o Acordo de Cooperação Cultural.

a necessidade de adesão aos regimes de salvaguardas internacionais existentes, o que serviu como incentivo para o Brasil buscar enquadrar-se nos regimes internacionais referentes ao nuclear no decorrer da década[49]. Nesse contexto, em 1991, Brasil e Argentina criaram a Abacc, seguindo a assinatura do acordo quadripartite entre Brasil, Argentina, Abacc e a AIEA. Durante a década, o Brasil ratificou o Tratado de Tlatelolco e assinou o Tratado de Não-Proliferação Nuclear. Assim, em 1994, o Acordo Nuclear foi renovado dando seqüência à cooperação, assim como foi finalizada a usina de Angra II.

No campo da cooperação ao desenvolvimento, a Alemanha foi o principal doador dentre os países europeus[50]. O Brasil situou-se como um dos principais receptores dessa ajuda. As principais áreas beneficiadas pelas doações foram a proteção do meio ambiente e a gestão de recursos naturais e integração regional de áreas mais pobres. A questão ambiental foi uma das áreas prioritárias no marco das relações Brasil—Alemanha como um todo.

Por fim, em termos políticos, a diplomacia brasileira sempre buscou apresentar a existência de uma coincidência de visões entre ambos em relação a temas globais. E o maior destaque foi dado à reforma do Conselho de Segurança das Nações Unidas, em que houve convergências de posições, desde meados da década, em relação às candidaturas dos dois países a membros permanentes de um novo Conselho, mais ampliado. E culminou com a formação do grupo de países candidatos ao Conselho de Segurança.

No que diz respeito às relações do Brasil com a Espanha durante o período, essas viveram um avanço importante nos campos político e de investimentos. A década de 1990 foi um marco importante nas relações de ambos os países. Desde o processo de democratização, a Espanha vinha buscando, com êxito, romper com o isolamento a que havia sido relegada durante o período franquista, assim como formar uma imagem própria democrática. Nesse movimento, manteve a importância dada aos países latino-americanos como elemento-chave para a imagem internacional do país. Ao entrar na CE, a Espanha buscou apresentar-se como defensor dos interesses latino-americanos diante da Comunidade, visando valorizar sua posição em frente aos

49 THOMPSON-FLORES NETTO, 1984, p. 111.

50 No final de 2001, os compromissos alemães para a cooperação financeira com o Brasil atingiram 700 milhões de euros, e para a cooperação técnica chegaram a 417 milhões de euros (COM, 2002b, p. 20).

parceiros europeus. Sustentou, porém, a idéia de manter relações próprias com a América Latina e, importante ressaltar, incluiu o Brasil nesse projeto. O ano de 1992 foi identificado por ser um momento-chave para a Espanha aprofundar as relações com os países da região e com isso firmar-se como potência internacional[51]. Ao contrário de outros países europeus, para a Espanha, a América Latina é fundamental[52].

As Conferências de Cúpula Ibero-americanas tiveram um significado importante nessa política. Foram sugeridas, formalmente, por Espanha e México, e o Brasil participou plenamente das negociações de sua formação, assim como nas negociações de incorporação de Portugal ao grupo. Embora estes países tenham procurado lhe dar o papel de foro de consulta, coordenação e cooperação, os temas tratados nas reuniões foram imprecisos e as formulações ambíguas. Durante todo o período, não se alcançou uma substância capaz de precisar as razões de sua existência e de seu papel no plano regional[53]. As questões tratadas em seu âmbito variaram de concertação política à cooperação, com destaque para temas vinculados à democracia e ao desenvolvimento "justo", mas sem apresentar resultados concretos.

Em termos comerciais, as relações do Brasil com a Espanha não foram significativas, e a Espanha não atuou visando diminuir o protecionismo comercial comunitário. Mas, no campo de investimentos, a presença de capitais espanhóis foi importante. Em relação a investimentos de capitais, no decorrer da década e em função da expansão econômica experimentada, a Espanha buscou internacionalizar sua economia com a busca de mercados. Em 1992, Brasil e Espanha assinaram um Tratado Geral de Cooperação e Amizade e um Acordo Econômico Complementar e, desde 1994, o Brasil passou a ser um dos importantes receptores de capitais espanhóis. Estes orientaram-se sobretudo para o setor de serviços aberto pelas privatizações de empresas públicas.

---

51 O Brasil é identificado pela Espanha como parte integrante e importante da "Iberoamérica", ao contrário de Portugal que não mantém uma política para os países de colonização espanhola.

52 VALCÁRCEL, Darío. Las políticas exteriores de Brasil y España. Algunas preguntas. In: SEMINÁRIO BRASIL—ESPANHA, Ipri/Funag, 7 abr. 2000.

53 Seixas Corrêa faz uma análise interessante das Conferências de Cúpula até 1993, ressaltando essa deficiência. SEIXAS CORRÊA, Luiz Felipe. As Conferências de Cúpula Ibero-americanas: um formato em busca de substância. In: FONSECA JR.; G.; CASTRO, S. H. Nabuco de (Org.). *Temas de política externa brasileira* II. São Paulo: Paz e Terra/Ipri, 1994. v. 1, p. 147-165.

Durante o governo de José María Aznar, a importância da América Latina como parceira de concertação política ficou mais reduzida, mas a eleição de Rodríguez Zapateiro, em 2004, trouxe de volta os esforços espanhóis de consolidar uma posição política relevante na região, buscando uma parceria com o governo de Lula da Silva.

No que se refere a Portugal, as relações políticas com o Brasil no período tomaram um impulso importante com as Conferências de Cúpula Ibero-Americana, com a formação da Comunidade de Países de Língua Portuguesa (CPLP), assim como com o estabelecimento de uma cooperação política entre ambos, que incluiu uma rotina de visitas presidenciais. No campo econômico, porém, não houve avanços e, ao contrário do que muitos esperavam, a entrada de Portugal para a CE não trouxe benefícios econômicos para o Brasil nem Portugal atuou como elemento de aproximação do Brasil com a CE[54].

Em 1991, o primeiro-ministro português, Aníbal Cavaco Silva, visitou o Brasil. Nessa reunião, foram assinados diversos acordos, mas o mais importante foi o Acordo Marco de Cooperação, cujo primeiro artigo refere-se à cooperação política[55]. O artigo estabelece uma rotina de reuniões presidenciais para discutir temas bilaterais ou internacionais de interesse comum, e outra de reuniões entre os chanceleres de ambos os países com o objetivo de discutir, além de temas bilaterais ou internacionais, questões relacionadas ao diálogo da CE com o Grupo do Rio, assim como temas sobre integração em geral. Este mecanismo de visitas começou a funcionar regularmente em 1995 com a visita de Fernando Henrique Cardoso a Portugal. Ainda no campo político bilateral, em 1993, o Tratado de Amizade e Consulta entre Brasil e Portugal cumpriu 40 anos.

O Acordo prevê também uma cooperação econômica, e os apelos para a cooperação econômica permearam os discursos oficiais[56]. Mas, durante os anos 1990, não houve resultados concretos. Portugal está entre os países da UE que aplicaram menos capitais em projetos no Brasil[57]. O comércio

---

54 A idéia de Portugal atuar como elemento de aproximação do Brasil com a CE pode ser percebida com freqüência em discursos de autoridades brasileiras.

55 MRE, jan./jun. 1991, p. 96-102.

56 Ver MRE, jul./dez. 1995 e jan./jun. 1997.

57 Em 2000, a contribuição de Portugal limitou-se a de 2,4 milhões de euros (COM, 2002b, p. 20-21).

apresentou-se estável no período, oscilando as exportações brasileiras entre US$ 407.988 milhões em 1995 e US$ 379.444 milhões em 2000. Desde 2001, as exportações tiveram um crescimento, o qual atingiu, em 2003, US$ 627.824 milhões[58]. O Brasil manteve sempre um superávit. Em intervenção no II Fórum Euro-Latino-Americano, Celso Lafer assinalava que "as relações Brasil—Portugal são, sem dúvida, mais significativas no plano qualitativo do que no quantitativo"[59].

Sobre a CPLP, em 1993, os presidentes dos países lusófonos em reunião de cúpula em Lisboa sugeriram a sua institucionalização. Então, a questão da comunidade passou a fazer parte do discurso dos dois países, tornando-se um tema importante na agenda bilateral[60]. Seguiram-se reuniões preparatórias, e, em 1996, a CPLP foi formalmente criada[61]. Seus objetivos básicos são a concertação política, a cooperação para o desenvolvimento econômico e social e a promoção do idioma português. Embora tenha recursos limitados e tenha passado seus primeiros anos de existência mais orientada para resolver seus problemas constitutivos, a CPLP não deixou de ser um foro importante de interação entre Brasil e Portugal durante o período. Mesmo sem resultados concretos, esteve envolvida com os conflitos em Angola e depois no Timor Leste, assim como conseguiu um cessar-fogo para os atritos internos em Guiné Bissau. Para o Brasil, a atuação nos marcos da CPLP vem sendo um instrumento importante para ampliar seus vínculos com o continente africano e também para reforçar as relações históricas com Portugal.

5.5 Relações do Brasil com países da Europa centro—oriental

No que diz respeito às relações do Brasil com países europeus saídos do socialismo e não pertencentes à UE durante o período (em 2004, muitos deles entraram na UE), a mudança de regime pareceu inaugurar uma nova

---

58 Esses dados estão disponíveis em: <http://www.sfiec.org.br>. (Câmara Brasil-Portugal) e <http://cursos.aduaneiras.br> (Guia prático de comércio exterior).

59 MRE, jan./jun. 1992, p. 121.

60 CRESPO, Flávia Ribeiro. *O Brasil na CPLP*: história, instituições e desafios. Diálogos. Rio de Janeiro: UERJ, 2005.

61 A CPLP avança além do espectro das relações Brasil—Portugal, pois é composta de 4 países africanos, mas é um foro importante das relações de ambos os países, o qual deve ser considerado.

era. Seguindo a perspectiva de se consolidar como *global trader*, o Brasil assinou acordos de comércio e cooperação (orientados para facilitar o comércio e garantir em alguns casos o tratamento de nação mais favorecida) com a Bulgária, em 1993; com Romênia e República Tcheca, em 1994; com a Polônia, em 1995; e com Eslovênia, em 1997. Assinou também acordos de cooperação cultural. Em 1994, foi criada a Casa de Comércio e Indústria Brasil—Hungria. Com a República Theca, foi assinado um Memorando de Entendimento que prevê consultas no âmbito também político. Houve também uma série de visitas de autoridades desses países ao Brasil.

De mais relevante, em 2002, foi criado o Fórum Mercosul-Visegrad (grupo composto por Hungria, Polônia, República Tcheca e Eslováquia, formado em 1991) com o intuito de criar canais de contato entre as comunidades políticas e acadêmicas dos dois grupos de países[62]. No entanto, a entrada desses quatro países à UE abre novas perspectivas ainda indefinidas.

No que se refere às relações com a Rússia, durante os anos 1990, as antigas relações Brasil—União União Soviética foram herdadas pelo novo Estado. Logo em seguida ao desmembramento da União Soviética, no final de 1991, o Brasil reconheceu a Rússia como sucessora nessas relações. Mas o diálogo mais fluido entre os países do final dos anos 1980 ficou obstacularizado em função das crises internas vividas por ambos.

O desmembramento da União Soviética e a formação de novos Estados independentes trouxe à Rússia fortes tensões e situações prementes de solução no chamado de "exterior próximo", concentrando a atenção da diplomacia russa. E sua prioridade passou a ser a integração ao mundo capitalista desenvolvido[63]. Nesse quadro, as relações com o Brasil não ocuparam um lugar relevante.

Em termos comerciais, no período logo após o fim da União Soviética, o comércio seguiu em um patamar mais baixo em função dos problemas internos russos. O valor das exportações brasileiras em 1992 foi de US$ 126 milhões[64]. Em 1995, retomaram o crescimento e, em 1997, as exportações brasileiras

62 RIBEIRO HOFFMANN, 2004.

63 BARROS, 1994, p. 125-126.

64 Em 1983, quando o comércio chegou a seu valor mais alto dos anos 1980, as exportações brasileiras haviam alcançado os US$ 670 milhões (BARROS, 1994, p. 127).

atingiram o maior valor da década — US$ 760,59 milhões[65]. Cabe ressaltar que houve uma substituição nos produtos exportados, mas seguindo com pouca diversificação.

Em 1997, em visita do chanceler Primakov ao Brasil, foram assinados diversos acordos de cooperação em áreas de educação, de cultura, de ciência e tecnologia e de investigações sobre o espaço exterior[66].

Mas o traço mais importante das relações do Brasil com a Rússia foi a visão que a diplomacia brasileira sustentou da última. A Rússia seria percebida como país com características semelhantes ao Brasil e com interesse no reordenamento do sistema internacional. Documento do Itamaraty, de 1993, destaca que

> são países que não estão integrados estruturalmente a áreas mais amplas, e que tampouco ocupam um dos pólos centrais, vêem na globalização a possibilidade de realizar sua condição de potência e de não serem levados a optar por um esquema de associação periférica a uma das três grandes áreas [...] são os candidatos naturais a ter lugar destaque na nova ordem mundial[67].

Semelhanças como as "dimensões continentais", "reconhecida importância regional", "população", "produto interno bruto", "recursos naturais", além do processo de abertura da economia vivido nos anos 1990 foram observadas[68].

Em termos gerais, a política externa brasileira durante o período buscou uma aproximação maior das consideradas potências médias de grande porte, como, além da Rússia, a Índia e a China. Mas durante o governo de Itamar Franco e, mais recentemente, de Lula da Silva, essa prática se fez mais presente.

---

65 BACIGALUPO, Graciela Zubelzú de. As relações russo-brasileiras pós-Guerra Fria. *Revista Brasileira de Política Internacional,* Brasília, Ipri, ano 43, n. 2, p. 59-86, 2000. p. 75.

66 Ibid., p. 65.

67 O Documento do Itamaraty, de 1993, "O repensar do Itamaraty e da Política Externa Brasileira", é citado por Barros (1994, p. 134).

68 Bacigalupo chama a atenção para a matéria publicada no *Jornal do Brasil* em 16 dez. 1994 "O Brasil e a Rússia", em que secretário-geral do Itamaraty, Roberto Abdenur, traçou essas semelhanças (BACIGALUPO, 2000, p. 62-63).

Nessa perspectiva, em 1994, em visita a Moscou, o chanceler Celso Amorim deu início a conversações, visando estabelecer um organismo de consulta entre os dois países, quando assinou um tratado de parceria que buscava qualificar as relações entre ambos[69]. Em 1997, foi assinada a "Declaração Conjunta de Criação da Comissão de Alto Nível" e, depois de algum tempo, em 2000, em visita do vice-presidente Marco Maciel à Rússia, teve início o funcionamento da comissão chefiada pelo vice-presidente brasileiro e pelo primeiro-ministro russo como instrumento de consulta[70].

Em 1997, foi estabelecido um outro mecanismo de interação entre Brasil e Rússia. Com um perfil mais baixo que no caso da União Européia, foi organizado um diálogo entre a Troika, do Grupo do Rio, e a Rússia, que vem tendo lugar nas Assembléias-Gerais das Nações Unidas, e alguns encontros específicos. Os temas mais freqüentes são: o papel das Nações Unidas; os princípios do multilateralismo e do direito internacional; as preocupações com a segurança regional e internacional; o combate ao terrorismo e a busca de um sistema internacional de comércio mais fortalecido e não-discriminatório.

Assim, durante a década de 1990 e início da década de 2000, a idéia de aproximação de uma Rússia com características parecidas ao Brasil atuou mais como elemento potencial que concreto. Começou a tomar corpo em 1994 e, apenas em 2000, materializou-se na formação dessa Comissão. A idéia da parceria mais próxima à formação da comissão de consulta com o diálogo Rússia/Grupo do Rio pôde abrir caminho para uma interação política mais significativa.

5.6 Conclusão

As relações do Brasil com a Europa durante o período assinalado não se constituíram prioritárias para o Brasil, mas apresentaram uma singularidade com traços de mudança em comparação às décadas anteriores, por exemplo: tratava-se de relações com dimensões distintas. O Brasil manteve,

69 Ver *Protocolo sobre consultas entre o Ministério de Relações Exteriores da República Federativa do Brasil e o Ministério dos Negócios Estrangeiros da Federação Russa* e o *Tratado sobre as Relações de Parceria entre a República Federativa do Brasil e a Federação da Rússia* (MRE, jul./dez. 1994, p. 104-105 e 108).

70 Sobre a parceria, ver: BACIGALUPO, 2000, p. 67-68.

simultaneamente, relações bilaterais com países específicos, alguns deles membros da UE e outros não; relações com a UE enquanto grupo sempre difíceis; e relações de corte nitidamente inter-regional, do Brasil nos marcos do Mercosul ou Grupo do Rio com a UE.

As relações bilaterais, como foi visto, não seguiram um padrão único. Nos marcos da Europa Ocidental, a Alemanha, então unificada, seguiu sendo a principal parceira do Brasil sobretudo no campo da cooperação econômica e científica. As relações com Portugal seguiram concentrando-se no campo político, mas experimentaram avanços com a formação da CPLP e com a realização das Conferências Ibero-americanas. E o País com o qual as relações tiveram um salto mais significativo nos campos tanto político quanto de investimentos foi a Espanha. Nesse caso, pode-se afirmar que as relações chegaram a um patamar bastante sólido e podem apresentar novos avanços, a curto prazo, no que diz respeito às relações interamericanas (tão importantes para a diplomacia espanhola). Com a França, houve um incremento mais orientado para o campo de investimentos e sem uma perspectiva clara para o futuro.

Desde as perspectivas do leste europeu, por um lado, a incorporação de diversos desses países à UE em 2004 abriu uma interrogação sobre essas relações. Por outro, existiu um esforço por parte da diplomacia brasileira no sentido de construir uma parceria com a Rússia, que ainda não mostrou resultados concretos.

As relações do Brasil com a UE como conjunto seguiram difíceis no campo comercial, e o protecionismo europeu manteve os padrões da década anterior. Mas foi agregado um novo elemento político em relação aos anos 1980. A vinculação das negociações econômicas com princípios políticos trouxe uma nova dimensão para essas relações, as quais podem ser aproveitadas em algumas áreas da cooperação. De qualquer modo, essas relações vão cedendo lugar, paulatinamente, para o intercâmbio inter-regional.

Por fim, a grande novidade do período foram as relações inter-regionais. Se por um lado, o aprofundamento do processo de integração europeu fez que os temas tratados em termos bilaterais tivessem sido incorporados à alçada da UE, por outro lado, o Brasil também experimentou processos de integração com os vizinhos do continente, tanto em termos mais amplos — o caso do Mercosul — quanto em termos de concertação política —; o principal exemplo é o Grupo do Rio. Com isso, a diplomacia brasileira tem um novo tipo de interação, que tende a se consolidar cada vez mais no cenário internacional atual.

Nesse quadro de variados tipos de relações que se situam entre o bilateralismo e o inter-regionalismo, em um cenário internacional complexo, as novas perspectivas que se abriram nos marcos dos contatos com o continente europeu colocaram desafios interessantes.

Referências

BACIGALUPO, Graciela Zubelzú de. As relações russo-brasileiras pós-Guerra Fria. *Revista Brasileira de Política Internacional,* Brasília, Ipri, ano 43, n. 2, p. 59-86, 2000.

BARROS NETTO, Sebastião do Rego. O Brasil e a Rússia. In: FONSECA JÚNIOR, G.; CASTRO, S. H. Nabuco de (Org.). *Temas de política externa II.* Brasília: Fundação Alexandre de Gusmão/São Paulo: Paz e Terra, 1994. v. 2. (IPRI. Coleção de Relações Intenacionais, 20 v.).

BATALLER, Francisco. *La evolución institucional comunitaria y sus efectos sobre América Latina.* Comision Europea, Bruselas, *Working Paper* LAT-ECA1. WP, 8 dez.1992.

CAVALCANTI, Geraldo Holanda. O Brasil e a CEE. In: FONSECA JÚNIOR, G.; CASTRO, S. H. Nabuco de (Org.). *Temas de Política Externa Brasileira II.* São Paulo: Paz e Terra, 1994.

CERVO, Amado Luiz; BUENO, Clodoaldo. *História da política exterior do Brasil.* São Paulo: Ática, 1992.

CRESPO, Flávia Ribeiro. *O Brasil na CPLP*: história, instituições e desafios. Diálogos. Rio de Janeiro: UERJ, 2005.

FONSECA JR., Gelson. Anotações sobre as condições do sistema internacional no limiar do século XIX: a distribuição dos pólos de poder e a inserção internacional do Brasil. In: DUPAS, G.; VIGEVANI, T. (Org.). *O Brasil e as novas dimensões da segurança internacional.* São Paulo: Alfa-Omega/Fapesp, 1999.

GARRIGA, Teresa Blanco. Brasil y la Comunidad Europea en el marco de las relaciones CE—América Latina. *Cidob D'Affers Internacionals*, Barcelona, Fundación Cidob, n. 23-24, p. 267-290, 1992.

GRUGEL, Jean. La Unión Europea y América Latina: interregionalismo, identidad y gobernabilidad. In: FRERES, C.; PACHECO, K. (Ed.). *Desafíos para uma nueva asociación. Encuentros y desencuentros entre Europa y América Latina.* Madrid: Libros de la Catarata, 2004.

GUIMARÃES, Lytton L. Brasil—URSS: os processos de mudança e as relações bilaterais. In: ALBUQUERQUE, J. A. Guilhon (Org.). *Sessenta anos de política externa brasileira (1930-1990)*: o desafio geoestratégico. São Paulo: Annablume/ Nupri/USP, 2000.

HIRST, Mônica; PINHEIRO, Leticia. A política externa do Brasil em dois tempos. *Revista Brasileira de Política Internacional*, Brasília, IBRI, ano 38, n. 1, p. 5-23, 1995.

HOFMEISTER, Wilhelm; TREIN, Franklin (Org.). *Anuário Brasil-Europa 2002*: solução de controvérsias, arbitragem comercial e propriedade intelectual. Rio de Janeiro: Fundação Konrad Adenauer, 2003.

LAFER, Celso; FONSECA JR., G. Questões para a diplomacia no contexto internacional de polaridades indefinidas. In: FONSECA JR., G.; CASTRO, S. H. Nabuco de (Org.). *Temas de política externa brasileira II*. São Paulo: Paz e Terra/Ipri, 1994. v. 1.

LESSA, Antonio Carlos. Os vértices marginais de vocações universais: as relações entre a França e o Brasil de 1945 a nossos dias. *Revista Brasileira de Política Internacional*, Brasília, Ipri, ano 43, n. 2, p. 28-58, 2000.

LOHBAUER, Christian. *Brasil-Alemanha:* fases de uma parceria (1964-1999). São Paulo: Fundação Konrad Adenauer, 2000.

MALAMUD, Andrés; SOUSA, Luís de. *Regional parliaments in Europe and Latin America*. Apresentado em XXV Latin American Studies Association, Las Vegas, 7-9 Oct. 2004.

MONAR, Jorg. Political dialogue with third countries and regional political groupings: the fifteen as an attractive interlocutor. In: REGELSBERGER, E.; SCHOUTHEETE DE TERVARENT, P.; WESSELS, W. (Ed.). *Foreign policy of the EU. From EPC to CFSP and beyond*. London: Lynne Pienner Publishers, 1997.

MULLER-BRANDECK-BOCQUET, Gisela. Perspectives for a new regionalism: relations between the UE and the Mercosur. *European Foreign Affairs Review*, Kluwer Law International, n. 5, p. 561-579, 2000.

REGELSBERGER, Elfriede. The twelve's dialogues with third countries: progress towards a communauté d'action? In: HOLLAND, M. (Ed.). *The future of european political cooperation. Essays on theory and practice.* London: MacMillan, 1991.

RIBEIRO HOFFMANN, Andrea. *Closer, or further away from the "strategic partnership"? — Analysing the impact of EU enlargement to EU-Latin American relationship*. Apresentado em XXV Latin American Studies Association, Las Vegas, 7-9 Oct. 2004.

———. *The foreign policy behavior of the UE towards the Latin American Southern Cone States (1980-2000)*: has it become more cooperative? The cases of foreign direct investment and agricultural trade. Fakultät für Sozial-und Verhaltenswissenschaften der Eberhard-Karls-Universität Tübingen. 2003. Tese (Doutorado).

SARAIVA, Miriam Gomes. A União Européia como ator internacional e os países do Mercosul. *Revista Brasileira de Política Internacional*, Brasília, Ibri, ano 47, n. 1, p. 84-111, 2004.

———. *Política externa europea. El caso de los diálogos grupo a grupo con América Latina de 1984 a 1992.* Buenos Aires: GEL, 1996.

SEIXAS CORRÊA, Luiz Felipe. As Conferências de Cúpula Ibero-americanas: um formato em busca de substância. In: FONSECA JR.; G.; CASTRO, S. H. Nabuco de (Org.). *Temas de política externa brasileira II.* São Paulo: Paz e Terra/Ipri, 1994. v. 1.

THOMPSON-FLORES NETTO, Francisco. Relações Brasil—Alemanha. In: FONSECA JR.; G.; CASTRO, S. H. Nabuco de (Org.). *Temas de política externa II.* Brasília: Fundação Alexandre de Gusmão/São Paulo: Editora Paz e Terra, 1984. v. 2, p. 103-115. (Ipri. Coleção de Relações Internacionais, 20 v.).

TVEVAD, Jesper. La agenda de seguridad en las relaciones Europa-América Latina. In: BODEMER, K. et al (Ed.). *El triángulo atlántico*: América Latina, Europa y los Estados Unidos en el sistema internacional cambiante. Sankt Augustin, Konrad Adenauer Stiftung/Adlaf, 2002.

VALCÁRCEL, Darío. Las políticas exteriores de Brasil y España. Algunas preguntas. In: SEMINÁRIO BRASIL—ESPANHA, Ipri/Funag, 7 abr. 2000.

VALLE, Valeria M. *Alternativas que presenta la Unión Europea a América Latina a partir de los años noventa. Los casos de México y el Mercado Comun del Sur (Mercosur).* México: Unam, 2002.

VASCONCELOS, Alvaro. EU and Mercosur. In: TELÒ, M. (Ed.). *UE and new regionalism. Regional actors and global governance in a post-hegemonic era.* Aldershot/Hants: Ashgate, 2001.

VIZENTINI, Paulo Fagundes. *A política externa do regime militar brasileiro. Multilateralização, desenvolvimento e construção de uma potência média (1964-1985).* Porto Alegre: Editora da UFRGS, 1998.

Documentos

Commissioner Chris Patten speeches <http://www.eropa.eu.int/comm/external_relations/news/patten/speechs>.

———. A Common Foreign Policy for Europe: relations with Latin America, 9/11/2000.

———. The European Union and Latin America. A paternship for a new century, 2/11/2000.

European Comisión <http://www.eropa.eu.int/comm/external_relations>.

———. *Commission staff working paper concerning the establishment of an inter-regional association between the UE & Mercosur*, 1998a.

———. *Relations between the UE and Mercosur* — memo/98/57, 22/7/1998b.

———. *Mercosur-EC. Regional, strategy paper 2002-2006*, 10/9/2002a.

———. *Federative Republic of Brazil-European Community. Country strategy paper 2001-2006.* Rev. 30, 13/06/2002b.

Ministério de Relações Exteriores/Brasil

MRE. *Resenha de Política Exterior Brasileira,* n. 70, jan./jun. 1992.

———. Intervenção do Ministro das Relações Exteriores Celso Lafer no II Fórum Euro-Latino-Americano em 30 de abril de 2002. p. 119-121.

———. Acordo Quadro de Cooperação entre a República Federativa do Brasil e a Comundiade Econômica Européia. p. 170-183.

———. *Resenha de Política Exterior do Brasil,* n. 72, jan./jun. 1993.

———. Discurso do Ministro das Relações Exteriores Fernando Henrique Cardoso na cerimônia de encerramento da XI Conferência Interparlamentar Europa-América Latina, em 06 de maio de 1993. p. 95-100.

MRE. *Resenha de Política Exterior do Brasil*, n. 75, jul./dez. 1994.

———. Protocolo sobre consultas entre o Ministério de Relações Exteriores da República Federativa do Brasil e Ministério dos Negócios Estrangeiros da Federação Russa. p. 104-105.

———. Tratado sobre as Relações de Parceria entre a República Federativa do Brasil e a Federação da Rússia, p. 108.

MRE. *Resenha de Política Exterior do Brasil,* n. 76, jan./jun. 1992.

———. Intervenção do Ministro de Relações Exteriores Luiz Felipe Lampreia na V Reunião Ministerial Institucionalizada entre Grupo do Rio e a União Européia, 17 mar. 1995.

6

O BRASIL E A ÁSIA

Henrique Altemani de Oliveira

6.1 Introdução

Na década de 1990, em decorrência do fim da guerra fria e início do processo de reestruturação internacional visando uma redefinição do Sistema Internacional, bem como das regras que pudessem configurar um novo padrão de relacionamento internacional, o Brasil apresentou alguns ajustes em suas estratégias de inserção internacional. Dentre essas perspectivas, parte-se da premissa de que o Leste Asiático[1] passou a representar uma

[1] Há, normalmente, certa dificuldade em se definir a região asiática. Isso porque o que se convencionou chamar de Ásia compreende um conjunto muito disperso e diferenciado de Estados, com realidades e dinâmicas regionais muito específicas. Este texto estará considerando especificamente o relacionamento brasileiro com a Ásia do Leste (Brunei, Camboja, China, Cingapura, Coréia do Sul e Coréia do Norte, Filipinas, Indonésia, Japão, Laos, Malásia, Myanmar, Tailândia e Vietnã). Não serão assim considerados nesta análise os países-membros da Ásia Central (Casaquistão, Quirguistão, Tadjiquistão, Turcomenistão e Uzbequistão) ou da Ásia do Sul (Bangladesh, Butão, Índia, Maldivas, Nepal, Paquistão e Sri Lanka).

área de expressão estratégica no processo de inserção internacional brasileira, com conteúdo tanto econômico quanto político.

Na perspectiva econômica, o interesse no estabelecimento de processos cooperativos decorria, em especial, do fato de a Ásia ter emergido da guerra fria como um ator de indiscutível relevância. O Japão era a principal economia mundial e a Ásia do Leste caracterizava-se, como um todo, por um elevado dinamismo decorrente da incorporação do Sudeste Asiático, da Coréia do Sul e da China neste processo de desenvolvimento.

O Brasil passou, então, a visualizar a região asiática como um espaço especial, considerando-se a grande demanda por investimentos e por acesso a tecnologias de ponta, bem como por um mercado com alta capacidade de consumo. Por sua vez, o Brasil suscitava interesses na Ásia por se caracterizar como uma importante fonte supridora de matérias-primas, principalmente produtos alimentícios e insumos básicos. Nesse sentido, na medida em que a Ásia se dinamiza e se especializa em produtos manufaturados, é mantido ou ampliado o interesse na importação de produtos básicos do Brasil.

No plano político, pelo crescimento da percepção de que: a) o processo de redefinição da ordem internacional, nos diferentes planos, será longo e exigirá intensas negociações; b) a dificuldade de acertos globais induz a soluções locais que intensificam a tendência ao regionalismo; e que c) a América do Sul tende a permanecer na esfera de influência norte-americana, o Brasil passou a atuar, estrategicamente, com dois objetivos: um, de fortalecimento da região sul-americana enquanto base de inserção internacional e, outro, de ampliação de relações com os diferentes pólos regionais. Nesse sentido, apesar do relacionamento mais tradicional com os Estados Unidos e com a Europa, a relação com a Ásia passou a ser prioritária enquanto instrumento de negociação com os dois outros pólos.

A presente análise parte do pressuposto que, até a década de 1970, o relacionamento brasileiro com a Ásia restringia-se, basicamente, às relações com o Japão; e na última década, a ampliação deste relacionamento adquiriu novo vigor pela maior presença tanto da Coréia do Sul e dos países do Sudeste Asiático quanto da China, a qual, em decorrência de seu desenvolvimento acelerado, não é mais só um ator político, mas igualmente um forte mercado consumidor, além de fornecedor. Iniciativas abrangentes como a *Parceria Especial para o Século XXI* com a Coréia do Sul, a *Parceria Estratégica* com a China e a *Aliança para o Século XXI* com o Japão refletem a percepção, de lado a lado, das potencialidades desse relacionamento.

Esta retomada, além da clara conotação econômica, é também influenciada tanto pela disputa comercial entre os países desenvolvidos quanto pela proposta de criação de uma Área de Livre Comércio das Américas (Alca), interpretada, por muitos, como uma modalidade de protecionismo regional, com entraves para a inserção de atores externos.

Além do processo negociador sobre a Alca, não se pode menosprezar o fato de que a América do Sul, ou a *Área Econômica Sul-Americana*, apresenta uma relativa potencialidade para os países do Leste Asiático caso se considere que, em termos de Produto Interno Bruto (PIB), ela equivale a dez vezes o PIB dos países do Sudeste Asiático.

Assim,

> podemos supor, por exemplo, que o Brasil venha, futuramente, a conquistar a posição de país líder de uma Área Econômica Sul-Americana. O Brasil poderia, ao lado dos Estados Unidos e da Europa, estabelecer e fortalecer o seu terceiro laço, o laço com a Ásia e assim atuar intensamente no mercado mundial, aproveitando bem a estrutura tripolar constituída pelos pólos EUA, Europa e Ásia. O Brasil se tornaria então um *global player* em sua verdadeira acepção, com seu peso político reconhecido no mundo inteiro. Quando se pensa numa possibilidade como essa, nós devemos, desde já, iniciar nossas pesquisas, incluindo a elaboração de simulações, para saber o que o Brasil e o Japão devem fazer agora, tendo-se em mente esse tipo de perspectiva[2].

Quando se pensa no relacionamento Brasil—Ásia, destaca-se com muita clareza a presença de um problema que dificulta sobremaneira o estreitamento de relações: o desconhecimento brasileiro sobre as realidades asiáticas. É, no entanto, forçoso realçar que este desconhecimento é mútuo, se o Brasil desconhece a Ásia, a Ásia igualmente demonstra ter pouca consciência do que é o Brasil, como é sua organização sociopolítica e quais suas potencialidades.

O embaixador do Japão, Katsunari Suzuki, retrata muito claramente, de um lado, o atraso brasileiro no processo de ampliação de conhecimento sobre a Ásia e, de outro, a importância política e estratégica desse conhecimento.

---

2 SUZUKI, Katsunari. Uma nova etapa nas relações bilaterais. In: SIMPÓSIO INTERNACIONAL DE PESQUISAS ECONÔMICAS BRASIL—JAPÃO. São Paulo: Universidade de São Paulo, 2001. p. 10.

Para o Brasil tornar-se, futuramente, um verdadeiro global player, acho imprescindível incorporar a Ásia dentro de sua esfera de atuação. Falando com toda franqueza, porém, o Brasil ainda não conta com um conhecimento profundo, em sua verdadeira acepção, sobre a Ásia. Daqui para o futuro, quando o Brasil ou a América do Sul tentar fortalecer seus laços com a Ásia, deve haver muitos pontos nos quais o Japão poderá atuar como um *honest broker* em prol do interesse de ambas as partes. Sendo assim, o Brasil e o Japão poderão fazer juntos muitas coisas, no sentido de os dois países se unirem para estabelecer o elo entre a América do Sul e a Ásia. E, numa perspectiva a longo prazo, o fato de o Brasil fortalecer sua relação com a Ásia e assim tornar-se um país com um relacionamento equilibrado com os Estados Unidos, Europa e Ásia, poderá ser de interesse do próprio Japão[3].

6.2 O desenvolvimento das relações do Brasil com a Ásia

Pode-se afirmar que, até quase o final do século XIX, não havia qualquer tipo de relacionamento entre o Brasil e a Ásia. Ainda que, por volta de 1814, o conde de Linhares tenha trazido aproximadamente trezentos chineses para o cultivo de chá no Jardim Botânico do Rio de Janeiro[4], oficialmente o relacionamento teve início com a assinatura do Tratado de Amizade, Comércio e Navegação, em 1881, com a China, e o Brasil abrindo um consulado em Xangai, em 1883. Em novembro de 1895, assinou-se o Tratado de Amizade, Comércio e Navegação com o Japão.

A chegada do navio *Kosato Maru* em 1908 deu início à imigração japonesa no Brasil, com um crescimento significativo até 1934, quando a nova Constituição brasileira limitou o fluxo migratório, praticamente interrompido com a Segunda Guerra Mundial e retomado somente após 1955[5]. Já com a China, os contatos bilaterais foram escassos em decorrência da sucessão de conflitos internos e externos que afetaram a China no final do século XIX e na primeira metade do século XX. Com a vitória de Mao Zedong em

[3] SUZUKI, 2001, p. 11.

[4] TEIXEIRA LEITE, José Roberto. *A China no Brasil*. Campinas: Editora da Unicamp, 1999.

[5] O processo de imigração japonesa foi detalhadamente analisado por: LEÃO, Valdemar Carneiro. *A crise da imigração japonesa no Brasil (1930-1934)*. Brasília: Ipri, 1990; e de SAITO, Hiroshi. *A presença japonesa no Brasil*. São Paulo: Edusp, 1980.

1949, o Brasil continuou mantendo relações diplomáticas com a República da China, agora estabelecida na ilha de Taiwan.

Nas décadas de 1950 a 1970, não houve propriamente um relacionamento Brasil—Ásia. Apesar de presente em discursos, principalmente com a *política externa independente*[6] no governo Jânio Quadros, constatou-se, na realidade, somente uma interação, no plano multilateral, de construção de uma agenda política comum a países em desenvolvimento no processo de defesa de instauração de uma nova ordem econômica internacional.

Sukarno, em 1959, foi o primeiro presidente asiático a visitar o Brasil. E, em maio de 1961, foi assinado um acordo bilateral econômico. Excluindo-se estes dois eventos, não se estabeleceu um relacionamento concreto entre os dois países, ou mesmo com o Sudeste Asiático. Na realidade, a Indonésia, com o emblema da Conferência de Bandung, passou a compor o imaginário político no que se refere ao estreitamento de vínculos com o mundo afro-asiático, nos pressupostos da política externa independente. A intensificação das relações com o mundo afro-asiático seria conseqüência da necessidade de autodeterminação não só nacional mas também do contexto afro-asiático, visando a superação mútua do subdesenvolvimento.

Nesta perspectiva de *Cooperação Sul—Sul*, a política externa brasileira nitidamente envolveu-se mais profundamente com o continente africano, desenvolvendo o que se chamou de *política africana*. Essa política claramente representou, enquanto emblema, o envolvimento brasileiro com as perspectivas de geração de uma nova ordem econômica internacional ou com sua política de Terceiro Mundo[7].

Essa aproximação com o continente africano, interpretada como uma opção em relação à Ásia e, em especial, ao Sudeste Asiático, que poderia oferecer vantajosas oportunidades comerciais, passou a sofrer, no início dos anos

[6] A *Política Externa Independente*, implementada desde o início dos anos 1960, corresponde à proposta de estabelecimento de uma política externa autônoma e voltada para a real promoção dos interesses brasileiros. Vai se caracterizar, por um lado, por uma tentativa de *universalização*, ou seja, multiplicação de parcerias econômicas e políticas e, de outro, por uma maior aproximação dos países em desenvolvimento, visando uma ação coordenada e conjunta na defesa de interesses comuns.

[7] OLIVEIRA, Henrique Altemani. *Política externa brasileira e as relações comerciais Brasil—África*. 1987. Tese (Doutorado) — Universidade de São Paulo, São Paulo.

1990, uma série de críticas. Gibson Barbosa, Ministro de Relações Exteriores de 1969 a 1973, pondera que

> não houve opção naquela ocasião, como também não deve haver hoje, pois uma coisa não exclui a outra. De qualquer modo, o fato dominante no sudeste asiático, na primeira metade da década de 1970, não eram os famosos 'tigres', tão louvados e invejados hoje, mas sim a guerra do Vietnã, que, como se sabe, terminou somente em 30 de abril de 1975. De tigre na região só havia na época os Estados Unidos da América, que aliás os chineses chamavam de 'tigre de papel'. Os chamados tigres asiáticos surgiram muito depois[8].

A China foi o único país da Ásia com o qual o Brasil conseguiu estabelecer laços significativos no contexto da Cooperação Sul—Sul. Após o restabelecimento das relações diplomáticas em 15 de agosto de 1974, a parceria sino-brasileira objetivou uma ação conjunta em tópicos de interesses comuns de desenvolvimento na agenda internacional. Apesar das diferenças em relação aos sistemas políticos, ambos, Brasil e China, demonstraram similaridades em alguns princípios de política externa, principalmente a determinação em assegurar a autonomia internacional, sua ênfase na soberania nacional e integridade territorial, opondo-se assim a qualquer tipo de interferência externa nos assuntos internos. China e Brasil apresentaram também posicionamentos similares em relação a outras questões internacionais, como a oposição à diplomacia de direitos humanos dos Estados Unidos e a responsabilidade comum à cooperação multilateral Sul—Sul, em especial a oposição ao protecionismo comercial dos países desenvolvidos[9].

Vale a pena retomar a idéia de que, no final dos anos 1960, a política externa brasileira, após a interrupção no primeiro governo da Revolução, estava retomando as perspectivas da *política externa independente*. Assim, já no início do governo Costa e Silva, o Brasil recusava-se a assinar o Tratado de Não-Proliferação Nuclear, voltava a enfatizar a importância da participação nos fóruns multilaterais, e, entre outras ações, recuperava

8 BARBOSA, Gibson. Depoimento em *Reflexões sobre a política externa brasileira*. Brasília: Funag, 1993. p. 255.

9 SHANG, Deliang. *Political cooperation between China and Brazil vs. multi-polarization*. Paper apresentado no Seminário Brasil—China. Rio de Janeiro: Ipri, nov. 1999. Documento não publicado e disponível em: <http://www.relnet.com.br>.

seu papel de relativa liderança na Conferência das Nações Unidas sobre Comércio de Desenvolvimento (UNCTAD). O Brasil estava apostando enfaticamente na agenda do Terceiro Mundo e, conseqüentemente, visualizou a República Popular da China, retomando sua cadeira no Conselho de Segurança da ONU e defendendo os mesmos ideais, como um promissor parceiro na defesa de interesses comuns.

A China, por sua vez, buscava igualmente um lugar próprio na política mundial. Deng Xiaoping, em 1972, anunciava o fim do "Campo Socialista" e se identificava pertencente ao Terceiro Mundo, e Mao Zedong, em 1974, desenvolvia a "Teoria dos Três Mundos"[10]. Com base nesse novo conceito, desde 1969, a China passou a diminuir seu apoio aos movimentos revolucionários da América Latina e buscou desenvolver uma diplomacia estratégica de governo a governo, prometendo respeitar o princípio de não-interferência nos assuntos internos[11].

Aponta-se, de um lado, que, para a política externa brasileira, com forte atuação nos fóruns multilaterais e com ênfase nas teses do Terceiro Mundo, a reaproximação com a China era fundamental para dar credibilidade e legitimidade à ação brasileira. No entanto, já se notava um relativo interesse, por parte do empresariado brasileiro, pelo mercado chinês. Chen Duqing[12] relembra que a primeira venda de açúcar brasileiro à China ocorreu no início dos anos 1970, por intermédio do ministro Pratini de Morais que convenceu o presidente Médici de que a venda de açúcar não tinha nada a ver com política. E essa venda foi logo seguida pela missão pioneira de Horácio Coimbra,

10 A Teoria dos Três Mundos contrapunha-se ao conceito de Zonas Intermediárias. No conceito de Zonas Intermediárias, o mundo estaria dividido em três zonas, sendo a primeira composta de países capitalistas, a segunda de países socialistas e a terceira de países em desenvolvimento e de pequenos países capitalistas. Já a Teoria dos Três Mundos contrapunha-se à divisão do mundo na perspectiva ideológica Leste—Oeste, considerando a divisão em termos de níveis de desenvolvimento. Assim, o primeiro mundo seria composto pelos Estados Unidos e pela União Soviética, o segundo pelos países desenvolvidos da Europa, mais o Japão, a Austrália e o Canadá, sendo o terceiro mundo composto de países em desenvolvimento.

11 MANN, Stefanie. *Discovery of a terra incognita*: five decades of Chinese foreign policy towards Latin America. Mainz: Institut für Politikwissenschaft. Dokument und Materialien, n. 31, 2002.

12 DUQING, Chen. Os 25 anos das relações sino-brasileiras. *Tempo Brasileiro*, 137: 9-29, 1999.

da Companhia Cacique de Café Solúvel, em 1971, estando acompanhada pelo cônsul brasileiro em Hong Kong, Geraldo de Holanda Cavalcanti.

Assim, ainda mesmo que nos anos 1970 e 1980 as relações bilaterais sino-brasileiras tenham se mantido modestas no plano econômico, no plano multilateral, freqüentemente, os votos de ambos os países coincidiam nas questões anteriormente mencionadas.

Como os resultados obtidos no alargamento dos laços com a região, no contexto da Cooperação Sul—Sul, foram extremamente reduzidos, o relacionamento brasileiro com a região asiática nesse período esteve basicamente restrito às suas relações com o Japão.

Desde a década de 1960, as relações econômicas entre Brasil e Japão passaram por um incremento significativo, pois o Japão assumia o papel de segundo mercado individual para as exportações brasileiras e terceiro maior investidor externo no Brasil. No entanto, o estudo dessas relações aponta para o fato de que seu incremento se deveu, primordialmente, a iniciativas por parte do Japão. Denota-se, assim, certa complementaridade entre os dois países: fornecimento de matérias-primas em troca de investimentos e fornecimento de produtos industrializados.

Os investimentos japoneses representavam claramente um caráter complementar à sua estrutura industrial. De um lado, o Brasil apresentava-se um importante fornecedor de matérias-primas e de produtos agrícolas, enquanto o Japão supria as necessidades brasileiras de insumos industriais básicos e de bens de capital. Nesse sentido, o interesse japonês era assegurar fontes seguras de fornecimento de matérias-primas, além de se firmar como exportador de manufaturados.

Nos anos 1970, a complementaridade bilateral perdeu o caráter exclusivo econômico adquirindo uma perspectiva também política.

Ainda que diferentes analistas[13] apontem ter sido o relacionamento nipo-brasileiro decorrente dos interesses e das ações unilaterais japonesas, deve-se ressaltar o forte interesse brasileiro em sua ampliação. A visita do Presidente Geisel ao Japão em 1976, a primeira de um chefe de governo brasileiro,

[13] HORISAKA, Kotaro. A alvorada das relações econômicas nipo-brasileiras". In: YOKOTA, Paulo (Org.). *Fragmentos sobre as relações nipo-brasileiras no pós-guerra*. Rio de Janeiro: Topbooks, 1997, p. 55-78; ABDENUR, Roberto. O Brasil e a nova realidade asiática: uma estratégia de aproximação. *Política Externa*, 2 (3): 43-69, 1994.

demonstrava a disposição de que o estreitamento de laços bilaterais desempenhasse o papel de *redução de dependências*.

Note-se que estes investimentos foram realizados em associação com empresas estatais brasileiras, indicando uma convergência de interesses entre o Estado japonês e o brasileiro e a busca de maior estabilidade política e econômica aos investimentos realizados. Assim, de uma perspectiva política, a visualização de complementaridades ou até mesmo de uma estratégia conjunta foi decorrente do interesse de ambos os países em reduzir a posição primária dos Estados Unidos em suas relações externas, essencialmente algumas similaridades de ambos em como promover sua respectiva inserção no sistema internacional.

Nesse contexto, a ampliação das relações com o Japão deve ser interpretada como uma parte da estratégia da política externa brasileira de redefinição de seu papel internacional, anteriormente passivo, para uma inserção internacional mais ativa.

No entanto, as complementaridades nipo-brasileiras vão ser severamente afetadas pela aceleração da crise econômica brasileira nos anos 1980[14]. Além disso, a queda da importância das relações nipo-brasileiras foi também reforçada pela reorientação econômica do Japão para a China e para o Sudeste Asiático, especialmente desde a forte valorização do Yen em 1985 e a conseqüente realocação de capital das empresas japonesas.

6.3 Novos interesses do Brasil na Ásia desde a década de 1990

Em função do fim da guerra fria e, em especial das mudanças políticas e econômicas implementadas, o Brasil foi forçado a rever sua estratégia de inserção internacional e passou a priorizar um relacionamento mais intenso com o Leste Asiático. Assim, em 1993, no governo Itamar Franco, a Ásia foi definida como uma das prioridades da diplomacia brasileira em função de seu potencial cooperativo nos campos científico e tecnológico e também enquanto mercado para exportação e importação.

Esse reposicionamento brasileiro apresentava um duplo interesse. De um lado, foi motivado pela perspectiva de se associar a uma região que se apresen-

[14] Uma importante conseqüência da crise brasileira foi o desenvolvimento do fenômeno *decasségui*, isto é, o estabelecimento de um fluxo migratório de descendentes japoneses para trabalhar no Japão, com importância no crescimento do fluxo de capitais do Japão para o Brasil nos anos 1990.

tava como um modelo de desenvolvimento econômico e científico-tecnológico, com potenciais possibilidades de complementaridade ou parcerias. De outro, era um espaço que, politicamente, atendia os objetivos brasileiros de relacionamentos bilaterais e de posições similares nos fóruns multilaterais, de forma a garantir as diretrizes brasileiras de autonomia e diversificação de parcerias.

Nesse mesmo sentido, o Presidente Fernando Henrique Cardoso, no pronunciamento em sua posse em 1º de janeiro de 1995, definiu a Ásia como uma das prioridades de sua política externa, tendo visitado a China, a Malásia e o Japão em seu primeiro mandato. E, no seu segundo mandato, já no início do século XXI, realizou as visitas históricas a Seul, Dili e Jacarta, sendo as primeiras realizadas por um presidente brasileiro a estas capitais. E, da mesma forma, o Presidente Luis Inácio Lula da Silva, em seu discurso de posse em 1º de janeiro de 2003, citou nominalmente a necessidade de estreitamento de laços com o Japão, com a China e com a Índia. Essas visitas e referências de alto nível indicam o interesse e a vigência de uma nova fase ascendente nas relações entre Brasil e Ásia.

Nota-se ainda, desde os anos 1990, uma revitalização do relacionamento brasileiro com a Ásia, com algumas importantes diferenças em relação aos períodos anteriores. Primeiro, o Japão manteve-se o mais importante parceiro no campo comercial e em investimentos, perdendo, no entanto, espaço para outros competidores. As relações com a China, com a Coréia do Sul e com a Association of Southeast Asian Nations (Asean) foram significativamente ampliadas. Essas melhorias, no entanto, foram afetadas pela crise asiática, provocando uma drástica redução nas exportações brasileiras para a Ásia, enquanto as importações mantiveram-se nos níveis anteriores aos da crise.

Percebe-se que, no caso da Asean, houve uma ampliação das relações comerciais, em especial das importações brasileiras, e principalmente uma tentativa de associação direta ou por meio do Mercosul. A perspectiva de vinculação Mercosul-Asean decorria, de um lado, da estratégia de instrumentalização dos blocos para os processos de negociação dos novos arranjos internacionais e, de outro, da tentativa de inserção nos organismos multilaterais da Ásia—Pacífico[15].

[15] Nesse momento, México, Chile e Peru estavam sendo admitidos no Fórum de Cooperação Econômica da Ásia—Pacífico. No entanto, Brasil e Argentina, por não estarem localizados no Oceano Pacífico, não tinham chances de reivindicar uma associação direta. Por isso, a estratégia de, por meio da Asean, aproximar-se desses organismos multilaterais.

Quando da visita do Secretário-geral da Asean ao Brasil e à Argentina em 1997, discutiram-se alternativas para uma maior aproximação entre Mercosul e Asean. Chegou-se à conclusão da pertinência de, primeiro, desenvolver mecanismos de se tornar mais concreta a prioridade política e, igualmente, de superar as falhas de conhecimento recíproco. Com base na percepção deste distanciamento, concordou-se também que, no momento, não era objetivo o estabelecimento de uma área de livre comércio entre as duas regiões[16].

A crise asiática, em conjunto com a própria crise brasileira no início de 1999, ainda que provocando retração no comércio e no fluxo de investimentos, propiciou uma maior aproximação política, visando um posicionamento mais próximo em relação aos desafios do sistema internacional.

No entanto, a percepção generalizada, na maior parte das análises sobre o relacionamento Brasil—Ásia, é de dificuldades de priorização dessas relações, tendo em vista outros compromissos no contexto regional ou mesmo no ocidental. Tem-se a impressão de que há um verdadeiro e grande interesse na ampliação dos laços políticos e/ou parcerias comerciais com a Ásia, mas ainda não se delinearam as formas de se atingir este objetivo. Em outros termos, o relacionamento é muito mais reativo a fatores conjunturais ou a iniciativas asiáticas do que propriamente derivado de um ativismo.

Em um outro ponto de vista, duas questões são pertinentes. Primeiro, "o quão importante é a Ásia para o Brasil?". A Ásia é muito importante na busca de diversificação de mercados e de parcerias políticas, mas de importância secundária devido aos tradicionais laços com a Europa e as Américas. Segundo, "o quão importante é o Brasil para a Ásia?". Aparentemente, a resposta seria negativa e conseqüentemente poder-se-ia estar gastando muita energia para o estreitamento de relações com uma região que considera tanto o Brasil quanto a América Latina de forma secundária.

A análise em questão, entretanto, trabalha com a percepção de que a crise asiática gerou os fundamentos para o atual maior interesse asiático pela América Latina e pelo Brasil ou propiciou o desenvolvimento dos canais de aproximação que o Brasil não conseguia desenvolver, apesar de sua prévia disposição.

[16] Refletindo sobre estas perspectivas de vinculação Mercosul—Asean, o então Secretário-geral da Asean, Rodolfo Severino, após sua viagem à Argentina e ao Brasil, escreveu um artigo que foi publicado na Carta Internacional: SEVERINO, Rodolfo. Forging Asean-Mercosur Ties. *Carta Internacional*, 60 (2), 1998.

Jae-Seung, a partir da crise asiática, aponta:

> a Ásia do Leste deu-se conta de que não pode confiar totalmente nos EUA ou no Ocidente da próxima vez que enfrentar problemas. A Ásia do Leste sente com clareza que as instituições multilaterais nas quais se dispunha antigamente a confiar já não são infalíveis. Ademais, os EUA e as lideranças européias não têm logrado promover novas ondas de liberalização multilateral. Na verdade, tem havido uma série de conflitos entre as duas superpotências com relação a diversas questões comerciais[17].

Assim, em 1999, foi institucionalizado um mecanismo de aproximação entre a América Latina e a Ásia, com o nome de Fórum de Cooperação Ásia do Leste — América Latina (Focalal)[18], tendo como ponto inicial uma proposta de Cingapura e englobando os países membros da Asean mais o Japão, a China e a Coréia do Sul. Como proposta básica, era uma iniciativa com o objetivo de institucionalizar uma aproximação política de alto nível e implementar programas e planos que ampliassem os laços econômicos, políticos e culturais entre as duas regiões.

Na Primeira Reunião de Chanceleres, em março de 2001, definiu-se que o Focalal

> se insere no contexto da globalização e do adensamento das relações entre as diferentes regiões do mundo e tem por objetivo preencher lacuna no relacionamento entre as duas regiões. O propósito principal deste mecanismo de cooperação e diálogo multidisciplinar inter-regional é o de fomentar o diálogo político, entendimento e cooperação[19].

Para o nosso propósito, o Focalal apresenta um forte conteúdo simbólico ao procurar ampliar e aprofundar relações com a região da América Lati-

17 JAE-SEUNG, Lee. Parcerias inter-regionais numa era de globalização: problemas e perspectivas. In: FUJITA, Edmundo S. (Org.). *O Brasil e a Ásia no século XXI*: ao encontro de novos horizontes. Brasília: Ipri, 2003. p. 59.

18 O Focalal teve sua reunião inaugural em setembro de 1999, em Cingapura (Reunião de Altos Funcionários). Em agosto de 2000, teve a segunda reunião de Altos Funcionários em Santiago do Chile, seguida, em outubro de 2000, pelo primeiro encontro acadêmico. Em março de 2001, realizou-se a primeira reunião de Ministros de Relações Exteriores.

19 FUJITA, Edmundo. Fórum de cooperação América Latina-Ásia do Leste. Primeira Reunião de Chanceleres (Santiago, março de 2001). *Carta Internacional*, São Paulo, IX (98): 3, 2001.

na, sem a presença dos Estados Unidos. Demonstra não só um crescente interesse asiático pelo espaço latino-americano, mas também a disposição de diferentes Estados, como o Japão, a China e a Coréia do Sul em participar desse processo. Considera-se que um dos incentivos para essa iniciativa era a percepção asiática de que a Alca era um projeto que tendia a se efetivar no prazo estabelecido e que, conseqüentemente, poderia afetar ou diminuir suas possibilidades de inserção no espaço latino-americano.

Em decorrência da retomada da atratividade do Brasil, de um lado, pela abertura do mercado e estabilidade financeira e, de outro, pela ampliação do mercado por intermédio do processo integrativo regional, o Mercosul, percebe-se claramente um crescente interesse asiático pelo Brasil. Esse interesse não é só econômico-comercial, mas igualmente político-estratégico em função da disputa por poder e por mercados que se processa na Organização Mundial de Comércio (OMC) e em outros fóruns multilaterais. Dessa forma, considera-se que a iniciativa de aproximação entre as duas regiões, por meio do Focalal, poderia propiciar a ampliação das potencialidades brasileiras.

O presente interesse mútuo, além da busca das complementaridades óbvias em termos de comércio e alianças políticas tanto nos planos bilaterais quanto nos multilaterais, demonstra a vontade política de estreitamento de relações em função da necessidade de estabelecimento de parcerias, de um lado, no processo de distribuição de poder internacional e, de outro, na disputa pela garantia de acesso a mercados. Como aponta Olivet[20], o estabelecimento de três Grupos de Trabalho (Economia e Sociedade; Política e Cultura; e Educação, Ciência e Tecnologia) é a prova de que comércio e investimentos não são os únicos objetivos do Focalal.

No entanto, deve-se ressaltar que, até agora, o Focalal apresenta uma realidade política e econômica muito limitada quando comparado a outros processos inter-regionais. Para Toledo, isso deve-se, de um lado, ao fato de ambas regiões darem ênfase prioritária ao relacionamento com as regiões desenvolvidas (Europa e Estados Unidos) e, de outro, a que tanto os países da

20 OLIVET, Maria Cecília. Unravelling interregionalism theory: a critical analysis of the new interregional relations between Latin America and East Asia. In: VI REUNIÓN DE LA RED DE ESTUDIOS DE AMÉRICA LATINA Y EL CARIBE SOBRE ASIA-PACÍFICO (REDEALAP). Buenos Aires, BID-Intal, out. 2005. Disponível em: <http://www.iadb.org/intal/aplicaciones/uploads/ponencias/Foro_REDEALAP_2005_16_Olivet.pdf>.

América Latina quanto os do Leste Asiático não estão dispostos a enfrentar uma possível hostilidade dos Estados Unidos diante da ampliação de laços inter-regionais[21].

6.3.1 O relacionamento do Brasil com o Japão desde a década de 1990

Na 8ª Reunião Conjunta do Comitê de Cooperação Econômica Brasil—Japão, realizada em Tóquio, em setembro de 1999, as duas entidades coordenadoras desse Comitê: Japan Federation of Economic Organizations (Keidanren) e a Confederação Nacional das Indústrias (CNI) resolveram realizar um estudo visando o incremento das relações bilaterais. Desse esforço conjunto foi desenvolvido o trabalho *Brasil—Japão: Aliança para o Século XXI*, no qual se apontavam os pontos de estrangulamento e possíveis estratégias para reversão do atual distanciamento entre os dois países[22].

Na base da avaliação do relacionamento nipo-brasileiro estava a constatação de que, nos anos 1990, as relações comerciais com o Japão perderam importância para o Brasil, tanto no plano das exportações quanto no das importações, assim como os investimentos japoneses no País tinham sofrido forte retração[23].

Esse distanciamento fica bem claro quando o Brasil, após recuperar-se da crise financeira de 1998, conseguiu captar, em 1999, US$ 29 bilhões em investimentos externos diretos, e os investimentos japoneses totalizaram somente US$ 249 milhões, ficando em 14º lugar entre os investidores internacionais, com participação de 0,9% no total.

O Japão manteve-se nitidamente apático ou distante do processo de privatização brasileira, enquanto os Estados Unidos se consolidaram como o principal parceiro brasileiro, a Europa ampliou sua presença em setores estratégicos, em especial no sistema bancário e no de telecomunicações,

21 TOLEDO, Ana Manuela. Seguimiento y monitoreo de las actividades de foros de cooperación establecidos entre países de Asia-Pacífico, Europa y América Latina. *Informe Número III*, Redealap, Buenos Aires, oct. 2005.

22 KEIDANREN & CNI. *Brazil—Japan:* alliance for the 21st century. Brasília: CNI, 2000.

23 Entre 1951-80, os investimentos japoneses corresponderam a 7,97% do total dos investimentos externos diretos no País; entre 1951-98, caíram para 2,23%, representando 1,75% no período de 1994-98.

com a Espanha transformando-se no 5º maior investidor no País, ultrapassando o Japão.

A atitude passiva japonesa decorria, de um lado, da manutenção de uma visão negativa do Brasil dos anos com inflação elevada e débitos acumulados, apesar da recuperação nos anos 1990, como também do fato de as companhias japonesas terem reduzido suas atividades no Brasil. "Ao mesmo tempo, as empresas japonesas não se haviam recuperado plenamente do colapso de sua própria economia-bolha e simplesmente não estavam prontas para contemplar seriamente uma incursão no mercado brasileiro"[24].

No entanto, no final da década passada, começou a se detectar uma forte tendência do Japão em retomar um relacionamento mais consistente com o Brasil.

> Isso significa, assim por dizer, fortalecer todos os componentes das relações nipo-brasileiras. Como primeiro item, gostaria de destacar a necessidade de revitalizar o diálogo político nipo-brasileiro de alto nível, que possa abranger todos os setores político-financeiro e governamental. Sendo dois países tão distantes, geograficamente, um do outro, e com fundos culturais tão distintos, é necessário, é extremamente importante, manter o alto nível de nossos diálogos. Ser de alto nível significa o estabelecimento e a manutenção de diálogos entre pessoas de alto escalão, capacitadas a tomar decisões[25].

Essa tendência pode ser creditada, de um lado, às conseqüências da Crise Asiática e, de outro, pelo avanço nas discussões para a implementação da Alca, ou igualmente pelo fato de as negociações na OMC estarem estagnadas em decorrência do forte impasse entre as posições dos Estados Unidos, da União Européia e do Japão. Esta preocupação, por exemplo, está claramente expressa na análise do Ministério das Relações Exteriores do Japão quando reconhece que "há o perigo de que devido ao progresso na integração econômica da América Latina e do Caribe, as companhias japonesas possam ficar em desvantagem, através da região, na competição com as companhias dos Estados Unidos e da Europa".

24 NISHIBAYASHI, Masuo. Fluxos de capital, bens e mão-de-obra entre o Brasil e a Ásia. In: FUJITA, Edmundo S. (Org.). *O Brasil e a Ásia no século XXI:* ao encontro de novos horizontes. Brasília: Ipri, 2003. p. 210.

25 SUZUKI, 2001, p. 8.

E complementando:

> as atuais relações econômicas entre o Japão e os países da América Latina e do Caribe permanecem num baixo nível relativamente ao potencial da região com abundantes recursos em minerais e alta capacidade de produção em alimentos. Considerando-se o progresso no processo de integração regional destes países, assim como os movimentos para reforçar parcerias com países fora da região, é necessário que o Japão intensifique relações econômicas com a América Latina e o Caribe[26].

Apesar do aparente desinteresse, detectavam-se algumas iniciativas que possibilitavam projetar uma recuperação no relacionamento nipo-brasileiro. Na indústria automobilística em particular, Toyota e Honda retomavam investimentos no mercado brasileiro e *trading companies* japonesas investiram em projetos de desenvolvimento de petróleo por meio do Banco Japonês para a Cooperação Internacional.

> Com a crise do petróleo e a dívida externa brasileira, após os anos 80, o investimento japonês para o Brasil estagnou-se. Atualmente, nota-se uma tendência de recuperação, onde em 2001, com US$ 800 milhões de dólares ocupou o nono lugar, em 2002, com US$ 500 milhões de dólares ficou em 11°. lugar. Se compararmos com a primeira metade da década de 90 que era de US$ 96 milhões de dólares em média, vem evoluindo em níveis elevados. Em 2003, o investimento foi de US$ 1.37 bilhão, ocupando o quarto lugar[27].

Ishida aponta para o período de 2001 a 2003, entre outros, a construção da nova fábrica da Renault-Nissan, em Curitiba, com investimentos de US$ 200 milhões; o investimento de US$ 300 milhões da Toyota em sua filial de Indaiatuba e o de US$ 830 milhões da Mitsui Corporation para participar da administração da Companhia Vale do Rio Doce.

No plano da cooperação econômica, o Brasil apresenta-se como o principal receptor de empréstimos japoneses, atrás apenas de países asiáticos. Esses empréstimos são direcionados, primordialmente, a projetos de infraestrutura e de meio ambiente e privilegiam a manutenção de estudantes

[26] JAPAN. *Diplomatic bluebook 2004*. Tokyo: Ministry of Foreign Affairs, 2004. p. 88-89.

[27] ISHIDA, Hitohiro. A relação Brasil—Japão. *Ásia em Foco,* 1: 4, 2005. Disponível em: <http://www.asiapacifico.com>.

brasileiros no Japão, bem como a triangulação de cooperação técnica prestada pelo Brasil a terceiros, em especial, os países de língua portuguesa.

> O Brasil, de sua parte, vem promovendo ativamente assistência triangular a seus vizinhos e a países africanos. Neste sentido, o Governo Japonês assinou o Programa de Parceria Japão-Brasil (JBPP) em março de 2000, com o objetivo de reforçar ainda mais essa assistência triangular. Os governos japonês e brasileiro pretendem enriquecer esse programa de parceria formando um quadro para nova assistência econômica. Atualmente, ambos os governos estão fazendo ajustes finais para desenvolver projetos específicos de assistência em campos como medicina e educação em Países Africanos de Língua Portuguesa (PALOPs)[28].

No processo de cooperação econômica é sobremaneira relevante o papel desempenhado pelo Japão, por meio da Assistência Oficial ao Desenvolvimento (ODA), no financiamento de diferentes projetos, com juros favorecidos (aproximadamente em torno de 2% ao ano). Destaca-se, em especial, o Programa de Desenvolvimento do Cerrado (Prodecer), em sua terceira fase, e continuando a receber recursos do governo japonês[29]. Mas, da mesma forma, estão enquadrados nesse esforço, o Projeto de prevenção de enchentes no Rio Tietê, em São Paulo; o Projeto de tratamento de esgoto da Baia da Guanabara, no Rio de Janeiro; o Programa de recuperação ambiental da Baixada Santista; e a construção da linha 4 do Metrô de São Paulo.

No plano político, a visita do casal imperial ao Brasil, por nove dias em 1997, apresentou um alto valor simbólico de relativo interesse pela retomada de um relacionamento mais forte.

Dessa forma, o Focalal aparenta ser um canal para estreitamento destas relações. O Japão, pelo seu fundo no Banco Interamericano de Desenvolvimento (BID), financiou parte considerável das reuniões preparatórias para institucionalização desse processo, com destaque para o Simpósio para In-

28 NISHIBAYASHI, 2003, p. 212.

29 Proceder I, iniciado em 1978, recebeu US$ 50 bilhões. O Proceder II, a partir de 1985, recebeu investimentos japoneses de US$ 350 bilhões. Já o Proceder III, em fase de implantação, tem uma previsão de investimento de US$ 850 bilhões, sendo 60% do governo japonês. E, por fim, Proceder IV, já em discussão, prevê a liberação de US$ 510 bilhões para seu início.

telectuais da Ásia do Leste e da América Latina, em Tóquio, em fevereiro de 2002.

Há um entendimento japonês de que "Focalal claramente pode ser útil para o Japão. Pode servir como um instrumento não só para coordenar suas políticas com a Ásia e América Latina, mas também para redefinir aspectos de sua política para os Estados Unidos"[30].

Em decorrência das preocupações com as negociações para o acordo Alca, no sentido de imposição de rígidas regras de origem para os produtos que a Ásia pudesse exportar para a América Latina, ou com um tratamento desvantajoso para as empresas asiáticas em comparação com as dos países membros da Alca, há o entendimento de que Focalal pode ser um instrumento para minimizar esses riscos e também um canal para influenciar as decisões no andamento das negociações.

> Neste diálogo, o país mais provável para ser útil ao Japão seria o Brasil. Além de ser o mais importante parceiro latino-americano em comércio e investimento para muitas empresas japonesas, o Brasil é o líder do Mercosul e também liderará o estágio final das negociações sobre a Alca com os Estados Unidos[31].

Detecta-se, assim, que o Japão retomou a percepção de que o Brasil desempenha um papel de relativa importância regional e que, perante os processos negociadores internacionais, estrategicamente é interessante ampliar os laços com o Brasil. Ao comentar o Simpósio para Intelectuais da Ásia do Leste e da América Latina, financiado pelo Japão, Nishibayashi aponta "o relacionamento econômico entre a Ásia e a América Latina, particularmente entre a Ásia e o Brasil — país que desempenha papel tão central na América Latina"[32].

Por essas percepções e preocupações, é que se pode compreender a recente proposta, com o início das conversações para assinatura de um Acordo de Preferência Econômica entre o Japão e o Brasil, como foi apre-

---

30 TSUNEKAWA, Keiichi. Japan and the Asia-Latin America connection. In: SMITH, Peter H.; HORISAKA, Kotaro; NISHIJIMA, Shoji. *East Asia and Latin America:* the unlikely alliance. Lanham: Rowman & Littlefield Publishers, 2003. p. 291.

31 Ibid., 2003, p. 306-307.

32 NISHIBAYASHI, 2003, p. 213.

sentado pelo Primeiro-Ministro, Junichiro Koizumi, quando de sua visita ao Brasil em setembro de 2004.

Nishijima e Hosono, entre outros fatores, apontam:

> o Japão está altamente motivado porque está preocupado em estar sendo deixado de fora das novas estruturas de cooperação institucional no teatro latino-americano. Isto é particularmente decorrente do fato de Estados Unidos, Canadá, União Européia já terem concluído acordos de comércio com os países latino-americanos. O Japão está muito preocupado em perder uma forte e futura presença na América Latina[33].

E concluem que

> Japão usará os acordos de livre comércio não somente como uma forma de reforçar suas conexões com a América Latina, mas também — e igualmente muito importante para a economia japonesa — como um estímulo para avançar suas próprias reformas estruturais internas. Em decorrência destas duas necessidades, uma interna e outra externa, Japão, em particular, pode ser impulsionado a assumir um papel de liderança e buscar agressivamente a criação de áreas de livre comércio com os países latino-americanos[34].

Não se pode ainda esquecer, nas relações nipo-brasileiras, da importância do fenômeno *decasségui*, ou seja, o estabelecimento de um fluxo migratório de descendentes de japoneses para trabalho no Japão. Ainda que se tenha originado na metade da década de 1980, é, na década de 1990, em especial após a entrada em vigor da revisão da Lei de Controle de Imigração e de Refugiados, que a situação dos *decasséguis* no Japão passou a ser regulamentada. Atualmente, em torno de 250 mil, os *decasséguis* passaram a ser um fator importante no relacionamento nipo-brasileiro enquanto fonte significativa de fluxo de capitais, com uma estimativa de remessa anual média de aproximadamente US$ 2 bilhões[35].

---

33 NISHIJIMA, Shoji; HOSONO, Akio. Modes of economic integration between East Asia and Latin America. In: SMITH, Peter H.; HORISAKA, Kotaro; NISHIJIMA, Shoji. *East Asia and Latin America:* the unlikely alliance. Lanham: Rowman & Littlefield Publishers, 2003. p. 89.

34 Ibid., p. 92.

35 Para uma visão atualizada e mais completa sobre a questão dos *decasséguis* ver: NINOMIYA, Masato; TANAKA, Aurea Christine. Os trabalhadores brasileiros no Japão. In: AMARAL JR., Alberto; SANCHEZ, Michelle Ratton. *Relações sul—sul*: países da Ásia e o Brasil. São Paulo: Aduaneiras, 2004. p. 277-316.

A maior inserção internacional da China e a sua crescente presença e importância na América Latina e, em especial no Brasil, não deixam de ser fatores de incentivo à recuperação da importância que o Japão anteriormente detinha na região. Acredita-se, ainda que não claramente explicitado, que o Japão adotou uma estratégia reativa ao papel regional e internacional que a China busca desempenhar no cenário mundial e, igualmente, uma estratégia ativa para assumir o papel de ator internacional de relevância, em decorrência de suas capacidades.

6.3.2 O relacionamento do Brasil com a China desde a década de 1990

O Brasil tinha restabelecido relações diplomáticas com a China, em 1974, em um momento em que o País em decorrência do seu desenvolvimento econômico e de uma conjuntura internacional favorável estava diversificando suas parcerias internacionais e buscando uma inserção mais competitiva. De acordo com seu projeto de política externa, com forte atuação nos fóruns multilaterais e com ênfase nas teses do Terceiro Mundo, a reaproximação com a China era fundamental para dar credibilidade e legitimidade à ação brasileira.

Assim, ainda que de início tenha implicado um aumento dos fluxos comerciais, as relações sino-brasileiras mantiveram-se restritas ao campo político-diplomático, realçando as similaridades de posicionamentos comuns em frente ao sistema internacional. Somente na década de 1990, com a abertura econômica brasileira e com a maior inserção comercial chinesa, processou-se uma maior aproximação comercial entre os dois países, ainda que prioritariamente se procurasse resguardar a importância do relacionamento político.

Considerando-se o potencial de aprofundamento das relações a longo prazo, a expressão *parceria estratégica*, cunhada em 1993 pelo Primeiro-Ministro Chinês, Zhu Rongji, tem sido amplamente utilizada pelos dois países. Ainda que não se tenham definido com clareza o significado da expressão ou os mecanismos para o desenvolvimento dessa parceria, especula-se, positivamente, sobre o futuro das relações, as quais, ainda que pouco desenvolvidas, já progrediram significativamente desde 1974.

Li Ruihuan ao visitar o Brasil assim procurava definir a idéia de uma *parceria estratégica*:

> A América Latina representa uma das regiões mais dinâmicas do planeta no que se refere ao desenvolvimento econômico. No plano po-

> lítico, a região, em particular o Brasil, ocupa importante localização estratégica no mundo. O Brasil é o maior país em desenvolvimento no cenário latino-americano e a China é o maior país em desenvolvimento no mundo. Entre os dois países existem muitos pontos de identidade: estão empenhados em conseguir desenvolvimento econômico e em melhorar as condições de vida de suas populações. Portanto, a cooperação carrega um significado muito relevante para os dois países, já que entre nós não existem choques de interesses fundamentais. O que existe, sim, são dois países que se complementam. Portanto, vejo horizontes muito promissores para as relações entre os nossos países, especialmente no campo econômico[36].

No plano político, um ponto central da agenda internacional dos dois países referia-se às suas pretensões em relação à OMC e à ONU. A China utilizava-se de seu assento permanente no Conselho de Segurança para se aproximar dos países em desenvolvimento e neste sentido acenava com a possibilidade de apoiar o interesse brasileiro em aceder ao Conselho de Segurança[37]. O Brasil, em seu posicionamento por regras mais adequadas no comércio internacional e defendendo o sistema multilateral de comércio apoiava a entrada da China na OMC e, após seu acesso, passou a considerar que a China, apesar de seu grande desenvolvimento econômico, é ainda um país com características e problemas similares aos dos não desenvolvidos e que, conseqüentemente, pode participar em muitas questões dos processos negociadores internacionais do lado dos países em desenvolvimento.

A parceria estratégica ganhou um contorno mais definido na área de cooperação técnica e científico-tecnológica, com o trabalho conjunto para o desenvolvimento de satélites de sensoriamento remoto (CBERS)[38]. Firmado inicialmente em 1988, o acordo foi ampliado em 1995, planejando-se produzir mais dois satélites, além dos dois inicialmente previstos. Os satélites permitirão aos dois países uma independência na área de imagens por

36 Dirigente chinês quer aproximação com Brasil. *Folha de S.Paulo*, 17 jun. 1995.

37 Ainda que se aceite a hipótese de que a China apóie o interesse brasileiro em ter acesso ao Conselho de Segurança da ONU, a tentativa desenvolvida em 2005 pelo G4 (composto por Alemanha, Brasil, Índia e Japão) teve forte oposição da China. Sem dúvida, a oposição não se referia diretamente ao Brasil, mas em especial ao Japão e à Índia.

38 "Em julho de 1988, durante uma visita do presidente José Sarney, os governos do Brasil e da República Popular da China assinaram um acordo para iniciarem

satélites, possibilitando-os inclusive a passar de usuários a exportadores desse tipo de serviço. O primeiro satélite foi lançado em 1999, e o segundo satélite teve seu lançamento em 21 de outubro de 2003.

> A cooperação espacial para a construção do CBERS reveste-se de especial significado para o governo chinês por se tratar de um modelo de cooperação Sul-Sul, uma das prioridades da ação diplomática chinesa. Pode-se compreender o caráter peculiar do projeto espacial de sensoriamento remoto que culminou na intensa sinergia de agências especializadas como uma conquista significativa no âmbito internacional das atividades espaciais. Não há, até o momento, nenhum projeto de cooperação similar no segmento de satélites entre as nações em desenvolvimento, tampouco na cooperação Norte-Sul[39].

A cooperação está ainda sendo estendida a outros setores, como biotecnologia, informática e desenvolvimento de novos materiais. E na área de saúde estão em andamento iniciativas conjuntas no combate à AIDS, na produção e comercialização de genéricos e remédios de medicina tradicional e na pesquisa de novos medicamentos.

Independentemente das discussões sobre o momento inicial da tendência da política externa brasileira de relacionamento com os países em desenvolvimento, aí incluídos os também denominados emergentes, como a China, a Índia, a África do Sul e a Rússia, não há dúvidas de que os governos Fernando Henrique e Lula, mantendo as propostas de *universalização* da política externa, privilegiam de maneira especial o contato com estes países.

De um lado, pode-se aventar a hipótese de que a principal motivação decorre do fato dessas parcerias corresponderem a mercados emergentes, com amplas possibilidades de absorção de produtos brasileiros e de forne-

---

um programa de desenvolvimento de dois satélites avançados de sensoriamento remoto. O Projeto Satélite Sino-Brasileiro de Recursos Terrestres (CBERS) agrega a capacidade técnica e os recursos financeiros dos dois países para estabelecer um sistema completo de sensoriamento remoto competitivo e compatível às necessidades internacionais atuais". SANT'ANA, Carlos Eduardo; COELHO, José Raimundo Braga. O projeto CBERS de satélites de observação da terra. *Parcerias Estratégicas*, 7: 189, set. 1999.

39 CUNHA, Lílian Fernandes. *Em busca de um modelo de cooperação sul-sul:* o caso da área espacial nas relações entre o Brasil e a República Popular da China (1980-2003). 2004. Dissertação (Mestrado) — Universidade de Brasília, Brasília. p. 79.

cimento de insumos ou de investimentos requisitados pelo Brasil. De outro lado, no entanto, compreendem espaços políticos, com forte expressão regional e, precipuamente, com perspectiva de atuação conjunta em organismos internacionais.

Esta última proposição reveste-se, de significância, pela percepção de que, desde o final da guerra fria, desenvolve-se um processo de redefinição do Sistema Internacional e de reordenamento internacional, com um impasse contínuo na definição das regras que possam reger o comércio internacional. Nesse sentido, em adequação ao atual momento conjuntural das relações internacionais, o que se busca é a formação de uma frente, entendida como um processo de *Cooperação Sul—Sul*, para discussão e defesa conjunta de interesses relativamente mútuos entre estes países em relação aos desenvolvidos.

Em nenhuma perspectiva, pode-se raciocinar que se tenha o objetivo de constituição de um movimento em oposição ou de repulsa ao relacionamento com os países desenvolvidos. O que se visa é uma estratégia de posicionamento comum diante do atual estágio de negociação nos diferentes fóruns multilaterais.

> É também na direção dos processos de negociação comercial que se inscreve iniciativa interessante, ainda de ganhos imprevisíveis, esboçada na reunião ministerial da OMC em Cancún. Com efeito, mais do que resultados práticos, a criação do G20 deve ser vista sob a ótica da retomada da capacidade de articulação política do Brasil, mesmo que esboçada em foro tão inusitado. Nessa direção, a liderança do G20 permite entrever o relançamento do perfil reivindicatório da política externa brasileira, em baixa desde o final dos anos oitenta, mas que pôde ser vislumbrado também na criação do G3, grupo de coordenação política criado pelo Brasil, África do Sul e Índia, que pode se transformar em um agrupamento maior, com a eventual atração de outros países de igual porte, como o Egito, por exemplo. São todos movimentos que refletem a vontade de esboçar um novo modelo de cooperação Sul-Sul, que não deve, entretanto, erigir-se como alternativo às relações com o Norte — sabidamente a dimensão em que países como o Brasil mais realizam interesses"[40].

De acordo com essa linha de pensamento, a China, com seu impressionante crescimento econômico, não deixa de representar uma grande

40 LESSA, Antônio Carlos. *Balanço do primeiro ano do governo Lula*. Brasília: Correio Internacional, Relnet, 2004. Disponível em: <http://www.relnet.com.br>.

oportunidade para a ampliação das relações comerciais e econômicas entre os dois países. Desnecessário apontar os setores, da agricultura a manufaturados, da cooperação tecnológica a serviços de engenharia, de áreas estratégicas, como siderurgia e hidrocarbonetos, a patentes de produtos farmacêuticos, entre tantos outros que se abrem para a possibilidade de uma cooperação frutífera a ambos.

No entanto, pode-se apontar como um fator favorável à maior presença brasileira no mercado chinês a construção anterior de um clima de confiança mútua e delineando, por meio de uma ação conjunta no plano internacional, o que se convencionou denominar uma *parceria estratégica*.

Após ressaltar o histórico de cooperação e principalmente de demonstração contínua do apoio ou coincidência de interesses em diferentes questões da agenda internacional, Shang Deliang, em uma análise propositiva e voltada a prever a manutenção da parceria estratégica durante o século XXI, pondera que:

> *Primeiro, os líderes de ambos os países devem manter os contatos, continuar aprofundando os diálogos políticos, buscando posições comuns nas principais questões e ao mesmo tempo evitando as diferenças nas questões de menor porte, até que se tenha ampliado a confiança mútua*. Dentro das organizações internacionais, China e Brasil devem consultar-se mais um com o outro sobre as questões internacionais. No que respeita a problemas políticos e econômicos existentes nas relações bilaterais, China e Brasil devem apropriadamente fazer suas escolhas entre os interesses imediatos e os de longo prazo. Para essas questões que apontam benefícios imediatos, mas prejuízos para as relações estatais no longo prazo, deve-se pensar duas vezes antes de agir[41].

Se a China era privilegiada como um parceiro político, hoje é igualmente um parceiro econômico. No entanto, no plano econômico, aparentemente é o Brasil que mais necessita da China do que a China precisa do Brasil. Nosso principal produto no relacionamento comercial, a soja, sofre grande concorrência do mercado internacional e, em especial, dos Estados Unidos, que pressiona a China para ampliação das compras de soja norte-americana como forma de redução do forte superávit bilateral favorável à China.

41 SHANG, 1999, p. 18.

Nesse sentido, o recente desenvolvimento do Conselho Empresarial Brasil—China, reunindo grandes empresas chinesas e brasileiras, não deixa de ser um fato extremamente positivo no relacionamento bilateral ao possibilitar um tratamento mais coordenado e profissional no plano comercial, mas igualmente político ao propiciar a satisfação mútua dos respectivos interesses nacionais.

> Como apontou Deng Xiaoping, as pessoas estão dizendo que o século XXI é o século do Pacífico... Eu firmemente acredito que este tempo também será a era da América Latina, e espero que a era do Pacífico, era do Atlântico e era da América Latina apareçam ao mesmo tempo". Ele também disse que, "a política da China é desenvolver e manter boas relações com os países da América Latina e transformar as relações sino-latino-americanas um modelo de cooperação Sul—Sul[42].

Dessa forma, destaca-se que o relacionamento sino-brasileiro apresenta-se, de um lado, como altamente promissor pela constatação de inúmeras complementaridades no plano econômico e, de outro, pela não recente mas contínua presença em ambos os países, nos últimos 30 anos, de uma real *vontade política* de estabelecimento de uma cooperação tanto no plano bilateral quanto no de atuação conjunta na agenda internacional.

Defende-se, assim, a idéia de que a *parceria estratégica* entre Brasil e China concentra-se em dois nítidos campos de atuação: um, no da cooperação científico-tecnológica, visando romper o monopólio detido pelos países desenvolvidos[43] e, outro, no plano político-estratégico, correlacionado às estratégias de alianças no âmbito dos fóruns multilaterais. A perspec-

---

42 SHIXUE, Jiang. *China, Latin America, and the Developing World*. NISHIJIMA, Shoji; HOSONO, Akio. *Modes of economic integration between East Asia and Latin America*. In: SMITH, Peter H.; HORISAKA, Kotaro; NISHIJIMA, Shoji. *East Asia and Latin America:* the unlikely alliance. Lanham: Rowman & Littlefield Publishers, 2003. p. 325.

43 Note-se, por exemplo, a atual competitividade chinesa estar concentrada em bens de consumo intensivos em mão-de-obra (eletrônicos, equipamentos elétricos, utensílios domésticos, vestuário, têxteis e calçados). Além do mais, os rótulos "Made in China" mascaram o fato de que a China é o último elo de uma rede produtiva asiática. Por isso, superávits com o Ocidente e déficits com os países do Leste Asiático.

tiva de parceria estratégica não se insere no rol das relações econômico-comerciais, ao contrário, a China insere-se, gradualmente, no processo econômico do Leste Asiático e reproduz a relação comercial típica do Leste Asiático com o Brasil e a América do Sul: fornecimento de produtos manufaturados em troca de minérios e produtos agrícolas.

Na visita de Lula à China, em maio de 2004, além de reafirmar a continuidade dos projetos conjuntos de construção de satélites e igualmente de aviões de pequeno porte (Embraer), foram assinados 15 acordos de cooperação em aço, carvão, petróleo e produção de automóveis, destacando-se principalmente: a) os acordos envolvendo a Vale do Rio Doce, produção de aço e alumínio em uma associação com a Baosteel; produção de carvão com a Baosteel e a Yongcheng, produção de bauxita em associação com a Companhia de Alumínio da China; b) instalação de um escritório da Petrobras em Beijing, pois há grande interesse chinês pela tecnologia, desenvolvida pela Petrobras, de exploração de petróleo em águas profundas; acordo entre a Petrobras e a Sinopec para exploração e produção conjunta em terceiros países, incluindo África e Oriente Médio; c) foram iniciadas negociações para um acordo de cooperação nuclear, pelo qual o Brasil exportaria urânio enriquecido à China, em troca de financiamento do programa nuclear brasileiro[44].

Mais polêmico do que o conceito de *parceria estratégica* passou a ser o de reconhecimento da China como *economia de mercado*. Ao contrário do conceito de *economia em transição* que a OMC atribuíra à China, Brasil, Argentina, Chile, Cuba e Venezuela reconheceram o estatuto de *economia de mercado* para a China. Considerado um fator inibidor de estabelecimento de salvaguardas comerciais em caso de *dumping* ou subsídios, o reconhecimento gerou e continua a gerar uma extensa série de discordâncias por parte de setores produtivos os quais se consideram prejudicados pela concorrência chinesa. Esse reconhecimento ocorreu durante a visita de Hu Jintao à América do Sul, em novembro de 2004. O primeiro país visitado foi o Brasil, com Hu Jintao permanecendo 5 dias

---

[44] CORNEJO, Romer. América Latina ante el crecimiento económico de China. In: VI REUNIÓN DE LA RED DE ESTUDIOS DE AMÉRICA LATINA Y EL CARIBE SOBRE ASIA-PACÍFICO (REDEALAP), Buenos Aires, BID-Intal, out. 2005. Disponível em: <http://www.iadb.org/intal/aplicaciones/uploads/ponencias/Foro_REDEALAP_2005_16_Cornejo.pdf>.

aqui e 2 dias em Buenos Aires e Santiago do Chile. Oviedo[45] aponta que a China tinha o Brasil como o ator central, considerando que o reconhecimento por parte do ator regional mais importante influiria na decisão dos demais.

Independentemente de considerações acadêmicas ou econômicas, não há dúvidas de que esta decisão foi eminentemente política e atrelada ao conceito de parceria estratégica, por intermédio da qual se vislumbra a possibilidade de ação em conjunto com a China no processo de redefinição da ordem internacional.

6.3.3 O relacionamento do Brasil com a República da Coréia desde a década de 1990

Ainda que o Brasil tenha restabelecido relações diplomáticas com a Coréia do Sul em 1959 e estabelecido sua embaixada em Seul em 1965, o relacionamento, de uma forma genérica, manteve-se em níveis muito baixos. Na realidade, interesses mútuos começam a ser definidos somente na década de 1990, de um lado, após o início da internacionalização da Coréia do Sul na metade dos anos 1980 e, de outro, após a abertura do mercado brasileiro na década de 1990.

Jyoung aponta que a América Latina foi, por muito tempo, ignorada pela maioria dos coreanos, acrescentando ainda que o recente interesse coreano pelo mercado latino-americano decorre, de um lado, do potencial doméstico desse mercado, como também da possibilidade de acesso estratégico ao mercado norte-americano.

> Nos anos 1980, a Coréia tinha basicamente duas principais motivações para investir na América Latina: custo de mão-de-obra mais barato e melhor acesso aos lucrativos mercados do Ocidente. Desde o início dos anos 1990, entretanto, os investimentos coreanos estiveram mais estrategicamente correlacionados às estratégias de globalização de suas empresas multinacionais. Estas estratégias foram

45 OVIEDO, Eduardo Daniel. *Crisis del multilateralismo y auge de la diplomacia bilateral en la relación Mercosur—China*. In: VI REUNIÓN DE LA RED DE ESTUDIOS DE AMÉRICA LATINA Y EL CARIBE SOBRE ASIA-PACÍFICO (REDEALAP); Buenos Aires, BID-Intal, out. 2005. Disponível em: <http://www.iadb.org/intal/aplicaciones/uploads/ponencias/Foro_REDEALAP_2005_16_Oviedo.pdf>.

desenhadas como resposta à crescente regionalização dos mercados mundiais como representado por esquemas de integração regional como o NAFTA e o Mercosul. Desde os anos 1990, também, as empresas latino-americanas têm se tornado importantes parceiras das empresas coreanas[46].

Em 1989, foi firmado em Brasília um memorandum visando o estabelecimento de uma Comissão Mista para discutir e fomentar uma maior cooperação entre os dois países nos anos 1990.

Em função dos respectivos interesses, o Ministro das Relações Exteriores, Francisco Rezek, visitou Seul, em agosto de 1991, sendo a primeira visita brasileira em âmbito ministerial, e assinou o Acordo Quadro de Cooperação Científica e Tecnológica. Ainda em 1991, o Brasil apoiou e exerceu papel de liderança no processo de ingresso da Coréia do Sul (também da Coréia do Nortc) na ONU.

Embora esse acordo não tenha prosperado, o relacionamento comercial adquiriu relevância no contexto de reestruturação do sistema internacional pós-guerra fria. A crescente participação coreana no comércio brasileiro parece ter sido reforçada pelo fato de os conglomerados coreanos mostrarem-se mais agressivos na conquista de mercados, seja na América do Sul, seja no Brasil, procurando suplantar o papel tradicional desempenhado pelo Japão. Isto é, ainda que mantendo interesses comerciais relativamente similares aos do Japão, a ação coreana estava orientada para o objetivo de realização de investimentos voltados à implantação de unidades manufatureiras no País, de forma a atingir outros mercados com as instalações localizadas no Brasil.

> Para, de alguma forma, apoiar as empresas coreanas que operam no Brasil, estão presentes diversas entidades governamentais e associações. Além da KOTRA — Korea Trade — Investment Promotion Agency e da Divisão Comercial do Consulado Geral da República da Coréia, existem também a Associação Cívica Coreana, a Câmara de Comércio e da Indústria Coréia Brasil, a Associação Brasileira dos

46 JYOUNG, Taik-Hwan. Economic relations between Korea and Latin America. In: SMITH, Peter H.; HORISAKA, Kotaro; NISHIJIMA, Shoji. *East Asia and Latin America:* the unlikely alliance. Lanham: Rowman & Littlefield Publishers, 2003. p. 67.

Coreanos e a Associação Brasileira de Educação Coreana. Estas últimas mais ligadas à comunidade de coreanos que vivem no Brasil, que já ultrapassa a 40 mil habitantes. O Korea Exchange Bank passou a operar plenamente em São Paulo desde 1997 e o Export and Import Bank of Korea também possui escritórios na cidade, visando atender às empresas e à comunidade coreana[47].

Em decorrência do crescente relacionamento econômico e político, o presidente sul-coreano Kim Young Sam, em setembro de 1996, visitou o Brasil à frente de uma comitiva de 40 empresários. Nessa ocasião, constituiu-se a *Comissão Brasil—Coréia para o Século XXI*, formada por personalidades da sociedade civil dos dois países e com a missão de ampliar o relacionamento bilateral.

A Comissão que se reuniu quatro vezes entre 1996 e 1999, alternadamente na Coréia e no Brasil,

> deixou um legado de mútuas descobertas, através dos contatos com departamentos e instituições do país alternadamente visitado. Conseguiu-se um acúmulo de conhecimentos sobre as realizações de cada um dos lados, nos terrenos da tecnologia da informação, telecomunicações, eletro-eletrônica, biotecnologia aplicada à agricultura e à saúde[48].

Após a visita de Kim Young Sam, em 1996, manteve-se o forte crescimento comercial, acrescido da intensificação dos investimentos coreanos. Essa tendência em investimentos, no entanto, foi revertida após a crise financeira asiática, em conjunto com uma forte retração nas importações coreanas.

Em janeiro de 2001, Fernando Henrique Cardoso visitou Seul e no encontro com Kim Dae-Jung proclamaram o lançamento de uma "parceira especial entre o Brasil e a Coréia do Sul para o século XXI". E, durante a visita de Lula a Seul, em maio de 2005, foi criado o Fórum Brasil—Coréia com o objetivo de avaliar as perspectivas das relações bilaterais.

---

47 MASIERO, Gilmar. Economia coreana: características estruturais. In: GUIMARÃES, Samuel Pinheiro (Org.). *Coréia:* visões brasileiras. Brasília: Ipri, 2002. p. 243.

48 OLIVEIRA, Amaury Porto. Perspectivas das relações do Brasil com as potências regionais. In: SEMINÁRIO POLÍTICA EXTERNA DO BRASIL PARA O SÉCULO XXI. Brasília, ago. 2002.

Aparentemente, o relacionamento entre Brasil e Coréia do Sul tende a crescer não só em termos comerciais, mas principalmente em investimentos coreanos em decorrência da atual necessidade da República da Coréia, de um lado, de buscar espaços externos para manter sua competitividade internacional e, de outro, de reduzir sua dependência em relação à China, que se transformou na sua principal parceira comercial.

6.4 As relações comerciais desde os anos 1990

Considera-se que a política externa brasileira, desde o início dos anos 1960, apresenta uma característica constante direcionada ao objetivo de manutenção de relações comerciais diversificadas, de forma a evitar dependências muito acentuadas de um país ou de uma região. Na realidade, busca-se preservar e aprofundar a natureza multilateral da inserção econômica brasileira.

Nossa percepção, já assinalada, é a de que somente nos anos 1990 o Brasil conseguiu estabelecer um relacionamento mais profundo com o Leste Asiático, e a única exceção era exatamente a parceria com o Japão.

Dessa forma, nos últimos anos, pode-se detectar um fluxo comercial brasileiro com tendência a direcionar cerca de 20 a 25% a cada um dos principais parceiros comerciais: Estados Unidos, União Européia, Associação Latino-Americana de Integração (Aladi) e Ásia.

Ainda que o relacionamento com a Ásia seja recente, ele foi afetado pela Crise Asiática de 1997-98, com uma redução drástica das importações asiáticas. Mesmo assim, ele tende a ser favorável ao Brasil, com superávits constantes, com exceção do período da crise, de 1997 a 2001.

Pensado desde a década de 1970, o governo Lula conseguiu dar início à construção de uma rodovia que possa interligar o Brasil ao Pacífico, na presunção de que é um fator de integração regional, além de propiciar um acesso direto ao Oceano Pacífico, visando um escoamento mais fácil das exportações brasileiras para a Ásia[49].

[49] Com recursos do BNDES e do Proex foram iniciados, em setembro de 2005, em Porto Maldonado, no Peru, os trabalhos de construção da Rodovia Interoceânica, ligando o Brasil aos portos de Ilo, Maratani e San Juan. Os recursos complementares virão da Corporação Andina de Fomento e do governo peruano.

Tabela 6.1 Comércio Brasileiro por Blocos Econômicos—Exportações (%)

	1970	1980	1985	1990	1995	2000	2001	2002	2003	2004	2005
Estados Unidos	24,7	17,4	27,1	24,2	18,7	23,9	24,7	25,7	23,1	21,1	19,2
União Européia	34,9	26,6	26,9	32,4	27,8	26,8	25,5	25,0	24,8	25,0	22,4
Aladi	11,1	17,2	8,7	10,4	21,5	23,4	21,0	16,4	17,7	20,4	21,5
Mercosul	–	–	–	4,2	13,2	14,0	10,9	5,5	7,8	9,2	9,9
África	2,2	6,5	7,9	3,2	3,4	2,4	3,4	3,9	3,9	4,4	5,1
Ásia	**8,3**	**9,9**	**12,4**	**16,9**	**17,6**	**11,5**	**11,9**	**14,6**	**16,0**	**15,1**	**15,7**
Total em US$ bi	2.739	20.132	25.639	31.213	46.506	55.086	58.223	60.362	73.084	94.475	118.308

Fonte: Brasil, MDIC.

Tabela 6.2 Comércio Brasileiro por Blocos Econômicos—Importações (%)

	1970	1980	1985	1990	1995	2000	2001	2002	2003	2004	2005
Estados Unidos	32,9	17,8	19,8	21,3	21,1	23,1	23,5	22,1	20,2	18,3	17,5
União Européia	29,5	15,2	14,7	22,3	27,7	25,2	26,7	27,8	28,3	25,4	24,7
Aladi	10,5	11,7	12,3	17,7	20,0	20,9	18,0	17,4	17,0	16,0	15,7
Mercosul				11,2	13,7	14,0	12,6	11,9	11,8	10,2	9,6
África	3,1	4,9	13,2	2,8	2,4	5,2	6,9	5,7	6,7	9,8	9,1
Ásia	**6,9**	**6,9**	**8,6**	**8,6**	**16,5**	**15,4**	**16,1**	**16,9**	**18,5**	**19,6**	**22,9**
Total em US$ bi	2.849		13.153		40.858	55.835	55.581	47.240	48.260	62.782	73.551

Fonte: Brasil, MDIC.

Tabela 6.3 Exportações Brasil—Ásia (em %)

	1991	1992	1993	1994	1995	1996	1997	1998	1999	2000	2001	2002	2003	2004	2005
Japão	8,1	6,4	6,0	5,9	6,7	6,4	5,8	4,3	4,6	4,5	3,4	3,5	3,2	2,9	2,9
China	0,7	1,3	2,0	1,9	2,6	2,3	2,1	1,8	1,4	2,0	3,3	4,2	6,2	5,6	5,8
Grande China[50]	3,5	3,7	4,4	3,7	4,3	4,1	3,8	3,4	3,0	3,5	4,6	5,8	8,1	7,3	7,2
Asean[51]	3,4	3,1	3,3	3,1	3,4	3,3	2,8	1,7	1,8	1,7	1,5	2,5	1,9	2,2	2,4
Coréia do Sul	2,1	1,5	1,4	1,5	1,8	1,8	1,4	0,9	0,9	1,1	1,3	1,4	1,7	1,5	1,6
Ásia	18,0	15,6	15,8	16,2	17,6	16,4	14,6	11,0	11,9	11,5	11,9	14,6	16,0	15,1	15,7

Fonte: Brasil, MDIC.

Tabela 6.4 Importações Brasil—Ásia (em %)

	1991	1992	1993	1994	1995	1996	1997	1998	1999	2000	2001	2002	2003	2004	2005
Japão	5,8	7,0	6,1	7,3	6,6	5,2	5,9	5,7	5,2	5,3	5,5	5,0	5,2	4,6	4,6
China	0,3	0,6	0,6	1,4	2,1	2,1	1,9	1,8	1,8	2,2	2,4	3,3	4,5	5,9	7,3
Grande China[50]	1,3	1,4	2,5	2,7	4,4	4,1	3,9	3,6	3,4	4,3	4,3	5,4	6,3	8,0	9,6
Asean[51]	0,9	0,8	1,9	1,9	2,2	2,2	2,4	2,2	1,9	2,4	2,2	2,9	3,5	3,1	3,7
Coréia do Sul	0,6	0,7	1,3	1,9	2,7	2,2	2,2	1,7	2,1	2,6	2,8	2,3	2,2	2,8	3,2
Ásia	9,1	10,3	12,3	14,4	16,5	14,2	15,0	13,7	13,1	15,4	16,1	16,9	18,5	19,6	22,9

Fonte: Brasil, MDIC.

Com as novas parcerias comerciais seria óbvio esperar uma relativa perda de importância do Japão no conjunto do intercâmbio comercial brasileiro com a Ásia. No entanto, o fato que mais chama a atenção é o grande desenvolvimento do relacionamento com a China, superando inclusive o Japão (desde 2002, nas exportações e, desde 2004, nas importações).

A China transformou-se em 2005 no 3º principal destino das exportações brasileiras, e o Japão ocupou a 8ª posição e a Coréia do Sul a 17ª. Já nas importações realizadas pelo Brasil esses três países estão entre os dez principais fornecedores para o Brasil, sendo a China o 4º, o Japão o 5º e a Coréia do Sul o 9º.

Pode-se afirmar que há, entre os diferentes países asiáticos, um padrão comercial similar de relacionamento com o Brasil. De um lado, o Brasil é visualizado como fonte supridora de matérias-primas, principalmente produtos alimentícios e insumos básicos. De outro, é um cliente de produtos manufaturados.

De uma forma genérica, China, Japão e Coréia do Sul são compradores de minérios de ferro e seus concentrados, produtos de ferro e aço e soja em grão ou óleo de soja. O Japão é ainda um forte comprador de alumínio e, nos últimos anos, de frango em pedaços.

O Brasil, por sua vez, concentra-se em suas importações produtos eletro-eletrônicos e máquinas e aparelhos mecânicos. O Japão, em especial, exporta automóveis, enquanto a Coréia do Sul, praticamente, desativou suas colocações de automóveis no Brasil.

O recente aumento das importações decorrentes da China provocou fortes pressões internas, principalmente dos setores produtores de têxteis (tecidos e vestuários) e, também, de brinquedos, apresentando, na realidade, uma participação bem inferior às dos demais produtos. As pressões, perante a alegação de *dumping* e para o estabelecimento de salvaguardas, decorrem do fato de serem produtos intensivos em mão-de-obra e mais sensíveis politicamente, ao afetarem, de forma mais direta, empregos no mercado doméstico. De qualquer forma, em decorrência de sua relativa inexpressividade no total das importações, não representam uma questão que possa afetar o atual relacionamento comercial sino-brasileiro.

50 China, Hong Kong, Macau e Taiwan

51 Compreendendo somente o Asean 5: Cingapura, Filipinas, Indonésia, Malásia e Tailândia.

Tabela 6.5 Exportações Brasil—China por Produto (em %)

	2000	2001	2002	2003	2004	2005
Soja	31,1	28,3	32,8	29,0	30,0	25,1
Óleo de Soja	2,0	0,3	5,0	5,9	9,1	2,5
Minérios de Ferro Não Aglomerados	16,2	17,9	16,5	11,5	14,4	18,2
Minérios de Ferro Aglomerados	8,8	7,5	7,2	5,4	6,1	7,9
Pasta Química de Madeira	5,0	6,7	4,5	5,9	4,9	4,0
Produtos de Ferro e Aço	2,1	2,0	3,2	15,2	6,8	7,4
Demais Produtos	34,8	37,3	30,8	27,1	28,7	34,9
Total em US$ 1.000 FOB	1.086.224	1.902.094	2.520.457	4.532.559	6.439.956	6.833.668

Fonte: Brasil, MDIC.

Tabela 6.6 Exportações Brasil—Japão por Produto (em %)

	2000	2001	2002	2003	2004	2005
Soja	4,2	6,8	6,7	6,1	3,5	2,8
Minérios de Ferro Não Aglomerados	14,8	19,1	16,7	16,6	14,2	18,2
Minérios de Ferro Aglomerados	3,6	3,9	3,2	3,2	4,5	6,1
Pasta Química de Madeira	7,9	5,9	4,7	3,0	3,9	3,8
Pedaços de Frango/Galinha	4,7	8,0	10,1	10,0	18,2	19,8
Ferronióbio	2,1	2,7	3,2	2,9	1,9	1,9
Alumínio Bruto	14,5	12,4	12,3	16,6	13,5	11,4
Suco de Laranja	2,8	3,2	3,7	3,3	2,5	2,1
Café	6,2	5,3	4,4	5,0	4,8	6,8
Outros Produtos	39,2	32,7	35,0	33,3	33,0	27,1
Total em US$ 1.000 FOB	2.472.374	1.986.280	2.097.954	2.310.546	2.767.995	3.476.105

Fonte: Brasil, MDIC.

Tabela 6.7 Exportações Brasil—Coréia do Sul por Produto (em %)

	2000	2001	2002	2003	2004	2005
Soja em Grão	3,6	2,3	3,7	4,4	1,4	5,8
Bagaços de Soja	7,4	13,9	11,5	10,5	5,8	9,5
Milho em Grão	–	14,9	8,2	6,2	11,5	0,8
Minérios de Ferro Não Aglomerados	9,6	8,2	11,3	9,5	12,3	13,0
Minérios de Ferro Aglomerados	17,0	10,8	8,7	7,0	7,4	11,4
Pasta Química de Madeira	9,5	4,9	3,0	3,7	3,4	2,7
Produtos de Ferro e Aço	25,8	25,1	28,3	23,1	22,7	25,6
Óleos Brutos de Petróleo	–	–	–	10,4	8,0	7,7
Demais Produtos	27,1	19,9	25,3	25,2	27,5	23,5
Total em US$ 1.000 FOB	580.775	736.476	852.419	1.223.104	1.429.298	1.896.249

Fonte: Brasil, MDIC.

Tabela 6.8 Importações Brasil—China por Produto (em %)

	2000	2001	2002	2003	2004	2005
Componentes de Aparelhos Transmissores e Receptores (85)	14,6	18,8	20,1	22,6	29,1	30,8
Máquinas, Aparelhos e Instrumentos Mecânicos (84)	9,1	8,6	5,1	4,6	5,6	7,2
Produtos Têxteis	0,8	2,4	2,3	4,0	3,9	3,6
Brinquedos (95)	3,0	2,4	1,1	0,7	0,9	0,9
Calçados (64)	1,0	0,8	1,0	1,2	0,8	0,5
Coques de Hulha, Linhita ou Turfa	6,1	9,5	13,0	11,1	9,6	3,4
Demais Produtos	34,5	42,5	42,6	44,3	50,0	46,4
Total em US$ 1.000 FOB	1.222.294	1.328.094	1.554.012	2.147.635	3.710.477	5.353.262

Fonte: Brasil, MDIC.

Tabela 6.9 Importações Brasil—Japão por Produto (em %)

	2000	2001	2002	2003	2004	2005
Componentes de Aparelhos Transmissores e Receptores (85)	20,8	18,1	13,7	13,4	13,8	12,3
Máquinas, Aparelhos e Instrumentos Mecânicos (84)	12,8	14,2	15,0	15,2	17,4	18,1
Veículos Automóveis, suas Partes e Acessórios (87)	10,8	11,9	10,9	11,7	14,1	14,6
Coques de Hulha, Linhita ou Turfa	1,0	1,0	1,8	1,5	2,8	3,3
Demais Produtos	45,4	45,2	41,4	41,8	48,1	48,3
Total em US$ 1.000 FOB	2.961.477	3.063.829	2.347.545	2.520.414	2.868.675	3.407.109

Fonte: Brasil, MDIC.

Tabela 6.10 Importações Brasil—Coréia do Sul por Produto (em %)

	2000	2001	2002	2003	2004	2005
Componentes de Aparelhos Transmissores e Receptores (85)	36,0	42,5	40,6	49,9	58,3	56,9
Máquinas, Aparelhos e Instrumentos Mecânicos (84)	5,3	4,5	8,4	7,4	7,7	9,4
Veículos Automóveis, suas Partes e Acessórios (87)	10,4	7,3	4,1	0,8	0,8	0,8
Produtos Têxteis	6,4	7,4	10,7	5,0	3,8	2,4
Demais Produtos	41,9	38,3	36,2	36,9	29,4	30,5
Total em US$ 1.000 FOB	1.429.961	1.574.043	1.066.645	1.078.803	1.729.906	2.326.702

Fonte: Brasil, MDIC.

6.5 Conclusão

Este capítulo objetivou desenvolver uma visão genérica sobre o relacionamento entre o Brasil e o Leste Asiático no contexto das diretrizes básicas da política externa brasileira.

Com exceção da fase histórica de migrações asiáticas para o continente sul-americano, o ponto de partida para a busca de uma rede mais complexa de relações foi definido pela mudança nos princípios da política externa no início dos anos 1960. Com essa nova política enfocada na diversificação política e econômica e com forte orientação desenvolvimentista a fim de ampliar as possibilidades de manobra, a perspectiva de Cooperação Sul—Sul tornou-se uma questão central na política externa brasileira.

Assim, o discurso diplomático passou a enfatizar a aproximação dos continentes africano e asiático. Na prática, essa política de diversificação com o Leste Asiático esteve centralizada na relação econômica pragmática com o Japão e, em certa extensão, na cooperação política multilateral com a China.

As alterações no contexto internacional com o fim da guerra fria e a gradual adoção de um modelo de desenvolvimento mais orientado para o mercado não afetaram severamente os objetivos de diversificação da política externa brasileira. Assim, nos anos 1990, o crescente interesse dos formuladores de política externa foi ainda motivado pelo potencial de diversificação com o Leste Asiático e pelos prováveis efeitos desenvolvimentistas das relações com esta região.

Os resultados das tentativas de intensificação de laços com o Leste Asiático foram bem tangíveis. A ampliação de laços com a China e a Coréia do Sul confrontou-se com o então decepcionante desenvolvimento das relações Brasil—Japão.

Os efeitos da Crise Asiática apresentaram um duplo resultado. De um lado, a crise e seus impactos sobre o Brasil afetaram negativamente o curso das relações econômicas. De outro lado, a crise gerou a perspectiva de uma cooperação multilateral e a necessidade de, em conjunto, cooperarem para enfrentar os desafios similares da internacionalização econômica. Nesse contexto, o Focalal apresenta uma oportunidade para o Brasil buscar soluções multilaterais, bem como reforçar seu processo de integração regional (Mercosul ou Comunidade Sul-Americana de Nações), da mesma forma que, na Ásia, desenvolveu-se a estratégia de reforço do Asean+3[52].

Permanecem, no entanto, importantes barreiras para uma intensificação das relações do Brasil com o Leste Asiático. Primeiro, o nível de conhecimento sobre o Leste Asiático entre os potenciais atores das relações Brasil—Ásia permanece muito baixo. Segundo, a agenda da política externa brasileira é afetada por questões de maior prioridade como a solução da crise institucional do Mercosul, as negociações em curso com os Estados Unidos e a União Européia e os impasses na OMC. Terceiro, enquanto as transformações políticas e econômicas ampliaram os esforços do Ministério das Relações Exteriores para a inclusão dos interesses da sociedade no processo decisório, esses esforços estão mais direcionados para os níveis regional e hemisférico.

Ainda que o Focalal permaneça como uma instância retórica, algumas tendências nesta metade da primeira década do século XXI aparentam estar mais claras.

Em primeiro, o fato de que um dos principais entraves para o desenvolvimento do Focalal decorre da prioridade que se confere aos relacionamentos tradicionais, tanto no Leste Asiático quanto na América do Sul, com o mundo ocidental.

Em segundo, algumas alterações no relacionamento econômico-comercial: a maior presença chinesa, a crescente participação sul-coreana e a retomada do relacionamento com o Japão. Há fortes expectativas de que a China passará a ser também um grande investidor no País, enquanto a Coréia do Sul, pós-crise asiática, volta a considerar a possibilidade de efetivação de investimentos com produções destinadas a terceiros mercados. E o Japão não só retomou investimentos externos diretos como também está reforçando as linhas de Ajuda Oficial ao Desenvolvimento.

E, em terceiro, a ampliação da consciência (vontade) política para o desenvolvimento de mecanismos que possibilitem a construção de parce-

52 Após a crise asiática, os estados do Leste Asiático começaram a desenvolver as negociações para a implantação de um organismo regional de integração econômica, com características asiáticas. Opondo-se à presença de países anglo-saxões, em especial os Estados Unidos, a proposta do Asean+3 compreende os dez países membros da Asean (ou do Sudeste Asiático) mais a China, a Coréia do Sul e o Japão.

rias mais vantajosas a ambos os participantes. O Japão considera o Brasil como tendo uma maior expressão regional e que, conseqüentemente, é um parceiro que não pode ser descartado no processo de disputa de poder com os Estados Unidos e a União Européia, no plano internacional, e, com a China, no plano regional. A China tem o Brasil como um parceiro estratégico, neste mesmo processo de redefinição do sistema e da ordem internacionais, mas na consideração de ser ainda ator intermediário. Dessa forma, as parcerias tecnológicas e políticas, mormente no campo multilateral, são fundamentais. E, para a Coréia do Sul, o Brasil apresenta o atrativo de poder ser uma válvula de escape para a necessidade premente de internacionalização da sua economia.

Referências

ABDENUR, Roberto. O Brasil e a nova realidade asiática: uma estratégia de aproximação. *Política Externa*, 2 (3): 43-69, 1994.

AMARAL JR., Alberto; SANCHEZ, Michelle Ratton (Org.). *Relações sul—sul*: países da Ásia e o Brasil. São Paulo: Aduaneiras, 2004.

BARBOSA, Gibson. Depoimento em reflexões sobre a política externa brasileira. Brasília: Funag, 1993.

CORNEJO, Romer. América Latina ante el crecimiento económico de China. In: VI REUNIÓN DE LA RED DE ESTUDIOS DE AMÉRICA LATINA Y EL CARIBE SOBRE ASIA-PACÍFICO (REDEALAP). Buenos Aires, BID-Intal, out. 2005. Disponível em: <http://www.iadb.org/intal/aplicaciones/uploads/ponencias/Foro_REDEALAP_2005_16_Cornejo.pdf>.

CUNHA, Lílian Fernandes. *Em busca de um modelo de cooperação sul—sul*: o caso da área espacial nas relações entre o Brasil e a República Popular da China (1980-2003). 2004. Dissertação (Mestrado) — Universidade de Brasília, Brasília.

DUQING, Chen. Os 25 anos das relações sino-brasileiras. *Tempo Brasileiro*, 137: 9-29, 1999.

FUJITA, Edmundo S. (Org.). *O Brasil e a Ásia no Século XXI*: ao encontro de novos horizontes. Brasília: Ipri, 2003.

FUJITA, Edmundo. Fórum de cooperação América Latina-Ásia do Leste. Primeira reunião de Chanceleres (Santiago, março de 2001). *Carta Internacional*, IX (98): 3, 2001.

HORISAKA, Kotaro. A alvorada das relações econômicas nipo-brasileiras. In: YOKOTA, Paulo. *Fragmentos sobre as relações nipo-brasileiras no pós-guerra* (Org.). Rio de Janeiro: Topbooks, 1997.

ISHIDA, Hitohiro. A relação Brasil—Japão. *Ásia em Foco*, 1: 4-7, 2005. Disponível em: <http://www.asiapacifico.com>.

JAE-SEUNG, Lee. Parcerias inter-regionais numa era de globalização: problemas e perspectivas. In: FUJITA, Edmundo S. (Org.). *O Brasil e a Ásia no século XXI*: ao encontro de novos horizontes. Brasília: Ipri, 2003.

JAPAN. *Diplomatic bluebook 2004*. Tokyo: Ministry of Foreign Affairs, 2004.

JYOUNG, Taik-Hwan. Economic relations between Korea and Latin America. In: SMITH, Peter H.; HORISAKA, Kotaro; NISHIJIMA, Shoji. *East Asia and Latin America:* the unlikely alliance. Lanham: Rowman & Littlefield Publishers, 2003.

KEIDANREN & CNI. *Brazil—Japan:* alliance for the 21st century. Brasília: CNI, 2000.

LEÃO, Valdemar Carneiro. *A crise da imigração japonesa no Brasil (1930-1934).* Brasília: Ipri, 1990.

LESSA, Antônio Carlos. *Balanço do primeiro ano do governo Lula.* Brasília: Correio Internacional, Relnet, 2004. Disponível em: <http://www.relnet.com.br>.

MANN, Stefanie. *Discovery of a terra incognita:* five decades of Chinese foreign policy towards Latin America. Mainz, Institut für Politikwissenschaft. Dokument und Materialien, n. 31, 2002.

MASIERO, Gilmar. Economia Coreana: características estruturais. In: GUIMARÃES, Samuel Pinheiro (Org.). *Coréia:* visões brasileiras. Brasília: Ipri, 2002.

NINOMIYA, Masato; TANAKA, Aurea Christine. Os trabalhadores brasileiros no Japão. In: AMARAL JR., Alberto; SANCHEZ, Michelle Ratton. *Relações sul-sul:* países da Ásia e o Brasil. São Paulo: Aduaneiras, 2004.

NISHIBAYASHI, Masuo. Fluxos de capital, bens e mão-de-obra entre o Brasil e a Ásia. In: FUJITA, Edmundo S. (Org.). *O Brasil e a Ásia no século XXI*: ao encontro de novos horizontes. Brasília: Ipri, 2003.

NISHIJIMA, Shoji; HOSONO, Akio. Modes of economic integration between East Asia and Latin America. In: SMITH, Peter H.; HORISAKA, Kotaro; NISHIJIMA, Shoji. *East Asia and Latin America:* the unlikely alliance. Lanham: Rowman & Littlefield Publishers, 2003.

OLIVEIRA, Amaury Porto. Perspectivas das relações do Brasil com as potências regionais. In: SEMINÁRIO POLÍTICA EXTERNA DO BRASIL PARA O SÉCULO XXI. Brasília, DF, ago. 2002.

OLIVEIRA, Henrique Altemani. Brasil-China: trinta anos de uma parceria estratégica. *Revista Brasileira de Política Internacional*, 47 (1): 7-30, 2004.

———. Brazil's Asia-Pacific Policy. In: FAUST, Jörg; MOLS, Manfred; KIM, Won-Ho (Ed.). *Latin America and East Asia*: attempts and diversification. Seoul/Korea: KIEP; Münster/Deutschland: LIT Verlag, 2005.

OLIVEIRA, Henrique Altermani, *Política externa brasileira e as relações comerciais Brasil—África*. 1987. Tese (Doutorado) — Universidade de São Paulo, São Paulo.

OLIVET, Maria Cecília. Unravelling interregionalism theory: a critical analysis of the new interregional relations between Latin America and East Asia. In: VI REUNIÓN DE LA RED DE ESTUDIOS DE AMÉRICA LATINA Y EL CARIBE SOBRE ASIA-PACÍFICO (REDEALAP). Buenos Aires, BID-Intal, out. 2005. Disponível em: <http://www.iadb.org/intal/aplicaciones/uploads/ponencias/Foro_REDEALAP_2005_16_Olivet.pdf>.

OVIEDO, Eduardo Daniel. *Crisis del multilateralismo y auge de la diplomacia bilateral en la relación Mercosur—China*. In: VI REUNIÓN DE LA RED DE ESTUDIOS DE AMÉRICA LATINA Y EL CARIBE SOBRE ASIA-PACÍFICO (REDEALAP). Buenos Aires, BID-Intal, out. 2005. Disponível em: <http://www.iadb.org/intal/aplicaciones/uploads/ponencias/Foro_REDEALAP_2005_16_Oviedo.pdf>.

SAITO, Hiroshi. *A presença japonesa no Brasil*. São Paulo: Edusp, 1980.

SANT'ANA, Carlos Eduardo; COELHO, José Raimundo Braga. O projeto CBERS de satélites de observação da terra. *Parcerias Estratégicas*, 7: 189-196, set. 1999.

SEVERINO, Rodolfo. Forging Asean-Mercosur Ties. *Carta Internacional*, 60 (2), 1998.

SHANG, Deliang. Political cooperation between China and Brazil vs. Multi-polarization. In: SEMINÁRIO BRASIL—CHINA. Rio de Janeiro: Ipri, nov. 1999. Documento não publicado e disponível em: <http://www.relnet.com.br>.

SHIXUE, Jiang. China, Latin America, and the developing world. NISHIJIMA, Shoji; HOSONO, Akio. *Modes of economic integration between East Asia and Latin America*. IN: SMITH, Peter H.; HORISAKA, Kotaro; NISHIJIMA, Shoji. *East Asia and Latin America*: the unlikely alliance. Lanham: Rowman & Littlefield Publishers, 2003.

SMITH, Peter H.; HORISAKA; NISHIJIMA, Shoji. *East Asia and Latin America*: the unlikely alliance. Lanham: Rowman & Littlefield Publishers, 2003.

SUZUKI, Katsunari. Uma nova etapa nas relações bilaterais. In: SIMPÓSIO INTERNACIONAL DE PESQUISAS ECONÔMICAS BRASIL—JAPÃO. São Paulo: Universidade de São Paulo, 2001.

TEIXEIRA LEITE, José Roberto. *A China no Brasil*. Campinas: Editora da Unicamp, 1999.

TOLEDO, Ana Manuela. Seguimiento y monitoreo de las actividades de foros de cooperación establecidos entre países de Asia—Pacífico, Europa y América Latina. *Informe Número III*, Redealap. Buenos Aires, oct. 2005.

TSUNEKAWA, Keiichi. Japan and the Asia—Latin America connection. In: SMITH, Peter H.; HORISAKA, Kotaro; NISHIJIMA, Shoji. *East Asia and Latin America*: the unlikely alliance. Lanham: Rowman & Littlefield Publishers, 2003.

YOKOTA, Paulo. (Org.). *Fragmentos sobre as relações nipo-brasileiras no pós-guerra*. Rio de Janeiro: Topbooks, 1997.

7

AS RELAÇÕES BRASIL–ÁFRICA: de 1990 a 2005

Fernando Augusto Albuquerque Mourão
Fernando Jorge Cardoso
Henrique Altemani de Oliveira

7.1 Introdução

As relações do Brasil com os países africanos já têm a sua história e desdobramento. Trata-se de matéria já tratada por dezenas de autores, e, dentre esses, alguns apresentam uma periodização analítica da relação. Um certo clima cultural ainda persiste, embora já se esteja entrando em um novo período, mais universalista. Por exemplo, ainda registramos citações, quando em política comparada, se procuram situações mais negativas do que a realidade brasileira. Imagens de um passado ainda próximo persistem, quando já se registram sinais de mudança, sem dúvida significativos. Começou-se, preferencialmente, a estudar a história do continente africano, pondo-se em evidência a luta anticolonial, a analisar e a divulgar seus escritores, o que, sem dúvida, foi positivo. Ainda hoje há uma certa fixação nesses temas, não tendo ainda chegado até nós toda uma produção literária e ensaística, que espelha as mudanças em curso, pouco perceptíveis em geral, e, especificamente, para aqueles que continuam pensando por meio de modelos, que vêm sendo ultrapassados pelo tempo.

Na política externa brasileira para os países africanos[1], longe de se poder comparar, por exemplo, com a política externa argentina, uma política de "impulsos", no dizer de Gladys Lechini[2], embora apresente certa continuidade desde a ação de Jânio Quadros, San Thiago Dantas e Afonso Arinos de Melo Franco, emergem hiatos, que ora se devem a fatores exógenos, como crises financeiras, quer a fatores endógenos de natureza política, uma vez que o Itamaraty, embora prossiga em uma reflexão e ação pelos interesses nacionais, tem sido obrigado a se adaptar, em certas circunstâncias, a políticas de fato, e, porque não, à emergência da chamada de Diplomacia Presidencial.

Celso Lafer, em artigo recente[3], embora não trate deste tema, mostra que em decorrência de vários fatores ligados à globalização, "[...] a diminuição da clássica relevância dos territórios e das fronteiras", o que aparentemente parece certo, o que aumenta "[...] a interdependência complexa [...]", e ainda, "[...] vai além [...]" desta. Parece, de fato, uma tendência dos nossos tempos. A diplomacia tem de levar em conta, cada vez mais a "política interna" em um mundo chamado de global; a estratégia e sua realização devem permanecer perante a orientação de uma elite especializada nesses temas. Vejam-se, por exemplo, as ambigüidades nos meios universitários ao se tratar de política externa e de diplomacia. Isso não quer dizer que a diplomacia não esteja atenta à sociedade civil e política, que não venha a incorporar quadros do mundo empresarial, principalmente quando se pretende fazer uma política comercial. Há de se ver que, no campo das percepções, de médio para longo prazo, os diplomatas estão melhor preparados do que a sociedade civil e mesmo política, mais afeita a ações e a percepções de curto prazo. Refletir em termos de tempo(s) é uma necessidade vital, mais do que em relação ao espaço, uma constante no passado.

Grandes nomes da diplomacia brasileira, como Gibson Barbosa, Saraiva Guerreiro, Ronaldo Sardenberg, entre outros, sempre destacaram que a

---

[1] Os autores agradecem ao Departamento de África e Oriente Próximo do Ministério das Relações Exteriores, especialmente aos diplomatas Fernando Jacques e Sérgio Carvalho, o envio de alguns dados solicitados, os quais permitiram complementar alguns pontos do texto.

[2] ALVAREZ, Gladys Lechini. *A política exterior Argentina para África no marco referencial da política africana do Brasil:* o caso da África do Sul na década de 1990. 2003. Tese (Doutorado) — Universidade de São Paulo, São Paulo.

[3] LAFER, Celso. Política interna e política externa. *O Estado de S.Paulo,* 20 nov. 2005, p. A2.

política africana do governo brasileiro "[...] não era pensada somente como mercado"[4].

No Simpósio *Brasil — África Austral e Oriental*, realizado pelo Ministério das Relações Exteriores, no Rio de Janeiro, em julho de 2005, o embaixador Pedro Motta Pinto Coelho, Subsecretário-Geral Político para a África, Ásia — Oceania — e Oriente Médio, reiterou a posição, acrescentando que há de esperar um tempo de maturação em relação aos mercados africanos.

As aproximações do Brasil com a África, em que pesem os fatores históricos, fazem parte de um projeto de inserção do Brasil no mundo.

O Brasil só começou a ter presença internacional substantiva após a II Guerra Mundial. No período pós-independência, a atividade diplomática brasileira centrou-se na consolidação das fronteiras, mormente na questão da Bacia do Prata. Se tivermos o cuidado de compilar os principais autores que trataram da história diplomática e outros temas correlatos, verificamos que, praticamente, não há maiores referências ao Brasil, à atuação de sua diplomacia, senão a partir da II Guerra Mundial.

A Política Externa Independente, uma política emblemática, insere-se no esforço de internacionalização do País. Celso Amorim, em uma contribuição à memória de San Tiago Dantas[5], um nome dos mais eminentes do século passado, localiza a gestação da Política Externa Independente "[...] aos governos Vargas e Kubitschek [...]", um fato real, pouco conhecido e que corrobora a tese de Williams Gonçalves[6].

Em matéria de política do café, haveria muito a dizer, tal como a atuação do Professor Miguel Reale na Organização Internacional do Trabalho (OIT), a pedido de Getúlio Vargas, tal como nos revelou; ou nos escritos

4 OLIVEIRA, Henrique Altemani de; MOURÃO, Fernando Augusto Albuquerque. O processo de definição da política externa africano do Brasil. In: OLIVEIRA, Henrique Altemani; ALBUQUERQUE, José Augusto Guilhon (Org.). *A política externa brasileira na visão de seus protagonistas*. Rio de Janeiro: Lúmen Júris, 2005. p. 68.

5 AMORIM, Celso. Política externa independente de Santiago Dantas. In: MOREIRA, Marcílio Marques; NISKIER, Arnaldo; REIS, Adacir (Org.). *Atualidade de San Tiago Dantas*. São Paulo: Lettera, 2005. p. 42.

6 GONÇALVES, Williams da Silva. *Realismo e fraternidade*: as relações Brasil e Portugal no governo Kubitschek. 1995. Tese (Doutorado) — Universidade de São Paulo, São Paulo.

de San Tiago Dantas no *Jornal do Commércio*, de que foi diretor, e como advogado dos grandes cafeicultores.

A posição brasileira, tão criticada, interna e externamente, às vezes, recebe agrados, como ocorreu no almoço oferecido em setembro de 2005 pela Câmara de Comércio Brasil—Estados Unidos, ocasião em que o secretário geral do Tesouro norte-americano, John Snow, elogiou o ministro Palocci, como "[...] a voz da razão da economia global". Como ultrapassar a alta de juros, criar poupança indispensável ao desenvolvimento, como incentivar a internacionalização de capitais? Os temas do estruturalismo e do funcionalismo voltam à baila. Há quem recomende a releitura de Keynes, mas lembramos Jagdish Bhagwati e Amartya Sen. E, ainda, afinal, qual é o papel do Estado nos países subdesenvolvidos e em desenvolvimento?

O Brasil, com excelente capacidade produtiva, embora com problemas de competitividade em alguns setores econômicos, se conseguir manter o controle da dívida pública, terá condições de manter a opção por um crescimento contínuo e seguro.

No período das presidências militares, constatou-se uma quebra no fluxo comercial e outras iniciativas, em relação aos países africanos, com Castelo Branco, e, posteriormente, uma retomada da pauta, que atingiu um crescimento significativo no período Médici—Geisel. Esperava-se, com a democratização do país, um aprofundamento dessas relações que, contudo, não ocorreu, em virtude da preponderância dos temas internos e regionais, de uma certa universalização, em que a África não foi contemplada, ou o foi apenas de forma "seletiva", até que, com a eleição do presidente Lula, o quadro é novamente revertido, embora subsistam alguns aspectos da denominada Diplomacia Presidencial.

Com a entrada de novos atores políticos, resultam ambigüidades, assim como análises que não levam em conta fatores de mudança no âmbito de uma parte dos países africanos. Contudo, a substantividade das relações diplomáticas com os países africanos vem efetivamente aumentando, na medida do possível, ultrapassando períodos caracterizados por modelos em que ora se dava importância a fatores culturais, ora a temas econômicos. Especificamente, a linha de condução do Ministério das Relações Exteriores centrou-se em uma linha política adequada, tendo consciência de que as relações de mercado não são automáticas e têm o seu tempo de maturação. Cabe assinalar que, no caso de Angola, por exemplo, sempre se registrou uma relação de natureza permanente.

No amplo contexto das relações internacionais, impõe-se aprofundar as relações, quer no cenário do bilateralismo, quer no cenário das relações inter-regionais, quer no amplo campo do multilateralismo. Se as relações comerciais são sempre um jogo, com tempo próprio, cabe perquirir os instrumentos de ação. Verifica-se relativa tendência da imprensa em tratar desses temas de forma independente, sem os relacionar, devidamente, com fatores endógenos e exógenos à relação, resultando, normalmente, em uma informação incompleta.

Cabe considerar que boa parte dos acordos inter-regionais busca caminhos para uma desejada integração, mas, por enquanto, ainda não tem capacidade de fazer avanços mais profundos, principalmente no campo econômico-financeiro. Entenda-se, nesse sentido, a Comunidade para o Desenvolvimento da África Austral (SADC); e com um pouco mais de liberdade, o Mercosul. Iniciativas, em outros contextos, como a da Comesa — Mercado Comum da África Austral e Oriental —, uma iniciativa da União Africana (UA), com a Comissão Econômica das Nações Unidas para a África, posta em evidência, entre outros países, pela África do Sul, precisa ser entendida como um mecanismo de aprendizagem e tomada de medidas tentativas, e nunca como um mecanismo adulto.

Quais modelos? No campo do regionalismo, leve-se em conta que os estudos mais ponderados, a apresentação de modelos teóricos, praticamente se resume à experiência da União Européia (UE) nos vários campos e cenários. Em relação às outras regiões, mormente o continente africano e a América do Sul, as experiências regionais, como é natural, ainda têm um longo caminho a percorrer, mostrando mais resultados, como aprendizado integrativo. Considerando-se o fator tempo, qual o cenário que avançará mais rapidamente, as relações regionais ou o multilateralismo? Este é um tema central e atual posto em evidência na obra do economista Jagdish Bhagawati em várias das suas obras, em que opta pela defesa do multilateralismo[7]. Em relação à África Subsaariana, registramos o texto do economista Emmanuel Moreira Carneiro[8], pondo em evidência que a especia-

---

[7] BHAGAWATI, Jagdish. *Em defesa da globalização*: como a globalização está ajudando ricos e pobres. Rio de Janeiro: Campus, 2004.

[8] CARNEIRO, Emmanuel Moreira. *Especialização rendeira e extroversão na África Subsaariana*: caracterização e conseqüências. São João do Estoril: Principia, 2004.

lização rendeira, comum às várias sociedades da África Subsaariana, "[...] constitui o elemento fundamental de moldagem quer das economias, quer das sociedades (incluindo a natureza das suas instituições) [...]".

Antes de passar à análise das relações do Brasil com os países africanos nos últimos 15 anos, cabe ressaltar as mudanças relevantes, no mesmo período, no contexto internacional, evidenciando-se o binômio segurança-integração.

7.2 África: da ênfase na economia à ênfase na segurança-integração

Nos últimos anos, tanto o número quanto a visibilidade mediática dos conflitos em África apresentaram uma redução, em comparação à segunda metade da década passada. Nesse momento, o Sudão, a Costa do Marfim, o Congo, o Burundi, para citar alguns casos, vivem com situações humanitárias complexas e/ou com conflitos abertos. Se fizéssemos uma lista idêntica, no final da década, passada ela englobaria um número sensivelmente mais vasto de casos.

Por que diminuíram os conflitos armados e a sua visibilidade? Parte da explicação reside nas respostas crescentemente afirmativas e interventivas que, atualmente, têm sido protagonizadas por africanos, desde líderes políticos e espirituais a organizações da sociedade civil. De certa maneira, esta dinâmica acabou por influenciar a natureza da recém-criada UA e da Nova Iniciativa para África (Nepad). Na verdade, a União Africana — contrariamente à sua predecessora, a Organização da Unidade Africana (OUA) — prevê, em determinadas circunstâncias, a possibilidade de intervenção armada em estados membros. A própria Nepad, mais que uma lista de ações e projetos, que também é, recoloca em cima da mesa o sentido do longo prazo, do que é estrutural e não imediato, ao fim de mais de 20 anos de domínio das questões do curto prazo, provocadas pelas lógicas da dívida externa e pelos esquemas do respectivo pagamento e reescalonamento. Esse retorno às perspectivas do longo prazo é fundamental, não só do ponto de vista institucional mas também do ponto de vista dos estilos da gestão e da direção política.

Em paralelo, verificamos também o relançamento das grandes idéias da integração continental que moldaram ciclicamente o discurso político das elites africanas e dos principais doadores, com especial ênfase à União Européia. Na verdade, após o insucesso dos projetos guisados nas cimeiras da OUA de Lagos, em 1980, e de Abuja, em 1991, agora, na direção da "Comissão Konaré", é proposto um percurso gradual e por regiões, visando iniciar a etapa de integração continental a partir de 2015. Possivelmente, e uma vez mais as lideranças africanas colocam as expectativas em nível mais alto do que o das possibilidades, se tomarmos em conta que, na sua generalidade, os países africanos se situam abaixo dos dois dígitos porcentuais no que respeita aos fluxos comerciais e de investimentos recíprocos, para além da continuada desintegração interna de muitas das economias, da fraqueza das instituições estatais e das debilidades do tecido social.

De qualquer modo, é de realçar o decréscimo da conflitualidade armada em África, que tem também a ver com o aumento da experiência e da capacidade de mediação e com a melhoria da coordenação entre atores externos — Nações Unidas, União Européia, países doadores — e atores internos — quer do próprio país, quer de países africanos, incluindo organizações da sociedade civil e individualidades africanas influentes. Há, por isso, melhores condições para ações concertadas entre atores locais, institucionais ou não, e atores internacionais.

A aparente diminuição da violência armada dá-se em um pano de fundo em que muitos dos aspectos que caracterizavam a segunda metade dos anos 1990 continuam presentes. As dinâmicas positivas dos últimos anos não fazem desaparecer os contextos e as razões que levaram aos conflitos armados da década passada, o que exige uma mais completa compreensão dos fatores e dos problemas que permanecem para além do fim deste ou daquele conflito violento. Dentre esses fatores internos, destacam-se os seguintes:

O domínio político: na África prevalecem estados fracos, difusos e desagregados. Estados que experimentam crises de soberania, com a perda do controle sobre partes do território e da população, que são ineficazes do ponto de vista da governação, não excluindo mesmo aqueles que são considerados "bons alunos" pelos doadores; Estados que experimentam ainda crises de legitimidade do poder, não obstante os avanços permitidos com a abertura política a partidos da oposição, à imprensa privada e à ação de organizações não-governamentais.

O domínio econômico: as melhorias são pouco evidentes no domínio econômico. Estamos diante de economias fragmentadas e pouco competitivas. Nos países em que a agricultura é ou era essencial à vida social e econômica, a produção agrícola e as redes comerciais estão inoperacionais ou muito pouco operacionais. São crescentes os casos de urbanização não sustentável, gerados muito antes da década de 1990, e que acarretam um crescimento desmesurado do setor informal, que acaba por ser mais a expressão de problemas nas zonas rurais do que a melhoria de condições nos centros urbanos. A dívida externa e as dependências que ela cria são profundamente responsáveis pela etapa presente de crises das economias africanas: sem poupanças internas não há desenvolvimento; com os níveis de dívida externa não é possível sustentar o surgimento de poupanças internas.

O domínio social: permanecem as crises e as tragédias humanitárias. Crises de refugiados e deslocados que, em muitos casos, mantêm-se à custa da ajuda internacional humanitária, que, quando se esgota, origina situações complicadas as quais se constituem em novos focos de violência. Crises originadas pelas guerras e pelo seu rol de vítimas e sofrimentos. Nas situações pós-conflito, como as de Angola ou do Ruanda, as vítimas diretas da guerra, particularmente as crianças e as mulheres, estão longe de se poder considerar enquadradas, não obstante os programas e as ações nesse sentido. Ressurgem e recrudescem também uma série de doenças e epidemias, nomeadamente a malária, a tuberculose, as diarréias e a subnutrição crônica. O agravamento das condições sanitárias e de saneamento tem provocado a morte de milhares, senão milhões, de pessoas, não necessariamente em virtude dos conflitos armados, mas pelas suas conseqüências, agravadas pelo aumento da pobreza e da distribuição dos recursos.

A epidemia de HIV/Aids, que, pela sua importância e conseqüências a longo prazo é, *de per si*, um fator a destacar. O HIV/Aids tem crescido assustadoramente nos últimos anos, acompanhando a perda de capacidades institucionais, os conflitos e as crises humanitárias. As suas implicações estruturais e a forma de propagação têm conseqüências demográficas que afetam já vastas zonas do continente africano e que transformaram essa doença no mais formidável desafio e fardo para as gerações futuras.

Prevalece igualmente uma série de fatores externos, já presente nos anos 1990, dos quais se destacam dois:

Um deles, que se fez sentir até recentemente, o da "desestrategização" da África, teve a sua origem no fim da guerra fria, na passagem dos anos 1980 aos 1990, com uma deslocalização dos centros de atenção das grandes potências, particularmente dos Estados Unidos, para outras zonas do globo, essencialmente para a Ásia Central e para o Médio Oriente. O certo é que, com o fim do mundo bipolar, os países africanos perderam importância nas agendas políticas das principais potências e tornaram-se, de certa maneira, "órfãos da Guerra Fria". Vários dirigentes e, em alguns casos, elites e grupos sociais de apoio, perderam o poder enquanto, em outros casos, líderes de regimes autoritários efetuaram facilmente a reconversão do discurso político e institucional aos novos ambientes internacionais. Esse fator está, porém, em retrocesso, parcialmente devido ao perigo do terrorismo internacional e aos problemas do abastecimento petrolífero, como veremos mais adiante.

Outro, o da generalização do modelo neoliberal, que tem se acentuado desde os finais dos anos 1970. A assinatura da primeira Convenção de Lomé em 1975, no momento em que a União Européia e a maioria dos países da África, Caribe e Pacífico (ACP) protagonizaram um acordo com propostas reformistas no capítulo da cooperação internacional, foi incapaz de travar esta dinâmica. Na verdade, o início da crise da dívida externa na África e as conseqüentes experiências neoliberais dos anos 1980 condicionaram decisivamente os acontecimentos e forçaram a um aumento das dependências que já preexistiam.

Com o advento dos programas de curto prazo e dos ajustamentos estruturais, desapareceram das agendas de governação as preocupações de longo prazo. É a partir dos finais dos anos setenta, em sintonia com as crises petrolíferas de então, que os aparelhos industriais e tecnológicos na maioria dos países africanos se tornam cada vez mais inadequados e obsoletos, incluindo as esferas da exportação, principalmente da exportação de matérias-primas agrícolas. Disso decorre uma evidente crise nos modelos de cooperação internacional que só nos últimos meses começam a dar sinais de adaptação aos novos desafios do desenvolvimento e da atual etapa de globalização internacional.

Como pano de fundo dos cenários descritos, mesmo quando os conflitos armados refletem uma reação espontânea de marginalizados ou excluídos, acaba sempre por estar presente uma luta pelo controle do poder central do Estado, pelo controle e pelo acesso a recursos, e, em particular, em países e zonas em que a soberania não é exercida, a guerra ganha, ela própria, foros de auto-sustentabilidade, alimentando-se a si própria — este fato é verificável ao longo da história humana, não sendo assim uma especificidade africana.

A caracterização sumária aqui feita e a permanência de crises e conflitos armados não negam a existência de melhorias na governação e nas condições de vida em alguns países, nos últimos anos. No entanto, as causas das crises e dos problemas permanecem e são preocupantes.

Enquanto na passagem do século XIX para o século XX, quando da formação dos estados coloniais, verificamos uma aliança pelo poder entre atores internos e atores externos, conduzida por estes últimos, já na passagem do século XX para o século XXI este tipo de aliança vem sendo crescentemente conduzida pelos atores internos. Desse ponto de vista, existem mudanças significativas na África dos nossos dias. Diferentemente de um recorrente discurso terceiro-mundista, já não são só as multinacionais e os países estrangeiros que chegam à África e põem e dispõem das riquezas dos países. Hoje, os atores africanos, chefes de Estado, senhores da guerra, diplomatas e plutocratas conduzem alianças com atores externos, em um processo sempre presente de luta pelo acesso e controle dos recursos, incluindo a luta pelo poder e pelas benesses dos orçamentos, sejam estes os do Estado, os da cooperação ou os provenientes de bônus de empresas predadoras de recursos. Por meios violentos ou por meios pacíficos, o poder é, afinal, o centro da política e dos políticos.

Nessas circunstâncias, as capacidades africanas de intervenção, mediação e resolução de conflitos ou os esforços e iniciativas de integração passam obrigatoriamente pelas capacidades africanas de consolidação das soberanias, pela legitimidade e pela transparência dos regimes de governação e também pela concertação eficaz entre países e destes com organizações regionais, interna e externamente à África.

Entretanto, as dinâmicas continentais também têm contribuído para o recolocar da África na agenda internacional e para o renascer de expectativas de crescimento.

O lançamento da iniciativa do Nepad e a criação da União Africana em 2003, já anteriormente focados, acompanham e sustentam uma nova cooperação continental baseada essencialmente no domínio militar e da segurança.

Na verdade, estão criados e em funcionamento novos órgãos africanos que fizeram avançar mais o processo de cooperação continental em dois anos do que nos últimos 40, ou seja, desde que a África é independente.

A União Africana criou um Conselho de Paz e Segurança composto de 15 membros, 10 eleitos por dois anos e 5 por três anos (para assegurar uma continuidade), apoiado por uma Comissão de Sábios, composta de cinco líderes africanos, que vem se revelando muito ativa e eficaz na intervenção em alguns dos atuais processos de pacificação, nomeadamente no Burundi e no Sudão. Está adiantado o projeto da criação de uma Força Africana em

Alerta, composta de cinco brigadas, em um total de 15 mil homens, dispostas em países de cinco das organizações regionais africanas. Essas brigadas estarão prontas para intervir como observadoras em conjunto com forças da ONU até Junho de 2006 (estima-se que em três das cinco regiões este processo esteja praticamente terminado antes do final do presente ano) e na sua capacidade total de intervenção militar até 2010.

As cinco organizações regionais africanas acima referidas são: a Comunidade Econômica dos Estados da África Ocidental (Cedeao), composta de 16 membros e que tem já em funcionamento uma estrutura militar conjunta (Ecomog); a Comunidade Econômica dos Estados da África Central (CEEAC), composta de 11 membros (incluindo Angola) e que tem a respectiva brigada praticamente formada; a Autoridade Intergovernamental para o Desenvolvimento (Igad) na África Oriental, em cuja formação da brigada participam sete países; a Comunidade para o Desenvolvimento da África Austral (SADC), com 14 membros e que está igualmente em uma fase avançada de formação da respectiva brigada; por fim, a União do Maghreb Árabe (UMA), composta de cinco países do norte da África e que é a única a não funcionar por contradições permanentes entre os estados membros.

É interessante notar: as cinco brigadas africanas devem ser totalmente equipadas com fundos provenientes do Fundo Europeu de Desenvolvimento (FED), na sua componente não letal e por instrumentos adstritos à Política Européia de Segurança e Defesa (PESD), incluindo treinamento, equipamento pesado, blindados, aviação e equipamento de comunicações. A iniciativa Reforço das Capacidades Africanas de Manutenção da Paz (Recamp), inicialmente proposta pela França em 1998, acabou por ser cooptada pelo Reino Unido e por um conjunto de parceiros europeus incluindo a Bélgica, Portugal, a Alemanha e vários outros países europeus. Já no decorrer de 2005, a França colocou à disposição da União Européia e da PESD grande parte do equipamento militar localizado nas suas cinco bases militares na África (Senegal, Costa do Marfim, Chade, Gabão e Djibouti). A França dispõe ainda de meios estacionados na ilha da Reunião.

Este crescimento da cooperação inter-regional e intergovernamental na África decorre da consciência, por parte das lideranças africanas (e internacionais), de que sem segurança não há desenvolvimento. Note-se igualmente a rapidez e a relativa facilidade com que as operações e as decisões estão sendo tomadas.

O modelo de integração africano tem sido consistentemente moldado sobre o modelo europeu, porém, enquanto esse modelo se concentrou nos aspectos da integração econômica, os seus resultados mantiveram-se pouco significativos — na verdade, as economias africanas continuam subdesenvolvidas, e os seus fluxos de comércio e investimento são direcionados para países não africanos. Quando os países africanos avançaram, com o apoio dos parceiros europeus, para ações de cooperação no domínio da segurança, o processo de integração sofreu um impulso significativo, provavelmente só possível com a chegada ao poder de uma maioria de regimes de pendor democrático.

Na verdade, estamos assistindo, neste momento, à mudança de um paradigma no binômio segurança-integração. Após mais de três décadas de tentativas pouco sucedidas de integração por meio da economia, malgrado as declarações em contrário, o regionalismo na África ganha força pelo impulso à cooperação intergovernamental nas áreas da política e da segurança.

Esses novos fatos não escondem, porém, a existência de uma crise dos estados e dos regimes de governação que constitui o substrato e a resposta ao relançamento e ao renascimento africano. Se esse relançamento pode ser generalizável ou se passará, como parece mais provável, pela "descolagem" de alguns países e regiões é um debate em aberto. Afinal, África, tal como os outros continentes e regiões, é composta de várias Áfricas, por vezes no interior dos próprios países.

No campo internacional, como vimos, a segurança regional é um dos pontos nevrálgicos que mais chamou a atenção, quer por parte da Europa, quer das organizações regionais africanas, para não falar dos Estados Unidos que, curiosamente, têm tido uma atuação discreta, mas efetiva.

Contudo, no caso do Sudão, o genocídio no oeste do país prossegue, apesar das medidas e da presença de tropas da União Africana (UA). Mais de 400 mil "zurgas" já foram mortos e cerca de dois milhões expulsos de suas casas, com a conivência da Frente Islâmica Nacional. O holocausto de Darfur parece não ser estranho a uma certa proteção dos Estados Unidos, em troca do apoio do Sudão a medidas contra a Al Quaeda.

No anos 1990, a assinatura do Tratado de Não-Proliferação Nuclear vem em reforço do tema da desnuclearização do Atlântico Sul, um dos eixos da Zona de Paz e Cooperação do Atlântico Sul (ZPCAS), posteriormente revitalizado, o que levou o então chanceler Celso Amorim a afirmar que se tratava da região "mais desmilitarizada do mundo" (21 de novembro de 1994).

7.3 A política externa brasileira para África

Em decorrência da perspectiva de Cooperação Sul—Sul, a política externa brasileira, nas décadas de 1960 e 1970, tinha-se aproximado prioritariamente do continente africano, desenvolvendo o que se chamou de *política africana*. Essa política representara, enquanto emblema, o envolvimento brasileiro com as perspectivas de geração de uma nova ordem econômica internacional ou com sua política de Terceiro Mundo, embora, como já afirmamos em textos anteriores, sem o cunho terceiro-mundista.

No entanto, em decorrência das crises dos anos 1980 e da nova postura econômico-comercial brasileira, com a disposição de abertura de mercados, a implementação de ajustes estruturais e a reforma do Estado, nota-se um nítido distanciamento do continente africano, com retração na importância que se outorgava a este relacionamento. Como bem reconhece o então Diretor do Departamento de África e Oriente Próximo do Ministério das Relações Exteriores,

> no Governo Fernando Henrique Cardoso, as relações com os Estados Unidos e Europa atingem níveis qualitativos excepcionais e, enquanto se avança em direção ao aprimoramento das relações com a Ásia, o sucesso do Mercosul faz as atenções do empresariado convergirem para os vizinhos continentais. Nesse contexto, a posição relativa da África perde atrativos[9].

Dessa forma,

> a África foi esquecida pela política exterior do Brasil. E foi também obliterada nas universidades, parlamento e setores empresariais. Ela já não mais servia aos grandes desenhos do novo lugar que o Brasil fazia de si no mundo. Foram anos de silêncio e afastamento. O governo Cardoso assistiu, de binóculo, à marginalização na qual o continente africano submeteu-se na década passada[10].

Mesmo com esse distanciamento, mantiveram-se ainda, nos anos 1990, algumas aproximações bem pontuais, como a constituição da Comunidade

---

9 PIMENTEL, José Vicente de Sá. Relações entre o Brasil e a África subsaárica. *Revista Brasileira de Política Internacional*, 43 (1): 5-23, p. 8, 2000.

10 SARAIVA, José Flávio Sombra. África e Brasil: o fórum de Fortaleza e o relançamento da política africana do Brasil no governo Lula. In: COELHO, Pedro Motta Pinto; SARAIVA, José Flávio Sombra (Org.). *Fórum Brasil—África*: política, cooperação e comércio. Brasília: Ibri, 2004. p. 298.

dos Países de Língua Portuguesa (CPLP) e a tentativa de aproximação entre o Mercosul e a SADC, com ênfase na potencialidade genérica apresentada pela África Austral e, em especial, pela África do Sul[11].

Em 1996, constituiu-se a CPLP, deixando de lado a criação do Instituto Internacional de Língua Portuguesa, proposto no governo José Sarney, em 1989, quando ocorreu em São Luís do Maranhão a primeira reunião de chefes de estado e de governo dos países de língua portuguesa. No governo Itamar Franco, cabe destacar a extraordinária maestria com que o então embaixador do Brasil em Lisboa, José Aparecido de Oliveira, apoiou a CPLP, implantando-a por meio de mecanismos possíveis, sem entrar em conflitos com temas ainda maltratados ou mal-absorvidos.

> De outro lado, no governo Lula constatou-se uma retomada do interesse político pela África, com uma redefinição da política africana, procurando-se ultrapassar a chamada diplomacia seletiva, que privilegiava preferencialmente os países da África Meridional e os países da CPLP e passando a um esforço de abarcar o conjunto dos países do continente africano. Mesmo assim, áreas tradicionais continuaram recebendo tratamento atento em alguns casos, como em relação à África do Sul, em face de novas iniciativas estratégicas, nomeadamente o Fórum de Diálogo Índia, Brasil, África do Sul (IBAS).

A reaproximação da África é, por diferentes analistas, percebida como decorrente da estratégia brasileira de buscar compatibilizar o plano das negociações Norte-Sul com as perspectivas de Cooperação Sul-Sul[12]. "É uma política externa de associação anti-hegemônica, articulada ao Sul, sem passionalidades ou ideologismos, mas com interesses e valores comuns que necessitam ser tratados no plano prático, em especial na eficácia das negociações em curso"[13].

---

[11] No caso da África do Sul, ver: PENNA FILHO, Pio. África do Sul e Brasil: diplomacia e comércio (1918-2000). *Revista Brasileira de Política Internacional*, 44 (1): 69-93, 2001.

[12] Ver: LESSA, Antônio Carlos. *Balanço do primeiro ano do governo Lula*. Brasília: Correio Internacional, Relnet, 2004. Disponível em: <http://www.relnet.com.br>; LIMA, Maria Regina Soares de. A política externa brasileira e os desafios da cooperação sul—sul. *Revista Brasileira de Política Internacional*, 48 (1): 24-59, 2005.

[13] SARAIVA, 2004, p. 305.

O Presidente Lula tem desenvolvido intensa atividade de aproximação da África. Em quatro viagens àquele continente, visitou 14 países (África do Sul, Cabo Verde, Camarões, Egito, Gabão, Gana, Guiné-Bissau, Líbia, Moçambique, Namíbia, Nigéria, São Tomé, Príncipe e Senegal) e compareceu a um evento multilateral — a V Conferência dos Chefes de Estado e de Governo da CPLP (São Tomé, junho de 2004).

Engajou-se em diversas outras iniciativas que evidenciam sua determinação em fortalecer as relações com a África. No período de apenas dois anos, foram abertas, ou estão em fase de instalação, novas embaixadas do Brasil na África, em São Tomé, Adis Abeba[14], Dar es Salam, Kinshasa e Iaundé. Registre-se que, em relação a essas três últimas embaixadas, trata-se de um ato de reabertura, o que cabe pôr em destaque. Ressalte-se que nesse mesmo período foram instaladas em Brasília as embaixadas do Sudão, da Namíbia e do Zimbábue.

Já visitaram o Brasil, durante o governo Lula, os chefes de Estado da Burkina Faso, da Namíbia, do Moçambique (o então presidente Joaquim Chissano) e de Marrocos. Aguardam-se, para breve, as visitas oficiais do presidente de Angola, José Eduardo dos Santos, e de Moçambique, Armando Guebuza, e também visita de trabalho do presidente da África do Sul, Thabo Mbeki.

Independentemente do período governamental, no que se refere ao tema da segurança, o Brasil participou, com destaque, nos contingentes militares da ONU, em operação de manutenção da paz, em Moçambique, Onumoz, e em Angola, Missão de Verificação das Nações Unidas em Angola, Unavem I, II e III; teve participação na Missão de Observação das Nações Unidas em Angola (Monua), para supervisar e executar as tarefas pendentes previstas no Protocolo de Paz de Lusaka.

Enviou observadores militares e unidades médicas na Unomur — Missão de Observação das Nações Unidas em Uganda e Ruanda —, entre junho de 1993 e setembro de 1994, tendente a controlar movimentos ilegais de pessoas e de material na fronteira entre os dois países, e na Unomil — Missão de Observação das Nações Unidas na Libéria —, entre setembro de 1993 e setembro de 1997, para monitorar e executar as tarefas previstas no

14 A abertura da embaixada em Adis Abeba, sede da UA, deve também possibilitar que o Brasil exerça, naquela organização, um papel de observador compatível à importância que atribui ao continente africano.

Acordo de Paz de Cotonou, de 25 de julho de 1993. Observadores eleitorais foram enviados à África do Sul, UNOMSA — Missão de Observação das Nações Unidas na África do Sul —, para colaborar no monitoramento das eleições de abril de 1994.

A Marinha de Guerra tem um programa de apoio para o desenvolvimento da Ala Naval da Força de Defesa da Namíbia; Programa de Ensino Marítimo, na área da marinha mercante com alunos dos ciclos profissionalizante e de aperfeiçoamento, além de cursos e estágios para atender demandas de Angola. No âmbito da CPLP, continuam a ocorrer exercícios militares de comando, sem envolver tropas em terreno. Em 2005, os exercícios aconteceram em Cabo Verde, e, no próximo ano, devem se desenvolver no Brasil.

Em relação ao tema da dívida, o Brasil tem tomado uma posição cautelosa. Assim, obteve o reconhecimento, por parte do Senegal, da dívida com o Brasil, o que possibilitou a assinatura do contrato bilateral de reescalonamento da dívida, no âmbito do Clube de Paris. Após longa negociação, a Nigéria começou a pagar a dívida contraída com o Brasil na década de 1980, solvendo a primeira das três parcelas de um total de US$ 67,2 milhões. A dívida original era de US$ 128 milhões, reduzida, após as negociações, em crédito, para muitos, considerado perdido.

Um ponto que passou a merecer destaque na reaproximação da África é o da cooperação[15]. No Senegal, o governo brasileiro se comprometeu a ampliar o campo de ação do Protocolo de Intenções na Área de Saúde, de junho de 2002, particularmente na área do combate ao HIV/Aids. No domínio agrícola, o presidente Lula da Silva prometeu colocar à disposição do Senegal a experiência brasileira em matéria de produção de biodiesel. O Brasil presta cooperação no combate aos enxames de gafanhotos que recentemente assolaram o Senegal.

Em Camarões, a visita do presidente Lula marcou o início de uma etapa superior do relacionamento. Constituiu ocasião para a assinatura de acordos, nas áreas da educação, saúde e da cacauicultura, que vinham sendo exami-

[15] A cooperação contou com o suporte da Agência Brasileira de Cooperação (ABC), da Empresa Brasileira para a Pesquisa Agrícola (Embrapa), do Serviço Nacional Brasileiro de Assistência à Indústria (Senai), especialmente do setor de treinamento, do Serviço Brasileiro de Apoio à Pequena e Média Indústria (Sebrae), do Ministério da Saúde, do Ministério da Educação, do Ministério da Marinha, além de órgãos congêneres no plano estadual e ainda no das universidades e inúmeros institutos públicos e privados nos mais variados campos.

nados em conjunto pelas duas chancelarias, serviu para consolidar posições de coordenação sobre temas da agenda internacional e multilateral e possibilitou o aprofundamento do exame de temas bilaterais que foram objeto de novas conversações e negociações ainda no decorrer de 2005, por ocasião da reunião da Comissão Mista Brasil—Camarões. Atualmente, a construtora mineira Andrade Gutierrez está construindo uma rodovia em Camarões.

Em Gana, durante a visita presidencial, foram examinados meios de fortalecer a cooperação técnica bilateral, especialmente na agricultura. Em especial, destacou-se a experiência inovadora de implementação de programa de cooperação trilateral na área de desenvolvimento da cultura da mandioca, atualmente conduzido pelo Brasil, por Gana e pelo Japão. Também foi analisada a possibilidade de elaboração de projeto de cooperação técnica no domínio da produção de sal.

O presidente de Gana, John Kufuor, destacou a importante opção comercial representada pelo Brasil, cujos produtos oferecem excelente relação qualidade-preço, em comparação aos congêneres europeus.

No âmbito da cooperação cultural, o presidente Lula da Silva anunciou a destinação de verba, por parte do governo brasileiro, para a restauração da Brazil House, residência construída no início do século XIX pelo povo Tabom, formada por escravos brasileiros-ganenses retornados à África. O edifício constitui um dos mais importantes símbolos dos laços históricos e culturais que aproximam o Brasil e a África.

Dois importantes documentos foram assinados durante a visita presidencial: 1) Acordo de Serviços Aéreos, 2) Memorandum de Entendimento para o Estabelecimento de Consultas Políticas.

Os resultados da visita à Nigéria incluíram a assinatura de Protocolo de Intenções na Área de Agricultura e a negociação do Acordo de Confidencialidade na Área de Saúde, regulando a transferência de tecnologia brasileira para a produção de medicamentos anti-retrovirais na Nigéria.

No domínio cultural, o governo da Nigéria se comprometeu a encaminhar professores de história e cultura africanas ao Brasil. A reunião da Comissão Mista Brasil—Nigéria, em Abuja, no ano de 2005, foi uma ocasião oportuna para o encaminhamento, para a diversificação e para a atualização da agenda bilateral.

Na Guiné-Bissau, o presidente da República foi recebido pelo presidente em exercício, Henrique Rosa, e pelo primeiro-ministro, Carlos Gomes Junior, e visitou a Assembléia Nacional Popular. Em Bissau, o Presidente Lula reafirmou a solidariedade brasileira ao país, afetado pela difícil situação econômica e social, agravada por incertezas de ordem político-institucional.

A visita presidencial foi precedida por medidas concretas de apoio à normalização democrática da Guiné-Bissau, por exemplo, a doação de 500 mil dólares ao Fundo Especial da CPLP, a serem destinados a urgentes projetos de reestruturação das Forças Armadas Bissau-guineenses. O Brasil prestou cooperação à Guiné-Bissau para a realização da eleição presidencial em 19 de junho de 2005.

No âmbito do IBAS, cabe registrar uma iniciativa emblemática no contexto da Cooperação Sul—Sul. Foi examinada a implementação de alguns projetos de cooperação, entre os quais o que contempla apoio ao desenvolvimento agrícola e pecuário da Guiné-Bissau, empreendimento a ser financiado pelo Fundo de Combate à Fome e à Pobreza, criado pelo Fórum Índia—Brasil. África do Sul (Ibas), com apoio do Programa das Nações Unidas para o Desenvolvimento (PNUD). O projeto, no valor de US$ 550 mil, deve ter início em curto prazo. Trata-se de iniciativa emblemática da Cooperação Sul—Sul, sendo a primeira ação do gênero empreendida pelo Ibas.

Tem havido esforço, por parte da política externa brasileira, no sentido de desenvolver presença mais atuante nos diversos foros multilaterais da África. À União Africana e seu braço econômico e à Nova Parceria para o Desenvolvimento da África, juntam-se organismos sub-regionais, como a CEDEAO e a SADC, para consolidar uma rede africana fundada na cooperação mútua e na interdependência.

7.4 As relações comerciais

O Brasil já ocupa o nono lugar no comércio entre países de economia periférica, tendo no período de 1970 (com queda nos anos 1980) até 2003, crescido 13,3% ao ano, em média, contra 9,2% com os países das economias centrais. Para o crescimento desse comércio horizontal, no entanto, cabe desenvolver as infra-estruturas, a par da criação de uma rede de serviços.

Está assim sendo retomado um fluxo de comércio Sul-Sul, embora pouco significativo, mas que vem aumentando. No campo alimentar e da higiene, pequenos e médios produtores de sucos em pó, balas mastigáveis, pastifícios, sabão em barra, e outros fazem parte dos produtos em alta na exportação para países africanos, nomeadamente os da CPLP, a par de grandes produtores de sucos, como a Del Valle, que entrou no mercado africano, exportando em 2004, cerca de 8 milhões de litros de sucos de procedência brasileira.

Em boa hora, o Brasil passou a operacionalizar o Mercosul como instrumento internacional, o que está permitindo o desagravo fiscal de centenas de produtos, como no caso recente dos acordos entre o Mercosul e a União Aduaneira da África Austral (Sacu, da sigla em inglês) e com os países da CPLP — aguarda-se a aprovação por parte do Senado dos países integrantes do Mercosul —, e como instrumento para aumentar as exportações com os países da África do Norte, envolvendo ações no campo do bilateralismo, do regionalismo e do multilateralismo, permitindo o aumento dos fluxos exportadores, nomeadamente do comércio intrafirma.

Produtos médios, com valor agregado, que fazem parte do que a Câmara de Comércio Afro-Brasileira designava de produtos de tecnologia tropicalizada, precisam vencer as barreiras da comercialização e da distribuição, obtendo o apoio de agências como o Sebrae, já que esses produtos ainda estão fora do leque das grandes exportadoras.

Medidas concretas para facilitar as exportações das pequenas indústrias começam a ser tomadas. Uma missão de pequenos industriais da área de apoio à extração petrolífera, com base em Macaé, visitou Luanda, em setembro de 2005, em busca de negócios partilhados com empreendedores angolanos. Trata-se de um segmento industrial que não só conta com o apoio do Programa de fortalecimento das indústrias centradas no ramo petrolífero (Prominp), como ainda da transferência de *know-how* por parte das grandes indústrias petrolíferas.

Registre-se o fato de que Angola está prestes a entrar em um novo ciclo, ultrapassando a fase da produção centrada em petróleo, diamantes e pesca. Luanda, com quatro milhões de habitantes, expande-se para o sul, em uma febre construtiva de erguer condomínios destinados a quadros da indústria e serviços. Para estruturar o tecido urbano e a rede de comunicações, foi criada a Comissão Técnica para o Desenvolvimento de Luanda.

A recuperação do parque industrial em Angola foi objeto de um encontro entre empresários e representantes governamentais, promovido pela Fundação Sagrada Esperança, em maio de 2005, prevendo-se a criação de parcerias público-privadas e a criação de um banco de desenvolvimento. No campo bancário, além da reabertura do escritório do Banco do Brasil, estão decorrendo conversações para a criação de um banco de negócios com apoio de uma entidade bancária brasileira.

O escritório do Banco do Brasil, que voltou a funcionar em março de 2005, já detectou importantes fluxos comerciais entre os dois países, inclusive fora da linha de crédito garantida pela conta-petróleo. O banco, que administra o Programa de Financiamento às Exportações (Proex), vem alargando sua área de atuação.

Com o desenvolvimento do agro-negócio, o Brasil já exportou cerca de duas mil cabeças de gabo zebu para dar início à pecuária de corte.

O Brasil, o que se passa em suas cidades no dia-a-dia, já entra na casa dos telespectadores de muitos países, mormente do continente africano, quer por meio dos programas da Globo Internacional, já com seis anos, e da Rede Record, há quatro anos no ar. Nesse campo, assim como no da propaganda, haveria muita coisa a citar, nomeadamente a constituição de um novo canal televisivo em Angola, com capitais angolanos e brasileiros e o alcance do recém-lançado BIG Gazeta — resumo do periódico *Gazeta Mercantil* em várias línguas — já conectado por leitores angolanos.

A exportação de cimento para países africanos, principalmente para Angola, vem aumentando. Cerca de 10% das exportações da Camargo Correia têm África como destino. Por sua vez, a Cimpor está exportando para o Congo, para a Nigéria e para Cabo Verde. Com a reconstrução de Angola, decorrem negociações para a instalação de uma cimenteira nesse país, com a associação de capitais angolanos e brasileiros.

O intercâmbio comercial entre Brasil e Angola destaca, com clareza, nas importações, o petróleo, e, nas exportações, os manufaturados, em um contexto comercial beneficiado pela chamada de conta-petróleo. Os serviços são um outro campo, com forte tendência a desenvolver-se rapidamente.

Em Angola, onde a experiência e a importância da Odebrecht, uma das poucas empresas que se manteve no país nos piores momentos da guerra civil, é marcante, registra-se uma importante comunidade brasileira que atua nos mais variados setores. Há restaurantes, bares, casas de saúde, iniciativas hoteleiras, firmas de engenharia, empresas de propaganda e de muitas outras atividades, que se congregam em torno da Associação de Empresários e Executivos Brasileiros (Aebran).

Em relação a Moçambique, cabe destacar que o projeto de exploração de Moatize foi retomado pela Companhia Vale do Rio Doce, depois de ter ficado vários anos parado. As reservas da região estão estimadas em 2,4 bilhões de toneladas, prevendo-se a produção de 14 milhões de toneladas anuais de carvão térmico e metalúrgico. A Vale, após estudos, resolveu optar pelo porto de Nacala, o que determina o término da construção da ferrovia, com cerca de mil quilômetros. Por outro lado, a Petrobras e a Vale entraram recentemente em entendimento para a exploração de gás natural a ser utilizado em projetos de siderurgia e processamento de minérios. Atualmente, a Sasol, empresa sul-africana, já explora dois campos. A exploração do alumínio, em associação com empresas de outros países, é um outro tema que cabe registro e que, uma vez que se consiga acordo em torno das taxas pelo uso da energia elétrica para esse fim, é um outro projeto o qual certamente crescerá. O esperado aumento da navegação marítima com a África do Sul, certamente beneficiará o comércio com Moçambique, além do aproveitamento, no retorno, dos navios fretados para o transporte de minerais para o Japão e para a China.

Nichos de comércio Sul-Sul não podem ser desprezados. Por exemplo, com Cabo Verde, um país com o qual o Brasil tem excelentes relações, e que importa anualmente cerca de US$ 364 milhões, para além de uma linha de navegação comercial já em funcionamento, a ligação aérea Sal—Fortaleza, vem injetando cerca de 150 mil dólares por semana no Ceará. Prevê-se a criação de um pólo marítimo e aéreo no Recife, visando o comércio de peças de vestuário, óleos, açúcar, medicamentos, além de serviços, principalmente no ramo das comunicações.

Os sinais de aproximação acelerada da África do Sul e Brasil vêm da década de 1990. Em 1991, Mandela visitou Brasília, e Fernando Henrique Cardoso foi à África do Sul, em 1996. Embora os números ainda sejam relativamente modestos, as exportações brasileiras para a África do Sul aumentaram desde os finais da década dos anos 1990 até 2004 cerca de cinco vezes, ano em que o saldo da balança comercial esteve por volta dos US$ 800 milhões.

Uma parte desse fluxo deve-se ao comércio intrafirma. A abertura do mercado sul-africano, incluindo a União Aduaneira da África Austral (Sacu), composta pela África do Sul, Bostwana, Lesoto, Namíbia e Suazilândia, é um fator importante para aumentar o fluxo comercial na região. Dos 950 produtos desagravados, cerca de 200 dizem respeito a aparelhos e a material elétrico, máquinas etc.

Do lado das importações oriundas da África do Sul, registram-se adubos e fertilizantes, produtos químicos orgânicos, máquinas e equipamentos mecânicos, vinhos, além de combustíveis e outros produtos.

A Nigéria situa-se entre os primeiros fornecedores de petróleos leves, o que gera um superávit favorável à Nigéria de cerca de 3 bilhões de dólares ao ano. Apesar de a Nigéria ser um país protecionista, o Brasil vem tentando conseguir um acordo comercial, que permita duplicar os 500 milhões de dólares anuais. Os incentivos à exportação seriam patrocinados pelo Proex. Os recursos do Tesouro, administrados pelo Banco do Brasil, passariam a ter como garantia o pagamento das importações de petróleo, por meio de uma conta-petróleo, com valores a serem depositados em um banco estrangeiro de primeira linha.

A Petrobras, que importa da Nigéria cerca de 170 mil barris por dia, está presente em vários blocos de exploração de petróleo na Nigéria, principalmente nos blocos de Agbami, em parceria com a Chevron, e, no campo de Agko, também de águas profundas, em parceria com a Total, além do bloco 324, em parceria com a Exon Mobil. A Petrobras está se preparando para produzir mais de 100 barris-dia, a partir de 2009, investindo 1,9 bilhão de dólares anuais até completar os trabalhos de expansão. A estatal brasileira ainda prevê exportar álcool, pois a Nigéria, com pouca capacidade de refino, pretende adicionar o álcool à gasolina, e, possivelmente, etanol. A partir de 2008, boa parte das necessidades brasileiras de petróleo leve serão supridas pela estatal nigeriana dos petróleos.

A visita do presidente Lula à Nigéria, permitiu a identificação das seguintes prioridades brasileiras para a agenda econômico-comercial bilateral: a) busca de alternativas para a redução do déficit comercial brasileiro (cerca de US$ 3 bilhões); b) negociação para redução da extensa lista de produtos cuja importação é proibida na Nigéria; e c) criação de mecanismo de garantia de pagamento das exportações de lado a lado.

O governo nigeriano reiterou sua disposição para facilitar o estabelecimento de empreendimentos conjuntos no país, em áreas que vão desde o processamento e distribuição de carnes até a fabricação de implementos agrícolas. Existem, ademais, possibilidades concretas de negócios em áreas como defesa, construção civil e outros serviços de engenharia e medicamentos.

A Argélia, um país de tripla formação, berbere, árabe e africana, é um outro caso a destacar, até porque, com o declínio da luta interna resultante das ameaças e dos ataques levados a cabo pelos fundamentalistas, está previsto um investimento, em áreas de desenvolvimento deste país, no valor de US$ 59 bilhões até 2009.

A Argélia apresenta superávit contínuo no relacionamento comercial com o Brasil. Em 2005, as importações brasileiras, concentradas em petróleo e naftas para a petroquímica, atingiram o valor de US$ 2.838 bilhões, enquanto as exportações foram de US$ 384 milhões. Mesmo assim, a Argélia é um mercado atrativo para o Brasil, e o avanço do comércio bilateral com a Argélia depende fundamentalmente da presença de empresários brasileiros. A viagem, em novembro de 2005, do Ministro do Desenvolvimento, Indústria e Comércio Exterior, Luís Fernando Furlan, acompanhado por 30 empresários e 20 representantes dos setores governamentais, entre os quais, o Ministro das Minas e Energia, Silas Rondeau, buscou exatamente superar este distanciamento.

No campo do petróleo, como resultado da visita ministerial, está em estudo a atuação da Petrobras na extração de petróleo leve na Argélia, e a presença da Sonatrach em poços de petróleo pesado no Brasil, por meio de um *swap* de áreas produtivas.

Em relação ao gás argelino, pretende-se ressuscitar a importação de gás natural argelino — há cerca de 30 anos a operação já havia sido tentada em uma parceria entre a Sonatrach e a Comgás, de São Paulo, operação que foi contrariada, à época, pela Petrobras. O gás seria liquefeito em Dakar, onde termina um gasoduto da Sonatrach, e seria gaseificado em Santos ou em Recife.

A missão, além de tratar de aumentar o incremento comercial, pretende encontrar meios para diversificar a pauta de exportação de produtos brasileiros, até agora muito concentrada em poucos produtos, por exemplo, açúcar bruto e refinado, carne bovina e óleo de soja bruto. Além de propostas para entrar no ramo da construção civil, a Andrade Gutierrez pretende apresentar proposta para a construção de uma estrada ligando Marrocos à Tunísia, passando pela Argélia. No ramo automotor, as empresas gaúchas Randon e Neobus, em associação com uma empresa argelina, a Cevital, passarão a exportar veículos desmontados, ônibus e microônibus, além de reboques.

A Argélia, candidata à OMC, que antecipou já parcelas de sua dívida externa, mantém 70% do seu comércio exterior com a União Européia, com a qual dispõe de um Acordo de Associação, já em vigor, um primeiro passo para a área de livre comércio, previsto para 2014. A assinatura de um futuro acordo Mercosul—África do Norte certamente será um instrumento importante para aumentar os fluxos comerciais com o Brasil.

7.5 Críticas e vantagens no relacionamento com países emergentes e africanos

A política externa do Brasil para o continente africano, que se deve não só a motivos históricos, mas, principalmente, ao esforço brasileiro de se inserir internacionalmente, despertou, em várias ocasiões, dúvidas e críticas, quer internas, quer externas[16].

Em relação a essa percepção, cabe registrar que a aproximação do continente africano, nas décadas de 1960 e 1970, passou a sofrer no início de 1990 uma série de críticas. Gibson Barbosa, Ministro de Relações Exteriores de 1969 a 1973, pondera que

> não houve opção naquela ocasião, como também não deve haver hoje, pois uma coisa não exclui a outra. De qualquer modo, o fato dominante no sudeste asiático, na primeira metade da década de 1970, não eram os famosos "tigres", tão louvados e invejados hoje, mas, sim, a guerra do Vietnã, que, como se sabe, terminou somente em 30 de abril de 1975. De tigre, na região, só havia na época os Estados Unidos da América, que aliás os chineses chamavam de "tigre de papel". Os chamados de tigres asiáticos surgiram muito depois[17].

O coro dos críticos ao comércio Sul—Sul insiste na pouca relevância desse comércio. A liberação das exportações agrícolas com os Estados Unidos e com a UE continua emperrada em um jogo no qual um bloco empurra para o outro a culpa. Apesar de a Organização Mundial de Comércio (OMC) contar com o secretário-geral Pascoal Lamy, é natural que a UE não venha a abrir mão das suas salvaguardas nos próximos anos, dada a pressão interna dos países membros, mormente por parte da França.

Será que a UE estará ganhando tempo? A imprensa não registra migração agrícola de franceses, alemães, principalmente para zonas agrícolas do

[16] Isso decorre, também, atualmente, em relação às aproximações dos países emergentes, principalmente a China e a Índia.

[17] BARBOSA, Gibson. Depoimento em *Reflexões sobre a política externa brasileira*. Brasília: Funag, 1993. p. 225. Documento não publicado e disponível no *site* da Funag e do Relnet. Ressalte-se ainda outra passagem do citado depoimento: "outra perigosa tentação é a do anacronismo histórico, que conduz a julgar diretivas e iniciativas do passado com as realidades do presente e, em conseqüência, condenar sumariamente o que foi feito antes. Assim, por exemplo, o Barão do Rio Branco, ao proclamar a vocação americana do Brasil, elegendo os Estados Unidos como nosso pólo natural de atração, seria considerado pelos padrões de hoje um 'entreguista', quando, na época, obviamente, o que ele se propunha, corajosa e patrioticamente, era desvencilhar-se do imperialismo de turno de então, que era o britânico".

Leste, nomeadamente a Ucrânia, o que contribuirá para que a Europa seja auto-suficiente em relação a certos produtos agrícolas. No caso do açúcar, em que pesem as vitórias na OMC por parte do Brasil e de outros produtores, as empresas açucareiras européias vêem-se, não só organizando, como se agrupando para terem a primazia na distribuição.

Os críticos ao comércio relativo aos países emergentes e aos países africanos partem de um princípio comum, o de que esse comércio não é compensador em face de perdas de exportação para os países do Norte, mormente os Estados Unidos e a UE. A abertura de novos mercados tem de ser entendida como uma atividade complementar e não substitutiva. Para o Itamaraty, os novos fluxos são complementares, e a abertura de novas correntes comerciais, como é natural, tem um tempo próprio de maturação.

Alberto Tamer, com base em artigos do embaixador Rubens Barbosa, transcreve:

> Do ponto de vista do Brasil, há agora uma tendência declinante nas exportações para o mercado americano. Em outubro, comparando com 2004, as vendas para a União Européia retrocederam 13,4%; para os EUA, o recuo foi de 5,5%. Pode-se ver que estamos perdendo espaço nos dois principais parceiros comerciais[18].

Contudo, a nosso ver, não se trata de uma opção, mas, sim, de ações concomitantes. O embaixador Rubens Barbosa, que fez um excelente trabalho à frente da embaixada brasileira em Washington (1999-2004), período em que as exportações brasileiras praticamente duplicaram, defende a prática de uma política comercial mais agressiva em relação aos Estados Unidos; para ampliar essa prática no que diz respeito a todos os mercados, mormente o norte-americano e o europeu, seria necessária uma presença mais efetiva dos setores empresariais brasileiros nestes países e aumentar substantivamente o número de funcionários com boa formação e capacidade negociadora no setor comercial de nossas embaixadas. Registre-se, por exemplo, o número de escritórios comerciais, de natureza federal, estadual e institucional, que os Estados Unidos mantêm em São Paulo.

Uma questão é a "grande política", incluindo-se a Alca — sobre este assunto tivemos a ocasião de escrever um artigo longo mostrando os desfo-

[18] TAMER, Alberto. Alca? O que é isso mesmo? *O Estado de S.Paulo*, 10 nov. 2005. Caderno de Economia, p. B7.

ques da discussão em curso[19] —; outra questão é a necessidade de uma política empresarial agressiva no dia-a-dia. Talvez, até por uma certa política cartorial da herança colonial, partimos do princípio de que as questões só se resolvem a partir da assinatura de um acordo, esquecendo-nos também de que, após a assinatura, tem início um processo agressivo. Não se trata de "negociar por negociar, mas de negociar para incrementar o comércio".

As áreas de comércio precisam ser entendidas como complementares, e não como uma relação de exclusão. A diversificação geográfica dos fluxos exportadores não é uma posição nova, é mesmo anterior ao governo de Fernando Henrique Cardoso, ocasião em que já se tinham feito aproximações da China, Rússia e Índia. Para Marcos Troyjo, "[...] a assimetria do comércio internacional não deve representar uma 'desculpa paralisante' para nosso esforço de comércio exterior"[20].

É de bom alvitre proceder à distinção entre vantagens competitivas e vantagens comparativas, nomeadamente da dívida externa desses países e do regime de segurança das moedas. Integração mundial, regional, acordos bilaterais e outros, tudo faz parte de um jogo e de processos específicos. Normalmente, a imprensa e os críticos às relações com as novas áreas dão, primordialmente, maior importância às altas porcentagens do comércio com os Estados Unidos e a UE, esquecendo-se de que o comércio inter-regiões, envolvendo o Mercosul, a Comunidade Andina, a Comunidade do Caribe e o Mercado Comum Centro-Americano, já atinge uma média 12,7% (média entre 2000 e 2004) e, em países das Américas do Sul e Central, 14,8% para o mesmo período.

Não só não é o momento, como nos falta espaço para analisar o comércio dos Estados Unidos e da Europa, mormente da França, da Inglaterra, da Alemanha, da Itália, entre outros países, com África, a título de exemplo, para mostrar a importância relativa desses fluxos nas economias de cada um desses países.

---

19 MOURÃO, Fernando Augusto Albuquerque. Alca—Mercosul: um discurso desfocado. In: CASELLA, Paulo Borba; SANCHEZ, Rodrigo Elian (Org.). *Quem tem medo da Alca?:* desafios e perspectivas para o Brasil. Belo Horizonte: Del Rey, 2005. p. 341-396.

20 TROYJO, Marcos. Para além das negociações. A decolagem para o comércio exterior não pode se limitar a acordos multilaterais. *Forbes*, n. 100, p. 56, 5 nov. 2004.

A estratégia dos Estados Unidos de assinar acordos bilaterais amplos, enquanto os acordos entre países da América do Sul estão mais virados para o comércio de bens, precisa ser entendido como um jogo no processo de integração, com a diferença que o Brasil é um dos poucos países da América do Sul, com algumas condições para garantir novos resultados nas novas áreas regionais. É um assunto em aberto envolvendo a propriedade intelectual, a competição — em um estudo recente da Federação das Indústrias do Estado de São Paulo (Fiesp), o Brasil, em um conjunto de 43 países, estaria na 39ª posição —, o que levanta problemas sérios em ramos como a química fina, a indústria de semicondutores — embora já iniciada, hoje é um caso malparado —, só para citar alguns setores.

É bom não esquecer que as pressões que emergem em torno das negociações em curso, de ambos os lados, apresentam maior peso por parte dos *lobbies* que representam setores e grupos de empresas pouco competitivos. A União Européia, que resultou de um longo processo para aumentar a competitividade interfirmas e oferecer ganhos aos consumidores, volta-se, hoje, para a defesa de setores pouco eficientes, como, nos EUA, que pratica essa proteção, por exemplo, no caso da indústria do aço.

O empresariado brasileiro precisa ser mais agressivo, necessitamos de mais empresas globais, como a Embraer, de empresas sólidas como a Votorantim, e, no campo das tecnologias avançadas, precisamos ganhar posições, e não perder, como ocorreu no último *ranking* do Índice de Aptidão para Integrar Redes (Networked Readiness Index) do Fórum Econômico Mundial.

Ainda que concentrado em poucos produtos, o comércio do Brasil com os países africanos aumentou de 3,2% para 6,5% entre 1998 e 2004. Em alguns produtos, como o açúcar e os produtos de confeitaria, a participação foi de 35%.

Críticas apressadas dão ênfase ao déficit comercial com a África, US$ 2 bilhões. Contudo, ao retirarmos o petróleo desse cálculo, surge um superávit de aproximadamente 3,5 bilhões de dólares

Por absoluta indisponibilidade de espaço e até porque o nosso tema não é específico às relações comerciais com os países do continente africano, deixamos de fazer uma análise de país por país, no qual certamente caberia destacar os países da África do Norte, mormente do Egito, concentrando-nos, embora superficialmente, e apenas a título de exemplos indicativos, em alguns países da SADC, principalmente Angola, África do Sul e Nigéria.

Brasil: Exportações para África por categoria de produtos — 1984 a 2004				
Categorias de Produtos	**Angola**	**Nigéria**	**África do Sul**	**África Total**
	%	%	%	%
Básicos	12,4	2,1	14,4	16,2
Semimanufaturados	2,9	7,0	8,2	15,0
Manufaturados	84,5	90,9	77,3	68,6
Operações Especiais	0,2	*	0,1	0,2
Totais (US$ FOB)	2.579.938.086	6.820.546.802	5.896.194.956	34.158.855.137
Participação %	8%	20%	17%	100%

Fonte: Elaborada por Cláudio Oliveira Ribeiro. Disponível em: <http://www.mdic.gov.br>.

A CPLP, que de nosso ponto de vista padece de um certo déficit institucional[21], vem desenvolvendo uma boa atividade no campo da cooperação e atua, nos seus limites, como instrumento de concertação diplomática.

A CPLP é fundamentalmente uma instituição fundamentada na língua comum, destinada a desenvolver ações no campo da amizade mútua, da concertação político-diplomática e na cooperação. Embora não sendo uma instituição econômica, nem pretenda vir a ser, entre outras conclusões, o IV Fórum Empresarial da CPLP aponta que:

> É assim fácil de perceber o enorme caminho que temos que percorrer para alterar esta situação e as grandes oportunidades que esse percurso certamente tem para oferecer aos países e às empresas da Comunidade, num mercado de 220 milhões de consumidores lusófonos, número que se aproxima da população da União Européia. Tudo isto foi unanimemente reconhecido por todos os intervenientes no painel *Oportunidades de Investimento na CPLP*[22].

21 MOURÃO, Fernando Augusto Albuquerque. Avaliação crítica da CPLP: o projeto, seus mecanismos e viabilidade política. In: CARDIM, Carlos Henrique; CRUZ, João Batista (Org.). *CPLP:* oportunidades e perspectivas. Brasília: Ipri, 2002. p. 43-66.

22 Trecho das conclusões do IV Fórum Empresarial CPLP, Funchal, 14 e 15 de outubro de 2005, apresentadas por Francisco Mantero, Secretário-Geral do Conselho Empresarial da CPLP.

7.6 Conclusão

A par do renovado interesse brasileiro e da retomada das perspectivas de um renascimento africano, bem como da percepção de que o relacionamento brasileiro com o continente africano apresenta um caráter complementar e com um tempo próprio de maturação, há um ponto que merece destaque especial, ou seja, o ponto de equilíbrio entre a CEAC e a SADC (Angola e África do Sul). Essa reflexão, ainda que já abordada em outro texto[23] merece, a todos os títulos, ser recolocada, pois o tema, certamente claro para a diplomacia brasileira, parece escapar a outros setores.

Ao tratarmos das relações do Brasil ou do Mercosul com a África Austral, não podemos deixar de levar em conta a África Central, mormente Angola, que se partilha nas duas regiões. Ultimamente, a África do Sul vem ocupando grande atenção, como no caso do projeto Índia, Brasil, África do Sul (Fundo Ibas), o que merece maior reflexão, pois, do nosso ponto de vista, não se trata de privilegiar unilateralmente a África do Sul em relação a Angola, o parceiro tradicional e fiel, cuja relação se solidificou com o histórico reconhecimento deste país no próprio dia em que proclamou sua independência.

A África do Sul tem a vantagem de contar com uma rede de distribuição comercial avançada e com um razoável sistema bancário, mas é um país pobre em matéria de energia (embora domine técnicas avançadas no tratamento do carvão vegetal), depende da energia dos países vizinhos, principalmente de Moçambique e futuramente de Angola, embora já disponha de energia atômica como forma de energia pacífica. A parceria comercial vem aumentando, o que não é estranho à sua dinâmica rede de serviços que, por sua vez, não deixa de ser um concorrente forte para o Brasil em matéria de serviços na África Austral como um todo. Ao se falar da África do Sul, vem à lembrança o ouro; este como *commodity* vem perdendo valor, e sua extração é cada vez mais cara, no caso das minas.

Existem um ordenamento de prioridades regionais e uma hierarquia central de prioridades globais[24] por parte da diplomacia sul-africana.

---

23 MOURÃO, Fernando Augusto Albuquerque. A política externa brasileira e sul-africana para a África Austral. In: GUIMARÃES, Samuel Pinheiro. *Brasil e África do Sul:* riscos e oportunidades no tumulto da globalização. Brasília: CNPq/Ipri, 1999. p. 81-97.

24 Os responsáveis sul-africanos sabem que no centro de sua ação externa está a competitividade internacional e global, isto é, em todas as áreas e setores, *fora os*

Na África Central, a Comunidade Econômica dos Países da África Central (CEEAC), após um longo período de inoperância, já esperado, começa a se firmar, não como um mecanismo de natureza econômica para o que fora criada, mas como um organismo e instrumento de segurança e defesa, em face do longo cenário de lutas intestinas nos seus principais países membros.

O seu relançamento ocorreu em 2001, ocasião em que se tomaram medidas para dinamizar o Secretariado-Geral da Organização e se deu início à criação de novos meios, tendo em vista restabelecer a segurança da região, um fator impositivo para que se possa voltar a pensar em integração econômica, por meio da criação do Conselho de Paz e Segurança da África Central (Copax), do Regulamento Interno da Comissão de Defesa e Segurança (CDS), do Regulamento Interno da Força Multinacional da África Central (Fomac) e do Regulamento Interno do Mecanismo de Alerta Rápido (Marac), o que possibilitou entrar em uma fase de relativa calma, embora entrecortada por choques pontuais, com a ajuda do exército angolano, uma vez que para a Angola a segurança regional era indispensável para o término da sua luta interna, alimentada em grande parte pelas fronteiras de ninguém e que teve, ainda, o beneplácito dos Estados Unidos, um país novo na área, e, mesmo, da França em face dos seus interesses petrolíferos no Gabão.

Angola, ao interferir no conflito armado na África Central, garantiu as condições para o término da luta interna, mas, ao mesmo tempo, provocou uma reação de desconforto na África do Sul, pois que muito deve a Angola quando da luta contra o *apartheid*, e não vê com bons olhos o crescimento regional, inter-regional e internacional de Angola que, aliás, faz parte não só da CEEAC mas também da SADC.

É nesse cenário real que devemos refletir em relação ao tema das relações do Brasil com a África Austral e Central que, logicamente, não excludentes, não permitem um desequilíbrio de forças entre as duas regiões. A tarefa diplomática que se impõe não é simples, e levando em conta dados econô-

internacionais para as grandes intermediações, o alinhamento com os "lugares comuns" (norte-americanos, à partida), que constituem os atuais desafios comuns da humanidade; o reforço do papel hoje crescentemente atribuído à inteligência econômica, notadamente à contra-informação, entre muitos aspectos de relevo. Em uma palavra: a África do Sul quer vir a liderar um bloco regional, separando ao longo do processo as águas dos seus interesses próprios *vis-à-vis* os seus vizinhos, tanto no plano regional como, mais ainda, no plano mundial, em que o regional não deixa de alavancar o perfil próprio da jovem democracia.

micos, de poder e históricos, há de se concatenar as relações bilaterais com as relações regionais e inter-regionais com o multilateralismo proposto pela OMC.

Referências

ALVAREZ, Gladys Lechini. *A política exterior Argentina para África no marco referencial da Política Africana do Brasil:* o caso da África do Sul na década de 1990. 2003. Tese (Doutorado) — Universidade de São Paulo, São Paulo.

AMORIM, Celso. Política externa independente de Santiago Dantas. In: MOREIRA, Marcílio Marques; NISKIER, Arnaldo; REIS, Adacir (Org.). *Atualidade de San Tiago Dantas*. São Paulo: Lettera, 2005.

BARBOSA, Gibson. Depoimento em *Reflexões sobre a política externa brasileira*. Brasília: Funag, 1993.

BHAGAWATI, Jagdish. *Em defesa da globalização*: como a globalização está ajudando ricos e pobres. Rio de Janeiro: Campus, 2004.

CARDIM, Carlos Henrique; CRUZ, João Batista (Org.). *CPLP*: oportunidades e perspectivas. Brasília: Ipri, 2002.

CARNEIRO, Emmanuel Moreira. *Especialização rendeira e extroversão na África Subsaariana*: caracterização e conseqüências. São João do Estoril: Principia, 2004.

COELHO, Pedro Motta Pinto; SARAIVA, José Flávio Sombra (Org.). *Fórum Brasil-África*: política, cooperação e comércio. Brasília: Ibri, 2004.

GONÇALVES, Williams da Silva. *Realismo e fraternidade*: as relações Brasil e Portugal no governo Kubitschek. 1995. Tese (Doutorado) — Universidade de São Paulo, São Paulo.

GUIMARÃES, Samuel Pinheiro. *Brasil e África do Sul*: riscos e oportunidades no tumulto da globalização. Brasília: Ipri, 1999.

LAFER, Celso. Política interna e política externa. *O Estado de S.Paulo,* p. A2, 20 nov. 2005.

LESSA, Antônio Carlos. *Balanço do primeiro ano do governo Lula*. Brasília: Correio Internacional, Relnet, 2004. Disponível em: <http://www.relnet.com.br>.

LIMA, Maria Regina Soares de. A política externa brasileira e os desafios da cooperação sul-sul. *Revista Brasileira de Política Internacional*, 48 (1): 24-59, 2005.

MOURÃO, Fernando Augusto Albuquerque. A política externa brasileira e sul-africana para a África Austral. In: GUIMARÃES, Samuel Pinheiro. *Brasil e África do Sul*: riscos e oportunidades no tumulto da globalização. Brasília: CNPq/Ipri, 1999.

MOURÃO, Fernando Augusto Albuquerque. Avaliação crítica da CPLP: o projeto, seus mecanismos e viabilidade política. In: CARDIM, Carlos Henrique; CRUZ, João Batista (Org.). *CPLP*: oportunidades e perspectivas. Brasília: Ipri, 2002.

______. Alca-Mercosul: um discurso desfocado. In: CASELLA, Paulo Borba; SANCHEZ, Rodrigo Elian (Org.). *Quem tem medo da Alca?*: desafios e perspectivas para o Brasil. Belo Horizonte: Del Rey, 2005.

OLIVEIRA, Henrique Altemani; ALBUQUERQUE, José Augusto Guilhon (Org.). *A política externa brasileira na visão de seus protagonistas*. Rio de Janeiro: Lúmen Júris, 2005.

______; MOURÃO, Fernando Augusto Albuquerque. O processo de definição da política externa africana do Brasil. In: OLIVEIRA, Henrique Altemani; ALBUQUERQUE, José Augusto Guilhon (Org.). *A política externa brasileira na visão de seus protagonistas*. Rio de Janeiro: Lúmen Júris, 2005.

PENNA FILHO, Pio. África do Sul e Brasil: diplomacia e comércio (1918-2000). *Revista Brasileira de Política Internacional*, 44 (1): 69-93, 2001.

PIMENTEL, José Vicente de Sá. Relações entre o Brasil e a África subsaárica. *Revista Brasileira de Política Internacional*, 43 (1): 5-23, 2000.

SARAIVA, José Flávio Sombra. África e Brasil: o fórum de Fortaleza e o relançamento da política africana do Brasil no governo Lula. In: COELHO, Pedro Motta Pinto; SARAIVA, José Flávio Sombra (Org.). *Fórum Brasil—África: política, cooperação e comércio*. Brasília: Ibri, 2004.

TAMER, Alberto. Alca? O que é isso mesmo? *O Estado de S.Paulo*, 10 nov. 2005. Caderno de Economia, p. B7.

TROYJO, Marcos. Para além das negociações. A decolagem para o comércio exterior não pode se limitar a acordos multilaterais. *Forbes*, n. 100, p. 56, 5 nov. 2004.

8

O BRASIL E O MUNDO ÁRABE

Nizar Messari

8.1 Introdução

O mundo árabe representa uma das áreas de baixa prioridade para a política externa brasileira. As relações com os Estados Unidos da América, as relações com os países europeus, e, principalmente, os países-membros da União Européia (UE), as relações com os países da América do Sul, em destaque, com os parceiros do Mercosul e as relações com os países do sudeste asiático revertem importância e relevância maior para o Brasil que as relações com os países árabes.

No entanto, houve momentos, na história recente do Brasil, nos quais as relações com o mundo árabe tiveram algum destaque nas relações externas do Brasil. Foi o caso do governo Geisel, por exemplo, quando o Brasil fortaleceu seus laços econômicos, políticos e comerciais com vários países árabes[1]. Mas tal fortalecimento foi mais uma exceção à regra do que uma regra. A este respeito, a ênfase que as relações do Brasil com o mundo árabe

[1] SANTOS, Norma Breda dos. *Brasil e Israel*: diplomacia e sociedades. Brasília: Editora da UnB, 2000.

tem tido no governo do presidente Lula faz parte dessas esporádicas exceções. A durabilidade da ênfase por parte do Brasil nas suas relações com os países árabes representa o parâmetro da importância e da prioridade dessas relações para o Brasil.

Afirmar que o mundo árabe reverte pouca ou baixa prioridade para a política externa brasileira não significa, no entanto, que os sucessivos governos brasileiros tenham tido uma política externa idêntica em relação a ele. João Vicente Pimentel define o padrão de relacionamento do Brasil com o mundo árabe seguindo prioridades pautadas pela defesa pragmática dos interesses do Brasil. Segundo ele, três grandes fatores têm sido consistentemente levados em consideração no envolvimento do Brasil com as questões do Oriente Médio: a relevância política e estratégica da região para o Brasil, o envolvimento e o posicionamento das comunidades judaica e árabe no Brasil e os interesses comerciais e econômicos do País no Oriente Médio[2]. Neste trabalho, por estudar não apenas a política externa brasileira no que se refere ao mundo árabe, mas as relações entre o Brasil e este mundo, defino os parâmetros da relação em função da evolução e das mudanças ocorridas no cenário internacional, das prioridades do próprio mundo árabe, assim como dos dilemas domésticos e regionais próprios ao Brasil. O conjunto destes níveis de análise (o internacional, o árabe e o brasileiro) é que define a evolução das relações entre o Brasil e o mundo árabe.

De forma resumida, cabe ressaltar aqui que no imediato pós-guerra fria, e mais especificamente durante a Guerra do Golfo, o Brasil seguiu sua tradição legalista e de juridicismo e condenou a invasão do Kuwait pelo Iraque, mas não participou da coalizão militar internacional que foi liderada pelos Estados Unidos, sob mandato da Organização das Nações Unidas (ONU), e que expulsou o exército iraquiano do Kuwait. No momento político seguinte de maior relevância no Oriente Médio, o Brasil apoiou formalmente a conferência de Madri, de outubro de 1991, entre Israel e os países árabes, e que foi patrocinada pelos Estados Unidos e pela então ainda existente União Soviética. No entanto, o Brasil não participou, nem lhe cabia participar mais ativamente, do evento.

No governo do presidente Fernando Henrique Cardoso, o distanciamento entre o Brasil e o mundo árabe se aprofundou: as dinâmicas políticas no

2 PIMENTEL, João Vicente. O padrão de votação brasileiro na ONU e a questão do Oriente Médio. In: DUPAS, Gilberto; VIGEVANI, Tullo (Org.). *Israel—Palestina*: a construção da paz vista de uma perspectiva global. São Paulo: Editora da Unesp, 2002. p. 287-302.

Brasil e no mundo árabe levaram ambos a priorizar questões internas e a se desconhecer cada vez mais. Embaixadas brasileiras no mundo árabe foram fechadas, laços comerciais diminuíram e o desconhecimento foi aumentando. No governo do presidente Lula, o interesse no mundo árabe por parte do Brasil cresceu novamente, e uma das conseqüências desse interesse foi a organização, no mês de maio de 2005, da primeira Cúpula da América do Sul e dos Países Árabes (Caspa).

Antes de discutir como o Brasil se relaciona com o mundo árabe, cabe debater neste artigo a propriedade de se referir a um conjunto político-cultural homogêneo que se possa chamar de mundo árabe. Dois tipos de cuidados devem ser tomados ao se referir ao mundo árabe. O primeiro cuidado a ser tomado é relativo à grande diversidade — que se traduz muitas vezes em acentuadas divergências político-culturais, religiosas, e até étnicas, no seio do mundo árabe. O segundo cuidado decorre do primeiro, e é o seguinte: quando falamos do mundo árabe, estamos nos referindo à existência de um projeto específico e concreto de reconstrução de uma nação árabe, projeto este que teve o período entre-guerras (1919-1939) como momento inicial. Segundo Michael Barnett, por exemplo, o projeto de reconstrução de uma identidade árabe tem como origem o período entre as duas grandes guerras do século passado[3]. Afirmar e analisar a existência de um mundo árabe significa, então, afirmar uma construção social específica e particular, isto é, afirmar e lidar com um projeto específico e concreto que sequer é consensual no espaço geográfico ao qual nos referimos.

Quando afirma-se que existe algo chamado de o mundo árabe (ou a nação árabe, chamada em árabe de Umma), afirma-se uma construção social específica, baseada em leituras particulares com um referencial na história, na etnia, na língua e na religião que são reivindicadas como sendo comuns. Tais fatores fizeram a proximidade geográfica, assim como a durabilidade e a intensidade dos contatos entre árabes configuram uma identidade árabe comum. Os movimentos, primeiro, do partido Baa´t na Síria e, depois, do Nasserismo, isto é, dos seguidores do ex-presidente egípcio Gamal Abdel Nasser, não foram — e no caso do primeiro não têm sido — nada mais do que versões específicas de pan-arabismo misturado com socialismo — na

3 BARNETT, Michael N. Sovereignty, nationalism, and regional order in the Arab States System. In: BIERSTEKER, Thomas J.; WEBER, Cynthia (Org.). *State Sovereignty as social construct*. Cambridge: Cambridge University Press, 1996. p. 148-189.

forma de justiça social e econômica —, tudo no tempero árabe, ou seja, respeitando as tradições e o papel central da religião na sociedade[4]. A criação da Liga dos Estados Árabes em 1945 pode ser considerada a esse respeito um momento altamente simbólico.

Mas a idéia de uma nação árabe não é consensual nem dentro nem fora do mundo Árabe. No denominado mundo árabe, questionamentos da identidade árabe vêm, principalmente, de minorias religiosas e étnicas. Faz-se referências às expressivas e amplas minorias Cristãs, assim como às menores minorias Judaicas, já que nenhuma das duas se reconhece no legado religioso do Islã. Também aos Curdos na região do Golfo e aos Berberes na África do Norte, que não se reconhecem na comunidade cultural e lingüística Árabe. Os Estados árabes divergem de várias formas: vários Estados árabes (Egito, Sudão, Líbano, Iraque, Síria) têm minorias Cristãs — o que diminui a homogeneidade religiosa acima mencionada —, outros têm comunidades judaicas de certa expressão (Iêmen, Tunísia e Marrocos). Tais questionamentos não negam necessariamente a identidade árabe, mas não deixam de afirmar essas outras identidades alternativas ou competitivas. Entre os próprios Muçulmanos, que constituem a maioria dos árabes, há uma variedade não apenas em termos das duas grandes famílias religiosas (sunitas e xiitas) mas também em termos de escolas religiosas (que são as escolas Hanafi, Hanbali, Maliki e Shafi'i)[5]. Existe também uma grande diversidade étnica, principalmente na África do Norte, onde existe uma forte minoria berbere em Marrocos, na Argélia e na Tunísia, e no Iraque, onde há uma minoria Curda.

Além do questionamento por baixo, há também um questionamento por cima da identidade árabe. Faz-se menção aos ativistas islâmicos que questionam o caráter particular da identidade árabe e contrapõem a ela uma identidade mais ampla, isto é, a identidade Muçulmana. Este último grupo recusa-se a restringir a comunidade de identidade de referência somente aos árabes e defende o que se chama de pan-Islamismo para incluir na identidade comum todos os Muçulmanos. No entanto, a reivindicação deste último grupo dá espaço ao questionamento externo da identidade Árabe. A iniciativa dos Estados Unidos chamada originalmente de "Grande Oriente Médio" foi

4 MUÑOZ, Gema Martín. El Estado Árabe: crisis de legitimidad y contestación islamista. Madrid: Bellaterra, 1999.

5 ESPOSITO, John L.; VOLL, John O. *Islam and democracy*. New York: Oxford University Press, 1996.

lida por líderes Árabes — como o Presidente Mubarak do Egito — como indo neste sentido: ampliar as fronteiras do Oriente Médio do Marrocos ao Paquistão e diluir com isso a identidade árabe no seio de uma identidade Muçulmana maior[6]. A iniciativa da UE, lançada em Barcelona, em 1995, e chamada de iniciativa Euro-Mediterrânea, também acabou destacando a identidade Mediterrânea de alguns países árabes em detrimento da sua identidade de Umma, ou seja, do seu arabismo.

Em paralelo, a identidade Árabe tem sido construída em função da negação de dois outros: Israel de forma particular e o Ocidente de maneira mais geral. Isso não significa que a identidade árabe não seja também o fruto de características comuns, como a etnia, a língua, a religião e a história.

A criação do Estado de Israel em maio de 1948 tem, portanto, uma importância crucial na formação da identidade árabe. Desde quando Judeus da Diáspora, no seio do movimento Sionista, tomaram a decisão formal de voltar ao que consideravam sua Terra Santa (ou prometida), os árabes — tanto aqueles que habitavam a então Palestina quanto os demais — têm estado em antagonismo com os Judeus. A aceleração da imigração e a instalação dos Judeus na Palestina depois da Primeira Guerra Mundial — e da promessa do Lord Balfour aos sionistas de apoiar formalmente a criação de um Estado para os judeus na Terra Prometida — confirmaram e acirraram tal antagonismo. Mas, já então, a liderança árabe era objeto de disputa. Assim, o Primeiro-Ministro Iraquiano, Nuri Al Said, sugeriu uma União da Síria, do Líbano, da Transjordania e da própria Palestina com o Iraque. Simultaneamente, o Rei Faruk do Egito e o Rei Ibn Saud da Arábia Saudita queriam liderar os árabes diante do movimento Sionista. Com isso, quando a Assembléia-Geral das Nações Unidas decidiu pela partição da Palestina entre Judeus e Palestinos, os Judeus aceitaram os termos da resolução das Nações Unidas, enquanto os árabes a rejeitaram. A incapacidade dos exércitos do Egito, do Iraque, da Síria, do Líbano e da Transjordania de reconquistar o terreno conquistado pelo movimento Sionista levou ao êxodo de aproximadamente 750.000 Palestinos e sua instalação em campos de refugiados na Cisjordania, em Gaza, e em outros países vizinhos. Mas se a criação do Estado de Israel significou um momento de derrota política e militar para os árabes — que chamam esses

6 Trata-se de uma iniciativa do governo Americano para lançar — em uma iniciativa com os demais países industrializados — os alicerces da democracia no que se chamaria de Grande Oriente Médio, e que se estenderia da África do Norte ao Afeganistão, e incluiria a Turquia e o Irã.

eventos de Nakba ou tragédia —, a autovitimização e a percepção de uma conspiração Ocidental contra os árabes passaram a fazer parte do imaginário árabe com a crise do Sinai em 1956. A crise do Sinai foi simbólica por ter juntado Israel com duas das principais antigas potências coloniais na região, a França e o Reino Unido. De fato, a França, que ocupava vários países árabes na África do Norte, e a Grã-Bretanha, devido, entre outros motivos, a uma percepção árabe de ter aberto o caminho para o estabelecimento do Estado de Israel, eram tidas como inimigas dos árabes. A aliança de Israel com aqueles dois países para agredir um país árabe colocou definitivamente Israel na categoria dos inimigos, portanto, se a identidade árabe se sobrepunha a outras identidades existentes (os Curdos no Golfo, os Berberes no Maghreb, os Cristãos, os Judeus e os Muçulmanos — xiitas ou sunitas — em várias partes da região), um dos elementos que fundamentavam essa possibilidade era o antagonismo com o Ocidente em geral, e com Israel em particular.

No entanto, o desenvolvimento da identidade árabe no decorrer do século XX deixa clara a importância do Outro na formação da identidade, e a relativa pouca importância das ditas características comuns: a reconstrução da identidade árabe desembocou mais em dinâmicas de conflito entre os diferentes Estados árabes que em dinâmicas de cooperação e harmonia entre eles. Isso sem mencionar as diferenças sub-regionais no seio do mundo árabe. De fato, e nas distinções entre os diferentes povos árabes destacam-se aquelas entre Mashreq e Maghreb, e que se afirmam em termos históricos, de dialetos falados e religiões seguidas. A colonização francesa no Maghreb, assim como a grande minoria Berbere, tiveram um impacto significativo sobre a formação dos Estados nessa sub-região, suas relações internacionais e seus dilemas de segurança. A França continua sendo o principal parceiro econômico e político dos Estados da região, e o Berbere é reconhecido como língua nacional em Marrocos, e passou, em 2003, a ter estatuto de língua regional na Argélia. No Mashreq, a influência que a antiga potência colonial, isto é, o Reino Unido, possui nas suas antigas colônias é muito menor que a influência da França no Maghreb. Mais do que isso, o Reino Unido tem sido paulatinamente substituído por uma influência cada vez mais nítida dos Estados Unidos na região.

Neste capítulo, apesar das ressalvas, admitimos que houve um sucesso inicial na construção de uma identidade árabe em contraposição ao Ocidente em geral, e a Israel em particular, mas que essa construção não resistiu ao tempo nem às crises. Com isso, a identidade árabe ficou mais um referencial e um recurso de comodidade, assim como um discurso legitimador.

Nas próximas partes do capítulo, apresentaremos uma discussão político-histórica da evolução das relações entre o Brasil e o mundo árabe, destacando as três dimensões anteriormente mencionadas: a evolução da política internacional, a evolução dos dilemas e desafios que definem as prioridades do mundo árabe e a evolução das prioridades brasileiras. Dividiremos a apresentação em três partes: o imediato pós-guerra fria, o governo do presidente Fernando Henrique Cardoso, de longa duração, mas de pouca relevância para as relações entre o Brasil e o mundo árabe, e os 30 primeiros meses do governo do presidente Lula, período relativamente curto, mas rico em acontecimentos no que se refere às relações do Brasil com o mundo árabe.

8.2 O imediato pós-guerra fria

No período que sucedeu imediatamente o fim da guerra fria, dois eventos marcaram a política mundial e determinaram, de maneira clara, as prioridades do mundo árabe: a Guerra do Golfo e o lançamento do processo de paz no Oriente Médio, entre Israel e os países árabes. Foram dois eventos que se impuseram tanto aos países árabes quanto ao Brasil, porém que determinaram o início de um afastamento entre os dois no decorrer da década seguinte.

Em primeiro lugar, a primeira guerra do Golfo, que se iniciou em 1990 com a invasão de um país árabe — o Kuwait —, por um outro país árabe — o Iraque —, culminou com a organização de uma coalizão internacional com mandato do Conselho de Segurança da ONU para expulsar o Iraque do Kuwait. Os países árabes se dividiram quanto a como reagir à invasão do Kuwait pelo Iraque, e essas divisões aprofundaram-se com o estabelecimento da coalizão internacional para expulsar o Iraque do Kuwait. Aliados tradicionais dos Estados Unidos no mundo árabe, como o Egito e o Marrocos, participaram da coalizão para expulsar o Iraque do Kuwait. Adversários tradicionais dos Estados Unidos na região, como a Síria, apoiaram também a política americana perante o Iraque. Por fim, aliados tradicionais dos Estados Unidos no mundo árabe, como a Jordânia, opuseram-se aos Estados Unidos e apoiaram o Iraque na sua invasão do Kuwait. Com isso, a falta de união no seio do mundo árabe ficou evidente.

No plano internacional, a Guerra do Golfo foi a ocasião de uma atuação quase consensual no seio da ONU, assim como da formação de uma coalizão verdadeiramente internacional, com tropas dos Estados Unidos liderando as de vários países expressivos da Europa Ocidental e dos países árabes e muçulmanos. O conjunto desses eventos levou o então presidente dos Estados Unidos, George Bush pai, a falar de uma Nova Ordem Mundial, e pareceu confirmar a tese de Francis Fukuyama sobre o fim da História[7], isto é, no plano internacional, as condições pareciam propícias para o crescimento do comércio mundial e a diminuição das tensões políticas e ideológicas. Mas não foi bem o que ocorreu: o fim da guerra fria e a vitória dos aliados, liderados pelos Estados Unidos, na Guerra do Golfo, levaram a um momento único nas relações internacionais, que alguns definiram como um momento unipolar. A supremacia dos Estadoss Unidos no cenário político-militar internacional teve início nesse momento. Para os países árabes, isto se traduziu por uma acrescida dependência em relação aos Estados Unidos, e uma crescente valorização da sua presença na região: até os países do chamado Maghreb, que tradicionalmente faziam parte da esfera de influência francesa, passaram a dar uma grande prioridade para seu relacionamento com os Estados Unidos. O fato de o Iraque, até então um dos principais líderes do mundo árabe, e um país que procurou ocupar o lugar deixado vazio pelo Egito depois da assinatura de sua paz separada com Israel em 1978, ter passado a sofrer sanções do Conselho de Segurança da ONU apenas aumentou a fragilidade da reação árabe.

O Brasil condenou a invasão do Kuwait pelo Iraque, mas se absteve em mandar tropas, a exemplo do que fez a Argentina de Menem, por exemplo, para desalojar o exército iraquiano do Kuwait[8]. A posição brasileira refletia a tradição diplomática deste país: o Brasil condenou a invasão da soberania territorial de um país-membro da ONU por um outro país-membro da ONU, de acordo com sua tradição e seus princípios, mas o Brasil não participou da coalizão militar que expulsou o Iraque do Kuwait, por acreditar em soluções pacíficas aos conflitos. Em relação à posição do Brasil, as sanções econômicas e o embargo decretado pela ONU contra o Iraque deveriam ter tempo de funcionar no médio a longo prazo, para levar o Iraque a sair do Kuwait. Da maneira que as sanções foram aplicadas, isto é, em prazos muito reduzidos, elas não tinham nenhuma possibilidade de surtirem seus efeitos. Portanto, para o Brasil, a entrada em ação da coalizão liderada pelos Estados Unidos para expulsar o Iraque do Kuwait era precipitada.

---

7 FUKUYAMA, Francis. The end of history. *The National Interest*, Summer 1989.

8 SANTOS, Norma Breda dos. As posições brasileiras nas Nações Unidas com relação ao Oriente Médio (1945-2002): eqüidistância, pragmatismo e realismo. *Cena Internacional*, ano 5, n. 2, 2003.

É notável mencionar que os fortes laços comerciais do Brasil com o Iraque quase levaram a uma crise de dimensões trágicas. Nos momentos iniciais da crise, reféns de várias nacionalidades, entre os quais alguns brasileiros presentes no Iraque, representando interesses comerciais, foram tomados para servirem de escudos humanos contra uma eventual invasão das tropas lideradas pelos Estados Unidos. Na ocasião, o presidente Collor despachou o então embaixador brasileiro em Londres, Paulo Tarso Flecha de Lima, um dos artífices da presença comercial e econômica brasileira no Iraque, para Bagdá para garantir a volta dos brasileiros. O sucesso da missão de Flecha de Lima se traduziu por um redobrado prestígio do diplomata no seio da diplomacia brasileira e em uma diminuição considerável da presença brasileira no Oriente Médio. De fato, as sanções sofridas pelo Iraque, assim como a supremacia americana no Golfo depois da guerra, reduziram os espaços disponíveis para o Brasil atuar de maneira contundente na região. A entrada em vigor do agora bastante criticado programa de troca de petróleo por comida, implementado pela ONU com o objetivo de aliviar os sofrimentos do povo iraquiano permitindo àquele país exportar uma quantia limitada de petróleo e em contrapartida adquirir alimentos e remédios, tudo isso perante o monitoramento da ONU, não foi aproveitado pelo Brasil, e apenas confirmou o distanciamento do País em relação ao que ocorria no Oriente Médio naquele momento, ou seja, a Guerra do Golfo representou o início do afastamento do Brasil do mundo árabe.

O segundo evento que marcou as relações internacionais e o mundo árabe foi o lançamento do processo de paz no Oriente Médio, iniciado após a guerra do Golfo, na conferência de Madri, em 30 de outubro de 1991, e que acabou culminando, de maneira indireta, no chamado de processo de Oslo — e no seu fracasso. No plano internacional, a conferência de Madri ocorreu no início de uma nova etapa nas relações internacionais, caracterizada por uma ênfase maior na resolução pacífica dos conflitos, nas mediações e nas intervenções internacionais em áreas de conflito. Desde então, multiplicaram-se as iniciativas e as ações da ONU em conflitos locais, apesar de o sucesso nem sempre ter sido o resultado dessas iniciativas. A conferência de paz de Madri resultou também em uma atuação cada vez assertiva dos Estados Unidos na política internacional e no exercício da sua supremacia nas mais diversas áreas de atuação, principalmente no plano político-militar[9]. No mundo árabe, a conferência de paz de Madri sinalizou uma nova fase de

9 NYE JR., Joseph S. *O paradoxo do poder americano*: por que a única superpotência do mundo não pode prosseguir isolada. São Paulo: Editora da Unesp, 2002.

afirmação para alguns atores. A Jordânia, que havia se colocado às margens da dinâmica dominante na região durante a invasão do Kuwait pelo Iraque, voltou para suas antigas alianças e desempenhou um papel preponderante na conferência de Madri. A Organização de Libertação da Palestina, que havia apoiado o Iraque na Guerra do Golfo, começou a operar sua volta à cena política do Oriente Médio por meio da sua atuação discreta, mas firme na conferência de Madri. E os demais países moderados no mundo árabe, à imagem do próprio Egito, viram sua posição moderada recompensada pela simples organização da conferência de Madri. Em suma, o alinhamento dos países árabes com os Estados Unidos estava aparentemente rendendo dividendos às causas árabes. Com isso, e pelo menos no que se refere às dinâmicas dominantes no mundo árabe, os países europeus, do sudeste asiático, da África e da América do Sul perderam relevância e destaque perante os países árabes, em detrimento dos Estados Unidos.

A ausência do Brasil da conferência de Madri, normal e natural, já que o país não tinha nenhuma função a desempenhar naquele contexto, apenas salientou a pouca relevância do mundo árabe para o Brasil, assim como do Brasil para o mundo árabe. Deve-se salientar que nessa mesma época, o nosso País estava empenhado em processos complexos: no plano doméstico, o processo de *impeachment* do então presidente Collor e sua substituição pelo seu vice-presidente, Itamar Franco. No plano regional, o Brasil e seus parceiros no Cone Sul reforçaram e fortaleceram sua cooperação no seio do Mercosul. Nesse contexto carregado politicamente, lidar com os desafios do mundo árabe não representava nenhum atrativo para a diplomacia brasileira, ou seja, na medida em que os interesses do Brasil não eram diretamente comprometidos nem ameaçados pela conferência de Madri, o Brasil não teve nenhum incentivo para participar do processo de paz lançado na capital espanhola em outubro de 1991.

Em suma, o surgimento dos Estados Unidos como única superpotência no cenário internacional, o envolvimento dos países árabes em dois eventos cruciais para seus sistemas políticos (a invasão do Kuwait e o lançamento do processo de paz na conferência de Madri) e o parco envolvimento do Brasil nesses mesmos dois eventos levaram a um distanciamento crescente entre os países árabes e o Brasil.

8.3 O governo Fernando Henrique Cardoso

O contexto internacional relevante para este trabalho, e no qual se situam os dois mandatos do presidente Fernando Henrique Cardoso, pode ser caracterizado por dois conceitos: globalização e conflitos étnicos. A globalização, que pode ser definida como a compressão do tempo e do espaço, tem tido conseqüências importantes para o Brasil. As sucessivas crises financeiras afetaram profundamente a estabilidade econômica do País. Assim, a crise mexicana, que foi seguida da crise dos denominados Tigres Asiáticos, que foi seguida pela crise financeira da Rússia, que, por sua vez, foi seguida pela longa crise Argentina, tiveram diversos impactos sobre a evolução da economia brasileira, assim como sobre sua inserção na economia mundial e a definição das suas prioridades internas e externas. A década de 1990 foi marcada também pelo estabelecimento, em 1994, da OMC, organização que teve um papel fundamental nos rumos das negociações comerciais internacionais. Em suma, a década de 1990 foi pontuada por uma agenda econômica acentuada, o que a diferenciou em larga medida das décadas anteriores. As guerras étnicas marcaram também a década de 1990. A paz e a estabilidade, tão esperadas com o fim da guerra fria, acabaram não se concretizando no cenário internacional. Nesse contexto, os Estados Unidos se impuseram como uma potência hegemônica, e com interesses verdadeiramente globais. Sua agenda passou a definir em larga medida a agenda dos diferentes foros internacionais, e suas prioridades acabaram sendo levadas em consideração por todas os atores da cena global.

Os países do Oriente Médio não escaparam a essa nova realidade, isto é, ao momento unipolar. As duas questões que haviam assinalado as relações interárabes no início da década de 1990 continuaram a dominar a cena árabe no decorrer das duas presidências do presidente Cardoso. O Iraque, que sofreu sanções econômicas impostas pelo Conselho de Segurança da ONU como conseqüência da invasão do Kuwait, tornou-se um assunto central, e não necessariamente consensual, na agenda regional árabe[10]. O conflito entre Israel e os palestinos, que pareceu entrar em um nova fase com a assinatura dos acordos de Oslo em setembro de 1993, entrou em uma fase de instabilidade com o assassinato do primeiro-ministro israelense Itzhaq Rabin em novembro de 1995. No entanto, os países árabes acrescentaram um novo ponto à sua agenda de prioridades: o ativismo islâmico. De fato, com vários atentados terroristas cometidos por ativistas islâmicos, dentro e fora do mundo árabe, o ativismo islâmico, que era tido como uma questão

10 HINNEBUSCH, Raymond. The Middle East regional system. In: ______; EHTESHAMI, Anoushirvan (Org.). *The foreign policies of Middle East States*. Boulder: Lynne Rienner, 2002.

interna aos países árabes e muçulmanos, tornou-se uma questão internacional. As atividades terroristas por parte de grupos muçulmanos nos Estados Unidos, na França e em Israel acabaram outorgando um caráter internacional a uma ameaça que era considerada, até então, interna ao mundo árabe[11]. Com essas evoluções, o mundo árabe estava mais preocupado com atores relevantes para seus interesses mais imediatos do que com atores remotos, com reduzida, para não dizer inexistente, capacidade de influência sobre as questões prioritárias do mundo árabe.

Do ponto de vista econômico e comercial, o lançamento, por parte da União Européia, da chamada de Iniciativa de Parceria Euro-Mediterrânea (Ipem), em outubro de 1995, na cidade espanhola de Barcelona, teve um amplo impacto sobre a agenda econômica e comercial de todos os países árabes do contorno mediterrâneo. O desafio de estabelecer parcerias bilaterais entre países do Sul e do Oeste do Mediterrâneo com a UE, com o objetivo último de formar áreas de livre comércio entre estes países e a UE, mobilizou todos os países árabes interessados durante a segunda metade da década de 1990. Enquanto não cabe neste artigo debater o grau de sucesso ou de fracasso da Ipem, é relevante discutir o impacto significativo da iniciativa sobre as agendas das prioridades dos países árabes na segunda metade da última década do século XX. De fato, para os países do Maghreb — e como deixei claro na introdução deste trabalho —, a UE representa seu primeiro parceiro em termos de fluxos comerciais, em termos de investimentos, sem esquecer os fluxos migratórios, que representam uma fonte de divisas importante para países como a Tunísia e o Marrocos. No que se refere aos países do Mashreq, a Ipem teve um impacto significativo sobre os prospectos econômicos dos países da região. Vale a pena mencionar que o Egito e a Jordânia foram os primeiros países a alcançarem acordos em vista do estabelecimento de áreas de livre comércio entre seus países e a UE, inclusive conseguindo esses acordos antes de alguns países do próprio Maghreb[12].

---

11 MUÑOZ, 1999, p. 309-312; KEPEL, Gilles. *Jihad*: expansion et déclin de l'Islamisme. Paris: Gallimard, 2000.

12 Uma informação relevante a esse respeito é o fato de Israel ter sido o primeiro país do Mediterrâneo a estabelecer um acordo de livre comércio com a UE. Uma referência útil é o número especial da *Review of International Affairs*, publicada em Londres, v. 3, n. 2, organizado por Gerd Nonneman, professor da Universidade de Lancaster, no Reino Unido.

O presidente Cardoso iniciou seu primeiro mandato em janeiro de 1995, exatamente no meio da década de 1990. Ao assumir a presidência, o presidente Cardoso estabeleceu como prioridades para seu governo a estabilização econômica, a inserção competitiva do Brasil na economia mundial, em um contexto marcado pela globalização à qual o próprio presidente se referiu várias vezes como não-solidária e a redinamização da diplomacia brasileira, de maneira a permitir-lhe ocupar o lugar de destaque que ela havia ocupado no passado. A esse respeito, o presidente Cardoso dirigiu uma nova movimentação diplomática à qual ele e outros se referiam como a diplomacia comercial. Esta consistia no presidente e na diplomacia se tornarem representantes e defensores dos interesses comerciais e econômicos nacionais. Para conseguir esses objetivos, o presidente Cardoso optou por fortalecer o Mercosul e por estabelecer uma relação menos tensa e mais harmoniosa com os Estados Unidos. O sucesso da discreta, porém efetiva, liderança brasileira em mediar o conflito entre Peru e Equador em 1995, e a adesão do Brasil ao Tratado de Não-proliferação Nuclear em 1997, foram duas instâncias nas quais o Brasil demonstrou liderança, firmeza e convicção na sua atuação internacional[13]. Com isso, o País conseguiu estabelecer uma relação de confiança e cooperação com a superpotência do momento, isto é, os Estados Unidos, sem adotar uma política de alinhamento automático.

Uma situação significativa a esse respeito ocorreu em 1997, durante o exercício, por parte do Brasil, de seu oitavo mandato no seio do Conselho de Segurança da ONU. Durante o exercício desse mandato, uma das mais intensas crises entre os Estados Unidos e o Iraque, pela ONU, ocorreu. O Iraque insistia em obstruir a ação dos inspetores da ONU com mandato para monitorar e desmontar seu programa de armas de destruição em massa, e os Estados Unidos viam na ação do Iraque um desafio à credibilidade da ONU e uma necessidade de agir como vigor para resgatar a credibilidade na organização internacional. Com o acirramento da crise, Bill Richardson, o representante dos Estados Unidos no Conselho de Segurança, visitou o Brasil para um encontro com o presidente Fernando Henrique Cardoso e seu chanceler, Felipe Lampreia, com o objetivo de obter o apoio do Brasil à ação dos Estados Unidos no seio do Conselho de Segurança. E, de fato, após a reunião de Richardson com o alto comando da diplomacia brasileira, o Brasil declarou seu apoio a todas as iniciativas diplomáticas para a resolu-

13 HERZ, Mônica; NOGUEIRA, João Pontes. *Ecuador vs. Peru*: peacemaking amid rivalry. Boulder: Lynne Rienner, 2002.

ção diplomática e pacífica da crise entre o Iraque e o Conselho de Segurança. Isso era totalmente conforme a tradicional posição brasileira. No entanto, o Brasil aceitou o argumento dos Estados Unidos segundo o qual a gravidade da situação requeria uma posição firme por parte do Conselho, e que caso todos os meios pacíficos para resolver o conflito fossem esgotados, deveria se recorrer ao uso da força militar. De acordo com Norma Breda dos Santos, este adendo foi um acréscimo fundamental para a posição brasileira[14]. Até então, a ameaça militar não era admitida pelo Brasil. Como mencionei anteriormente, a política do Brasil durante a Guerra do Golfo, em 1990-91, foi de insistir nos meios pacíficos para a resolução da crise. A menção à ameaça militar representou uma evolução da posição brasileira, principalmente diante das pressões dos Estados Unidos, e representou com isso um alinhamento do Brasil sobre a posição dos Estados Unidos no Conselho de Segurança. Essa posição do governo brasileiro pode ser considerada um claro indício do afastamento político brasileiro em relação ao mundo árabe.

No entanto, apesar do fortalecimento das relações do Brasil com os Estados Unidos durante o governo Cardoso, uma tentativa de reaproximação com o mundo árabe começou a ocorrer no final da década de 1990, ou seja, nos últimos anos do governo Cardoso. A crise no Mercosul, assim como as dificuldades das negociações sobre o estabelecimento de áreas de livre comércio tanto nas Américas quanto na União Européia, levou a diplomacia brasileira a procurar diversificar suas relações internacionais, principalmente do ponto de vista econômico. A existência de oportunidades de investimento e de exportação no mundo árabe levou a diplomacia brasileira a voltar a explorar aquele mercado. A organização pelo Ministério das Relações Exteriores de um seminário em Brasília, em junho de 2000, representa um índice muito claro deste renovado interesse[15]. Com isso, os três últimos anos do mandato do presidente Cardoso foram marcados por um crescimento contínuo dos fluxos de comércio entre o Brasil e o Oriente Médio. Assim, entre 1999 e 2000, o comércio entre os dois lados cresceu a taxas de 12,58%, entre 2000 e 2001, cresceu a uma taxa de 21,22%, e, entre 2001 e 2002, cresceu a uma taxa de 8,77%. Conseqüentemente, o Oriente Médio, que recebia 3,12% das

14 SANTOS, 2003, p. 17.

15 Participaram no seminário intelectuais e empresários brasileiros e do mundo árabe. As intervenções no seminário foram publicadas em um livro pela Funag: *Relações entre o Brasil e o mundo árabe: construção e perspectivas*. Brasília: Funag, 2001.

exportações brasileiras em 1999, passou a receber 3,86% do total exportado pelo Brasil em 2003. A evolução no que se refere às importações foi ainda mais expressiva: passou de 2,19% do total das importações brasileiras em 1999 a 3,36% em 2003.[16]

Pode-se afirmar, portanto, que, ao mesmo tempo que a diplomacia brasileira liderada pelo presidente Cardoso se afastou politicamente do mundo árabe, no decorrer do segundo mandato do presidente Cardoso, o governo Brasileiro procurou uma reaproximação comercial desse mesmo mundo árabe.

8.4 O governo Lula

O presidente Luiz Inácio Lula da Silva chegou ao poder em um contexto internacional profundamente marcado pelos atentados terroristas contra os Estados Unidos, em 11 de setembro de 2001, e pela reação daquele país a estes ataques. De maneira mais específica, o presidente Lula foi empossado no momento em que os Estados Unidos estavam batendo os tambores da guerra contra o Iraque, que foi iniciada em março de 2003, isto é, menos de cem dias depois da posse do presidente brasileiro. Isso significava que a agenda política internacional estava dominada pela chamada de Guerra contra o Terror do presidente norte-americano George W. Bush, e pela invasão do Iraque pelos Estados Unidos e seus — poucos aliados. A reação dos Estados Unidos aos atentados terroristas do 11 de setembro colocou o mundo diante de escolhas difíceis. Nas próprias palavras do presidente norte-americano, os outros países ou se alinhavam aos Estados Unidos e os apoiavam na sua guerra contra o terrorismo internacional, ou eram aliados dos terroristas, e, portanto, inimigos do próprio Estados Unidos e sujeitos à sua ira. O discurso do presidente Bush diante da Assembléia-Geral das Nações Unidas em 12 de setembro de 2002, no qual ele lançou um desafio à ONU, era um exemplo dessa nova política externa norte-americana. Naquele discurso, o presidente Bush descreveu uma situação na qual o governo iraquiano desafiava permanentemente as resoluções do Conselho de Segurança da ONU. Diante desses desafios, o presidente norte-americano afirmou que a ONU tinha duas opções: resgatar sua credibilidade e confrontar o Iraque, ou perder sua credibilidade e deixar o Iraque impune. O presidente Bush concluiu seu discurso com um apelo para os países mem-

[16] A fonte de todos os dados estatísticos é o *Boletim Síntese da Economia Brasileira* — 2004, da Confederação Nacional do Comércio, p. 136.

bros da ONU para que seguissem e apoiassem os Estados Unidos em uma atitude firme e resoluta contra os desafios do Iraque do presidente Saddam Hussein. O presidente americano não hesitou em ameaçar de agir sozinho, sem o aval das Nações Unidas, caso os Estados Unidos não recebessem o apoio desejado. E foi o que de fato ocorreu. Era lançada a política unilateral dos Estados Unidos no mundo pós-11 de setembro.

Nos países árabes, ao desafio da situação iraquiana acrescentava-se a tragédia palestina. De fato, após as esperanças levantadas pelos avanços das negociações entre palestinos e israelenses em 1999 e em 2000, o fracasso da mediação do então presidente Clinton dos Estados Unidos em julho de 2000 entre israelenses e palestinos, e a resultante segunda Intifada, devolveram a denominada questão palestina à estaca zero. Os países árabes se deparavam assim com uma dupla frustração da sua opinião pública: a invasão de um país árabe por forças estrangeiras e a falta de perspectivas para o povo palestino estabelecer um Estado soberano. A aposta que vários países árabes haviam feito no aprofundamento das suas relações com os Estados Unidos não estava dando certo, e a necessidade de procurar por novos aliados se fazia urgente.

Foi nesse contexto tenso e conturbado que o presidente Lula foi empossado. Duas iniciativas foram relevantes a esse respeito. A primeira foi simbólica. A primeira entrevista em rede de Rádio e Televisão que o presidente Lula teve foi no dia do início da invasão do Iraque pelos Estados Unidos e seus aliados. O presidente Lula condenou a invasão do Iraque pelos Estados Unidos e seus aliados e defendeu a ação multilateral e pacífica, por meio da ONU, para resolver todos os conflitos internacionais. A condenação brasileira da invasão do Iraque não passou despercebida. Além de algumas potências européias e alguns países árabes, poucos países se posicionaram de maneira tão clara contra a invasão do Iraque. No Brasil, a posição aberta e não ambígua do presidente deixou vários analistas receosos quanto à eventual reação dos Estados Unidos. Desde então, o governo brasileiro tem insistido em posições similares no que se refere à guerra do Iraque. No seu discurso na abertura da Assembléia-Geral da ONU em setembro de 2003, o presidente Lula referiu-se em tom mais ameno, porém nada ambíguo, à situação no Iraque. E no seu discurso na Liga Árabe, em dezembro do mesmo ano, o tom de condenação ao que ele chamou de ocupação do Iraque foi ainda mais claro. Isto é, o presidente brasileiro manteve uma posição coerente diante da invasão do Iraque pelos Estados Unidos e seus aliados. No momento inicial da guerra, condenou o uso da força e o desafio dos Estados Unidos à ONU. Uma vez que o regime do presidente Saddam Hussein tinha sido derrubado, o presidente

Lula passou a defender a volta da soberania iraquiana, a saída dos soldados estrangeiros e o estabelecimento de uma autoridade iraquiana legítima.

A segunda iniciativa do presidente Lula no seu primeiro ano de governo foi a organização de uma viagem presidencial para cinco países árabes em dezembro de 2003. Um país como o Líbano, que possui uma comunidade de descendentes muito ampla no Brasil, não havia recebido uma visita de um chefe de Estado brasileiro desde a visita do Imperador Dom Pedro II no século XIX. O governo brasileiro escolheu alguns países visitados pelo presidente devido a seu peso político regional (caso do Egito), outros pela importância das comunidades de descendentes árabes no Brasil (caso da Síria e do Líbano), outros devido ao potencial de trocas comerciais com o Brasil (caso dos Emirados Árabes Unidos) e outros por laços importantes entre seus governantes e o presidente brasileiro (caso da Líbia). A visita do presidente Lula aos cinco países árabes (os Emirados Árabes Unidos, a Síria, o Líbano, o Egito e a Líbia) foi duramente criticada no Brasil. As escolhas dos países visitados (Síria e Líbia em particular) assim como aqueles não visitados (a Arábia Saudita e Israel, que ficam na mesma região) foram os tópicos mais criticados por observadores e analistas políticos brasileiros. A irrelevância econômica de alguns dos países visitados foi também criticada por vários observadores interessados em ampliar as vantagens comerciais brasileiras no mundo. O fato de os países visitados representarem uma fração reduzida do comércio exterior brasileiro chamou a atenção de vários analistas. Dois resultados concretos podem ser destacados: o convite do presidente para a organização Caspa, que acabou sendo elaborada em maio de 2005, e um crescimento significativo das exportações brasileiras para a região. De fato, o comércio entre o Brasil e o mundo árabe passou de US$ 2,6 bilhões em dezembro de 2003 a mais de US$ 4 bilhões em dezembro de 2004[17].

A aproximação política do Brasil com os países árabes tem representado um dos pontos mais criticados da política externa do governo Lula. Assim, a visita do chanceler Celso Amorim a dez países árabes para convidar seus líderes para a Caspa foi amplamente criticada, em particular por ter excluído o Estado de Israel mais uma vez. O alinhamento do Brasil com a posição da Liga dos Estados Árabes na questão do Darfur, ao não apoiar uma ação decisiva e conseqüente por parte da ONU naquela região do Sudão, onde há

17 BRASIL monta rede de contatos para encontrar refém. *O Globo*, 26 mar. 2005, p. 21.

indícios de riscos de limpeza étnica, tem confirmado essa aproximação do Brasil com os países árabes. Diga-se de passagem que a posição brasileira em relação à situação no Darfur ficou explícita em várias oportunidades, entre as quais o comunicado final da Caspa, que ficou intitulado a *Declaração de Brasília*. Nessa declaração, os países da América do Sul acolheram "com satisfação as medidas adotadas pelo governo do Sudão para facilitar a assistência internacional à crise humanitária no Darfur", demonstrando claramente seu apoio ao Sudão e à posição da Liga Árabe a esse respeito.

A *Declaração de Brasília* pode ser considerada uma outra indicação da reaproximação política entre o Brasil e o mundo árabe. A Declaração não mencionou a necessidade de democratização do mundo árabe, ausência que foi bastante comentada pela imprensa brasileira, e motivo de constrangimento interno para o presidente Lula. A Declaração condenou algumas políticas do Estado de Israel, em particular quando defendeu o estabelecimento de uma zona livre de armas de destruição em massa no Oriente Médio e quando condenou a construção, por parte de Israel, de uma separação física entre palestinos e israelenses que atravessaria os territórios ocupados na Cisjordânia. A *Declaração de Brasília* apoiou o novo governo iraquiano, mas defendeu um envolvimento mais importante das Nações Unidas na reconstrução do país. A Declaração condenou a política do governo dos Estados Unidos perante a Síria, e em particular o *Syria Accountability Act* promulgado pelo congresso norte-americano. Por fim, a *Declaração de Brasília* condenou o uso do terrorismo, mas reafirmou o direito dos povos a resistirem à ocupação estrangeira, o que foi interpretado por muitos analistas como um endosso a alguns atos terroristas por parte de alguns movimentos palestinos e iraquianos. Todas essas concessões deixaram vários analistas brasileiros e várias chancelarias estrangeiras frustradas, devido ao endosso do Brasil e dos demais países da América do Sul da agenda política dos países árabes. É notável que, no final do mesmo mês de maio, o Chanceler Celso Amorim visitou Israel para reafirmar a posição tradicional brasileira diante do conflito no Oriente Médio e para tranqüilizar Israel quanto ao posicionamento do Brasil naquela região.

O governo Lula continuou e intensificou a estratégia adotada pelo governo anterior de reaproximação do mundo árabe de um ponto de vista econômico e comercial, mas complementou essa estratégia com uma aproximação do mundo árabe no plano político também.

8.5 Conclusão

As relações do Brasil com o mundo árabe no pós-guerra fria passaram por três fases distintas. A primeira consistiu em uma diminuição dos fluxos comerciais e da importância política mútua entre o Brasil e o mundo árabe. A segunda, já no início do segundo mandato do presidente Cardoso, caracterizou-se por um reaquecimento crescente das relações comerciais entre o Brasil e o mundo árabe. No entanto, tal reaquecimento não foi acompanhado por uma reaproximação política. Por fim, no governo Lula, houve uma reaproximação comercial mais nítida, que acompanhou a reaproximação política entre o Brasil e o mundo árabe.

De maneira mais geral, pode-se afirmar que, por um lado, o Brasil, e por outro lado, o mundo árabe, revertem pouca relevância política, econômica e comercial mútua. Nem os países árabes podem atuar de maneira decisiva e importante nas questões que mais interessam ao Brasil no cenário internacional nem o Brasil pode fazer isso em relação ao mundo árabe. Existe, no entanto, um potencial muito significativo. O Brasil dialoga e negocia com os Estados Unidos, a UE e o Mercosul em diversas instâncias e instituições, mas, e com a notável exceção da reunião anual da Assembléia-Geral das Nações Unidas, o Brasil carece de instâncias para dialogar sobre questões comuns com os países árabes, com os países do Sul da Ásia, assim como com os países da África Subsaariana. A criação e a institucionalização da Caspa poderia ser uma oportunidade para explorar oportunidades comuns a países que, apesar de compartilharem agendas e desafios comuns, pouco se falam e pouco se conhecem. Em resumo, existe um potencial a ser explorado, que ainda não o é, mas que, nas condições atuais, não faz falta: aprofundar as relações entre os países árabes e o Brasil pode, sim, reverter conseqüências positivas para os dois lados.

O Brasil pode também desempenhar um papel importante no conflito no Oriente Médio. Devido à alta competência e à rigorosa formação de seus diplomatas, e por sua tradição de procurar consistentemente a resolução pacífica dos conflitos internacionais, seja quando ele está envolvido diretamente ou não, assim como a sua tradição de mediar conflitos entre terceiros, o Brasil possui o potencial de participar na mediação do conflito entre Israel e os palestinos. De fato, o Brasil não possui nenhum interesse direto ou que possa ser definido em termos estratégicos ou até de sobrevivência no Oriente Médio, e o maior interesse do Brasil naquele conflito é sua resolução pacífica e justa. Ora, há poucos países no mundo que simultaneamente possuem um corpo diplomático competente e bem treinado, que têm uma tradição de resolução pacífica dos conflitos, os quais tiveram vários sucessos no passado em mediar conflitos internacionais e que não têm nenhum interesse direto ou estratégico no Oriente Médio. Todos esses motivos fazem do Brasil um potencial mediador eficaz do conflito no Oriente Médio.

Por fim, uma pergunta importante a ser colocada no contexto contemporâneo é: quão duradoura vai ser a reaproximação atual do Brasil com o mundo árabe? Em outros termos, trata-se de uma iniciativa passageira que vai se diluir e desaparecer ou trata-se de uma política que vai ser seguida e explorada insistentemente? Respostas para essas perguntas devem se basear em dois indícios. Por um lado, o significativo e duradouro aumento de trocas comerciais entre o Brasil e os países árabes, ou pelo menos alguns deles. Assim, se as trocas comerciais brasileiras com alguns países árabes se elevarem — e se mantiverem — em patamares comparáveis com trocas com países-membros da UE ou países do sudeste asiático e se este aumento resultar em uma intensificação das visitas de ministros, empresários e outros atores importantes do cenário político e econômico, entre o Brasil e o mundo árabe, isso vai significar que a iniciativa do governo Lula terá efeitos duradouros. Se, por outro lado, outras reuniões de cúpula de chefes de Estado da América do Sul e dos países árabes ocorrerem, tanto nos países árabes quanto em outros países da América do Sul, isso será sinônimo de uma política de longo prazo, e não apenas de uma iniciativa esporádica e isolada. A esse respeito, revelador será observar como outros governos de outras tendências políticas vão lidar com essas iniciativas de reaproximação do Brasil com o mundo árabe.

Referências

BARNETT, Michael N. Sovereignty, nationalism, and regional order in the Arab States System. In: BIERSTEKER, Thomas J.; WEBER, Cynthia (Org.). *State Sovereignty as social construct*. Cambridge: Cambridge University Press, 1996.

BRASIL monta rede de contatos para encontrar refém *O Globo*, 26 mar. 2005, p. 21.

ESPOSITO, John L.; VOLL, John O. *Islam and democracy*. New York: Oxford University Press, 1996.

FUKUYAMA, Francis. The end of history. *The National Interest*, Summer 1989.

FUNAG. *Relações entre o Brasil e o mundo árabe*: construção e perspectivas. Brasília: Funag, 2001.

HERZ, Mônica; NOGUEIRA, João Pontes. *Ecuador vs. Peru*: peacemaking amid rivalry. Boulder: Lynne Rienner, 2002.

HINNEBUSCH, Raymond. The Middle East regional system. In: ______; EHTESHAMI, Anoushirvan (Org.). *The foreign policies of Middle East States*. Boulder: Lynne Rienner, 2002.

KEPEL, Gilles. *Jihad*: expansion et déclin de l'Islamisme. Paris: Gallimard, 2000.

MUÑOZ, Gema Martín. El Estado Árabe: crisis de legitimidad y contestación islamista. Madrid: Bellaterra, 1999.

NYE JR., Joseph S. *O paradoxo do poder americano*: por que a única superpotência do mundo não pode prosseguir isolada. São Paulo: Editora da Unesp, 2002.

PIMENTEL, João Vicente. O padrão de votação brasileiro na ONU e a questão do Oriente Médio. In: DUPAS, Gilberto; VIGEVANI, Tullo (Org.). *Israel—Palestina*: a construção da paz vista de uma perspectiva global. São Paulo: Editora da Unesp, 2002.

SANTOS, Norma Breda dos. As posições brasileiras nas Nações Unidas com relação ao Oriente Médio (1945-2002): eqüidistância, pragmatismo e realismo. *Cena Internacional*, ano 5, n. 2, 2003.

______. *Brasil e Israel*: diplomacia e sociedades. Brasília: Editora da UnB, 2000.

PARTE

3

O BRASIL E O SEU ENTORNO

9

O BRASIL E A AMÉRICA DO SUL

Luiz Alberto Moniz Bandeira

9.1 Introdução

George Hegel, nas aulas sobre a filosofia da história mundial, ditadas na década de 1820, salientou o contraste entre a América do Sul, onde o catolicismo predominava, e a América do Norte, uma terra de seitas protestantes, onde o comércio constituía um princípio muito simples, ainda que não fosse tão firme como na Inglaterra[1]. E, ao dizer que a América era a terra do futuro, previu uma "contenda entre a do Norte e a América do Sul, em que a importância da História Universal deveria manifestar-se"[2]. Não explicitou que tipo de contenda. Mas, na sua exposição, o México figurava como um país à parte, tanto da América do Norte, entendida como os Estados Unidos, e a América do Sul, que compreendia o Brasil e os países de língua espanhola. Também o escritor francês Michel Chevalier na introdução ao livro *Lettres sur l'Amérique*

1 "Amerika ist somit das Land der Zukunft, in welchen sich ins vor uns liegenden zeiten, etwa im Streite von Nord — und Südamerika,die weltgeschichtliche Wichtigkeite offenbaren sol". HEGEL, Georg Wilhelm Friedrich; HOFFMEISTER, Johannes (Hrsg.). *Briefe von und an Hegel*. Band I: 1785-1812. Hamburg: Meiner Verlag, 1952.

2 Ibid., p. 208.

du Nord[3], publicado em 1837, fez uma observação semelhante à de Hegel, ao comparar a América do Sul com a Europa meridional, católica y latina, e a América do Norte, que pertencia a uma população protestante e anglo-saxônica. Tudo indica, porém, que o conceito de América Latina, integrando o México e os demais países da América Central, foi usado pela primeira vez pelo intelectual e político chileno Francisco Bilbao Barquín (1823-1865), em conferência pronunciada em Paris, em 24 de junho de 1856.

Alguns meses depois, em 2 de setembro do mesmo ano, o escritor e diplomata colombiano José María Torres Caicedo (1830-1889), em um poema intitulado *Las dos Américas*, referiu-se a "la raza de la América latina, al frente tiene la sajona raza, enemiga mortal que ya amenaza, su libertad destruir y su pendón", e acrescentou que "la América del Sur está llamada a defender la libertad genuina, la nueva idea, la moral divina, la santa ley de amor y caridad", pois "el mundo yace entre tinieblas hondas: en Europa domina el despotismo, de América en el Norte, el egoísmo, sed de oro e hipócrita piedad". Posteriormente, em 1861, Torres Caicedo lançou as "Bases para la formación de una Liga LatinoAmericana". E, no mesmo ano, em artigo publicado pela *Revue des Races Latines*, L. M. Tisserand denominou *L'Amérique Latine* o que até se conhecia, na Europa, como *Nouveau Monde* ou *Amérique du Sud* ou *républiques hispanoaméricaines*. O abade Emmanuel Domenech (1825-1903), autor de *Journal d'un Missionnaire au Texas et au Mexique 1846-1852*, consolidou o conceito de América Latina, como "le Mexique, l'Amérique Centrale et l'Amérique du Sud".

O conceito de América Latina, desenvolvido para demonstrar as diferenças, os contrastes e os antagonismos com a América do Norte, como Chevalier e Tisserand expressaram e difundiram, passou a integrar o pan-latinismo ideal que encapava as pretensões imperialistas da França no reinado de Louis Bonaparte, Napoleão III, e foi manipulado para legitimar a intervenção da França no México (janeiro de 1862 — março de 1867), onde fora entronizado o arquiduque Ferdinand Maximilian, irmão do imperador da Áustria. O propósito de Napoleão III era construir um Império Latino, em oposição à Grã-Bretanha, e precisava estabelecer um elo de identidade com a Ibero-América a fim de legitimar sua pretensão. Mas o conceito de América Latina integrando o pan-latinismo conforme difundiram Chevalier, então conselheiro de Estado de Napoleão III, e Tisserand, já se distanciava

[3] CHEVALIER, Michel. *Lettres sur l'Amérique du Nord*. Librairie de Charles Gosselin et Cie, 1837. 2 v.

da formulação de Torres Caicedo, que lhe dera um caráter defensivo em frente à expansão dos Estados Unidos, e de Francisco Bilbao, em cuja obra *La América en Peligro*, de 1862, não somente denunciou o despotismo europeu e sua política de expansão como proclamou a necessidade de defender o México contra a França.

Naquele tempo, William H. Seward, secretário de Estado do presidente Abraham Lincoln, convidou o Brasil para intervir no México, com os Estados Unidos. Mas, embora o imperador D. Pedro II não aprovasse, pessoalmente, a iniciativa de Napoleão III[4], seu governo não aceitou o convite, alegando que não tinha maior interesse na questão[5]. Essa atitude do governo de D. Pedro II deveu-se ao fato de que o Brasil considerava o México fora de sua esfera de preocupação e nunca aspirou a ter qualquer interferência nos países daquela região, considerada pertencente à órbita dos de influência dos Estados Unidos. O conceito de América do Sul e não o conceito de América Latina, muito genérico, e sem consistência com seus reais interesses econômicos, políticos e geopolíticos, foi que sempre pautou, objetivamente, a política exterior do Brasil, e até a metade do século XX seus interesses e atenções concentraram-se, sobretudo, na região do Prata, ou seja, Argentina, Uruguai, Paraguai e Bolívia, que conformavam sua vizinhança e com os quais havia fronteiras vivas comuns, fronteiras habitadas.

O entendimento do Brasil era de que havia duas Américas, distintas não tanto por suas origens étnicas ou mesmo pela diferença de idiomas, mas, principalmente, pela geografia, com as implicações geopolíticas, e esse foi o parâmetro pelo qual se orientou a política exterior do Brasil, que, no curso do século XIX, absteve-se de qualquer envolvimento na América do Norte, Central e Caribe, enquanto resguardava a América do Sul como sua esfera de influência. Na América do Sul, porém, o interesse fundamental do Brasil, desde os tempos da colonização, cingiu-se, particularmente, aos países da Bacia do Prata — Argentina, Uruguai, Paraguai e, de certo modo, Bolívia, o que amplificou ainda mais a importância geopolítica da região, primeiro para Portugal, durante a colonização, e, para o Brasil, foi o fato de que o abastecimento de Mato Grosso, Goiás e parte de São Paulo dependia, quase

4 Dom Pedro II, 1956, p. 62.

5 Ofício de Miguel Maria Lisboa a Benevenuto Augusto de Magalhães Taques, Washington, 20 out. 1961. Taques a Lisboa, 7 nov. 1861. Missões Diplomáticas Brasileiras. Legações Imperiais na Europa. Arquivo Histórico do Itamaraty 233/3/11 e 235/2/1.

que totalmente, da navegação fluvial[6]. O bloqueio da livre navegação pelos rios da Bacia do Prata configurava *casus belli* para o governo imperial.

Com as repúblicas do Pacífico, separadas por florestas e pela cordilheira dos Andes, as relações do Brasil nunca adquiriram maior peso e densidade até a primeira metade do século XX. O interesse primordial do Brasil consistiu em buscar solução para as questões de limites e de navegação fluvial, por meio do Amazonas[7], e daí as missões de Duarte da Ponte Ribeiro (1851), Miguel Maria Lisboa (1853), João da Costa Rego Monteiro, Felipe Lopes Neto, Joaquim Maria Nascentes de Azambuja (1866-67)[8], enviadas às repúblicas do Pacífico (Peru, Equador, Colômbia e Venezuela). A doutrina do *uti possidetis* serviu de base para a demarcação das fronteiras, com a prevalência da idéia da nacionalidade, que conferiu à política brasileira coerência, racionalidade e continuidade como Amado Luiz Cervo e Clodoaldo Buenos salientaram[9]. E o que o Brasil tratou de assegurar foi sua soberania sobre a Amazônia, antes de abrir o rio à navegação internacional, e evitar que as repúblicas do Pacífico fossem induzidas pelos Estados Unidos a atacá-lo ao norte, aproveitando seu envolvimento na guerra contra o Paraguai (1864-1870)[10].

José Maria da Silva Paranhos, Barão do Rio Branco, quando ocupou o cargo de ministro das Relações Exteriores (1903-12), buscou consolidar as fronteiras do Brasil, com todos os seus vizinhos, e sua política exterior pautou-se por diretrizes similares às do tempo da monarquia (1822-89), ao considerar o continente uma espécie de condomínio, em que o Brasil exerceria livremente sua influência sobre a América do Sul, enquanto as Américas do Norte e Central, bem como o Caribe, teriam nos Estados Unidos seu centro de gravitação. Quando, em 1903, o Panamá se separou da Colômbia, com o apoio dos Estados Unidos, Rio Branco, não obstante lamentar o acontecimento, não protestou, e somente reconheceu a nova república de acordo

---

6 MONIZ BANDEIRA, Luiz Alberto. *Brasil—Estados Unidos no contexto da globalização*. 3. ed. revista de presença dos Estados Unidos no Brasil: dois séculos de história e Brasil. São Paulo: Editora do Senac, 1998. v. I, p. 21-87.

7 SOARES, Teixera. *História da formação das fronteiras do Brasil*. Rio de Janeiro: Conselho Federal de Cultura, 1972. p. 213.

8 SOARES, Teixeira. *Um grande desafio diplomático no século passado*: navegação e limites na Amazônia. Rio de Janeiro: Conselho Federal de Cultura, 1971. p. 17-21.

9 CERVO, Amado Luiz; BUENO, Clodoaldo. *História da política exterior do Brasil*. 2. ed. Brasília: Editora do UnB, 2002. p. 87-107.

10 TEIXEIRA SOARES, 1971, p. 17-21.

com a Argentina e o Chile, a fim de manter a unidade dos três países, com os quais pretendia estabelecer um acordo diplomático, conhecido como ABC (Argentina, Brasil e Chile). Em 1908, porém, ele reagiu energicamente contra a atitude dos Estados Unidos, que estava a favorecer o Peru no litígio sobre os territórios de *Purus* e *Juruá*, afirmando o "direito nosso (brasileiro) de atuar politicamente nesta parte sem ter que pedir licença ou dar explicações" ao governo americano, que, segundo suas palavras, não deveria se envolver "para ajudar nossos desafetos, nas questões em que estamos empenhados"[11]. E um ano depois, 1909, ameaçou romper as relações com os Estados Unidos, se o presidente William Howard Taft executasse o *intimatum* dado ao Chile para pagar em dez dias o montante de US$ 1 milhão, reclamado pela empresa norte-americana Alsop & Co[12]. Entretanto, em 1910, Rio Branco não atendeu a um apelo da Nicarágua para que a ajudasse a impedir que um barco de guerra americano continuasse a apoiar uma revolução que surgia naquele país[13]. Não tinha interesse na questão. E, somente, unido à Argentina e ao Chile, configurando o bloco conhecido como ABC, atuou como mediador para evitar uma guerra entre o México e os Estados Unidos, cujos soldados haviam ocupado a cidade portuária de Vera Cruz, a pretexto de capturar um carregamento de armas alemãs, transportado pelo navio *Ypiranga*, da Companhia Hamburg-Süd[14]. Em 1927, no entanto, o diplomata Ronald de Carvalho, em "Relatório Reservado sobre a Política Exterior do Brasil e a dos Países da América do Sul, organizado por ordem do então chanceler Octavio Mangabeira, deixou bem clara a pretensão do Brasil, ao assinalar, após definir vários objetivos a cumprir, que "voltaremos a ocupar, em virtude do crescimento natural de nossa população e do desenvolvimento das nossas riquezas, o lugar que nos cabe na América do Sul", ou, sem outras palavras, a preeminência que tivera durante o século XIX[15].

---

11 Telegrama de Rio Branco a Joaquim Nabuco, Embajador de Brasil em Washington, 10 nov. 1908.

12 Entrevista do Embaixador José Joaquim de Lima e Silva Moniz de Aragão, que foi secretário particular do Barão do Rio Branco. Rio de Janeiro, 1971.

13 Telegrama de Rio Branco a la Embajada de Brasil en Washington, 16 jun. 1910. Telegramas expedidos — AHI 235/4/1.

14 MONIZ BANDEIRA, Luiz Alberto. *Brasil, Argentina e Estados Unidos*: conflito e integração na América do Sul. Rio de Janeiro: Revan, 1993.

15 Relatório Reservado sobre a Política Exterior do Brasil e dos países da América do Sul. Organizado por ordem de Sua Exa. o senhor Ministro de Estado das Relações Exteriores pelo 1° oficial da Secretaria de Estados, Ronald de Carvalho (Do Gabinete do Ministro). Rio de Janeiro, 1927. Arquivo do autor.

Oswaldo Aranha, quando embaixador do Brasil em Washington, tomou, em 1935, atitude semelhante à do Barão do Rio Branco, em face da intromissão dos Estados Unidos nos assuntos dos países vizinhos. Advertiu o Secretário de Estado, Summer Welles: "nada explicava o nosso (brasileiro) apoio aos Estados Unidos em suas questões na América Central, sem atitude recíproca de apoio ao Brasil na América do Sul"[16]. E, posteriormente, na condição de ministro das Relações Exteriores do presidente Getúlio Vargas (1930-45), assinou, com Enrique Ruiz-Guiñazú, chanceler da Argentina, o Tratado de 21 de novembro de 1941, cujo objetivo era "estabelecer, de forma progressiva, um regime de intercambio livre, que permitisse chegar a uma união aduaneira [...], aberta à adesão dos países limítrofes", à adesão dos países da América do Sul. A Argentina configurava-se cada vez mais importante parceira comercial do Brasil, escoadouro natural para seus produtos agrícolas e manufaturados. E o presidente Getúlio Vargas, durante a Conferência do Rio de Janeiro, após a qual rompeu as relações com os países do Eixo, não quis constrangê-la ou que o Brasil dela se afastasse, pois considerava a amizade entre os dois países "parte integrante de um programa de governo"[17].

O Tratado de 1941, para estabelecimento da união aduaneira, não se efetivou devido ao ataque do Japão à base americana de *Pearl Harbor*, em 7 de dezembro de 1941, envolvendo diretamente o hemisfério na Segunda Guerra Mundial, após a qual começou a ganhar força o conceito de América Latina, que as organizações multilaterais passaram a utilizar, após a Segunda Guerra Mundial, para designar a região, ou seja, todos os países abaixo do Rio Grande. Entretanto, mesmo quando o Brasil se referia à América Latina, o que estava subjacente era a idéia de América do Sul, da qual assumiu abertamente a liderança, quando o presidente Juscelino Kubitschek lançou, em 1958, a Operação Pan-americana, visando reformular os termos do relacionamento com os Estados Unidos. "Verifico que no Brasil — e creio que nos demais países do continente — amadureceu a consciência de que não convém mais formarmos um mero conjunto coral, uma retaguarda incaracterística, um simples fundo de quadro" — declarou Kubitschek[18]. Naquelas

16 Carta de Oswaldo Aranha a Getúlio Vargas, Washington, 9 abr. 1935. AGV — doc. 18, v. 18.

17 VARGAS, 1995, p. 454.

18 Discurso no *Correio da Manhã*, 22 jun. 1958, última página. MONIZ BANDEIRA, Luiz Alberto. *O governo João Goulart*: as lutas sociais no Brasil (1961-1964). 2. ed. Brasília: Editora da UnB, 1978. p. 382-383.

condições, o continente significava, sobretudo, o continente sul-americano. E o formidável impulso que tomara o processo de industrialização do Brasil, em conseqüência da implantação do parque siderúrgico de Volta Redonda, foi que adensou e robusteceu sua pretensão de assumir sua liderança *vis-à-vis* dos Estados Unidos. Seu papel revestiu-se da maior importância, na primeira metade dos anos 1960, ao defender os princípios de não-intervenção e autodeterminação dos povos, concorrendo decisivamente para impedir que os Estados Unidos conseguissem o apoio da Organização dos Estados Americanos (OEA) ao seu propósito de intervir militarmente em Cuba e derrocar o regime instituído por Fidel Castro. Tratava-se de uma questão fora de sua órbita, a América do Sul, mas envolvia a OEA e, conseqüentemente, todo o hemisfério. Em 1965, porém, o Brasil rompeu sua tradição de não intervir diretamente em questões na América Central e no Caribe, atendeu à solicitação de Washington e enviou um contingente militar, na condição de força interamericana de paz, para coadjuvar na ocupação da República Dominicana, após a invasão ordenada pelo presidente Lyndon Johnson.

9.2 O Brasil e os países da região amazônica

Com a intensificação do seu desenvolvimento industrial, o Brasil voltou-se mais e mais para os países da região amazônica, ou seja, para a Bolívia, Peru, Equador, Venezuela, Colômbia, Suriname e Guiana, cuja massa demográfica, no conjunto, representava, por volta da primeira metade dos anos 1980 do século XX, um mercado da ordem de 87 milhões de habitantes, o equivalente a 61% da população brasileira, espalhando-se até o Oceano Pacífico e o Caribe. Era necessário abrir mercados para as suas manufaturas, e o comércio com as repúblicas do Pacífico, da região amazônica, saltou de US$ 173 milhões em 1972 para US$ 2,3 bilhões em 1982[19]. E seu fomento, visando integração e unificação da América do Sul, requeria o desenvolvimento dessa imensa região, a Amazônia, que separava os mercados às margens do Pacífico e do Caribe dos centros industriais do Brasil, situados no litoral do Atlântico. O desenvolvimento da Amazônia dependia, contudo, da cooperação com os países vizinhos, porquanto sete das dez fronteiras internacionais do Brasil localizavam-se, quase integralmente, naquela região, somando 12.114 km, o que representava cerca de 80% do total de sua fronteira terrestre. Assim, com o propósito de incrementar o desenvolvimento transfronteiriço, o Itamaraty, durante o governo do general

19 RICUPERO, jan./mar. 1984, Senado Federal, p. 63.

Ernesto Geisel (1974-79), empreendeu as negociações, a cargo do embaixador Rubens Ricupero, para a celebração, em 3 de julho de 1978, do Tratado de Cooperação Amazônica. O que inspirou a negociação desse Tratado, com características similares ao Tratado da Bacia do Prata, foi possibilitar sua ocupação de forma racional e evitar que potências estranhas à região se introduzissem na Amazônia, em qualquer pretexto. Essa preocupação levou o presidente João Batista Figueiredo a evitar que os Estados Unidos, em 1981, interviessem no Suriname, conforme o presidente Ronald Reagan pretendera, para depor o governo de Desiré Delano (Desi) Bouterse, perante a alegação de que ele estava a acercar-se politicamente de Cuba[20]. Assumiu a tarefa de resolver o problema. E conseguiu.

O Brasil, conforme Henry Kissinger percebia, via seu relacionamento com os Estados Unidos como similar ao conceito de *twin-pillars*, que o presidente John Kennedy aplicara à Aliança Atlântica. Considerava-se a si próprio como

> organizing Latin America while the United States performed the same task in the North America, the two enterprises to work in harmony through frequent exchanges aimed at articulating a common set of purposes[21].

Mas a América Latina, em realidade, implicava apenas a América do Sul, como se pode claramente inferir da frase, porquanto a América do Norte, compreendida como o México e os países da América Central, era a área de responsabilidade dos Estados Unidos. E com argúcia Kissinger observou que a igualdade teórica da soberania de cada nação latino-americana, postulada pelo sistema interamericano, não fazia parte do vocabulário brasileiro[22]. Conforme ressaltou João Augusto de Araújo Castro, embaixador do Brasil em Washington (1971-75)[23], o Brasil jamais considerou

---

[20] MONIZ BANDEIRA, Luiz Alberto. *Brasil, Argentina e Estados Unidos*: conflito e integração na América do Sul (da tríplice aliança ao Mercosul, 1870-2003) 2. ed. Rio de Janeiro: Revan, 2003. p. 458; ______. *As relações perigosas*: Brasil—Estados Unidos (de Collor a Lula, 1990-2004). Rio de Janeiro: Civilização Brasileira, 2004. p. 164-165.

[21] KISSINGER, Henry. *Does America needs a foreign policy?* New York: Simon & Schuster, 2001. p. 152.

[22] Ibid., p. 159.

[23] Exposição aos estagiários da Escola Superior de Guerra. Washington, 22 jun. 1974; Exposição aos estagiários da Escola Superior de Guerra. Washington, 17 jun. 1975.

suas relações com os Estados Unidos como um capítulo das relações entre estes e a América Latina e desejava cooperar com todos os países do continente, mas não queria ser confundido com qualquer um deles nem sequer admitia ser confundido com sua totalidade[24]. Isso significava que o Brasil não somente não almejava ser confundido com a América Latina, em geral, mas também não aceitava tal conceito. O Brasil, simplesmente, não queria ser diluído em um conjunto de países, dos quais se diferenciava pela sua dimensão territorial, demográfica e econômica. Havia, concretamente, uma hierarquia de poderes, em que o Brasil se sobressaía, dado que, ao separar-se de Portugal, não se desintegrara, como aconteceu com a América espanhola, e manteve, sem ruptura da ordem política, a vasta extensão do seu território. O Império do Brasil, como se denominou ao separar-se de Portugal, já então possuía, no século XIX, a "vantagem e a perseverança em meio dos Estados turbulentos ou mal constituídos da América do Sul", segundo observou o diplomata francês M. Maillefer, que o chamou de "Rússia tropical"[25].

A América Latina para o Brasil, na realidade, resumia-se na América do Sul e, durante muitas décadas, restringia-se praticamente aos países da Bacia do Prata e, de certo modo, ao Chile, para a neutralização da Argentina, com a qual sempre tratou de manter um relacionamento especial, privilegiado, não obstante e/ou em virtude da rivalidade que permeava o relacionamento entre os dois países. A verdade é que, desde a solução do litígio em torno das Missões, não havia reais fatores de conflito, dado, sobretudo, ao fato de que suas economias não só não competiam mas também se complementavam. E a necessidade de cooperação levou os cinco países da região: Brasil, Argentina, Uruguai, Paraguai e Bolívia firmarem em Brasília (23 de abril de 1969) o Tratado da Bacia do Prata, zona onde convergiram e se entrelaçaram os processos de colonização de Portugal e Espanha, possibilitando o desenvolvimento de fronteiras vivas, interligadas como um tecido contínuo.

In: AMADO, Rodrigo. *Araújo Castro*. Brasília: Editora da UnB, 1982. p. 283-284 e p. 315-316 (Coletânea de Discursos).

24 Exposição aos estagiários da Escola Superior de Guerra. Washington, 22 jun. 1974; Exposição aos estagiários da Escola Superior de Guerra. Washington, 17 jun. 1975. In: AMADO, 1982, p. 283-284 e p. 315-316.

25 Despacho n. 17, M. Maillefer a Drouyn de Lhuys, Montevidéu, 5 mar. 1854. *Revista Histórica,* Buenos Aires, n. 51, p. 449-450, 1956.

O Barão de Rio Branco, em 1907, já havia mostrado as "vantagens numa certa inteligência política entre o Brasil, o Chile e a Argentina"[26]. E a tendência para a integração econômica, que se expressara com o Tratado de 1941, voltou outras vezes a manifestar-se. Na primeira metade dos anos 1950, o presidente Juan D. Perón tentou negociar com o presidente Getúlio Vargas o acordo ABC, para a formação de uma união aduaneira entre Argentina, Brasil e Chile, o que não ocorreu devido a fatores políticos. Em 1967, a iniciativa coube ao Brasil. Encarregado pelo presidente Humberto Castelo Branco, seu ministro do Planejamento, Roberto Campos, propôs a Adalbert Krieger Vasena, ministro da Economia no governo do general Juan Carlos Onganía, a formação de uma união aduaneira[27], que envolvesse, separadamente, os setores siderúrgico, petroquímico e agrícola, e que se realizasse no prazo de cinco anos (com uma redução anual de 20% nas tarifas até chegar a zero) e aberta à adesão de outros países, com diferentes calendários de integração[28].

Mais uma vez fatores políticos e também econômicos impediram que as negociações avançassem, porém, em 1986, os presidentes Raúl Alfonsín (1983-89), da Argentina, e José Sarney (1985-90), do Brasil, decidiram unificar os dois países em um mercado comum, aberto a outras nações da região[29], da América do Sul, renovando, sem que o conhecessem, o Tratado de 21 de novembro de 1941. Esse objetivo foi confirmado, em 29 de novembro de 1988, pelo Tratado de Integração, Cooperação e Desenvolvimento, por intermédio do qual os dois países se comprometeram a formar um espaço econômico comum, no prazo de dez anos, que os presidentes Carlos Menen (1989-95 e 1995-99) e Fernando Collor de Melo (1990-92) decidiram reduzir para cinco anos, ou seja, para consumação em 31 de dezembro de 1994, adaptando os objetivos do Tratado de 1988 às políticas de abertura econômica e de reforma alfandegária, de modo a acelerar o ritmo da liberação comercial nos dois países. E o processo de integração, até então mais ou menos dirigido por meio de protocolos setoriais, assumiu o caráter de câmbio livre, de abertura geral, sem proteção setorial e sem comércio administrativo (salvo o automotriz), ainda que com exceções. Uruguai e Paraguai se uniram, en-

---

26 Telegrama cifrado n. 9, de 17 de junho de 1908, dirigido pelo Governo Brasileiro à Legação do Brasil no Chile. Rio de Janeiro: Imprensa Nacional, 1908. p. 14.

27 CAMPOS, Roberto. *A lanterna na popa*. Rio de Janeiro: Topbooks, 1994. p. 749.

28 Entrevista de Roberto Campos ao Autor, Brasília, 10 mar. 1990.

29 Comunicado conjunto de imprensa, 30 jul. 1986.

tão, à Argentina e ao Brasil na realização do Tratado de Assunção, de 26 de março de 1991, que determinou a constituição do Mercado Comum do Sul (Mercosul), mediante a automática eliminação dos gravames e às demais restrições ao comércio e o estabelecimento de uma tarifa comum, tendo como prazo máximo o dia 31 de dezembro de 1994.

O projeto do Mercosul não era formar uma simples área de livre comércio, mas constituir o núcleo de um futuro mercado comum, base de um estado supranacional, como a União Européia, sobre o lastro geográfico da América do Sul. Por isso, o Brasil, na coordenação do chanceler Celso Amorim, começou, em 1993, as negociações visando celebrar uma série de acordos de livre comércio com os estados da Comunidade Andina de Nações (CAN) e criar em dez anos a Área da América do Sul (ALCSA). Este projeto desenvolveu e ampliou a Iniciativa Amazônica, que o Brasil lançou em 1992, depois da realização do *North Americam Free Trade Agreement (Nafta)*, pelos Estados Unidos, Canadá e México. E, provavelmente, seu anúncio pelo presidente Itamar Franco (1992-95), em outubro de 1993, convergiu, entre outros fatores, para que o presidente William Clinton (1993-96 e 1997-2001) procurasse revitalizar *The Enterprise for the Americas Initiative*, lançada pelo presidente George Bush (1989-94), em 1990, e que, até então, não havia tido um desenvolvimento mais amplo, e propusesse aos chefes de governo das repúblicas americana, no final de 1994, a formação da área de livre comércio das Américas (Alca), de fato, uma ampliação da Nafta, que abrangeria todo o hemisfério.

9.3 Mercosul *versus* Alca

A questão Mercosul/Alca tornou-se destarte o principal ponto das divergências entre o Brasil e os Estados Unidos, por envolver profundas contradições, nas quais interesses econômicos, políticos e estratégicos se entrelaçavam. O estabelecimento da área do Brasil e dos demais países da região, em quaisquer negociações que viessem a ter com a Nafta[30]. No entanto, a Alca não convinha aos interesses do Brasil, que não se dispunha a permitir, como o fez a Argentina, que seu parque industrial se desmantelasse, se

[30] Declaração do Embaixador Celso Amorim, Ministro das Relações Exteriores do governo Itamar Franco, publicada por *Business Week*, ano II, n. 18. FUNDAÇÃO ALEXANDRE DE GUSMÃO. Política externa. Democracia. Desenvolvimento. Gestão do Ministro Celso Amorim no Itamaraty (ago. 1993/dez. 1994). Brasília, 1995. p. 297.

transformasse em sucata, na nova e devastadora redução de tarifas, bem como suportar crescentes saldos negativos na balança comercial. O embaixador Samuel Pinheiro Guimarães, um dos encarregados das negociações dos acordos de integração Brasil—Argentina, em 1986/87, quando ainda era o conselheiro chefe da Divisão Econômica do Itamarati, denunciou a Alca como parte da estratégia de manutenção da hegemonia política e econômica dos Estados Unidos, "que realizariam seu desígnio histórico de incorporação subordinada da América Latina a seu território econômico e a sua área de influência político-militar"[31], e insistiu em que o governo brasileiro deveria abandonar os acordos para sua implementação. "A Alca levará ao desaparecimento do Mercosul" — advertiu[32].

Grande parte do empresariado brasileiro também receava as conseqüências da Alca, cuja implementação acarretaria sérios riscos para a indústria nacional. E o presidente Fernando Henrique Cardoso, em meio das crescentes dificuldades geradas, no Mercosul, pela desvalorização, em 1999, da moeda brasileira, o real, aviventou o conceito de América do Sul, que o projeto da ALCSA consubstanciava e fora eclipsado durante seu primeiro mandato (1995-99). A ampliação do comércio com os países da América do Sul implicava, porém, uma série de projetos, e o presidente Fernando Henrique Cardoso convocou uma reunião de cúpula dos chefes de Estados da América do Sul, realizada em Brasília, durante os dias 31 de agosto e 1° de setembro de 2000, com o objetivo de discutir a integração regional, notadamente as interconexões energética e viária. O plano teria financiamento do BID e da Corporación Andina de Fomento (CAF), e o México mostrou-se contrariado por não ter sido convidado, imaginando que se tratava de manobra com intenção de isolá-lo. Fernando Henrique Cardoso mandou fazer ver ao governo mexicano que o plano de interconexões não poderia chegar à América do Norte, não havia como, de modo que por esse motivo a presença do México não havia sido considerada. Para dirimir quaisquer dúvidas nesse sentido, convidou para a reunião o Ministro das Relações Exteriores do México, Jorge G. Castañeda, na qualidade de observador. Mas, evidentemente, a desculpa era apenas meia-verdade, pois não podia explicar os objetivos políticos implícitos na convocatória da cúpula de Brasília.

31 Entrevista do Embaixador Samuel Pinheiro Guimarães ao *Valor Econômico*, 2 fev. 2001.

32 Ibid.

Esses objetivos se evidenciaram em artigo publicado na imprensa, na qual Fernando Henrique Cardoso, antes da reunião, definiu o acontecimento de "reafirmação da identidade própria da América do Sul como região", onde a democracia e a paz abriam a perspectiva da integração cada vez mais intensa entre países que mantinham uma relação de vizinhança."[33] E ressaltou:

> A vocação da América do Sul é a de ser um espaço econômico integrado, um mercado ampliado pela redução ou eliminação das dificuldades e obstáculos ao comércio, e pelo aperfeiçoamento das conexões físicas em transportes e comunicações[34].

Não se tratava, portanto, de América Latina, mas da América do Sul, uma região geograficamente definida, reconhecida pelos presidentes, no Comunicado Conjunto, com uma região com características específicas que a distinguiam no cenário internacional e que as suas peculiaridades e a contigüidade geográficas criavam uma agenda comum de desafios e oportunidades. Sua coesão constituía, também, elementos essencial a uma inserção mais favorável na economia mundial, de forma que pudesse converter a globalização em meio eficaz para ampliar as oportunidades de crescimento e desenvolvimento da região e melhorar de forma sustentada e eqüitativa os seus padrões de bem-estar social, enfrentando os efeitos desiguais gerados para diferentes grupos de países, *vis-à-vis*, sobretudo, da América do Norte.

A Cúpula de Brasília teve um caráter estratégico e avançou a possibilidade de integração, não apenas física, econômica e comercial, mas igualmente política, como o presidente Fernando Henrique Cardoso insinuou, ao dizer que era "o momento de reafirmação da identidade própria da América do Sul como região onde a democracia e a paz abrem a perspectiva de uma integração cada vez mais intensa entre países que convivem em um mesmo espaço de vizinhança". E a afirmação dessa "identidade própria", diferenciada, por conseguinte, da América do Norte, era o que preocupava Washington, conforme Kissinger exprimiu em sua obra *Does America Need a Foreign Policy*[35]? Mas a integração política passava necessariamente pela perspectiva de integração do espaço econômico da América do

[33] CARDOSO, Fernando Henrique. O Brasil e uma nova América do Sul. *Valor Econômico*, São Paulo, 30 ago. 2000.

[34] Ibid.

[35] KISSINGER, 2001, p. 152-163.

Sul, mediante o entendimento entre "o Mercosul ampliado e a Comunidade Andina (CAN),[36] com a aproximação crescente da Guiana e do Suriname", conforme o presidente Fernando Henrique Cardoso apontou, salientando:

> Um acordo de livre comércio entre o Mercosul e a Comunidade Andina será a espinha dorsal da América do Sul como espaço econômico ampliado. Deve, portanto, ser visto como um objetivo político prioritário[37].

Por proposta do Brasil, reconheceu-se a necessidade de implementação da integração da América do Sul, a partir da formação de uma Área de Livre Comércio Sul-Americana (ALCSA), iniciada em 1993, ao tempo do governo do presidente Itamar Franco, que tinha como chanceler o embaixador Celso Amorim. E a proposta de integração regional não se limitou aos aspectos comerciais. Houve acordo sobre a necessidade de desenvolvimento de uma iniciativa para a Integração da infra-estrutura Regional da América do Sul, que modernizasse as relações e potencializasse a proximidade sul-americana, rompendo os obstáculos fronteiriços e formando um espaço ampliado por meio de obras e articulações nas áreas de transportes, energia e comunicações.

O objetivo político prioritário, na proposta de integração do espaço econômico da América do Sul, evidenciou-se ainda mais quando Fernando Henrique Cardoso declarou que o "Mercosul é mais que um mercado, o Mercosul é, para o Brasil, um destino" — disse o presidente Fernando Henrique Cardoso, em 2001, acrescentando que a Alca era "uma opção", à qual poderia aderir ou não[38]. E essa sua frase, exprimindo a continuidade essencial da política exterior do Brasil, repercutiu nos Estados Unidos[39], o que levou

[36] Em abril de 1998, os quatro estados do Mercosul celebraram os estados da Comunidade Andina de Nações (CAN) um acordoquadro que previa a criação de uma zona de livre comércio entre os dois blocos em janeiro de 2000. O intercâmbio com o CAN, no ano 2000, alcançou um montante da ordem de US$ 5,5 milhões, 29% maior do que em 1999, sendo os fluxos de comércio mais importantes os registrados entre Brasil e Venezuela e Brasil e Colômbia[36]. Dados da Confederação Nacional da Indústria(CNI), Brasília.

[37] CARDOSO, 2000.

[38] Discurso do Presidente Fernando Henrique Cardoso, na Reunião de Cúpula do Mercosur, na ocasião da Reunião do Conselho do Mercado Comum, Assunção, 22 jun. 2001.

[39] ROHTER, Larry. South American Trade Bloc Called Mercosur Under Siege. *The New York Times*, New York, 24 mar. 2001.

Henry Kissinger a constatar que o Mercosul tendia a apresentar as mesmas tendências manifestadas na União Européia, que buscava definir uma identidade política européia não apenas distinta dos Estados Unidos, mas em manifesta oposição aos Estados Unidos[40]. "Especialmente no Brasil, há lideres atraídos pela perspectiva de uma América Latina politicamente unificada confrontando os Estados Unidos e o Nafta" — Kissinger ressaltou[41]. Segundo observou, enquanto a Alca era concebida como simples área de livre comércio, o Mercosul era uma união aduaneira, além fronteiras, que teria, por sua natureza, tarifas mais elevadas para o mundo (tarifa externa comum) que, entre os estados associados, pretendia evoluir para um mercado comum, e isso não convinha, porque, provavelmente, afirmaria a identidade latino-americana como separada e, se necessário, oposta aos Estados Unidos e à Nafta. "[...] Tudo isso tem criado um potencial debate entre o Brasil e os Estados Unidos sobre o futuro do Cone Sul" — Kissinger reconheceu[42]. Com efeito, a diplomacia brasileira tornou a integração da América do Sul, a afirmação de sua identidade própria, a condição prévia para qualquer esforço de integração hemisférica, como os Estados Unidos estavam a propor com o projeto da Alca[43].

9.4 Conflitos na América do Sul

O Brasil estava a exercer de fato a liderança da América do Sul, aceita consensualmente pelos demais governos da região, dado seu enorme peso econômico, político e estratégico, sem pretensões de hegemonia, respeitando as particularidades de cada povo. E a Segunda Reunião de Presidentes da América do Sul realizou-se em Guayaquil, Equador, entre 26 e 27 de julho de 2002, quando foi aprovado o "Consenso de Guayaquil sobre Integração, Segurança e Infra-Estrutura para o Desenvolvimento", manifestando o propósito de construir "um futuro de convivência fecunda e pacífica, de permanente cooperação" e declarando "a América do Sul como Zona de Paz e Cooperação". A turbulência social, política e militar nos países andinos dificultava, no entanto, a consecução de tal objetivo e preocupava o Brasil. Em 26 de janeiro de 1995, o conflito armado entre tropas do Equador e do Peru, na fronteira litigiosa em torno do rio Cenepa, perturbara a paz da

40 KISSINGER, 2001, p. 152-163.

41 Ibid., p. 152.

42 Ibid., p. 163.

43 CERVO, 2002, p. 486-487.

região. O presidente Fernando Henrique Cardoso atuou no sentido de obter o cessar-fogo, levando os dois países, depois de esporádicos combates, a firmarem um acordo, em Brasília, com os auspícios dos quatro Estados garantes do Protocolo do Rio de Janeiro, de 1942 — Argentina, Brasil, Chile e Estados Unidos. O Brasil exerceu a liderança no processo de Paz entre o Equador e o Peru, e o Exército brasileiro, na Missão de Observadores Militares Equador—Peru (Momep), fiscalizou na região do rio Cenepa, fronteira entre os dois países, o cumprimento do acordo.

O Brasil também interveio, diplomaticamente, para evitar que a crise política no Paraguai, em abril de 1996, resultasse em um golpe militar, depois que parlamentares, vinculados ao general Lino Oviedo, votaram contra o projeto de lei para construir uma segunda ponte entre o Paraguai e o Brasil, o que impediu as empresas do presidente Juan Carlos Wasmosy de obterem a concessão das obras. Wasmosy decidiu, então, passá-lo para a reserva, e Oviedo[44], rebelado, entrincheirou-se em sua unidade, ameaçando derramar sangue se a medida não fosse revogada. A crise somente não culminou com a quebra da legalidade constitucional devido à interferência dos embaixadores do Mercosul (Argentina, Brasil e Uruguai), dos Estados Unidos e do próprio secretário executivo da OEA, César Gaviria, que negociaram um acordo mediante ameaças de boicote e isolamento econômico e político do Paraguai, bem como do congelamento de sua participação no Mercosul e outras sanções punitivas. Oviedo não foi preso e apresentou voluntariamente o pedido de passar para reserva.

De qualquer maneira, o Brasil não estava disposto a permitir um golpe de estado no Paraguai e contaria com o respaldo da Argentina e do Uruguai, dado que a ruptura da democracia política seria intolerável no Mercosul e também em termos do Grupo do Rio e da nova concertação no hemisfério. O compromisso com a democracia, ou seja, a chamada de "cláusula democrática" do Mercosul, estava implícito no Tratado de Assunção, tanto que Brasil e Argentina, desde a Declaração de Iguaçu, em novembro de 1985,

44 O general Lino César Oviedo Silva fez rápida carreira no Exército, desde a queda de Stroessener em 1989. Naquela época, era simples coronel e foi ajudante do general Andrés Rodríguez, comandante do Primeiro Corpo do Exército. Em 1992, converteu-se em chefe da campanha da candidatura de Juan Carlos Wasmosy e influiu para que ele derrotasse Luiz Maria Argaña. Certa vez declarou: "Fuerzas Armadas e Partido Colorado cogobernaremos siempre, chille quien chille, llore quien llore, moleste a quien moleste". E, em 1993, começou sua carreira política.

nunca cessaram de reiterar a adesão aos princípios democráticos, como fundamento da cooperação e da integração, não apenas em termos bilaterais mas também com respeito aos demais países da América do Sul. O Foro de Consulta e Concertação Política do Mercosul (FCCP) deu grande ênfase à implementação da denominada "cláusula democrática", o que levou à adoção do Protocolo de Ushuaia pelos países do Mercosul, Bolívia e Chile. A preservação da democracia no Paraguai continuou, porém, a constituir a grande preocupação do Brasil. Pouco depois de contornada a crise, Fernando Henrique Cardoso, em junho de 1996, visitou Assunção, com a intenção de reiterar o respaldo à ordem constitucional, e no mesmo ano os presidentes dos quatro países integrantes do Mercosul assinaram uma declaração, assumindo o compromisso de se consultar e aplicar medidas punitivas, no espaço normativo do bloco, em caso de ruptura ou ameaça de ruptura da ordem democrática em algum estado membro.

A débil democracia instalada no Paraguai, após a queda da ditadura do general Alfredo Stroessner em 1989, continuou, porém, com a ameaça de colapso, ao intensificar-se a luta pelo poder no próprio Partido Colorado, que ainda controlava mais de 80% do aparelho do Estado. Condenado a 10 anos de prisão por chefiar a rebelião militar de 1996, o general Lino Oviedo não pôde concorrer à sucessão do presidente Juan Carlos Wasmosy, mas Raúl Cubas, que o substituiu como candidato do Partido Colorado, venceu a eleição com o slogan "Cubas no governo e Oviedo no poder", e concedeu-lhe indulto, cinco anos depois de assumir o governo, em agosto de 1998. O assassinato de Luís Carlos Argaña, o principal adversário do presidente Raúl Cubas, que se opusera à libertação de Oviedo, desencadeou a grave crise política, em meio de choques de rua, e mais uma vez os chefes de governo do Brasil e da Argentina tiveram de intervir, ameaçando isolar o Paraguai econômica e politicamente e afastá-lo do Mercosul, de conformidade com a cláusula democrática do Tratado de Assunção caso um golpe de estado se consumasse. Essa advertência Raúl Cubas ouviu diretamente de Fernando Henrique Cardoso, que o aconselhou a renunciar à presidência, antes de que a crise se agravasse e produzisse a ruptura da legalidade, e percebeu que não tinha condições de resistir, dado que o Brasil absorvia cerca de 30% das exportações dos produtos paraguaios, como algodão e soja, e essa dependência chegava a atingir 70%, considerando o total estimado de suas reexportações. Assim, em 28 de março de 1999, véspera da decisão do Senado sobre o *impeachment*, Cubas Grau renunciou à presidência do Paraguai e asilou-se no Brasil, após Oviedo partir para a Argentina, onde o presidente

Carlos Ménem lhe deu refúgio. Entretanto, outro intento de golpe ocorreu, na madrugada de 18 para 19 de maio de 2000, quando integrantes do Primeiro Corpo do Exército, tendo como epicentro a Primeira Divisão de Cavalaria, e de Polícia Nacional, promoveram a *Operación Aratirí* (raio no idioma guarani), questionando a legitimidade do presidente Luís González Macchi e invocando o direito constitucional à rebelião. Os insurgentes, após ocupar as instalações de alguns meios de comunicação, pretenderam dirigir-se para o Congresso, porém a Marinha e a Força Aérea declararam-se leais ao governo e sufocaram o levante, sem encontrar resistência.

A guerra civil na Colômbia constituía outro foco de instabilidade a preocupar o Brasil, devido, sobretudo, à possibilidade de uma intervenção militar, efetuada ou articulada pelos Estados Unidos. O Plano Colômbia, lançado pelo presidente Bill Clinton um dia antes da Reunião dos Presidentes da América do Sul, em Brasília, preocupou o governo brasileiro, uma vez que equacionava o conflito, exclusivamente, em sua dimensão armada, destinando mais de US$ 1,2 bilhão — cerca de 80% dos US$ 1,3 bilhão prometidos pelos Estados Unidos — à compra de material bélico, inclusive aviões, 30 helicópteros Black Hawk e 33 Huey[45], pelo Exército colombiano, e apenas US$ 238 milhões à promoção dos direitos humanos e ao reforço da democracia e do sistema judicial. Ele fora concebido como uma estratégia de guerra, e tudo indicava que os Estados Unidos repetiriam a tática usada em Kosovo, bombardeando intensamente as regiões dominadas pelas Fuerzas Armadas Revolucionarias de Colombia (Farcs) e o Ejército de Libertación Nacional (ELN), com a aspersão de agentes biológicos sobre os cultivos de coca, dado que uma intervenção por terra nas províncias de Caquetá, Putumayo, na Amazônia colombiana, custaria muitas perdas de vida.

O Brasil temia o impacto que a execução do Plano Colômbia produziria sobre seu território, levando guerrilheiros ou militares colombianos a invadi-lo, e receou que fungos (*Fusarium orysporum*) ou outras armas químicas e biológicas, eventualmente empregadas pelos Estados Unidos, para

[45] A United Technologies produzia o poderoso helicóptero UH-60L Black Hawk, o Falcão Negro, e a Bell Textron procurava vender o helicóptero UH-1H Huey. Ambas corporações investiram nas campanhas eleitorais dos Estados Unidos. Constava que, nas campanhas de 1996 e 1998, a Bell Textron deu uma contribuição de US$ 551,816 ao Partido Republicano e US$ 364,420 ao Partido Democrata; a United Technologies contribuiu com US$ 362,340 para o Partido Republicano e US$ 347,200 dólares para o Partido Democrata.

destruir as plantações de coca, contaminassem os rios da Amazônia. No seu entendimento, não se podia vincular a necessidade de se combater o negócio das drogas com o problema da insurgência, que era da competência interna da Colômbia e devia ser politicamente resolvido, embora esta posição não significasse simpatia por qualquer solução tendente a ceder às Farcs e ao ELN as zonas conquistadas, por implicar uma renúncia do estado colombiano à soberania sobre seu território. Entretanto, o governo brasileiro considerava que o meio militar, como os Estados Unidos propunham, não resolveria a crise e recusou-se terminantemente a permitir a utilização de qualquer base ou outras instalações militares em seu território para operações na Colômbia.

No final dos anos 1990, as relações do Brasil com a Venezuela, onde Hugo Chávez ascendera ao governo, tenderam a estreitar-se cada vez mais. Na Cúpula das Américas, em Quebec, entre 20 e 22 de abril, Hugo Chávez alinhou-se a Fernando Henrique Cardoso nas críticas à Alca e compareceu à reunião da Cúpula do Mercosul, realizada em Assunção, em 21 e 22 de junho, quando formalizou o pedido para o ingresso da Venezuela no Mercosul, referindo ao que Fernando Henrique Cardoso dissera: que a "Alca es opción y nuestro destino es el Mercosur", endossou que "este es nuestro destino, el sur, la Cruz del Sur"[46]. Nos primeiros anos da década de 2000, a situação agravou-se em quase todos os países da América do Sul. O processo de paz fracassou na Colômbia, onde os Estados Unidos aprofundaram sua intervenção na luta contra as Farcs, não propriamente para combater o narcotráfico, mas, sobretudo, a fim de garantir o fluxo do petróleo, que saía de lá e do Equador. E, em dezembro de 2001, a Argentina entrou em colapso financeiro, bancarrota, em meio de dramática convulsão social e crise política tão profunda que levou Fernando Henrique Cardoso a advertir o presidente George W. Bush sobre o perigo de uma ruptura institucional, caso o governo de Eduardo Duhalde não recebesse ajuda internacional. Também, no Equador, a situação configurou-se instável, e os indígenas, em fevereiro de 2002, anunciaram que realizariam novas manifestações de massa, em Quito, contra as privatizações promovidas pelo governo de Gustavo Noboa com o fito de protestar contra o não-cumprimento do acordo que pôs fim ao levante no início de 2001[47].

46 *La Nación*. Buenos Aires, 22 jun. 2001.

47 *El universal*, Caracas, 2002.

A Venezuela, com a qual o Brasil tratava de estreitar seu relacionamento, começou a enfrentar crescentes dificuldades políticas, fomentadas pela CIA, DIA e outras agências dos Estados Unidos. De 11 para 12 de abril, na Venezuela, três generais prenderam o presidente Hugo Chávez, levaram-no para o Forte Tiuna, e o general Lucas Rincón Romero, chefe do Estado Maior do Exército da Venezuela, anunciou sua renúncia à presidência da República. Pedro Carmona Estanca, presidente da Fedecámaras, assumiu o governo da Venezuela, com o apoio dos meios de comunicação e o respaldo não tanto encoberto da administração do presidente americano George W. Bush[48], que se dispunha a reconhecê-lo. E a fim de facilitar essa decisão, dado que a Carta Democrática Interamericana condenava qualquer ruptura da legalidade, Phillip Chicola, funcionário do Departamento de Estado, pediu, no dia 12, que a transição conservasse as formas constitucionais, ou seja, que a Assembléia Nacional e a Corte Suprema aprovassem a renúncia de Chávez[49], e novas eleições, com observadores da OEA, fossem convocadas em um prazo razoável. A manobra, no entanto, fracassou. Enquanto as camadas mais pobres da população, favoráveis a Chávez, ocupavam as ruas de Caracas, saqueando as lojas, espraiando-se à agitação pelas cidades de Guarenas, Los Teques, Coro e Maracay, a brigada de pára-quedistas, comandada pelo general Raúl Baudel, bem como outros regimentos, sublevaram-se contra a presidência *de facto* de Pedro Carmona.

[48] Wayne Madsen, antigo agente do serviço de inteligência da marinha norte-americana, revelou ao jornal inglês *The Guardian* que, desde junho de 2001, os Estados Unidos estavam a considerar a possibilidade de derrubar Chávez, e seus navios, estacionados no Caribe, entre 11 e 12 de abril, não apenas intervieram nas comunicações das embaixadas de Cuba, Líbia, Irã e Iraque, como permaneceram em estado de alerta, com o objetivo de evacuar os cidadãos americanos, se necessário. Campbell, Duncan — "American navy 'helped Venezuelan coup'", *The Guardian*, Londres, 29 abr. 2002. O presidente Hugo Chávez revelou a uma comitiva de deputados brasileiros, chefiada pelo deputado Aldo Rebelo (PCdoB/SP), presidente da Comissão de Relações Exteriores da Câmara, que o governo venezuelano tem registros da presença de oficiais do exército americano no Forte Tiúna no dia do golpe. "Ele tem tudo anotado, a que horas os adidos militares americanos saíram dos quartéis e a que horas chegaram ao forte", disse o deputado Aldo Rebelo. "Chávez volta a acusar EUA". *Jornal do Brasil*, Rio de Janeiro, 1º maio 2002.

[49] Na mesma sexta-feira, 12 de abril, os advogados do Departamento de Estado, estudando a constituição da Venezuela, notaram a renúncia do presidente da República não ser válida até que fosse aceita pela Assembléia Nacional, que tinha o poder de instalar um novo chefe de governo.

Se não tinha condições internas de se sustentar, apenas respaldado pelas classes médias e altas, o governo da coalizão empresarial-militar, emanado do golpe de 11/12 de abril, defrontou-se outrossim com enormes dificuldades externas para o seu reconhecimento. O Grupo do Rio, que realizava em Costa Rica a XVI Cimeira presidencial, reprovou prontamente a ruptura da ordem constitucional na Venezuela e solicitou ao embaixador César Gavíria, Secretário-Geral da OEA a convocação urgente do Conselho Permanente, de acordo com o Art. 20 da Carta Democrática Interamericana[50], aprovada na sessão plenária de 11 de setembro de 2001, incorporando a Resolução AG/RES n. 1.080 (XXI-O/91)[51]. A questão fora levantada, primeiro pelo Brasil e os embaixadores na OEA aprovaram uma resolução, em que condenaram "a alteração da ordem constitucional na Venezuela". Somente em face da atitude de todos os demais estados da região, inclusive México e Canadá, de repudiar o golpe contra o governo de Hugo Chávez, a delegação dos Estados Unidos resignou-se a subscrever a moção da OEA. Mas só o fez no sábado, 13 de abril, quando as manifestações de massa haviam compelido Carmona a renunciar e Chávez retornou ao poder[52].

9.5 A Comunidade Sul-Americana de Nações

A crise na Venezuela não cessou. E o Brasil teve uma atuação ainda mais decisiva, visando assegurar a estabilidade na Venezuela, em dezembro de 2002, quando o governo de Fernando Henrique Cardoso, com o endosso do presidente eleito Luiz Inácio Lula da Silva, decidiu vender ao governo do presidente Hugo Chávez um navio petroleiro com 82 milhões de litros de combustível para enfrentar o desabastecimento provocado pela greve

50 O Art. 20 da Carta Democrática Interamericana dispõe que, "caso num Estado membro ocorra uma alteração da ordem constitucional que afete gravemente sua ordem democrática, qualquer Estado membro ou o Secretário-Geral poderá solicitar a convocação imediata do Conselho Permanente para realizar uma avaliação coletiva da situação e adotar as decisões que julgar conveniente".

51 Consejo Permanente de la Organización de los Estados Americanos, Acta de la Sesión Extraordinaria celebrada el 21 de Enero de 2000. A OEA, mediante a resolução AG/RES. 1080 (XXI-O/91), estabelecera um mecanismo para ajudar a restabelecer a democracia representativa em que ela sofresse uma interrupção. Essa resolução foi aprovada na quinta sessão plenária da OEA, ocorrida em 5 de junho de 1991.

52 MARQUIS, Christopher. U.S. Cautioned Leader of Plot Against Chávez. *The New York Times*, 17 Apr. 2002.

dos trabalhadores da Petróleo de Venezuela S.A. (PdVSA) e evitar a sua desestabilização. Apesar das críticas, por parte da oposição na Venezuela, à qual a iniciativa do Brasil desagradara, o governo de Lula, logo que inaugurado, tentou intermediar uma solução pacífica para a crise e enviou a Caracas o professor Marco Aurélio Garcia, assessor de Assuntos Internacionais do Presidente. O Brasil tinha investimentos na Venezuela, interesses econômicos, políticos e estratégicos, e não podia permitir a desestabilização do governo de Chávez, que fora eleito duas vezes e obtivera 60% dos votos, conforme o presidente Lula salientou. Por esse motivo, propôs a formação de um grupo dos amigos da Venezuela (não só de Chávez) com a participação dos Estados Unidos e da Espanha, coordenado pelo Secretário-Geral da OEA, César Gavíria, com a finalidade de intermediar uma solução pacífica, legal e constitucional para o impasse que perdurava havia vários meses.

O presidente Lula, desde o início do seu mandato, demonstrou que sua política cxtcrior trataria de robustecer a parceria estratégica com a Venezuela e aprofundar os vínculos com a Argentina, seu principal sócio no Mercosul, e que a integração da América do Sul era sua prioridade número um. Ele compreendeu que a base econômica, e não exclusivamente política, deveria lastrear a liderança do Brasil na América do Sul e que ela exigia o aumento das trocas comerciais, no contexto de um comércio regional mais equilibrado. O Banco Nacional de Desenvolvimento Econômico e Social (BNDES), na direção do professor Carlos Lessa, desempenhou importante papel no adensamento dessa política. Foi aberta uma linha de crédito para financiar a venda ao mercado brasileiro de máquinas, componentes e peças fabricadas no Mercosul, em especial na Argentina, ao mesmo tempo que se previa dar tratamento semelhante aos do produto nacional nos financiamentos da Finame, bens de capital fabricados na Argentina, no Uruguai e no Paraguai. O BNDES também aprovou um crédito de US$ 200 milhões para a ampliação de um gasoduto na Argentina, com a construção e a montagem da tubulação, em um trecho de 508,85 Km, expandindo a capacidade de transporte de gás natural da Companhia de Investimentos de Energia (Ciesa), ligada à filial da Petrobras (Petrobras Energia S.A., ex-Perez Companc), pelos gasodutos General San Martín e Neuba II e ampliando a oferta de gás natural e eletricidade na região da Grande Buenos Aires.

Igualmente com a Venezuela, considerada um dos pilares da integração da América do Sul, o Brasil tratou de aprofundar a parceria, principalmente na área energética. A Petrobras e a PdVSA assinaram 15 acordos que incluíam, entre outros projetos, a exploração de gás e a extração de petróleo pesado pela indústria brasileira na região do rio Orenoco e a construção de uma nova refinaria no Brasil, com investimento previsto de cerca de US$ 2 bilhões, com capacidade para produção diária entre 150.000 e 220.000 barris. A entrada da Petrobras na exploração de gás na Venezuela rompeu o monopólio virtualmente exercido pelas empresas dos Estados Unidos e da Europa, e a Companhia Vale do Rio Doce projetou constituir com a venezuelana Corpozulia uma empresa binacional, para a exploração das reservas de carvão natural de Socuy, na Venezuela. Durante sua visita a Caracas, Lula firmou com Chávez 20 acordos de cooperação e investimentos, que incluíam a venda de 20 aviões militares, modelo Tucano, e créditos para a construção do metrô da cidade, bem como na área de defesa e vigilância da Amazônia, onde se previu a possibilidade de realização de exercícios conjuntos dos exércitos do Brasil e da Venezuela. "A solução para a economia da Venezuela, do Brasil e de outros países da América do Sul não está no Norte, além do oceano, mas na nossa integração" — disse Lula. Esses entendimentos entre Brasília e Caracas causaram, decerto, inquietação em Washington, que tentava abusivamente isolar o governo de Hugo Chávez, por este não se subordinar aos seus desígnios.

O presidente Lula deu continuidade ao projeto de integração física e energética, elaborado no governo de Fernando Henrique Cardoso, ampliando-o com a participação do BNDES. Explicitou, porém, e enfatizou ainda mais o projeto de formação de uma Comunidade Sul-Americana de Nações, criada na Terceira Reunião dos Presidentes da América do Sul, em 8 de dezembro de 2004, na cidade de Cuzco (Peru), quando foi assinada a Declaração de Cuzco pelos presidentes e representantes[53] dos 12 países da região: os quatro países do Mercosul (Brasil, Argentina, Uruguai e Paraguai), os cinco da Comunidade Andina (Venezuela, Colômbia, Peru, Equador e Bolívia), bem como o Chile, Suriname e Guiana. Na ocasião, o presidente Lula anunciou a constrição da Rodovia Interoceânica, que o Brasil e o Peru estavam a implementar. Era muito mais do que um projeto bilateral. Interessa a todos os países da região. E, segundo Lula declarou, mostra que a Comunidade Sul-Americana de Nações, que estavam a inaugurar, não era mero exercício de retórica, pois exprimia o empenho dos países em superar as distâncias que ainda os separavam.

53 Os presidentes Néstor Kirchner, da Argentina, Lucio Gutiérrez, do Equador, Nicanor Duarte, do Paraguai e Jorge Batlle, do Uruguai não participaram da reunião por diversos motivos, mas deixaram claro o apoio à decisão.

A obra Rodovia Interoceânica, com 1.100 Km de extensão, ligando o estado do Acre aos portos peruanos de Matarani, Ilo e Maratani, na região de Madre de Díos, no sudeste peruano, visava possibilitar que o Brasil alcançasse mais facilmente os mercados da Ásia, por meio do Pacífico, e levar mais de meio milhão de turistas ao sul do Peru, onde o Império Inca nasceu e estão as ruínas de Machu Picchu. Ela fora orçada em US$ 700 milhões, US$ 417 milhões (60%), financiados pelo Brasil por meio do Proex (Programa de Financiamento às Exportações, administrado pelo Banco do Brasil), e pelo Peru (40%), com o apoio da Corporação Andina de Fomento (CAF). Além da construção da Rodovia Interoceânica foram assinados mais 31 projetos de infra-estrutura para a região, o que significava, em princípio, consolidar a agenda estratégica da integração física e energética que, em alguns anos, estava sendo definida.

O chanceler Celso Amorim, em entrevista à imprensa, ressaltou que a Comunidade Sul-Americana de Nações, baseada inicialmente em uma área de livre comércio e em projetos de infra-estrutura, iria reforçar a capacidade de negociação dos países da região, aumentando seu poder de barganha nos grandes blocos econômicos, e admitiu a possibilidade de que ela viesse a gerar um processo de integração semelhante ao da União Européia, objetivo estratégico do Brasil. Esse projeto, porém, defrontava-se com uma situação bastante complicada em alguns países, como Equador, Bolívia e Peru, onde a turbulência social e política não cessava, além das incertezas no relacionamento entre a Colômbia, instigada pelos Estados Unidos, e a Venezuela, e entre o Chile e a Bolívia, cujo plano de exportar gás por território chileno havia gerado a crise que terminou com a renúncia do presidente Gonzalo Sánchez de Lozada (17/10/2003), e em face da qual o Brasil decidiu não se envolver, diretamente, como fizera no caso do golpe na Venezuela.

Essa conexão da Bolívia com o Chile não convinha virtualmente à Petrobras, que não apenas era a sua maior compradora de gás, incorporando-o à matriz energética do Brasil e aliviando o consumo de petróleo do parque industrial, mas também se dedicava à exploração, distribuição e comercialização do petróleo, por intermédio de duas subsidiárias — Empresa Boliviana de Refinamiento e Empresa Boliviana de Distribución. Seus investimentos na Bolívia somavam cerca de US$ 2 milhões, entre 27 multinacionais que lá atuavam, com um peso equivalente a 20% do Produto Interno Bruto (PIB) boliviano. E o fracasso de Washington na tentativa de impedir a queda de Sánchez de Lozada, seu protegido, permitiu ao Brasil conquistar posição vital na região. Impedida a saída do combustível para o oeste e congelado o projeto de construção do gasoduto, que uniria Tarija ao Chile, as exportações da Bolívia deveriam voltar-se para o leste, por meio de um gasoduto de 3.150km, traçado pela Petrobras desde Santa Cruz de la Sierra, com ramificações até Canoas, no Rio Grande do Sul, e capacidade para transportar 24 milhões de metros cúbicos diários, dos quais cerca de 4 milhões eram importados pela Argentina, onde a Petrobras comprara a companhia petrolífera Pérez Companc. Quando, porém, a crise voltou a agravar-se, nos primeiros meses de 2005, o governo de Lula, temendo que o presidente Carlos Mesa fosse deposto e ocorresse uma quebra institucional, buscou intermediar o conflito entre o governo e Evo Morales, líder do Movimiento al Socialismo, ao mesmo tempo que defendia os interesses da Petrobras.

A vitória de Tabaré Vázquez, no Uruguai, tendeu a fortalecer a iniciativa para a consolidação da Comunidade Sul-Americana de Nações. Os acordos no setor energético, que os governos sul-americanos estavam a celebrar, cumpriam uma função estratégica para o projeto de fortalecimento da integração econômica e política no continente. Era previsto um acordo energético com a Venezuela que permitiria ao Uruguai receber petróleo a um preço mais barato; uma parte paga por uma linha especial de crédito e o restante, com o fornecimento de carnes, lãs e laticínios.

O acordo de cooperação energética, firmado em 2 de março de 2005, em Montevidéu, onde a PdVSA programava a abertura de um escritório, tinha como objetivo fundamental fortalecer os mecanismos de solidariedade, complementaridade e cooperação para dar respostas aos problemas de ambas as nações, e se inseria no esforço de criação da Comunidade Sul-Americana de Nações. Além dos acordos com o Brasil e o Uruguai, a Venezuela já havia firmado convênios com empresas petrolíferas do Paraguai e da Argentina, dando seqüência ao projeto da Venezuela de estabelecer acordos estratégicos com os países do Mercosul, e o presidente Chávez excogitava encorajar a formação de um empresa petrolífera dos Estados sul-americanos, a Petrosur.

9.6 Era de incertezas e conflitos

A Venezuela, no final do governo de Fernando Henrique Cardoso, passou a ocupar relevante papel na política exterior do Brasil, não apenas servindo de contrapeso para Argentina, mas também conformando com ela o triângulo estratégico, no processo de integração da América do Sul, o estabelecimento de uma unidade econômica e política entre os países da região, condição necessária e indispensável a uma inserção equilibrada no cenário internacional. Entretanto, assim como a Alemanha e a França constituíram a força propulsora da União Européia, o Brasil e a Argentina, desde os primórdios, configuraram os pilares básicos do Mercosul, o núcleo da Comunidade Sul-Americana de Nações em construção. E a perspectiva era de que a Argentina executasse uma política externa coerente, constante, uma política externa de Estado, sem oscilar conforme os humores conjunturais, e funcionasse como fator de aglutinação dos países hispânicos, o que ela teria condições de fazer, mas somente respaldada e coligada com o Brasil, o que significava unificar a América do Sul.

O Brasil estava a exercer a liderança em uma era de incertezas, em uma região marcada por crescente instabilidade econômica e política e tensões militares, devido, em larga medida, à presença dos Estados Unidos, particularmente na Colômbia, no Equador e na Bolívia. O Brasil não admitia que o Estado colombiano se desintegrasse, com as Farcs a controlar 40% do seu território, mas se recusava a confundir o combate ao narcotráfico com a repressão da insurgência, e via com desconfiança a presença dos Estados Unidos nas repúblicas do Pacífico, na região da Amazônia. Daí porque procurou evitar que degenerasse em conflito militar o incidente diplomático entre a Colômbia e a Venezuela, por causa da violação de sua soberania com a captura ilegal, possivelmente com o auxílio da CIA, de um dirigente das Farcs em Caracas. A política do Brasil *vis-à-vis* da Colômbia manteve a mesma diretriz desde o governo de Fernando Henrique Cardoso, consubstanciada no apoio ao processo de paz, que, na verdade, nunca avançou, desde a presidência de Andrés Pastrana (1998-2001), de defesa da soberania nacional e de repúdio à intervenção estrangeira nas questões internas do país.

Outrossim, o Brasil continuou a condenar o embargo a que Cuba fora submetida pelos Estados Unidos, desde 1960, em meio de pressões e ameaças contra o regime de Fidel Castro. O presidente Lula, no entanto, visitou Havana, em 2003, onde assinou 12 acordos de cooperação, inclusive para a exploração de Petróleo pela Petrobras, e rejeitou as pressões internacionais para que intercedesse pela liberdade de presos políticos em Cuba. "Não é boa política um chefe de Estado se meter em assuntos internos de outro país. Vou tratar dos interesses do Brasil. Não vou dar palpite em política interna de outro país", afirmou Lula no México[54]. Posteriormente, ele apelou

54 FRAGA, Plínio. Não vou palpitar na política de Cuba, diz Lula. *Folha de S.Paulo*, 26 set. 2003.

para que Castro entendesse que o "Brasil pode ajudar a construir o processo democrático em Cuba", e reiterou a condenação do embargo imposto há mais de 40 anos pelos Estados Unidos:

> Temos muito a fazer pela democracia em Cuba. Temos que ajudar na luta contra o embargo (econômico imposto pelos norte-americanos há quatro décadas). O Brasil tem uma chance de ajudar a dar normalidade nas relações de Cuba[55].

A questão do regime político em Cuba era o que mais dificultava sua aproximação, conforme desejada por Fidel Castro, devido à "cláusula democrática".

Embora contrariasse a tradicional política exterior de não se envolver militarmente em questões no Caribe e na América Central, tradição esta quebrada apenas quando o presidente, general Humberto Castelo Branco, o governo de Lula também enviou tropa para Santo Domingo, em 1965, o governo de Lula decidiu despachar um contingente de 1.100 soldados para o Haiti, também como força internacional de paz (integrada por americanos, franceses, canadenses e dos países do Caribe), de acordo com a resolução do Conselho de Segurança da ONU, com a missão de estabilizar o país após a deposição do presidente Jean-Bertrand Aristides, com o velado suporte dos Estados Unidos, segundo tudo indicou. Essa iniciativa controvertida provocou fortes reações internas, da esquerda do PT, da CUT e do MST, por ferir o princípio de não-intervenção nos assuntos internos de outros países, consolidado pela Constituição brasileira. Segundo os críticos, o fato de o Haiti haver sofrido um golpe de Estado, apoiado pelos Estados Unidos, tornava qualquer tropa estrangeira, no Haiti, uma força de ocupação, e não parte de uma missão de paz da ONU.

Indagado sobre a razão de tal iniciativa, o chanceler Celso Amorim explicou que o Haiti era um país latino, com as mesmas raízes culturais do Brasil e não lhe interessava vê-lo tornar-se um narco-Estado. O que o Brasil procurou, no entanto, foi dar uma demonstração de que se dispunha a exercer um proeminente papel internacional, pelo menos no âmbito do hemisfério, e avigorar sua posição de candidato a uma vaga permanente no Conselho de Segurança da ONU. Esta questão, a pretendida vaga no Conselho de Segurança da ONU, era que alimentava um clima de desconfiança e fricções

55 GIELOW, Igor. Lula diz que ajudará Cuba a ter democracia. *Folha de S.Paulo*, 9 abr. 2005.

entre o Brasil e a Argentina, reacendendo uma rivalidade residual que não fazia qualquer sentido. Em primeiro lugar, não havia qualquer possibilidade imediata de uma reforma da ONU, apesar de que fosse necessária, pois os cinco membros permanentes, principalmente os Estados Unidos, não se dispunham certamente a dar o mesmo poder de veto a outros países. Em segundo lugar, avaliando o peso específico, tanto econômico quanto político e estratégico, se a América Latina viesse a ter dois representantes no Conselho de Segurança da ONU, um seria, forçosamente, o Brasil, dado o seu *status* de potência regional, e o outro jamais seria a Argentina, mas o México, com uma população de 105 milhões de habitantes e um PIB de US$ 941,2 bilhões (estimativa 2003), o dobro da Argentina. O Brasil, ao que tudo indicava, continuava a insistir em uma vaga (prometida aliás pelo presidente Franklin D. Roosevelt ao presidente Getúlio Vargas, devido à sua participação na Segunda Guerra Mundial), com o objetivo de denunciar o congelamento do poder mundial, sua estratificação, favorecendo apenas cinco potências, que detinham capacidade nuclear.

A política exterior do México era conflitante com a do Brasil, País com o qual não mantinha um tratado de livre comércio. O México aceitara a subordinação aos Estados Unidos e estava a concorrer para a desarticulação política dos países do Terceiro Mundo; nas negociações econômicas multilaterais e regionais, reforçando as pressões internas neoliberais, tratou de atraí-los para a órbita dos Estados Unidos, temendo o isolamento do resto da América Latina. As negociações sobre livre comércio ou acordos preferenciais bilaterais com alguns países latino-americanos — como Colômbia e Venezuela, para formar o então G-3 — e o amplo acordo México-Uruguai, sem resultados comerciais, mas que criou sérias dificuldades para o Mercosul, foram parte de uma estratégia para preservar as preferências comerciais que o México usufruía na Associação Latino-Americana de Integração (Aladi) e amortecer as reações à mudança radical na política externa mexicana; também, para abrir caminho para as futuras negociações da Alca[56]. O exemplo do México possibilitou que outros governos latino-americanos aceitassem a proposta dos Estados Unidos para negociar a criação da Alca. No entanto, como o embaixador Samuel Pinheiro Guimarães salientou, "a posição geográfica especial do México e o acesso (legal ou ilegal) de sua população ao mercado de trabalho dos Estados Unidos, com as conseqüentes remessas de

[56] GUIMARÃES, Samuel Pinheiro. O papel político internacional do Mercosul. *Folha de S.Paulo*, 12 jul. 2004.

dinheiro dos imigrantes, não são válidas para outros países latino-americanos"[57]. Isso se podia dizer com respeito aos demais países da América Central e do Caribe, todos dependentes dos Estados Unidos, particularmente das remessas de dólares feitas pelos seus nacionais que para lá emigraram. Em tais circunstâncias, não fazia o menor sentido pensar na unidade de uma América Latina, separada não apenas pelo Canal do Panamá, mas dividida efetivamente por interesses e vínculos econômicos e fatores geopolíticos conflitantes.

O que ao Brasil convinha, assim como à Argentina, era conduzir, de maneira realista, a consolidação do Mercosul e a formação da Comunidade Sul-Americana de Nações como um sistema econômico e político unificado, em um sistema mundial, fortemente competitivo e violento, em que os Estados Unidos tratavam de concentrar e congelar o poder mundial. O processo de globalização sempre significou o crescente domínio das megascorporações americanas, o esforço de modelar um novo tipo de Império, com a transformação dos exércitos dos países neocolonizados em forças de polícia, para defender os interesses do capital financeiro e a dolarização de suas economias. Não obstante, o sistema mundial tendia a evoluir para a multipolaridade, apesar da preeminência conjuntural dos Estados Unidos. Nem o Brasil nem a Argentina deviam considerar essa preeminência como definitiva e aceitar o destino de províncias avançadas do grande Império. A previsão do banco Goldman Sachs era que, por volta do ano 2025, as economias do grupo BRIC (Brasil, Rússia, Índia e China) juntas, representariam mais da metade da economia do G6, formado por Estados Unidos, Japão, Grã-Bretanha, França, Alemanha e Itália, e ele tendia a suplantá-la até o ano 2050[58].

O Brasil, ao encorajar o lançamento da Comunidade Sul-Americana de Nações, na reunião de Cuzco, teve um objetivo estratégico, visando tornar não propriamente a si próprio, mas o conjunto dos países do subcontinente, uma potência mundial, não só econômica mas também política. Sua dimensão ultrapassava, de longe, o caráter meramente comercial. O Brasil não abdicara do projeto de se tornar potência mundial, porém, compreendera que a consecução de tal objetivo passava pela sua integração com a Argentina

57 GUIMARÃES, Samuel Pinheiro. O papel político internacional do Mercosul. *Folha de S.Paulo*, 12 jul. 2004.

58 The Goldman Sachs Group, Inc. *Global Economics Paper n. 99*: Dreaming with BRICs: The Path to 2050.

e, em uma segunda etapa, com todos os demais países da América do Sul. A união da Argentina e do Brasil não significava uma soma de dois países mais uma multiplicação de fatores, como certa vez o presidente Arturo Frondizi (1958-62) ressaltou[59]. E a união dos demais países da América do Sul com o Brasil e a Argentina, em uma comunidade econômica e política, conformaria uma grande potência, com enorme peso no cenário mundial.

A América do Sul, composta de 12 países em um espaço contíguo, possuía, em 2004, uma população total de 360 milhões de habitantes, cerca de 67% de toda a América Latina e o equivalente a 6% da população mundial, com integração lingüística, pois imensa maioria falava português ou espanhol, e detinha uma das maiores reservas de água doce e biodiversidade do planeta, além de imensas riquezas em recursos minerais, pesca e agricultura. E não apenas sua população era maior que a dos Estados Unidos (293.027.571, estimativa 2004), seu território, cerca de 17 milhões de quilômetros quadrados, era o dobro do território americano, com 9.631.418km^2. A integração dos dois blocos, o Mercosul, com um PIB de US$ 1.954,12 trilhão (para o qual o Brasil concorria com US$ 1,375 trilhão (estimativa 2003)[60], Argentina, com US$ 435,5 bilhões), e a CAN, com US$ 596,76 bilhões, mais o Chile, com US$ 154,78 bilhões, daria à Comunidade Sul-Americana de Nações, se constituída, extraordinária força, ao elevar sua massa econômica ao montante de US$ 2.705,66 trilhão, maior que a da Alemanha, calculada em US$ 2.271 trilhões (estimativa 2003), e muito superior à soma do PIB do México (US$ 941,2 bilhões) e do Canadá (US$ 958,7 bilhões).

Referências

AMADO, Rodrigo. *Araújo Castro*. Brasília: Editora da UnB, 1982 (Coletânea de Discursos).

CAMPOS, Roberto. *A lanterna na popa*. Rio de Janeiro: Topbooks, 1994.

CARDOSO, Fernando Henrique. O Brasil e uma nova América do Sul. *Valor Econômico*, São Paulo, 30 ago. 2000.

CERVO, Amado Luiz; BUENO, Clodoaldo. *História da política exterior do Brasil*. 2. ed. Brasília: Editora da UnB, 2002.

CHEVALIER, Michel. *Lettres sur l'Amérique du Nord*. Librairie de Charles Gosselin et Cie, 1837. 2 v.

59 Entrevista ao Autor, Buenos Aires, 1975.

60 De acordo com o método da paridade do poder de compra.

FUNDAÇÃO ALEXANDRE GUSMÃO. Política externa. Democracia. Desenvolvimento. Gestão do Ministro Celso Amorim no Itamaraty (ago. 1993/dez. 1994). Brasília, 1995.

FRAGA, Plínio. Não vou palpitar na política de Cuba, diz Lula. *Folha de S.Paulo*, 26 set. 2003.

GIELOW, Igor. Lula diz que ajudará Cuba a ter democracia. *Folha de S.Paulo*, 9 abr. 2005.

GUIMARÃES, Samuel Pinheiro. O papel político internacional do Mercosul. *Comunicação & Política*, VII (3): 38-47, Rio de Janeiro, Cebela, set./dez. 2000.

HEGEL, Georg Wilhelm Friedrich. In: HOFFMEISTER, Johannes (Hrsg.): *Briefe von und an Hegel*. Band I: 1785-1812. Hamburg: Meiner Verlag, 1952.

KISSINGER, Henry. *Does America needs a foreign policy?* New York: Simon & Schuster, 2001.

MARQUIS, Christopher. U.S. Cautioned Leader of Plot Against Chávez. *The New York Times*, 17 Apr. 2002.

MONIZ BANDEIRA, Luiz Alberto. *As relações perigosas:* Brasil-Estados Unidos (de Collor a Lula, 1990-2004). Rio de Janeiro: Civilização Brasileira, 2004.

———. *Brasil—Estados Unidos no contexto da globalização*. 3. ed. revista de presença dos Estados Unidos no Brasil: dois séculos de história e Brasil. São Paulo: Editora do Senac, 1998.

———. *Brasil, Argentina e Estados Unidos:* conflito e integração na América do Sul (da tríplice aliança ao Mercosul, 1870-2003). 2. ed. Rio de Janeiro: Revan, 2003.

———. *Brasil, Argentina e Estados Unidos:* conflito e integração na América do Sul. Rio de Janeiro: Revan, 1993.

———. *O governo João Goulart*: as lutas sociais no Brasil (1961-1964). 2. ed. Brasília: Editora da UnB, 1978.

ROHTER, Larry. South American Trade Bloc Called Mercosur Under Siege. *The New York Times*, New York, 24 Mar. 2001.

SOARES, Teixeira. *História da formação das fronteiras do Brasil*. Rio de Janeiro: Conselho Federal de Cultura, 1972.

———. *Um grande desafio diplomático no século passado*: navegação e limites na Amazônia. Rio de Janeiro: Conselho Federal de Cultura, 1971.

10

O BRASIL E A CONSTRUÇÃO DO MERCOSUL

Janina Onuki

10.1 Introdução

O processo de integração do Mercado Comum do Sul (Mercosul), embora marcado por crises domésticas e internacionais que o afetaram, passou a ser uma marca da política externa do governo brasileiro ao longo dos anos 1990, e manteve-se no discurso diplomático como uma das prioridades da agenda externa do governo Lula, que vem insistindo na expansão do projeto de integração para os demais países andinos, na perspectiva de ampliar a integração sul-americana, na sua liderança.

O Brasil, pela sua dimensão territorial, pelas suas relações comerciais globais e pela sua atuação em fóruns multilaterais, teria um papel importante na construção do bloco, o que fez que opiniões divergentes se confrontassem, opinando sobre os aspectos positivos e negativos dessa liderança regional. Por um lado, a atuação brasileira poderia ter reflexos em outros espaços de negociação, ampliando o poder de barganha do País (e, conseqüentemente, dos seus vizinhos — esta era a principal contrapartida oferecida pelo Brasil inicialmente). Mas, por outro lado, havia custos políticos e econômicos que poderiam ser altos — na visão de alguns atores contrários ao processo de integração —, sobretudo no que se refere à limitação que os sócios colocariam à ação internacional do Brasil. Essa visão defendia que os custos poderiam impedir o País de aumentar seus ganhos relativos, que seriam facilitados se o País viesse a atuar de forma unilateral.

Entretanto, se analisarmos a política externa brasileira em relação à integração regional durante as décadas de 1980 e 1990, a opção unilateral parece ser inviável, mesmo que a cooperação fosse tomada como um custo. Seria impossível, para o Brasil, ignorar seus vizinhos após anos de isolamento marcado pelos regimes autoritários, até porque o acordo de integração econômica passou a ser visto como uma fonte de estabilidade para as democracias recém-construídas e em processo de consolidação desde meados da década de 1980.

Embora o Mercosul tenha sido colocado como prioridade nos discursos diplomáticos e assim tenha permanecido ao longo dos governos, não foi totalmente incorporado como prioridade de fato nas agendas de política externas dos países-membros, avançando de acordo com as mudanças conjunturais domésticas, e sendo influenciado por instabilidades internacionais. A avaliação atual dos resultados alcançados não é integralmente positiva — a mudança qualitativa que se esperava não ocorreu, e o bloco convive mais com problemas do que com resultados positivos, o que dificulta traçar cenários otimistas.

Para compreender o estágio atual da integração do Mercosul, é preciso analisar as diversas fases por que passou o processo. Para tanto, este capítulo está dividido em três partes — que se referem ao que denomino fases do Mercosul, distinguidas por características específicas, internacionais e domésticas —, que marcaram a evolução do bloco.

A primeira fase refere-se ao período de criação do Mercosul em 1991, até 1994, quando o bloco tornou-se união aduaneira e adotou a Tarifa Externa Comum (TEC). O momento de constituição do Mercosul foi marcado por incertezas sobre o objetivo que cada país tinha em relação ao investimento que deveria fazer no bloco. Naquele momento, o Mercosul era visto mais como um instrumento de reorientação dos respectivos modelos nacionais de desenvolvimento, associados a propostas de liberalização comercial que modelaram os projetos dos governos Collor de Mello e Carlos Menem. Mas o final deste período (1994) ficou caracterizado pelo sucesso da iniciativa de integração, do ponto de vista comercial e de consolidação do compromisso de cooperar.

A segunda fase do Mercosul tem início em 1995, e se encerra em 1999. O início deste período é marcado pelo aumento da interdependência e da credibilidade do bloco que passava a gozar de personalidade jurídica internacional. Isso lhe permitiu atuar como ator internacional na assinatura do acordo quadro com a União Européia e com outros países da América do Sul, o que favoreceu enormemente o Mercosul. Entretanto, em pouco tempo, o final desta fase é marcado por um quadro de "pré-crise", quando ocorreu a desvalorização da moeda brasileira, o Real. Mas antes disso, já começava a se evidenciar a dificuldade de resolução dos conflitos comerciais, dada a fragilidade da estrutura institucional do Mercosul.

Naquele momento (janeiro de 1999), a integração passou a ser marcada pelo acirramento dos conflitos comerciais e pelo aprofundamento das assimetrias, pela dificuldade de coordenar posições em fóruns e negociações internacionais e por um novo clima de desconfiança entre os membros do bloco. Nessa terceira fase, que vai do período da desvalorização do Real até os nossos dias (2006), passamos pelas piores crises domésticas, e estes últimos três anos, tornaram-se um momento de reavaliação dos principais problemas e das perspectivas do Mercosul.

A evolução histórica nos mostra que o Mercosul continua a ser um ativo político importante para os países que fazem parte do bloco, sobretudo no que diz respeito ao estabelecimento das relações com outros países e blocos, conquistadas ao longo dos últimos dez anos. Entretanto, o Mercosul tem mostrado crescentes dificuldades no que se refere à resolução dos contenciosos comerciais, à absorção das crescentes demandas sociais e, desde o início, dificuldade de fazer convergir o entendimento sobre o objetivo da integração.

Essa conjuntura desfavorável não é derivada, portanto, apenas de situações mais recentes de desentendimentos pontuais, mas das dificuldades estruturais que se fizeram notar ao longo dos quase 15 anos de existência do bloco. Embora o Mercosul sempre seja mencionado como um item prioritário nas agendas de política externa dos quatro países-membros, e referência no exterior, as incertezas sobre o seu aprofundamento derivam da ausência de uma estrutura institucional mais definitiva, da falta de transparência das informações e da ausência de resultados mais concretos que eram esperados da evolução do processo de integração.

10.2 A origem da cooperação Brasil—Argentina

A aproximação entre Brasil e Argentina teve início ainda no final dos anos 1970, e um rápido aprofundamento na década de 1980, derivado, principalmente, do retorno dos regimes democráticos nos dois países[1]. Em 1979, ainda durante o regime militar, uma primeira aproximação foi marcada pela assinatura (com o Paraguai) do Acordo Tripartite de Cooperação Técnico-Operativo que permitiu o uso compartilhado das usinas de Itaipu e Corpus e a regularização da navegabilidade do rio Paraná.

Este acordo deu início a uma aproximação inédita entre Brasil e Argentina, que, além da necessária compatibilidade geográfica dos rios, resultava de dois fatores importantes: por um lado, a redução do poder militar da Argentina (que não tinha mais condições de investir tão fortemente na área militar em função dos problemas econômicos); por outro lado, consolidava-se a percepção de que o Brasil estava transferindo sua "fronteira estratégica" da Bacia do Prata para a Amazônia, para onde passava a direcionar seus investimentos militares[2].

Na metade da década de 1980, a convivência entre Brasil e Argentina passava a ser mais pacífica, pois ambos os países compartilhavam de histórias semelhantes de convivência com regimes militares autoritários e, particularmente por essa razão, passaram a adotar novas políticas para o aprofundamento da convivência democrática que permitiu uma maior aproximação política e econômica.

Do lado da Argentina, a reorientação da sua política externa durante o governo de Raúl Alfonsín (1983-88) teve reflexos positivos para a cooperação com o Brasil, pois o País vivia um novo período de remodelagem dos seus relacionamentos externos (que ficou conhecido o "giro realista" da política externa), onde o objetivo principal era o fortalecimento da democracia e a busca de um novo parâmetro de inserção internacional. Nesse sentido, a relação com o Brasil e os demais países da América Latina era tomada como referência para essa inserção.

Os avanços dos entendimentos entre os governos de José Sarney e Raúl Alfonsín não implicaram, propriamente, a implementação de um novo modelo de política externa no que se refere à integração regional. Ambos ainda mantinham a substituição de importações e o caráter protecionista

---

1 Sobre a cooperação Brasil—Argentina, THOMPSON FLORES NETO, F. A integração Brasil—Argentina. In: ALBUQUERQUE, J. A. G. (Org.). *Sessenta anos de política externa brasileira (1930-1990). O desafio geoestratégico*. São Paulo: Nupri/USP, 2000. v. 4, p. 175-186.

2 Sobre o início da cooperação Brasil—Argentina, BUENO, Clodoaldo; CERVO, Amado. *História da política externa brasileira*. São Paulo: Ática, 1998.

como base da cooperação. Mas alguns pontos fundamentais passaram a fazer parte da agenda não-comercial da cooperação e permitiu que os países pudessem avançar na parceria em diversos temas sensíveis, como o processo de construção de confiança na área nuclear, que criaram elementos de convergência em torno da manutenção dos regimes democráticos[3].

A assinatura do Programa de Integração e Cooperação Econômica (Pice) em 1986 pode ser considerada um marco na história de cooperação entre os dois países, pois, nesse momento, introduziu-se uma nova dinâmica no relacionamento bilateral, o que aumentou de maneira significativa o comércio intra-regional, ao promover rapidamente a mobilização de vários setores representativos dos quadros políticos e econômicos dos respectivos países que respondiam, positivamente, às iniciativas diplomáticas estabelecidas no âmbito da cooperação[4].

Foi na segunda metade da década de 1980 que a cooperação entre os dois países se intensificou, resultando em diversos acordos técnicos e econômicos que formaram a base e influenciaram a decisão de avançar na criação do Mercosul em 1991.

10.3 O FIM DA GUERRA FRIA E A CRIAÇÃO DO MERCOSUL

As análises divergiam sobre a nova realidade surgida com o fim da guerra fria, cujo principal símbolo foi a queda do muro de Berlim em 1989. Embora as interpretações fossem divergentes no que diz respeito à definição desse novo período, marcado basicamente por seu caráter transitório, e no que se refere à natureza dos conceitos, havia um consenso sobre o fato de que essa fase era distinta da anterior, fundamentalmente porque era delineada por duas condicionantes inéditas: a instabilidade e a imprevisibilidade.

Já que não mais poderiam definir suas estratégias de política externa pela relação bipolar das superpotências, os demais países, particularmente os países em desenvolvimento, buscaram novas formas de adaptação e atuação internacional, e não foi diferente com os países sul-americanos. Novos elementos passavam a influenciar o redirecionamento de tais estratégias no sentido de assegurar um ambiente internacional mais estável.

---

3 VAZ, Alcides da Costa. *Cooperação, integração e processo negociador. A construção do Mercosul*. Brasília: Ibri/Funag, 2002.

4 Brazil's response to the "new regionalism". In: MACE, G.; THÉRIEN, J. P. (Ed.). *Foreign policy and regionalism in the Americas*. London: Lynne Rienner, 1996. p. 137-158.

As atitudes que passavam a caracterizar as agendas de política externa dos países refletiam essa busca de estabilidade. Nesse contexto, a formação de blocos econômicos regionais, como o Mercosul, representava uma tentativa de proteger os países das incertezas políticas derivadas do sistema internacional que começava a se delinear, e dava perspectivas aos países com menos poder (como o Brasil) de garantirem uma participação mais autônoma — e, se possível, de maior influência — nesse mesmo sistema.

Ao contrário de experiências anteriores de blocos regionais, formados com um caráter basicamente protecionista, o processo de integração regional do Cone Sul inseria-se na noção de *regionalismo aberto*. Nessa concepção, a integração levaria os países, inicialmente, a um processo de abertura econômica e permitiria, por meio da associação a outros países, criar novas possibilidades de inserção internacional e de fortalecimento da capacidade de barganha nas negociações com outros países ou em fóruns multilaterais[5]. Dessa forma, a decisão de integrar-se refletiria uma série de atitudes em relação aos benefícios da interdependência e minimizaria os riscos de ajustamento não somente no âmbito econômico, mas político.

O modelo de integração adotado pelo Mercosul tinha por base, portanto, o conceito de *regionalismo aberto* e abria a perspectiva de ampliar a capacidade de competitividade global à medida que os países-membros buscavam coordenar a associação dos setores mais dinâmicos e competitivos das respectivas economias com o aumento da capacidade de atuação no comércio internacional[6].

Diferentemente do modelo de integração proposto anteriormente, que se baseava na proposta de integração industrial intra-setorial, o Mercosul adotou um modelo que previa a liberalização das economias e a perspectiva de melhoria da inserção competitiva internacional. É por essa razão que o Mercosul foi caracterizado como uma tentativa de se criar uma política externa mais afirmativa, tanto para a Argentina quanto para o Brasil, seu

5 FUENTES, Juan A. El regionalismo abierto y la integración económica. *Revista de la Cepal*, Santiago de Chile: Cepal, 53, p. 81-89, ago. 1994.

6 No caso dos países do Cone Sul, a formação de um bloco econômico baseado na noção de regionalismo aberto, representava uma resposta positiva ao risco de isolamento, diante do indicativo de que a capacidade de negociação da sub-região no plano multilateral tinha sido claramente reduzida. Em relação a esse risco de isolamento, CHIPMAN, John. A América Latina e os novos desafios da ordem internacional: a política do alinhamento banal. In: MOISÉS, J. A. *O futuro do Brasil*: a América Latina e o fim da guerra fria. São Paulo: Paz e Terra. p. 79-101.

objetivo seria aprofundar a cooperação bilateral como passo indispensável para definir uma nova estratégia de atuação internacional.

Embora possamos considerar o surgimento do Mercosul como uma resposta positiva à imprevisibilidade do novo cenário internacional, também identificamos nele um caráter mais reativo que afirmativo, que ampliava as divergências de interesses entre os dois principais sócios — Brasil e Argentina — acerca dos resultados esperados da integração e do modelo a ser conduzido.

No sentido de compreendermos com mais clareza as dificuldades que vêm se apresentando no Mercosul, e o papel que a política externa brasileira tem tido ao longo da sua construção, proponho dividir a evolução do bloco em três etapas principais, que são explicadas a seguir.

Essas etapas mostram que o processo de integração revela avanços e retrocessos, o que, por um lado, torna mais difícil avaliar qual o futuro do Mercosul e, por outro, mostra que isso depende diretamente do relacionamento bilateral entre Brasil e Argentina. A definição dessas etapas evidencia que ainda há divergências e dificuldades para estabelecer prioridades e uma agenda comum que facilite o processo de integração.

Embora haja divergências sobre a dimensão que Brasil e Argentina pretendem dar ao projeto integracionista, a análise das diferentes etapas do Mercosul confirma que o bloco conseguiu sobreviver às mais diversas crises políticas e econômicas que ainda são recorrentes. Mas isso mostra que o projeto de integração do Mercosul tornou-se um item permanente das agendas de política externa dos países, e que cada vez se torna mais custoso diluí-lo.

10.4 O PONTO DE PARTIDA DA INTEGRAÇÃO

O Tratado de Assunção, assinado, em 26 de março de 1991, entre Brasil, Argentina, Paraguai e Uruguai, criando o Mercosul, derivou basicamente do crescimento do intercâmbio comercial e da convergência de interesses em torno da implementação das políticas de liberalização econômica em vários países da América Latina. Além disso, pesou o fator da credibilidade internacional e da capacidade gerada pela cooperação de propiciar melhores condições político-institucionais para conter fatores contrários à manutenção dos recém-criados regimes democráticos[7].

7 ALBUQUERQUE, José Augusto Guilhon. Mercosul: democrative stability and economie integration in South America. *Série Carta Internacional*, São Paulo, n. 18, Wupre/USP, jul. 1997.

A primeira etapa do Mercosul pode ser identificada como um período em que se aprofundou a cooperação entre Brasil e Argentina, mas ainda predominava uma certa desconfiança entre os países. Essa desconfiança vai se diluindo à medida que crescem os fluxos de comércio e de investimento com o exterior, derivados da imagem positiva do Mercosul. Foi a partir do primeiro semestre de 1994 que a integração passou a ser vista com euforia pelos governos e pela imprensa, destacando um avanço no relacionamento entre os países e, sobretudo, um maior destaque no aprofundamento dos regimes democráticos.

Além disso, a criação do Mercosul mostrava uma ênfase dada ao espaço regional por parte do Brasil e um abandono do modelo anterior de integração. A política externa brasileira passou a privilegiar, simultaneamente, ações no plano regional e nos fóruns multilaterais. Essa lógica apostava em um processo de liberalização progressiva no lugar da proposta de aproximação setorial, que vigorou ao longo da década de 1980[8].

Nesse percurso, surgiram vários obstáculos, advindos, principalmente, do desequilíbrio entre as dimensões econômicas e a condução das políticas macroeconômicas dos dois parceiros principais do Mercosul. Podemos afirmar que o Mercosul, nessa primeira etapa, tentava cumprir uma função na nova estrutura do sistema internacional, buscando um maior reconhecimento para os países-membros no plano internacional e incrementando o intercâmbio comercial regional.

Mas ainda predominava uma relativa desconfiança entre os dois principais sócios, derivada, basicamente, do descompasso entre as políticas econômicas domésticas e da incompatibilidade das agendas de política externa. Entretanto, isso não representou um impedimento ao avanço do processo de integração. Isso porque Collor e Menem viam no Mercosul a possibilidade de vincular suas agendas de política externa ao programa de reestruturação e de reformas econômicas domésticas[9].

No que diz respeito às questões domésticas, enquanto a Argentina já tinha dado início à sua política de estabilização econômica, o Brasil ainda mantinha índices instáveis e crescentes de inflação e de instabilidade econômica, que se associaram, em 1992, à questão da instabilidade política do governo Collor, com o processo de *impeachment* do então Presidente. Além disso,

8 VAZ, 2002.

9 MELLO, Flavia de Campos. Política externa brasileira e os blocos internacionais. *São Paulo em Perspectiva*, v. 16, n. 1, São Paulo: Seade, jan./mar. 2002.

para a Argentina, o fortalecimento do Mercosul indicava também uma forma de aproximação dos Estados Unidos e um possível ingresso no Nafta[10].

Para o Brasil, ao contrário, a integração com seus vizinhos representava uma opção de legitimar sua posição de liderança na América do Sul, além de consolidar um espaço de atuação internacional independente das orientações dos Estados Unidos[11].

A proposta de integração ainda sofria o descrédito por parte do setor empresarial e enfrentava as próprias dificuldades de um relacionamento histórico conflituoso. Mesmo nesse contexto pouco favorável, Brasil e Argentina avançaram nas negociações intergovernamentais, e o Mercosul, por meio da cooperação econômica, conseguiu, posteriormente, mobilizar importantes setores da sociedade. Isso aconteceu com o estabelecimento da redução automática de tarifas, da remoção de barreiras não-tarifárias e outras restrições no comércio bilateral e da decisão política de manter a integração econômica.

Nesse sentido, é interessante notar a percepção positiva do governo e do empresariado argentino em relação ao Mercosul após três anos do início do processo de integração. Tanto o governo quanto os setores industriais que sofreram impactos positivos ou mesmo negativos com a criação do Mercosul possuíam uma percepção positiva no que se refere aos benefícios do processo que deveriam superar os altos custos de impostos sobre determinados setores, por exemplo, a produção de cana-de-açúcar e as indústrias têxteis.

A criação de um clima de maior confiança surgiu do crescimento do Mercosul em termos comerciais e políticos no final da primeira fase — 1994. Os interesses passaram a convergir em diversos aspectos, em decorrência do próprio fortalecimento do Mercosul, em função da instabilidade internacional que obrigava os países a tomarem posições e a definirem os seus limites de ação muito rapidamente e do alto grau de interdependência que se criou entre Brasil e Argentina.

Os resultados do fluxo comercial na primeira metade da década de 1990 foram animadores e deram incentivos para a continuidade da integração. De acordo com dados do Ministério do Desenvolvimento, Indústria e

10 ALBUQUERQUE, 1997.

11 Sobre a divergência de posicionamento em relação ao Mercosul, ONUKI, Janina. Política externa argentina e brasileira: prioridade ao Mercosul? *Série Carta Internacional*, n. 15, Nupri/USP, jul. 1997.

Comércio Exterior (MIDC), em 1997, a corrente de comércio (exportações mais importações) entre o Brasil e os parceiros do Mercosul sofreu um aumento de mais de 300%, desde a assinatura do Tratado de Assunção. Esses números tiveram uma queda em 1999, a qual também contribuiu para as dificuldades do bloco que serão discutidas mais adiante.

Decorrente desses fatores, Brasil e Argentina começaram a incluir o Mercosul no topo das suas agendas de política externa, incluindo as negociações da Área de Livre Comércio das Américas (Alca), onde os dois países deram prioridade à participação por bloco em detrimento da negociação bilateral com os Estados Unidos[12].

10.5 Mercosul: sucesso e retrocessos

Os resultados positivos crescentes em termos econômicos e comerciais reduziram o grau de desconfiança entre os membros do Mercosul à medida que cada um dos países também ganhava estabilidade econômica. No caso do Brasil, claramente dois acontecimentos tiveram influência sobre o aumento da credibilidade do País no Mercosul — além da implementação do Plano Real, de estabilização da economia em julho de 1994, a eleição do Presidente Fernando Henrique Cardoso no final desse ano, era percebida positivamente pelos parceiros e por outros países.

O ano de 2005 pode ser considerado o início da segunda fase do Mercosul, o momento de auge do processo, em que passava a predominar um relativo otimismo sobre o aprofundamento da cooperação. A consolidação do bloco derivava também do crescimento dos investimentos vindos do exterior, não apenas para os países do Mercosul mas também para toda região. E, ainda, um crescimento da participação do setor empresarial e o envolvimento de outros setores da sociedade civil.

O fortalecimento do Mercosul tornou-se patente desde o momento em que outros países, como Chile, Bolívia e Venezuela (e também da assinatura do acordo quadro com a União Européia, em 1995), mostraram-se interessados em intensificar os acordos que permitiriam maior proximidade do bloco — inicialmente como membros associados — e posterior ingresso no projeto integracionista. Sem dúvida, esses fatos deram maior credibilidade

[12] Sobre a posição da Argentina na Alca: ONUKI, J. A Argentina e a Alca. In: ALBUQUERQUE, J. A. G.; OLIVEIRA, Henrique A. (Org.). *A Alca e os interesses nacionais*. São Paulo: FTD, 1998. v. 3. Cap. 5. (Série Alca).

ao Mercosul e consolidaram o discurso diplomático brasileiro que o defendia como fonte primária para a ampliação da credibilidade da sua plataforma de política externa.

Além das mudanças ocorridas na política doméstica brasileira, os meses entre julho e dezembro de 1994 foram um período de grande avanço para o processo de integração o qual culminou com a assinatura do Protocolo de Ouro Preto que criava a união aduaneira e estabelecia a Tarifa Externa Comum. O Mercosul tornou-se, no início de 1995, não apenas pelo impacto econômico que produziu, mas também pelo avanço político que representou, um projeto importante nas agendas dos países. Para o Brasil, o Mercosul era prioridade na agenda da diplomacia, sobretudo diante do avanço das negociações hemisféricas com os Estados Unidos.

Após seis anos de funcionamento, a cooperação mostrou-se dinâmica no que se refere ao próprio andamento do processo, à mobilização dos setores produtivos e à possibilidade de construção de uma agenda de política externa mais afirmativa[13].

Decorrente desse conjunto de fatores positivos, Brasil e Argentina passaram a incluir o Mercosul no topo das suas agendas de política externa, inclusive no que se refere às negociações da Alca. Embora houvesse certeza de que as necessidades de negociação e de ajustes seriam permanentes, o Mercosul, a partir de 1994, alcançou um estágio de interdependência que se tornou difícil de reverter e que forçou à cooperação. Além disso, o fato de o Chile estar interessado no Mercosul dava uma espécie de endosso ao processo de integração do Cone Sul[14].

O período entre 1997 e 1998 pode ser caracterizado por uma relativa estabilidade, isto é, uma etapa à qual não se avançou além do que havia sido estabelecido, em 1996, com a união aduaneira, e que foi garantida basicamente pela "manutenção diplomática". As negociações que estavam em pauta caminharam sem muitas novidades, algumas reuniões ministeriais mostravam que os países mantinham seu interesse em dar continuidade ao processo, mas sem muito investimento no aprofundamento da institucionalização das suas regras comuns.

---

13 VAZ, 2002.

14 RIBEIRO, Guilherme Leite. Chile-Mercosul: crônica de uma associação anunciada? *Boletim de Integração Latino-Americana*, n. 14, MRE, Brasília, p. 3-11, jul./set. 1994.

Isso não significa que essa etapa foi isenta de problemas que, depois, teriam repercussões mais amplas para a credibilidade do projeto. Ampliaram-se, nesse período, focos de conflitos comerciais que enfatizavam a fragilidade do bloco, derivada da ausência de maior institucionalização do processo de integração e, sobretudo, evidenciavam a necessidade de se criar mecanismos institucionais que dessem conta das divergências.

A crise asiática, ocorrida em 1997, deu um primeiro sinal de alerta para os países do Mercosul, já preocupados com as conseqüências da anterior crise mexicana em 1995. A percepção que os próprios países do bloco tinham era de que o Mercosul não seria afetado por essas instabilidades, embora sempre houvesse um sinal de preocupação. O que ocorreu nesse período pode ser interpretado como uma espécie de "aviso", isto é, era um momento em que o Mercosul não apresentava grandes avanços, e recebia um aviso de que deveria negociar mecanismos que o protegesse de instabilidades conjunturais. Alguns especialistas indicaram, à época, que a postura mais adequada para os países superarem as crises externas era evitar posições isoladas e unilaterais no bloco.

Mesmo nas crises de natureza econômica, a única reação que ocorreu no sentido de se discutir o aprofundamento do Mercosul foi no momento em que a proposta da Alca foi relançada pelos Estados Unidos, em maio de 1998, quando foi realizada a Cúpula de Belo Horizonte[15]. Naquele momento, o Brasil defendeu-se da proposta de avançar as negociações para a integração hemisférica, enfatizando a necessidade de aprofundar o Mercosul, e a Argentina apoiou essa iniciativa. Esse episódio não representou exatamente um impulso ao Mercosul, mas a integração no Cone Sul voltou ao centro da discussão como uma forma de bloquear o avanço da proposta norte-americana.

O aprofundamento do Mercosul criou uma espécie de busca permanente de compensação por eventuais perdas. Era a maneira que parecia mais adequada para se prevenir do sentimento de insegurança que ainda permanecia entre os países da região e de se defender de um possível impacto negativo que recairia sobre os demais membros do bloco, caso o Brasil voltasse a um clima de instabilidade.

---

15 Sobre a evolução e as negociações do processo de integração hemisférica nas Américas: OLIVEIRA, Amâncio Jorge. Da iniciativa para as Américas à cúpula de Belo Horizonte. In: ALBUQUERQUE, J. A. G.; OLIVEIRA, Henrique A. (Org.). *Alca*: aspectos históricos, jurídicos e sociais. São Paulo: FTD, 1998. v. 1. Cap. 3.

O fato é que, até 1997, a intensidade da expansão dos fluxos de comércio intra-Mercosul era um dado praticamente isolado a confirmar o sucesso da iniciativa. E, nesse mesmo período, já se evidenciavam divergências na percepção do quanto se deveria avançar na agenda de consolidação do Mercosul, dificuldades de atender às demandas da sociedade, e de lidar com a agenda não-comercial, dadas as assimetrias entre os países[16].

Além disso, o aumento do número de contenciosos comerciais e a ausência de estrutura institucional para resolução dos conflitos e implementação das regras acordadas geravam resultados negativos no que se refere à credibilidade do projeto de integração.

10.6 Crises domésticas e integração

Em janeiro de 1999, a crise cambial brasileira impôs um dos mais severos testes ao Mercosul desde a sua criação. Diferentemente das crises financeiras externas, do México (1994) e da Ásia (1997), que provocaram efeitos apenas colaterais, a crise do Real ameaçou romper com a lógica econômica estruturadora do Mercosul e, portanto, com a própria integridade do bloco.

As notícias veiculadas desde janeiro de 1999, após o impacto da crise brasileira na economia argentina, não foram alentadoras. Muito pelo contrário, a Argentina sofreu diretamente com a desvalorização do Real, assim como nossos outros vizinhos. Isso era inevitável, dado o alto grau de interdependência criado entre os países com o avanço do projeto de integração regional e os evidentes níveis de assimetria que não foram corrigidos ao longo do processo. Diante disso, as conseqüências da instabilidade econômica brasileira sobre a Argentina já era prevista.

Pesquisadores sobre o tema, como Tullo Vigevani, antecipavam a existência de um sentimento de insegurança em relação à possibilidade de desvalorização cambial no Brasil. Embora a recíproca fosse verdadeira, era inevitável que a repercussão da crise brasileira tivesse um impacto muito mais negativo sobre os demais países do bloco do que o inverso, dada a maior dependência desses em relação ao Brasil[17].

---

16 VEIGA, Pedro da Motta. As negociações comerciais intra e extra-Mercosul. *Análise de Conjuntura OPSA*, Rio de Janeiro, Iuperj, n. 3, fev. 2005.

17 VIGEVANI, Tullo. O relacionamento Brasil-Argentina. *Revista Brasileira de Comércio Exterior*, Rio de Janeiro, Funcex, 1998.

Nesse contexto de crises domésticas e crise da integração, surgiu um rol de análises pessimistas quanto às perspectivas do Mercosul. As mais contundentes perseveraram que o Mercosul se dissolveria; as mais cautelosas tomaram a crise financeira como algo conjuntural e sem reflexos estruturais para a integração. Dentre as alternativas apontadas, surgiram desde a proposta de adoção, pelo Brasil, do *currency board* (dolarização da economia), até a incorporação integral do bloco à Alca.

Não aconteceu uma ruptura, como alguns analistas previam; em parte, porque o Governo brasileiro conseguiu conter os efeitos mais sérios da crise financeira e reverter as expectativas negativas. Também, porque a permanência do Mercosul já estava relacionada à predominância de uma dimensão política, e não apenas econômica, que exercia forte influência sobre a percepção dos atores sociais envolvidos diretamente no processo de integração que demonstraram ser capazes de garantir a sua manutenção.

Entretanto, com a desvalorização do Real, embora não incentivada apenas por ela, o processo de integração que já exibia dificuldades de consolidação, tornou-se mais custoso, com a redução do comércio e o aumento da desconfiança em relação ao Brasil. Na visão do governo brasileiro, todavia, a pior crise do bloco ainda viria; foi quando tivemos de enfrentar a crise econômica e social da Argentina no ano 2000.

A instabilidade institucional da Argentina, instalada desde a renúncia do Presidente Fernando De La Rúa (eleito em 1999), e sua substituição por Eduardo Duhalde, que tomou posse em 1° de janeiro de 2002, criou um clima de incertezas sobre a continuidade do governo e sobre a antecipação de eleições, e fez explodir fortes pressões sobre o governo, vindos da sociedade empobrecida que fazia manifestações cada vez mais violentas. Diante de problemas tão imediatos e da falta de legitimidade do governo, ficava cada vez mais difícil fazer qualquer tipo de planejamento de longo prazo, sobretudo no que dizia respeito à agenda de política externa.

A incerteza argentina contaminou toda possibilidade imediata de se avançar, ou tomar qualquer decisão sobre o futuro do bloco. Até mesmo as tentativas de reavivar o processo de integração, com novas propostas de institucionalização, ficaram, durante a Reunião de Cúpula do Mercosul, realizada no início de julho de 2002, condicionadas ao debate sobre os desdobramentos da crise argentina. Naquele momento, os países apenas limitaram-se a afirmar a importância da integração regional como iniciativa para amparar seus membros em momentos de instabilidade.

Entretanto, essa qualificação do projeto integracionista fazia mais parte do discurso diplomático do que da realidade do Mercosul. Os resultados negativos, sentidos na integridade do bloco, foram derivados não apenas do agravamento da crise econômica argentina, mas também de elementos conjunturais externos que marcaram o momento em questão. A dificuldade de avançar no processo de integração, no que diz respeito ao aprofundamento das relações internas, e da internalização das normas acordadas entre os quatro países, tornava ainda mais difícil a vida do Mercosul.

De fato, a crise do bloco, agravada pela desvalorização do Real em 1999, teve reflexos significativos no comércio intra-regional, o que fez crescer os incentivos para adoção de medidas de defesa unilaterais e politizou ainda mais o debate sobre os possíveis resultados de um projeto comum[18].

No final de 2001, Monica Hirst resumia a crise do Mercosul com a combinação de "quatro crises", as quais afetavam diretamente o andamento da integração, e projetava cenários pouco otimistas para os anos seguintes: crise de resultados, de compromissos e de expectativas políticas, combinadas à percepção de que o Brasil atuava cada vez mais de forma isolada nas negociações internacionais, sem buscar uma articulação maior com os sócios do bloco. Félix Peña concordava com Hirst, e apontava que a crise do Mercosul conjugava ainda três elementos: falta de efetividade, de eficácia e de transparência[19]. Nesse contexto de impossibilidade de um maior aprofundamento da integração, as discussões em torno das já conhecidas divergências de interesses intrabloco tornaram-se ainda mais politizadas.

No final dos anos 1990, a combinação entre o aumento das desconfianças bilaterais e a maior evidência das assimetrias entre as economias da região associavam-se ao calendário eleitoral brasileiro que paralisou a agenda de negociações para uma possível retomada do processo de integração.

10.7 O governo Lula e o Mercosul[20]

Embora o discurso pró-Mercosul tenha sido renovado com a eleição, no Brasil, do Presidente Luiz Inácio Lula da Silva e, na Argentina, de Néstor

18 VEIGA, 2005.

19 Exposições proferidas no II Encontro do Fórum Universitário Mercosul, realizado na UFPE, em novembro de 2001.

20 Para a discussão das questões mais atuais, foram utilizados dados da pesquisa "Mercosul (2003-2006): análise da agenda de negociação Brasil-Argentina",

Kirchner, podemos dizer que as agendas de política externa ainda se guiam por objetivos divergentes. Se depender da Argentina, envolvida nos problemas da crise doméstica que começou em 1999, o projeto de integração não deve mudar de posição, mantendo-se em segundo plano, a não ser que houvesse uma percepção clara de que o Mercosul traria benefícios materiais de forma mais imediata.

Dois elementos passam a ser evidenciados nesse novo contexto, cujas repercussões já se tornam aparentes em 2005. O governo brasileiro passou a reforçar fortemente o discurso de que a liderança do Mercosul cabia ao nosso país, inclusive na expansão do projeto de integração com os países andinos, sobretudo pelo fato de que passávamos a acompanhar um vizinho em profunda crise, incapaz de reagir de forma mais assertiva à integração, mesmo porque ela parecia ser secundária diante da necessidade de acertar os problemas domésticos.

Nesse sentido, o segundo item perceptível nesse período é o fato de que o Mercosul não era mais encarado como um elemento capaz de influenciar fortemente e determinar a superação das crises domésticas.

Em relação a isso, e com o novo governo, reforça-se a percepção de que o Brasil teria de assumir alguns custos internos ao Mercosul (o maior deles, nos últimos anos, parecia ter sido o de levar os parceiros a posições conjuntas nas negociações internacionais). O governo de Luiz Inácio Lula da Silva assumiu uma postura de enfrentamento desses custos, apontando uma das prioridades da sua política externa a afirmação da liderança no subcontinente da América do Sul, até como resposta ao projeto de política externa do governo anterior, de Fernando Henrique Cardoso.

Embora a pior crise do Mercosul, derivada da combinação de crises domésticas e processos eleitorais complexos, tenha sido superada (pelo menos a mais grave, que coincidiu com a crise da Argentina de 2001), no período de 2002 a 2004, o interesse pelo bloco propriamente parece ter sido substituído pelo investimento feito em outras negociações internacionais (paradoxalmente, na maior parte delas, o bloco é um dos protagonistas). Foram as negociações da Alca, da União Européia—Mercosul e os incipientes acordos bilaterais — que rapidamente deram sinais de desaceleração —, que

desenvolvida na Pontifícia Universidade Católica de São Paulo (PUC-SP), com minha coordenação. Essa pesquisa conta com o apoio do pesquisador Carlos Gustavo da Fonseca Velho, graduando do curso de Relações Internacionais e bolsista de Iniciação Científica do CNPq (04/559).

pareciam se sobrepor e comprometer a discussão sobre a prioridade do Mercosul na agenda de política externa brasileira.

Reforçam-se, também nesse período, desconfianças sobre o quanto os países estavam dispostos a investir em um projeto de integração que viveu mais de crises do que de eficácia. E até que ponto estariam dispostos a cooperar, em um espaço ampliado, dividindo os escassos benefícios com os mais vizinhos.

O atual governo Lula tem mantido o Mercosul como uma das prioridades da agenda de política externa. Mas dificuldades do próprio processo de integração e acusações de que o Brasil tem buscado a liderança regional a qualquer custo, sem levar em consideração os interesses dos países vizinhos, aumentam as percepções negativas sobre o bloco.

E notícias negativas têm se ampliado na imprensa, informada, sobretudo, pela ausência de Kirchner em momentos políticos importantes, pelas críticas que o atual presidente argentino dirige ao Brasil e pelas medidas unilaterais tomadas pelo nosso parceiro em algumas questões comerciais.

Embora o Mercosul seja um projeto central nas agendas dos governos, as suas dificuldades são evidentes, não apenas no que se refere à ausência de participação efetiva da população mas também pela própria definição do processo decisório, que exige o consenso, cada vez mais difícil de se conseguir entre os quatro membros.

Dessa forma, o bloco fica naturalmente mais vulnerável às crises domésticas. E três deficiências marcam, então, sua trajetória ao longo da década de 1990, expressa na falta de efetividade, de eficácia e de transparência.

A inefetividade dos acordos assinados e a falta de eficácia quanto à sua implementação revelam a incapacidade do bloco — por falta de regras institucionais claras — de responder às demandas e às dificuldades da relação entre os países e o baixo grau de compromisso com a integração que vigora entre eles. Além disso, atualmente, o processo do Mercosul é uma das poucas iniciativas do gênero em que são escassas as informações disponíveis sobre documentos e decisões. A falta de transparência dificulta ainda mais a construção de relações de confiança, não apenas entre governos, mas com a própria sociedade.

Isso faz que as dificuldades do Mercosul sejam iguais às do início dos anos 1990. O bloco parece ser tomado mais como um instrumento para os países resolverem seus problemas domésticos, e não uma proposta de integração efetiva, definida como um projeto comum, parte dos interesses de política externa dos países.

10.8 Conclusão

A palavra cooperação geralmente remete a uma percepção positiva do que pode resultar no relacionamento de dois ou mais atores. Entretanto, isso nem sempre significa que os envolvidos têm os mesmos interesses ou objetivos. No início dos anos 1990, tornou-se lugar-comum apontar a cooperação entre Brasil e Argentina — e sobretudo a integração regional sul-americana — como a primeira alternativa ao risco de isolamento a que os países da América Latina ficaram submetidos com o fim da guerra fria, e como solução para os impactos negativos derivados do aprofundamento da interdependência.

A ênfase sobre a inevitabilidade da cooperação era incentivada pela retomada parcial de uma agenda normativa, favorável à criação e à adesão a regimes internacionais, e pela volta da democracia na maior parte dos países da região. Contudo, esses países pareciam não se dar conta dos custos envolvidos em um processo de integração, como a dificuldade para se construir consensos e criar políticas comuns, a dificuldade de gerenciar eventuais perdas em termos comerciais e controlar o aumento das demandas sociais.

A decisão de cooperar (ou não) é feita com base em um cálculo racional, ou seja, os atores calculam custos e benefícios, buscando o melhor resultado líquido positivo para cada lado. Portanto, o grande desafio de um processo de integração é a disposição dos países para assumir os custos que, inevitavelmente, surgem no curto prazo, e ter paciência para esperar os benefícios, que nem sempre serão traduzidos em resultados imediatos. Mais do que ganhos materiais, o cálculo envolve benefícios ou riscos políticos difíceis de mensurar.

É disso que se trata quando se fala em integração no Mercosul. É preciso analisar se a integração é um fim, isto é, um objetivo no qual os países estão dispostos a investir (e ceder) a longo prazo, ou se não passa de um instrumento para satisfazer outros objetivos, como simplesmente aumentar o fluxo de comércio, a visibilidade internacional, ou apenas resolver problemas internos.

Além disso, é preciso saber à qual modelo de integração se pretende chegar e qual é o grau de comprometimento dos países. Espera-se que o Mercosul se torne um mercado comum (em um modelo mais próximo da União Européia, como previsto no Tratado de Assunção, que criou o bloco do Cone Sul em março de 1991), ou bastaria chegar a um modelo Nafta, de área de livre comércio?

O que se pretendeu mostrar neste capítulo é que o problema é que o Mercosul optou pelo primeiro modelo em uma aposta de curto prazo, sem levar em consideração a assimetria de interesses entre os parceiros. Ao longo de quase 15 anos, a integração passou por várias fases, marcadas por avanços e retrocessos, derivados, basicamente, dos altos e baixos do relacionamento Brasil—Argentina. Foram fases em que predominaram desconfianças (1991-94), em que o bloco ganhou credibilidade internacional (1994-95), assim como houve momentos de simples manutenção diplomática e de aumento dos conflitos comerciais, que levaram a crises mais graves, após a desvalorização da moeda brasileira em 1999.

A avaliação que podemos fazer desse longo período é que a chamada de "crise do Mercosul" não é estritamente conjuntural, nem apenas delimitada por aspectos comerciais. As dificuldades e a incerteza atual derivam de divergências estruturais, sobretudo no que diz respeito aos modelos de política econômica doméstica e política externa, adotados pelos governos Carlos Menem e Collor de Mello no início da década de 1990.

Embora ambos compartilhassem interesses semelhantes — como a consolidação do regime democrático, a abertura da economia e a busca por espaço no novo cenário internacional —, eram diferentes suas percepções do mundo e, conseqüentemente, o comportamento internacional e as estratégias de ação adotadas.

Para o Brasil, o Mercosul aparecia como parte de um projeto mais amplo de liberalização econômica e fator de barganha em um mundo de polaridades indefinidas, em uma época em que o sistema internacional ainda buscava acomodar as potências que surgiam após o desaparecimento da União Soviética.

O bloco poderia garantir a autonomia e a inserção internacional do Brasil à medida que também garantia sua liderança regional e ampliava sua capacidade de negociação em diversos fóruns multilaterais. O discurso brasileiro de reafirmação de liderança no Mercosul era ouvido tanto em instituições, como a Organização Mundial de Comércio (OMC), quanto na Organização das Nações Unidas (ONU) (onde o País ainda defende um assento permanente no Conselho de Segurança), onde o Brasil reivindicava protagonismo na discussão da reforma da organização, o que incomodava a Argentina, que se lançou candidata a uma mesma posição.

A divergência entre objetivos e prioridades da política externa dos dois países e a desconfiança mútua resultaram em baixo investimento institucional no Mercosul. Mantiveram-se, assim, as negociações intergovernamentais (nunca houve o compromisso de criar instituições supranacionais) e continuou a prevalecer a lógica de ganhos relativos.

Essa estrutura deu também pouca oportunidade para ampliação do espaço de participação de outros atores sociais. Alguns setores da sociedade civil organizada passaram a cooperar, formando uma espécie de "Mercosul paralelo" relativamente integrado, mas sem participação no processo decisório do bloco — como centrais sindicais, grupos acadêmicos e universitários e os municípios que se organizaram em torno da Rede Mercocidades.

O Mercosul só avançou em 1994, quando o Nafta se fechou para outros parceiros (desanimando a Argentina, que ainda tinha esperança de consolidar sua aliança com os Estados Unidos), e o Brasil ganhou estabilidade com o Plano Real e visibilidade internacional com a eleição de Fernando Henrique Cardoso. São da mesma época as evidências de ganhos de curto prazo, com aumento do intercâmbio comercial e atração de investimentos para a região. O Mercosul tornava-se uma espécie de "cartão de visitas internacional" para o Brasil e para a Argentina.

A imagem positiva, construída na primeira metade dos anos 1990, derivava muito mais de uma percepção externa do que pela decisão de aprofundar a integração, tanto que a visibilidade do Mercosul se ampliava, e um primeiro acordo com a União Européia foi assinado em 1995, assim como com o Chile e a Bolívia, em 1996. A legitimidade vinha de fora, o que a tornava pouco sustentável. Algo que se perceberia em 1998, quando a necessidade de aprofundar o Mercosul foi utilizada como argumento central para o Brasil bloquear a proposta americana de criação da Alca.

A agenda externa brasileira parecia sempre ser o ponto central na garantia à sobrevida do Mercosul. Isto é, enquanto outros tivesse interesse em negociar com o bloco, ele continuaria existindo. Mas a perspectiva de se ter um Mercosul voltado para fora, limitado a ser um instrumento de barganha nos distintos fóruns de negociação, e não um projeto em si, parece colocar em risco as próprias negociações externas que se arrefeceram no último ano, com o impasse nas negociações multilaterais.

Em um cenário em que predominava a incerteza, associar-se a um bloco era uma boa alternativa. E o Mercosul foi criado. Mas, aos poucos, a limitação de resultados levou o Mercosul a decidir pelo meio rápido: expandir sem discutir o aprofundamento do acordo, a internalização das normas e a garantia do cumprimento das decisões.

Tais discussões conjunturais ainda podem ser superadas pela vontade política dos países e pelo cumprimento de uma agenda de consolidação do bloco. Este é o principal desafio que enfrenta a política externa brasileira — a recuperação do Mercosul deveria ser tomada como prioridade, até mesmo para se avançar em outras propostas que vêm sendo feitas para consolidar a liderança regional do Brasil.

A principal dificuldade, hoje, está em fazer que os países renovem seus compromissos políticos com o Mercosul. Após mais de uma década, a projeção é de cenários pouco otimistas, e a combinação de crises estruturais define o bloco: crise de resultados, de compromissos e de expectativas políticas.

O cenário de um Mercosul "retórico", usado pelos países como (e quando) lhes for mais conveniente, deve ser superado, e o Brasil tem grande responsabilidade sobre o projeto de integração do Mercosul. Se o Mercosul for recolocado como objetivo estratégico nas agendas de política externa dos países-membros e se os países investirem na sua institucionalização, pode se avançar em direção ao objetivo inicial, de criação de um mercado comum, em que se previa a integração completa, com eliminação de barreiras tarifárias, livre circulação de produtos e pessoas e criação de políticas comuns.

Referências

ALBUQUERQUE, J. A. Guilhon. Mercosur: democratic stability and economic integration in South America. *Série Carta Internacional*, São Paulo, n. 18, Nupri/USP, jul. 1997.

ARBILLA, José Maria. *A diplomacia das idéias*: a política da renovação conceitual da política externa na Argentina e no Brasil (1989-1994). 1997. Dissertação (Mestrado). IRI/PUC, Rio de Janeiro.

BUENO, Clodoaldo; CERVO, Amado. *História da política externa brasileira*. São Paulo: Ática, 1998.

CHIPMAN, John. A América Latina e os novos desafios da ordem internacional: a política do alinhamento banal. In: MOISÉS, J. A. *O futuro do Brasil*: a América Latina e o fim da guerra fria. São Paulo: Paz e Terra.

FUENTES, Juan A. El regionalismo abierto y la integración económica. *Revista de la Cepal*, Santiago de Chile: Cepal, 53, p. 81-89, ago. 1994.

HIRST, Monica (Ed.). *Argentina-Brasil*: perspectivas comparativas y ejes de la integración. Buenos Aires: Editorial Tesis, 1990.

KRASNER, Stephen. Blocos econômicos regionais e o fim da guerra fria. *Política Externa*, v. 1, n. 2, p. 61-78, set. 1992.

LAFER, Celso. La problemática argentino-brasileña. *Arquivos del presente*, Buenos Aires, año 2, n. 8, p. 59-75, abr./jun. 1997.

LIMA, Maria Regina Soares de. Brazil's response to the "new regionalism". In: MACE, G.; THÉRIEN, J. P. (Ed.). *Foreign policy and regionalism in the Americas*. London: Lynne Rienner, 1996.

MELLO, Flavia de Campos. Política externa brasileira e os blocos internacionais. *São Paulo em Perspectiva*, v. 16, n. 1, São Paulo: Seade, jan./mar. 2002.

———. *Regionalismo e inserção internacional*: continuidade e transformação da política externa brasileira nos anos 90. 2000. Tese (Doutorado) — Departamento de Ciência Política, Faculdade de Filosofia, Letras e Ciências Humanas, Universidade de São Paulo, São Paulo.

MOISÉS, J. A. *O futuro do Brasil*: a América Latina e o fim da guerra fria. São Paulo: Paz e Terra, 1992.

OLIVEIRA, Amâncio Jorge. Da iniciativa para as Américas à cúpula de Belo Horizonte. In: ALBUQUERQUE, J. A. G.; OLIVEIRA, Henrique A. (Org.). *Alca*: aspectos históricos, jurídicos e sociais. São Paulo: FTD, 1998. v. 1. Cap. 3.

ONUKI, Janina. Política externa argentina e brasileira: prioridade ao Mercosul? *Série Carta Internacional*, São Paulo, Nupri/USP, n. 14, 1997.

PEÑA, Félix. Pré-requisitos políticos e econômicos da integração. *Política Externa*, v. 1, n. 2, p. 122-131, set. 1992.

RIBEIRO, Guilherme Leite. Chile-Mercosul: crônica de uma associação anunciada? *Boletim de Integração Latino-Americana*, n. 14, MRE, Brasília, p. 3-11, jul./set. 1994.

ROZEMBERG, Ricardo; PENA, Celina. *Mercosur:* um desarrollo institucional sustentable? Working Paper BID. Washington, DC: Center for Strategic and International Studies, ene. 2003.

RUSSELL, R.; TOKATLIAN, J. G. *El lugar de Brasil en la política exterior Argentina*. Buenos Aires: Fondo de Cultura Económica, 2003.

———; ONUKI, J. A Argentina e a Alca. In: ALBUQUERQUE, J. A. G.; OLIVEIRA, Henrique A. (Org.). *A Alca e os interesses nacionais*. São Paulo: FTD, 1998. v. 3. Cap. 5. (Série Alca).

SARAIVA, Miriam Gomes. Brasil e Argentina: uma década de política externa. *Cena Internacional*, Relnet, ano 2, n. 1, jun. 2000.

THOMPSON FLORES NETO, F. A integração Brasil—Argentina. In: ALBUQUERQUE, J. A. G. (Org.). *Sessenta anos de política externa brasileira (1930-1990). O desafio geoestratégico*. São Paulo: Nupri/USP, 2000. v. 4.

VAZ, Alcides da Costa. *Cooperação, integração e processo negociador. A construção do Mercosul.* Brasília: Ibri/Funag, 2002.

VEIGA, Pedro da Motta. As negociações comerciais intra e extra-Mercosul. *Análise de Conjuntura OPSA*, Rio de Janeiro, Iuperj, n. 3, fev. 2005.

VIGEVANI, Tullo. O relacionamento Brasil—Argentina. *Revista Brasileira de Comércio Exterior*, Rio de Janeiro, Funcex, 1998.

ZYLBERSTAJN, Hélio; JÁCOME RODRIGUES, Iram; PORTELLA DE CASTRO, Maria Silvia; VIGEVANI, Tullo (Org.). *Processos de integração regional e sociedade*. Rio de Janeiro: Paz e Terra, 1996.

11

A ALCA E A POLÍTICA EXTERNA BRASILEIRA

Marcelo Passini Mariano
Tullo Vigevani

11.1 Introdução

A ordem internacional bipolar que prevaleceu durante o período posterior à Segunda Guerra Mundial foi desmontada, no formato que possuía, pelo colapso da União Soviética e pelo fim da guerra fria em 1990. De modo bastante rápido, os países estavam diante de um contexto no qual as regras, que até então regiam o sistema internacional e suas relações, estavam sendo reformuladas, ganhando aparente relevância o fenômeno da globalização, no qual os aspectos econômicos passariam a predominar sobre as questões militares[1].

Nesse contexto, os países passaram a reformular sua política externa, repensando a forma de realização para uma melhor inserção internacional. Conseqüentemente, fortaleceu-se a nova onda de regionalização iniciada em meados da década de 1980, com formas de adesão diferenciada a inúmeros regimes internacionais.

---

[1] Colaboraram Gustavo de Mauro Faverão (Unesp) e Regiane Nitsch Bressan (Cedec).

O governo dos Estados Unidos apresentou neste novo período, a começar de 1990, uma política para os países do continente americano, a Iniciativa para as Américas, que mais tarde foi transformada na proposta da Área de Livre Comércio das Américas (Alca). Seus efeitos foram imediatos para a formulação da política externa brasileira.

Para o Brasil, a Alca representa, pelo menos, dois níveis de desafios. O primeiro diz respeito ao caráter político-estratégico, no qual o fim do jogo bipolar levou aparentemente à suplantação dos temas de segurança estratégica pelos temas de teor comercial. Nesse novo cenário internacional, a negociação para os Estados Unidos enfatiza alguns temas essenciais para a expansão de sua influência econômica no hemisfério, centrando-se na abertura comercial de bens não-agrícolas, nos investimentos, nos serviços e na propriedade intelectual.

Ao mesmo tempo, o Brasil está em uma situação em que é necessário equilibrar seus interesses entre as negociações com os próprios Estados Unidos, a União Européia, a integração regional no Cone Sul e as negociações comerciais multilaterais. O segundo desafio, portanto, é o de construir um posicionamento que reflita a complexidade da estrutura econômica e social brasileira, buscando negociar maior acesso aos mercados internacionais, principalmente de produtos agrícolas, mas sem comprometer-se em acordos que possam levar o País a uma gradativa especialização produtiva, o que prejudicaria o crescimento dos setores que geram produtos com maior valor e conhecimento agregados. Além disso, busca-se a preservação dos instrumentos disponíveis que permitam a implementação de políticas de promoção do desenvolvimento. Ainda que a preocupação pelos riscos da especialização na produção de bens primários e pela promoção do desenvolvimento esteja fortemente presente na ação brasileira, nem sempre conseguiram expressar-se em políticas plenamente articuladas nos planos interno e externo. O ministro Amorim expressa claramente essa idéia:

> [...] 90% dos 34 países não têm os mesmos interesses nem as mesmas preocupações do Brasil, e quero que compreendam também o que a gente quer. O Brasil tem necessidade de uma política industrial, uma política tecnológica, uma política que possa fazer, se necessário, com certo grau e em sentido positivo, uma discriminação em alguns setores em favor da indústria. E se você acertar um tipo de política de investimento, de política governamental de compras, já será mais difícil. Mesma coisa na área de serviços. Podemos até dis-

cutir serviços bilateralmente com os Estados Unidos, mas dentro do marco da OMC (...)[2].

11.2 Uma integração assimétrica

A idéia de uma área de livre comércio englobando todos os países do continente, exceto Cuba, foi resultado da intenção dos Estados Unidos em fortalecer sua influência continental, garantindo seus interesses econômicos e assegurando sua capacidade de ação em um momento em que o sistema mundial passava por fortes mudanças.

Além de possuir um número de países participantes muito grande, 34, a Alca tem como característica estrutural a forte assimetria entre seus membros. Vale lembrar que, em geral, as relações econômicas internacionais e especialmente os processos de integração regional possuem características assimétricas importantes entre os seus membros. E, por isso mesmo, o futuro dos fenômenos de integração depende, em grande medida, da capacidade de seus integrantes em amenizar os efeitos negativos produzidos pelo crescimento da interdependência entre eles. Se o próprio esquema de integração não é capaz de trabalhar nesse sentido, então, poderíamos supor que caberia aos países mais fortes do bloco, principalmente do ponto de vista econômico, arcar com esses custos, e essa regra seria mais válida quanto maior fossem as disparidades nas relações intrabloco. As análises sobre as experiências de integração regional assinalam a importância dessas questões. Em princípio, há necessidade de estímulos para a adesão dos países, estímulos que vão além da perspectiva de participação de um mercado muito maior, no qual as assimetrias poderiam trazer desvantagens.

Já dissemos que a Alca é um esquema assimétrico, mas o que o distingue dos demais processos de integração é o nível de assimetria que separa os Estados Unidos dos outros países participantes, o que levanta dúvidas sobre o real interesse norte-americano na integração hemisférica. Esse nível está longe de ser parecido mesmo em outros processos de negociação em que os Estados Unidos estão envolvidos, como seria o caso do bloco Ásia—Pacífico.

2 Entrevista do Embaixador Celso Amorim à *Revista CNI* — Indústria Brasileira. Celso Amorim comenta mudança ocorrida na condução do processo de negociação da Alca com a posse de Lula, 1 out. 2003. Disponível em: <http://www.mre.gov.br>.

É possível levantar inúmeros indicadores que revelam as assimetrias existentes entre os países participantes da Alca. Se nos focalizarmos no Produto Nacional Bruto (PNB) de todos os países da Alca, veremos que apenas os Estados Unidos respondem por aproximadamente 77% do total[3]. As diferenças de população também são muito acentuadas em locais onde coexistem países que estão situados no nível daqueles que possuem alguns milhares de habitantes, como São Cristóvão e Nevis ou Granada, e aqueles que superam a casa dos 40 milhões de habitantes, como a Colômbia, Estados Unidos, Brasil ou o México. Apenas para efeito de comparação podemos verificar que a população da Grande São Paulo é maior do que 24 países do hemisfério[4]. Segundo o Banco Mundial, que busca definir faixas classificatórias sobre as economias dos países, podemos verificar que convivem na Alca países que possuem uma Renda Nacional Bruta *per capita* menor que US$ 735 (*low income*) e outros que superam em muito os US$ 9.076 (*high income*), como é o caso dos Estados Unidos[5].

Dessa forma, é cada vez mais difícil afirmar que a Alca teria a possibilidade real de consolidar-se enquanto um processo de integração regional propriamente dito, pois para isso seria necessário que houvesse condições reais de aprofundamento do bloco para além de uma simples área de livre comércio. Ou, dito de outra forma, que a área de livre comércio viabilizasse a atenuação das assimetrias como conseqüência do aumento das trocas e fluxos. Declarações do governo norte-americano já demonstraram a impossibilidade disso ocorrer. Mesmo que a administração afirmasse o contrário, não haveria estímulo suficiente para os Estados Unidos — que é um ator com grande poder de influência no hemisfério, que conta com uma enorme capacidade de negociação e intervenção em todos os aspectos das relações internacionais contemporâneas — transformar a Alca em algo mais do que um espaço econômico ampliado, no qual seus interesses econômicos estariam garantidos e no qual haveria uma situação mais favorável para administrar a convivência com os interesses das demais potências econômicas mundiais na região, em especial os da União Européia. O argumento do

[3] Dados referentes ao ano de 1999, extraídos do Relatório sobre o Desenvolvimento Mundial 2000/2001 do Banco Mundial.

[4] Ibid.

[5] Dados referentes ao ano de 2003, levantados pelo Banco Mundial, Country Classification. Disponível em: <http://www.worldbank.org/data/countryclass.html>. Acesso em: 29 jun. 2005.

governo norte-americano a esse respeito é claro, o aumento do comércio traria benefícios diretos para as populações envolvidas, portanto, seria o comércio, em sentido amplo, o fator de desenvolvimento mais eficiente.

O panorama descrito permite-nos afirmar que a negociação hemisférica tende a levar os possíveis ganhos para margens cada vez mais estreitas, já que a disposição do principal membro em custear a integração é baixa. Essa regra ganha mais validade quando a negociação se faz com um país como o Brasil, que possui uma estrutura produtiva razoavelmente diversificada e, conseqüentemente, tem o interesse em obter ganhos no comércio internacional para seus produtos mais competitivos — bens primários e agroindustriais —, mas também vislumbra, atual e futuramente, desenvolver e comercializar produtos industrializados e intensivos em tecnologia que são os mais dinâmicos no comércio internacional. Nesse caso, de ambos os lados, a disposição em ceder é limitada, e o posicionamento na negociação torna-se mais rígido. Da parte norte-americana, a idéia prevalecente é de uma área de livre comércio na qual a dinâmica do mercado produziria as condições para o crescimento. No caso brasileiro, considera-se o risco dessa situação, por poder acentuar as assimetrias já existentes.

Já no caso dos países que possuem uma estrutura produtiva menos diversificada, a tendência a maior rigidez tende a perder validade, principalmente quando são países que se decidiram por uma inserção no comércio internacional com a especialização em uma estreita gama de produtos, aproveitando suas vantagens comparativas e competitivas. Para os países que já exportam produtos de menor valor agregado e importam os produtos tecnologicamente mais sofisticados, a Alca pode significar um aumento no tamanho do seu mercado exportador e uma forma de sustentar essa opção, já que a tendência no longo prazo é de que seus produtos — os primários e os agrícolas — tenham reduções em seus preços internacionais e, portanto, haveria uma pressão constante para aumentar a escala de exportação para manter equilibrada a balança comercial. Essa é a realidade de grande parte dos países latino-americanos.

11.3 Brasil, Estados Unidos e a integração regional

Seguindo o raciocínio exposto anteriormente, podemos acrescentar o conceito de *paymaster,* desenvolvido por Mattli[6], e aplicá-lo ao enten-

[6] MATTLI, Walter. *The logic of regional integration:* Europe and beyond. Cambridge: Cambridge University Press, 1999.

dimento da atuação do Brasil e dos Estados Unidos na Alca. Essa noção busca entender o funcionamento da integração regional na identificação e na análise do posicionamento do País que, no decorrer do processo, acaba arcando com grande parte dos custos. Esse país, portanto, desempenharia o papel de *paymaster* da integração.

No entanto, é importante notar que a simples existência de um *paymaster* não garante o sucesso da integração, que depende também de outros fatores, mas permite entender em que medida o processo pode gerar expectativas de benefícios para seus membros, ainda que no longo prazo.

O objetivo principal deste texto não é entender o desenvolvimento da formação dos blocos regionais, mas o comportamento dos principais países envolvidos, e é desta maneira que estamos utilizando o conceito de Mattli. Esse autor aponta a Alemanha como *paymaster* na integração européia, antes dos anos 1990, a República Federal Alemã, analisando que os custos não se limitaram somente às questões financeiras, havendo diversas contribuições do Estado alemão para a construção da arquitetura institucional da União Européia. Entre elas, podemos citar: a construção de uma política macroeconômica comum, políticas sociais comuns e também para o meio ambiente. Ademais, a Alemanha e a sua antecessora foram responsáveis por introduzir os conceitos e as práticas de subsídios e de governança multiestatal, sem falar do *Bundesbank* que serviu de modelo para o estatuto do Banco Central Europeu[7].

Se aplicarmos esse conceito ao caso da Alca, os Estados Unidos deveriam desempenhar o papel de *paymaster*. Apesar de possuir uma imensa capacidade de sustentar o processo, verifica-se que a disposição norte-americana em fazê-lo é pequena, conforme já fora descrito, e a história do processo negociador na Alca, conforme veremos mais adiante, demonstra claramente esse fato, principalmente quando comparamos as escolhas e as intenções do governo brasileiro com o norte-americano.

No caso do Brasil atuando como *paymaster* do Mercosul, percebemos que, inversamente, a necessidade de pagar os custos da integração é muito maior do que sua capacidade de fazê-lo. Talvez seja essa uma das causas das crises. A literatura indica que o papel de *paymaster* se relaciona com as dimensões da economia, mas também tem a ver com outros parâmetros, como o índice de desenvolvimento social, a renda *per capita* etc. Dessa forma, no Mercosul, os custos da integração não seriam atribuição apenas

7 MATTLI, 1999, p. 103.

de um País. Verificaremos no decorrer do texto que essa relação no Mercosul vai se agravando à medida que as negociações na Alca vão se desenvolvendo. A estagnação no processo de negociação da Alca, verificado com a proposta de *Alca Light,* de dezembro de 2003, não significou a reversão dessa tendência. Prova disso foi a intensificação da ação dos Estados Unidos no sentido de fechar acordos com países latino-americanos fora do âmbito da Alca, estimulando uma competição com o Brasil nesse sentido. O resultado disso tudo se reverte também na reiteração das dificuldades no Mercosul, apesar da chamada vontade política dos governos. Os Estados Unidos em 2003 assinaram o acordo de livre comércio com o Chile e aceleraram as negociações com três países da Comunidade Andina, Colômbia, Equador e Peru, e com os países Centro-americanos: essas últimas tendem a encerrar-se em 2005.

Os custos potenciais para o Brasil na integração do Mercosul já são altos, devido à própria composição do bloco e à realidade doméstica dos países participantes. A ação dos Estados Unidos para o hemisfério faz que estes custos aumentem ainda mais, agindo indiretamente para as dificuldades.

A atração que a economia norte-americana exerce sobre a grande maioria dos países da Alca, inclusive alguns membros do Mercosul, faz que o governo brasileiro seja levado a discutir o oferecimento de benefícios reais no curto prazo e expectativas de ganhos futuros, como forma de manter alguma capacidade de influência na região. É, portanto, politicamente compreensível, ainda que nem sempre desejável, que alguns países mantenham negociações em que os objetivos paralelos, nem sempre complementares, apresentem-se.

Se a perspectiva da Alca gera mais custos para o Brasil, não só no Mercosul mas também para o seu desejo de aumentar a influência na América do Sul, então, poderíamos concluir por analogia que, da mesma forma, a negociação Mercosul—União Européia em torno da formação de uma área de livre comércio entre os dois blocos poderia ter o mesmo efeito e prejudicaria ainda mais as pretensões da política externa brasileira.

Essa seria uma conclusão natural, já que a Europa, da mesma forma que os Estados Unidos, é um ator desproporcional na relação, tem fortes interesses econômicos na região, investimentos, uma pauta de comércio exterior favorável, grande capacidade negociadora, entre outros fatores.

No entanto, parece acontecer o contrário: a Europa, apesar de suas debilidades estratégicas e de suas indefinições, compete em aspectos comerciais com os Estados Unidos na projeção de sua influência no continente e, para isso, necessita de um Mercosul com capacidade de negociação em frente aos Estados Unidos. Isso explica, em grande parte, o desejo de negociar com o Mercosul na condição de que ele se mantenha enquanto união alfandegária. Um retrocesso do Mercosul, no sentido de uma área de livre comércio, poderia significar sua diluição no âmbito da Alca e, conseqüentemente, dificuldades para a garantia dos interesses europeus na região. Acrescente-se a isso a preocupação européia pela estabilidade das regras, objetivo que poderia ser alcançado por melhor consolidação institucional do Mercosul.

Isso não quer dizer que o conteúdo e a forma de negociação entre o Mercosul e a União Européia sejam mais amigáveis, ou que os impactos seriam menores que a integração hemisférica. Não é nosso objetivo fazer comparações nesse sentido. O fato relevante é que as negociações com a Europa servem de contrapeso na negociação entre Brasil e Estados Unidos, e há a percepção no Brasil de que acabariam provocando a diminuição dos custos do País em relação ao Mercosul. Em tese, isso melhoraria a capacidade do Brasil em desempenhar seu papel de *paymaster* no Cone Sul e aumentaria sua capacidade negociadora no âmbito da Alca.

A assinatura do Acordo Quadro de Cooperação Inter-regional entre o Mercosul e a União Européia em dezembro de 1995, além de constituir uma alternativa à Alca, também pode ser entendida como um acréscimo de credibilidade para o Mercosul perante a comunidade internacional, já que se tratava de um acordo formalizado com os europeus[8].

O Presidente Lula da Silva em 2004 também reafirma essa interpretação:

> [...] Até o final do ano vamos fazer uma coisa importante que é a ligação entre a União Européia e o Mercosul. Vamos tentar consolidar esse bloco para facilitar a discussão do Brasil na Alca para que não fiquemos subordinados à pressão dos interesses econômicos dos EUA [...][9].

11.4 A definição do jogo

As negociações no âmbito GATT/OMC também devem ser consideradas na análise, pois, assim como as negociações com a Europa, o tabuleiro multi-

---

8 ALBUQUERQUE, J. A. G. A Alca na política externa brasileira. *Política Externa*, São Paulo, ago./out. 2001.

9 Para evitar pressões na Alca, Lula diz que Mercosul fecha acordo com UE. *Folha de S.Paulo*, 30 abr. 2004.

lateral está fortemente relacionado à posição brasileira na Alca. Essa relação já está colocada desde o tempo da Iniciativa para as Américas, em 1990 e em 1994, e torna-se definitivamente visível com o início da Rodada Doha:

> [...] no final de 2001, o Brasil se encontra diante de um grande desafio: o de enfrentar três negociações internacionais ao mesmo tempo. A primeira no âmbito da OMC [...] A segunda por meio da Alca [...] A terceira dentro de um acordo entre a CE — Comunidade Européia e o Mercosul [...] A melhor imagem que se pode fazer de tal situação é a de um jogo em que o Brasil atua, certas vezes sozinho, outras vezes coordenado como Mercosul, diante de três tabuleiros diferentes de xadrez, confrontando um número diverso de parceiros e com peças e estratégias que se entrelaçam, dentro de um grande jogo internacional[10].

O início dos anos 1990 foi marcado por um movimento rumo à construção de acordos regionais impulsionados pelas expectativas de que as dificuldades enfrentadas na Rodada Uruguai geravam. Reforçavam-se as motivações norte-americanas e européias para avançar nas negociações com os países do continente americano e, na seqüência, fortaleciam a necessidade do Brasil em consolidar a integração sub-regional.

Nesse jogo de interesses, os principais jogadores, os mais poderosos, buscavam — e ainda buscam — no tabuleiro regional, minimizar as perdas e ampliar os benefícios que o tabuleiro multilateral pode proporcionar. Essa relação que orienta os cálculos e determina as ações governamentais centra-se em determinados temas. Podemos citar, principalmente, as negociações envolvendo acesso a mercados, investimentos, propriedade intelectual, serviços e compras governamentais, sobretudo o conjunto das regras e dos procedimentos de comércio. Temas que têm relação direta com a estrutura econômica e produtiva dos países e a posição que ocupam na economia mundial.

Os jogadores traçam suas táticas tentando levar os temas que oferecem maior probabilidade de ganho para o nível regional e, inversamente, quando a expectativa é de perda, busca-se negociar no nível multilateral. Assim, as modificações no âmbito multilateral influenciam diretamente o jogo regional, e, particularmente, o incentivo do governo brasileiro no sentido

[10] THORSTENSEN, Vera. O Brasil frente à OMC, à Alca e ao Acordo CE/Mercosul. In: AMARAL JR., A. do; SANCHEZ, M. R. (Org.). *O Brasil e a Alca*: os desafios da integração. São Paulo: Aduaneiras, 2003.

de acelerar ou retardar a formação da área de livre comércio hemisférica. Também, os objetivos dos países são diferentes. Os Estados Unidos utilizam as negociações bilaterais ou regionais como instrumento de negociação no campo multilateral da Organização Mundial de Comércio (OMC). A criação de determinadas regras bilaterais ou regionais serve de sinalização para as negociações multilaterais. A perspectiva brasileira é diferente. Busca-se priorizar a negociação multilateral, visando evitar o risco de negociações bilaterais ou regionais a que a relação de poder seria desfavorável. A exceção, no caso brasileiro, seria o Mercosul.

Tendo em vista os acontecimentos mais recentes, podemos afirmar que o gradativo fortalecimento do mecanismo de solução de controvérsias da OMC e as expectativas do governo brasileiro de obter benefícios por meio da sua utilização — como no caso dos painéis do algodão ou do açúcar — fortalecem a capacidade negociadora do Brasil diante da Alca e, também, no acordo Mercosul—União Européia.

Em tese, a expectativa de ganhos na OMC por parte do governo brasileiro reforçaria a posição de retardar as negociações hemisféricas, aumentando os custos dos Estados Unidos como *paymaster* na Alca e diminuindo os custos do Brasil na integração no Mercosul. Torna-se importante, nesse contexto, identificar qual a capacidade da política externa brasileira de responder a essa conjunção de fatores.

A valorização do tabuleiro multilateral também tem como conseqüência a busca por novos parceiros comerciais e a tentativa de construção de alianças por parte das ações externas brasileiras, o que podemos verificar na criação do G20 e na busca do fortalecimento nas relações Sul-Sul, reforçando o caráter chamado de universalista da política externa do Brasil. O Mercosul, mais uma vez, também surge como plataforma para essa estratégia.

Percebemos, portanto, a importância que a integração no Cone Sul assume para a política externa do governo brasileiro no pós-guerra fria, buscando servir de base de sustentação de sua estratégia de negociação comercial e de inserção na economia mundial. O problema é conhecer quais os efeitos das escolhas brasileiras e qual a disposição em contribuir para o fortalecimento dessa base. Assim feito, podemos entender um pouco melhor as regras desse jogo, o qual, dia após dia, vai se tornando mais complexo. Um aspecto importante a ser considerado é o da diversidade de interesses na sociedade e na economia brasileira, o que leva o governo a negociar externa e internamente e nas quais a diversidade tem conseqüências e pode produzir alterações.

11.5 A ALCA E A POLÍTICA DOMÉSTICA

Até o momento, tentamos identificar como a posição brasileira é definida em determinadas regras do jogo internacional. Falta, portanto, identificar as conexões entre o nível das relações interestatais e o jogo de interesses domésticos, já que as escolhas governamentais não se limitam somente ao cálculo de custo e benefício que a negociação na Alca impõe.

Se há um cálculo racional que se materializa por meio da ação governamental, então, este deve considerar as variáveis estabelecidas no nível externo, assim como no interno.

Um esquema de integração caracterizado por forte assimetria e que conta com um Estado que ocupa a posição central no sistema internacional global acaba orientando as expectativas dos diversos atores participantes do processo e gera diversas interpretações, incluindo as que manifestam forte receio e as que visualizam novas oportunidades.

Podemos encontrar análises, como a de Pinheiro Guimarães, na qual a Alca nada mais é do que a tentativa de criação de uma área de livre comércio entre o Brasil e os Estados Unidos, tendo em vista a reduzida dimensão econômica do restante dos países. Representaria, portanto, um preocupante confronto entre duas economias e sociedades com potenciais competitivos acentuadamente díspares[11].

De outro modo, muito distinto, encontramos interpretações, como a de Guilhon Albuquerque, que entende o processo negociador da Alca como um importante fator para o estabelecimento de condições para a conquista de uma liderança regional por parte do Brasil[12]. As duas visões encontram raízes em históricas formas de interpretação dos interesses nacionais brasileiros.

As diferentes visões sobre a Alca não se limitam aos governos ou à análise de especialistas, mas estabelecem forte relação com a diversidade econômica e social dos países participantes.

No caso brasileiro, é relevante a interpretação de parte da burocracia governamental sobre os possíveis impactos negativos que as negociações poderiam ter sobre alguns dos principais instrumentos de promoção do desenvolvimento. Interpretação que certamente tem enraizamento social, como demonstram os movimentos críticos da Alca, inclusive um plebiscito pri-

11 GUIMARÃES, Samuel Pinheiro. *Como será a Alca*. Disponível em: <www.agenciacartamaior.com.br>. Acesso em: 6 mar. 2002.

12 ALBUQUERQUE, J. A. G. O Brasil e os chamados blocos regionais. *Revista São Paulo em Perspectiva*, São Paulo, v. 16, n. 1, p. 30-36, 2002.

vado nacional, patrocinado pela Igreja Católica em 2002. Do mesmo modo, setores empresariais compartilham essa posição, como podemos ver nas afirmações de 2002 do então presidente da Federação das Indústrias do Estado de São Paulo (Fiesp) Lafer Piva:

> [...] para alguns setores que não estiverem preparados, a Alca vai ser absolutamente mortal [...] o país tem a necessidade absoluta em reduzir suas assimetrias em relação aos países desenvolvidos. Sem isso, não dá nem para começar o jogo [...][13].

Esta preocupação reflete-se na tentativa constante do governo brasileiro em manter instrumentos de controle sobre os principais temas negociados. Já para outros países latino-americanos, com economias menores e pouco diversificadas, a proposta da Alca pode ser vista como vantajosa por oferecer acesso privilegiado ao mercado norte-americano.

Nota-se, portanto, nas escolhas dos negociadores, influência direta do posicionamento dos atores domésticos e das expectativas construídas em relação aos benefícios setoriais que podem resultar em cada negociação.

Nas negociações comerciais entre países e, especialmente, no caso de negociações envolvendo processos de integração, existe uma forte inter-relação entre as esferas doméstica e externa e, portanto, a efetividade da ação governamental reflete o nível de correspondência entre essas duas esferas[14].

A postura dos atores domésticos na Alca varia conforme seu grau de exposição ao processo e às expectativas construídas em relação a uma futura integração com os Estados Unidos. Na Alca, o apoio doméstico ainda não está claro, principalmente no caso brasileiro. O jogo de disputa interna entre os grupos que apóiam e os contrários a esse processo ainda não está definido. Pode-se dizer que mesmo em relação ao Mercosul, o interesse que havia até 1998, quando o comércio regional crescia, foi-se modificando ao longo do tempo.

---

13 ROSSI, Clóvis. Alca fará Brasil perder US$ 1 bi por ano, diz FIESP. *Folha de S.Paulo*, p. A2, 26 jul. 2002.

14 PUTNAM, Robert D. Diplomacy and domestic politics. The logic of Two-Level Games. In: EVANS, Peter B.; JACOBSON, Harold K.; PUTNAM, Robert D. Double-edged diplomacy: international bargaining and domestic politics. Califórnia: University of California Press, 1993; MORACVSIK, Andrew. Preferences and power in the European Community: a liberal intergovernmentalist approach. In: BULMER, Simon; ANDREW, Scott. *Economic and political integration in Europe*: internal dynamics and global context. Oxford: Blackwell Publishers, 1994.

A indefinição dos interesses no caso da Alca reflete as incertezas em relação aos ganhos e aos custos que esse processo poderia gerar. Embora no Mercosul isso também ocorresse, nesse processo, o Brasil é a principal economia e há uma percepção de que poderia ser o maior beneficiado, ou no mínimo menos prejudicado. Na Alca, as disparidades entre os parceiros criam resistências e temores maiores, especialmente para países como o Brasil cuja complexidade econômica estaria ameaçada pela competição com o mercado norte-americano. A posição do País no caso da Alca é, em parte, invertida no caso do Mercosul.

No caso brasileiro, essa questão divide as posições dos principais grupos envolvidos. No empresariado, é possível identificar setores muito favoráveis à Alca, como os representantes do agronegócio, siderurgia, calçados e têxteis, e os contrários, como no caso dos setores industriais de papel e celulose, químicos, eletro-eletrônicos e bens de capital[15]. Pode-se verificar também um crescimento e uma manutenção ao longo do tempo das posições e mobilizações contrárias dos setores sindicais, movimentos sociais, setores da Igreja católica e parte das Organizações Não-governamentais (ONGs). A opinião pública brasileira não evolui de forma homogênea e, mesmo no interior da estrutura burocrática governamental, existem opiniões divergentes.

A postura do Congresso Nacional tem sido interessante, pois demonstra um envolvimento maior nos debates sobre a integração hemisférica, diferentemente do que verificamos no caso do Mercosul, em que a mobilização desse setor tem um histórico de baixa participação e mobilização concentrada em parlamentares diretamente ligados às regiões ou aos setores econômicos mais expostos aos efeitos da integração no Cone Sul[16].

Para nossa análise, é importante notar como o governo brasileiro se coloca diante dessa divisão existente na sociedade. Como vimos anteriormente, entendemos que a ação externa de um governo é mais efetiva quando essa é respaldada pelo apoio interno. Nessa situação, o governo pode de-

15 OLIVEIRA, Amâncio Jorge S. N. de. O papel da coalizão empresarial brasileira e as negociações da Alca. 2003. Tese (Doutorado) — Departamento de Ciência Política da Faculdade de Filosofia, Letras e Ciências Humanas, Universidade de São Paulo, São Paulo.

16 MARIANO, Karina L. Pasquariello Mariano. *A atuação da comissão parlamentar conjunta e do subgrupo de trabalho-10 no Mercosul*. 2001. Tese (Doutorado) — Departamento de Ciência Política do Instituto de Filosofia e Ciências Humanas da Universidade de Campinas, Campinas.

fender posições mais duras em um processo de negociação. No entanto, suas escolhas tornam-se mais limitadas, pois o leque de opções se reduz na mesma medida em que os interesses domésticos se definem em torno de uma preferência.

Como o tabuleiro da Alca está interligado com os outros dois tabuleiros já descritos — as negociações com a União Européia e na OMC —, e ainda há indefinições quanto às perspectivas de evolução das regras a serem utilizadas, então, poderíamos afirmar que o mais interessante para o Brasil seria manter sua capacidade de negociação no continente aproveitando-se da margem de ação que a indefinição doméstica lhe dá. Esta parece ser a atitude que o governo brasileiro vem mantendo nas negociações da Alca.

Ao mesmo tempo que propõe mecanismos que garantam poder de veto às decisões, como o *single undertaking*[17], também cria instrumentos pelos quais espera-se melhorar o diálogo com determinados setores da sociedade como forma de, no futuro, quando precisar tomar uma decisão mais rígida sobre o assunto, seja ela favorável ou contrária, possa contar com o respaldo interno, o que será fundamental. Um exemplo disso foi a criação da Seção Nacional da Alca (Senalca), que foi a tentativa de estabelecer um mecanismo institucionalizado onde o governo brasileiro teria oportunidade de manter um contato mais direto com o sociedade civil. Mesmo assim, como sugerem alguns estudos sobre negociações internacionais[18], a existência de regras democráticas e igualitárias, que, aparentemente, garantem os interesses de todos, não impedem que se expressem decididamente as relações de poder ou mesmo as favoreçam.

11.6 Autonomia pelo distanciamento e autonomia pela participação

Até o momento, tratamos das escolhas brasileiras em relação à Alca tomando como pressuposto que o governo faz escolhas em seu posicionamento na negociação internacional e com base na situação do jogo de forças domésticas. Isso ajuda na compreensão dos diversos fatores en-

[17] Método de negociação pelo qual um acordo só é considerado negociado quando todas as questões pendentes já foram resolvidas.

[18] STEINBERG, Richard. In the shadow of law or power? Consensus-based bargaining and outcomes in the GATT/WTO. *International Organization*. Cambridge: MIT Press, 2002.

volvidos no tema específico, mas não podemos deixar de comparar essas diversas variáveis com a formulação da política externa brasileira em geral, que pode ser entendida pela identificação de duas fases: a busca da autonomia pelo distanciamento e a da autonomia pela participação.

O contexto político e econômico do Brasil e da América Latina em geral nos anos 1980 foi marcado pela crise do modelo de desenvolvimento até então aplicado na região, baseado na existência de um Estado forte, com intervenção na economia e na política de substituição de importações. Esse modelo pareceu entrar em decadência no final da década de 1970, quando não mais conseguiu dar respostas à forte crise econômica nos anos 1980, impulsionada pela crise da dívida externa e do petróleo.

Nesse contexto de instabilidade econômica e política, as elites descontentes passaram a pressionar os governos por reformas que, em pouco tempo, com outras razões, resultaram na redemocratização dos países da América Latina. A situação doméstica brasileira seguiu esse padrão regional, fazendo que esse tema ocupasse intensamente as discussões políticas e acadêmicas na década de 1980.

No início da década seguinte, estabelece-se o avanço do corolário liberal nas agendas internacional e doméstica dos países da região. Esse movimento de difusão de idéias influenciava a adoção das reformas econômicas entendidas como necessárias para o enfrentamento do processo identificado com a globalização, coincidindo com a grande dificuldade dos setores políticos e sociais contrários em formular alguma alternativa consistente capaz de aglutinar forças em torno de um modelo de desenvolvimento adequado ao período vivido.

Com as mudanças surgidas com o fim da guerra fria, tanto interna como externamente, seria ao menos questionável para a política externa do Brasil manter as mesmas diretrizes do período anterior. Assim, em meio a todas as transformações em curso, processadas por uma parte das elites como incluidoras do Brasil no processo de globalização, também a política externa passou a procurar um novo meio de dialogar com o mundo, objetivo que foi especialmente formulado em áreas dos governos e em uma parte dos diplomatas. Aliás, a política externa ganhou forte importância nesse momento da história, dada a ênfase atribuída aos processos de integração regional, à abertura comercial e às negociações multilaterais. Verifica-se um acelerado processo de reconfiguração entre as fronteiras que separavam as questões domésticas das externas.

Se tivéssemos que apontar um norte para o qual a política externa brasileira ficou direcionada na maior parte do tempo, poderíamos dizer que a preocupação sempre esteve voltada ao entendimento da relação entre autonomia e universalismo.

O ponto-chave que interessa neste texto é que, desde 1989, ocorreu uma mudança na forma como se passa a buscar essa autonomia. Se antes, marcadamente no período da Política Externa Independente (1961-64) e na de alguns governos militares, sobretudo desde 1967, particularmente na presidência Geisel (1974-78), essa busca pela autonomia se dava por meio de um distanciamento, no período do pós-guerra fria, em 1990, acentua-se o debate em parte das elites e dos formuladores da política externa pelo que podemos chamar de busca de autonomia pela participação.

Assim, podemos dizer que, durante parte do período da guerra fria, de maneira geral, a política externa brasileira foi mais influenciada pelos preceitos formulados por Araújo Castro, que se posicionava de forma contrária, resistente à consolidação de instituições e regimes, considerados "engessadores" da hierarquia do poder existente. Podemos dizer que, em parte, porque houve oscilações; essa situação durou de 1967 até 1989. Isso alicerçava a postura da autonomia pelo distanciamento.

Com o fim do sistema bipolar, os governos brasileiros e a diplomacia buscaram uma nova forma de inserção no contexto internacional. Para uma parte dos formuladores da política exterior, a nova inserção possível foi percebida pelo desenvolvimento da concepção da autonomia pela participação.

Se até 1988 os parâmetros da política externa davam sentido para políticas protecionistas, voltadas à idéia da autonomia pela distância, nesta nova configuração haveria, para esses formuladores, uma necessidade gritante de readequação desses parâmetros, que passam a ser norteados por defesa dos direitos humanos, proteção do meio ambiente, democracia, direitos sociais e, no campo econômico, por reformas liberais que, por conseqüência, trazem consigo a idéia da integração econômica.

Nesse cenário, ganharam peso na década de 1990, no plano internacional, temas como economia, comércio, competitividade, fluxos tecnológicos, investimentos, fluxos financeiros, em contraste com a aparente diminuição da importância dada a questões ligadas à segurança. Os governos brasileiros da década de 1990 buscaram adaptar-se às modificações, e o Ministério das Relações Exteriores criou departamentos, divisões e adequou suas subsecretarias, com o objetivo de responder a esses novos temas.

No plano interno, durante os anos 1990, diversas medidas foram adotadas em consonância à inserção internacional e aos regimes internacionais efetivos ou em debate, como a estabilização, a liberalização cambial, o parcial fim de subsídios, a adoção de uma nova legislação sobre propriedade intelectual, a maior liberalização de importações, a relativa liberalização de investimentos, a privatização de empresas estatais e a renegociação da dívida externa[19].

Vemos, portanto, que os elementos explicativos da atuação do Brasil em relação à Alca coincidem com a orientação adotada pela política externa brasileira nesse período. Nesse sentido, a Alca parece ser a expressão do limite desta estratégia. É a constante tensão entre a realidade de negociar com um parceiro como os Estados Unidos, manter uma razoável margem de manobra no sistema internacional e, ao mesmo tempo, impedir que os conteúdos negociados inviabilizem a aspiração futura de implementação de políticas nacionais visando o desenvolvimento.

11.7 O desenvolvimento histórico da integração hemisférica e o Brasil

11.7.1 A integração no Cone Sul e a iniciativa Bush

Além dos reflexos que o fim da guerra fria teve sobre a postura das principais potências mundiais, especialmente os Estados Unidos, havia uma importante mudança no contexto regional latino-americano e, especialmente, no Cone Sul, influenciada principalmente pela redemocratização dos sistemas políticos nacionais e pelo fortalecimento dos fenômenos de regionalização[20].

A integração no Cone Sul, além de servir de base para uma melhor inserção internacional, era também entendida como um instrumento de fortalecimento das democracias recém-ressurgidas. Havia o interesse mútuo dos governos em reduzir as possibilidades de retrocesso autoritário, além do entendimento de parte das burocracias estatais de que a integração regional poderia contribuir para uma nova etapa de desenvolvimento econô-

19 VIGEVANI, Tullo; OLIVEIRA, Marcelo Fernandes. A política externa brasileira na era FHC: um exercício de autonomia pela integração. In: ENCONTRO NACIONAL DA ASSOCIAÇÃO BRASILEIRA DE CIÊNCIA POLÍTICA. Rio de Janeiro: PUC, 21-24 jul. 2004.

20 Sobre o crescimento do regionalismo nos anos 1980: HURRELL, Andrew. O ressurgimento do regionalismo na política mundial. *Contexto Internacional*, Rio de Janeiro, v. 17, n. 1, 1995.

mico, ao melhorar as condições de competitividade das economias envolvidas. Era essencial criar uma situação mais favorável para a reconstrução institucional destes países.

Esse processo se estruturou com a cooperação entre a Argentina e o Brasil, durante os governos de Alfonsín e Sarney, a partir de 1985, embora o início das conversações tenha ocorrido no final da década anterior, quando se discutira e resolvera o aproveitamento dos recursos hídricos da Bacia do Prata ainda nos governos militares[21].

A ampliação do esquema de integração e sua configuração nos moldes do regionalismo aberto sofre a influência importante das investidas norte-americanas para o continente. Nesse sentido, a Iniciativa para as Américas, lançada pelo governo Bush em junho de 1990, causou forte impacto no processo de integração no Cone Sul, estimulando indiretamente a aceleração do processo de integração e também a sua ampliação, absorvendo o Paraguai e o Uruguai, para constituir-se no Mercosul em março de 1991. Vale lembrar que, em certa medida, é possível traçar alguma relação entre a crise institucional atual do Mercosul e o avanço precoce ocorrido no início dos anos 1990.

A Iniciativa Bush surge com o objetivo de realizar acordos bilaterais ou multilaterais com todos os países da região, derrubando ou mesmo reduzindo as tarifas comerciais. Sua sustentação tinha três bases: comércio, investimento e dívida externa. Era uma proposta ampla, de longo prazo e chegava a incluir outros temas além dos já citados, como o meio ambiente e as relações de trabalho.

O tema de maior peso para o Brasil era o comercial, uma vez que as propostas relacionadas a investimentos e a dívida externa mostraram-se insignificantes devido ao tamanho dos problemas brasileiros. No entanto, é importante lembrar que a proposta de redução da dívida externa e a relacionada à possibilidade de investimentos no Banco Interamericano de Desenvolvimento (BID) e no Banco Mundial do Desenvolvimento (Bird) explicitavam o desejo norte-americano de que os países do continente se adequassem aos princípios liberais que vinham, aparentemente, fortalecendo-se naquele momento. Alguns chamaram isso, sobretudo na América Latina, de Consenso de Washington, visto terem sido discutidos em um seminário nesta cidade.

---

21 MOURA, Gerson. Brasil e Argentina: com a democracia, o fim das hostilidades. *Ciência Hoje*, v. 8, n. 46, set. 1988.

Sobre a dívida externa, a Iniciativa para as Américas propunha que os possíveis beneficiados deveriam se comprometer com políticas que garantissem a estabilidade econômica, implementando programas a serem negociados com o Fundo Monetário Internacional (FMI) e com o Banco Mundial, além do compromisso com a regularização do pagamento das dívidas provenientes do sistema bancário privado[22].

No que se refere à promessa de criação de um fundo de investimento multilateral, a proposta da Iniciativa sugeria que a contrapartida dos países seria a eliminação de obstáculos ao investimento internacional e que os investimentos a serem recebidos deveriam estar voltados para o mercado e para o progresso dos processos de privatização[23].

Sobre o comércio, a proposta já delimitava os principais temas que viriam formar o núcleo das negociações na Alca com o seu início em dezembro de 1994, com a Cúpula de Miami. Além da eliminação das barreiras ao comércio, os países deveriam promover a liberalização de serviços, investimentos e negociar um acordo sobre propriedade intelectual.

O fato é que a proposta dos Estados Unidos contribuiu tanto para a redefinição das relações entre os países da região quanto para a definição da agenda negociadora dos três tabuleiros onde o Brasil está envolvido e que foram descritos no início deste texto.

A resposta da diplomacia brasileira, no final do governo Itamar Franco e no início do governo Cardoso, à Iniciativa Bush, ao contrário de outros países envolvidos, não foi entusiástica e procurou criticar, entre outros pontos, a falta de abrangência da proposta — sobretudo por não incluir questões de transferência de ciência e tecnologia —, o montante de investimentos e o valor do alívio da dívida externa, além do modelo de negociação proposto pelos Estados Unidos, que se baseava no estabelecimento de acordos bilaterais.

Em vista da ação norte-americana de junho de 1990, o governo brasileiro reagiu, buscando alternativas que lhe permitissem, de alguma maneira, manter sua estratégia de inserção internacional preservando o caráter da busca da autonomia pela integração, sem abdicar, nesse momento, total-

[22] VIGEVANI; MARIANO, 2003.

[23] George Bush, pronunciamento do presidente Bush sobre a *Iniciativa para as Américas*, em boletim do United States Information Service (Usis), Washington, 27 jun. 1990.

mente da idéia da autonomia pela distância. Essa intenção fica clara logo no início do processo, na negociação que resultou no Acordo 4+1 entre os países do Mercosul e os Estados Unidos, em junho de 1991, também conhecido como "Acordo do Jardim das Rosas"[24].

É relevante lembrar que as negociações para a inclusão do Chile como membro pleno na integração do Cone Sul já haviam fracassado na segunda metade de 1990. O Chile passara a negociar com os Estados Unidos um acordo preferencial. Para o Brasil, era necessário, portanto, uma resposta rápida para contrabalançar a força gravitacional que o mercado norte-americano exercia. Nesse momento, percebemos o claro estabelecimento de um objetivo que permanece ao longo de toda a negociação até hoje, do qual os dois principais jogadores na integração continental necessitam alimentar expectativas de benefícios para seus parceiros e aumenta-se a pressão sobre Brasil para que desempenhe seu papel de *paymaster* do Mercosul.

Assinado em 19 de junho de 1991, o acordo 4 + 1 pode ser considerado um marco nas negociações hemisféricas, uma vez que os membros do Mercosul, pela primeira vez, apresentaram uma posição única na tentativa de fortalecer suas capacidades de barganha diante dos Estados Unidos. O seu conteúdo buscava formular uma resposta para grande parte dos pontos da Iniciativa Bush, evitando "a presença de cláusulas que representassem intromissão exagerada em políticas nacionais em assuntos como propriedade intelectual e investimentos"[25].

Todavia, apesar de diferir da proposta inicial, o acordo mantém os pontos sobre o combate ao protecionismo, a crítica ao excesso de regulação, o incentivo ao comércio internacional e à abertura comercial.

A postura do governo brasileiro ao longo das negociações da Alca deve ser analisada mais de perto, na medida em que ela se modifica, adota uma posição mais propositiva, consolidada desde 1998, depois da reunião de Chefes de Governo de Santiago, agindo de forma direta nos acontecimentos e não apenas mantendo um certo distanciamento das conversações. Acentuou-se a preocupação em apontar os pontos que dificultavam as negociações. Isso reflete a já abordada mudança paradigmática que passa a ocorrer gradualmente no pós-guerra fria, ou seja, a política externa brasileira no

[24] AMORIM, C.; PIMENTEL, R. Iniciativa para as Américas: o acordo do Jardim das Rosas. In: ALBUQUERQUE, J. A. Guilhon. *Sessenta anos de política externa brasileira (1930-1990).* São Paulo: Cultural/Nupri/USP/Fapesp, 1996. v. 2.

[25] Ibid.

governo Cardoso afasta-se da idéia de autonomia por meio da distância e passa a agir mais diretamente nas questões internacionais por intermédio do que considera atitudes construtivas, participando efetivamente no processo negociador, partindo da idéia de que a consecução dos seus próprios interesses seria melhor alcançada por atitudes cooperativas, tentando influenciar os regimes a serem criados.

11.7.2 A base da estratégia brasileira

Se o Mercosul é a base sobre a qual o Brasil estabelece os parâmetros para sua ação nas principais negociações em que está envolvido, conforme já descrito, então é necessário conhecer como essa base é construída e qual a capacidade de sustentação para a atuação internacional do Brasil.

Sabemos que o interesse declarado dos países latino-americanos em se integrar é antigo e que várias tentativas foram empreendidas nesse sentido, embora tenham fracassado na sua grande maioria. Os motivos históricos que haviam dificultado as tentativas anteriores de integração pareceram terem sido suprimidos pela nova situação estabelecida em meados dos anos 1980, havendo a conjunção de fatores internacionais, regionais e domésticos favoráveis ao avanço dos fenômenos de regionalização.

A integração no Cone Sul teve no princípio, pelo menos no nível dos argumentos oficiais dos governos, três motivações principais: necessidade de garantir o processo de democratização, a criação das condições para o desenvolvimento econômico e social e melhorar as condições de inserção internacional dos países participantes[26].

É fato que o desenvolvimento do processo negociador no Mercosul ganhou rapidamente um caráter cada vez mais focado nas questões relativas ao aumento dos fluxos comerciais, reduzindo o peso das discussões em torno das medidas necessárias para seu fortalecimento institucional. Podemos verificar isso com a implementação, desde 1992, de medidas que visavam aumentar o ritmo da diminuição das barreiras alfandegárias entre os países, contribuindo para os processos de abertura econômica que se operavam durante os governos Collor e Menem, seja no plano regional, seja em relação ao exterior em geral.

[26] Essa motivação pode ser visualizada na *Declaração de Iguaçu*, assinada pelos presidentes Alfonsín e Sarney em 1985.

O Cronograma de Las Leñas, desse mesmo ano, foi um indicativo da preocupação dos países em se adequarem à nova realidade mundial, em que a idéia de regionalismo aberto ganhava força. Isto é, a integração passa a ser conduzida pensando na abertura e no aumento das trocas, sem criar desvios de comércio ou mecanismos protecionistas. Uma das vantagens desse tipo de estratégia seria permitir ao processo de integração ganhar agilidade na preparação para uma negociação comercial com os Estados Unidos, facilitando a sua inserção na economia global, estruturando um mercado ampliado atrativo aos investimentos externos.

No entanto, podemos afirmar que a vantagem dessa estratégia, com aparente eficácia no curto prazo, contribuiu mais tarde para a fragilidade da estrutura de funcionamento do Mercosul, no qual questões essenciais para a criação de políticas comuns foram sendo postergadas, colocando dúvidas quanto à capacidade do bloco de servir de plataforma estável para a estratégia negociadora brasileira, argentina e mesmo paraguaia e uruguaia no plano geral.

Não é nosso objetivo aprofundar as razões da atual crise no Mercosul, nos governos Kirchner e Lula da Silva, mas podemos afirmar que a constante oscilação do governo brasileiro, principalmente durante a década de 1990, mas que subsiste no início do século XXI, em assumir o seu papel de *paymaster* no Mercosul, pode ser considerada como a principal inconsistência da estratégia brasileira, não só em relação à Alca mas também em relação às outras grandes negociações em que o País está envolvido. Encontramos essa inconsistência nas posições dos governos, mas tem suas raízes em oscilações visíveis na opinião pública do País e nos agentes econômicos.

11.7.3 O avanço das negociações na Alca

A aceitação por parte dos governos em iniciar as negociações para a constituição da Alca ocorreu na Primeira Cúpula das Américas, em Miami, em 1994. O Brasil não manifestava interesse pelo início imediato das negociações e do lado norte-americano, que tomara a iniciativa, ainda não era visível uma proposta estruturada. Os Estados Unidos haviam acabado de passar por dificuldades na aprovação do Acordo Norte-Americano de Livre Comércio (Nafta), que teve como conseqüência uma divisão de opiniões na sociedade norte-americana. O governo Clinton conseguiu a aprovação, mas com razoável custo. Isso dificultava a aprovação de novo *fast track*, pelo qual os Estados Unidos poderiam negociar sem correr o risco de, no final das negociações, ter o acordo rejeitado pelo Congresso. A situação serviu de argumento para a manutenção da posição brasileira.

Esta estratégia de participar e, ao mesmo tempo, evitar a aceleração no tratamento das questões comerciais e dos outros temas, configura-se no início do governo Cardoso e se mantém até a Cúpula de Santiago, em 1998.

> [...] De alguma maneira, o espírito que nos traz aqui é o espírito de criação de uma nova comunidade [...] de Miami a Santiago, se houve uma transformação, se houve uma evolução, foi nessa direção e foi no conhecimento recíproco [...] são passos constitutivos para ver este grande espírito americano, que é a zona de livre comércio, compreendida como nós a compreendemos hoje, como uma zona de liberdade, de paz e, sobretudo, de igualdade concreta na educação, no atendimento aos mais carentes, na luta contínua contra a pobreza [...] (Presidente Fernando Henrique Cardoso)[27].

O Brasil participa das negociações, mas não se envolve profundamente; desde 1998, há atitudes consideradas mais propositivas. Ao mesmo tempo que mantém os canais de conversação abertos também evita o isolamento, já que não se recusa a participar. É importante lembrar que nesse período, de 1994 a 1998, vários países latino-americanos manifestaram-se favoráveis a uma integração acelcrada com os Estados Unidos.

Desde 1995, o governo argentino começa a demonstrar simpatia pela idéia de avançar no processo de integração hemisférica. Esse tipo de manifestação variava conforme as circunstâncias domésticas e o Mercosul, o que contribui para demonstrar que seria necessário um gradativo aumento de custos de parte do Brasil para manter a capacidade de oferecer benefícios no curto prazo.

Antes da Cúpula de 1998, realizaram-se quatro Reuniões Ministeriais, deixando claro para os países participantes das negociações da Alca que os trabalhos já tinham adquirido um ritmo próprio e indicavam para a diplomacia brasileira que o processo ganhava gradativamente peso. Mas é em 1997, durante a Terceira Reunião Ministerial da Alca, em Belo Horizonte, que foram estabelecidas as regras que influenciariam o futuro do jogo hemisférico e revelariam as intenções dos dois principais jogadores. Foi nesse momento que a Alca começou a ganhar força nos meios de comunicação e a orientar as expectativas a favor e contra os grupos organizados, presentes nos vários países[28].

---

[27] Palavras do Presidente Fernando Henrique Cardoso na Cerimônia de Encerramento da II Cúpula das Américas. Santiago do Chile, 19 abr. 1998. Disponível em: <http://www.mre.gov.br>.

[28] DECLARAÇÃO CONJUNTA. Terceira Reunião de Ministros responsáveis pelo Comércio. Belo Horizonte, Brasil, 1995. Disponível em: <http://www.ftaa-alca.org>. Acesso em: 20 jun. 2003.

Em primeiro lugar, temos a adoção do sistema de tomada de decisões por consenso, reforçado pelo princípio do *single undertaking*. Garante-se, dessa forma, poder de veto aos membros e, simultaneamente, parece dificultar-se a imposição gradativa da vontade norte-americana na dinâmica negociadora, já que no limite nada está negociado enquanto houver discordância entre os participantes. Essa interpretação prevalece na diplomacia e na opinião pública, ainda que possa haver, como dissemos, interpretações contrastantes sobre o significado positivo dessa regra. Na literatura, é considerada a hipótese de que ela poderia surgir como instrumento de pressão sobre os Estados, para aceitarem as posições dos atores mais fortes pelo risco dos mais fracos perderem vantagens existentes ou potenciais. Os Estados indecisos ou contrários à posição dos atores mais fortes sofreriam a pressão de outros Estados também mais débeis, mas mais diretamente interessados nas vantagens.

Também se reafirma, em Belo Horizonte, a necessidade de que a integração continental esteja de acordo com as normas negociadas na OMC e de que os países possam negociar na Alca individualmente ou em grupo. Isso permite o convívio do processo com os acordos bilaterais e sub-regionais em andamento, como é o caso do Mercosul. A compatibilidade com as regras da OMC pode ser vista como uma forma de estabelecer a ligação entre estes dois tabuleiros, que pode ser interessante para países como o Brasil e a Argentina, pois o tabuleiro multilateral parece oferecer melhores condições de ganhos em relação às posições norte-americanas.

Reforçou-se também o reconhecimento das economias menores participantes da Alca e a necessidade de garantir mecanismos específicos que respeitassem as suas fragilidades.

Podemos argumentar que essas resoluções delimitaram melhor o processo, demonstrando que os Estados Unidos estariam dispostos a fazer determinadas concessões em troca da garantia de comprometimento nas negociações que, nesse momento, estavam previstas para terminar no ano 2005. As concessões se concentraram no método de negociação e, em relação às economias menores, ofereceu-se alguma expectativa de benefícios, não constituindo custos significativos para o principal jogador. Percebe-se, portanto, que o papel de *paymaster* dos Estados Unidos na Alca continua sendo hipotético, não se traduzindo em uma disposição efetiva em arcar com os custos do que poderia ser uma integração hemisférica de fato. No final dos anos 1990 e início dos 2000, acentua-se uma tendência já estrutural da diplomacia econômica norte-americana no sentido de fortalecer regras e procedimentos, menos atenção é dada aos objetivos de ganhos econômicos específicos[29]. A negociação da Alca parece incluir-se nessa perspectiva. Algumas concessões são efetivamente feitas, de forma a fortalecer a continuidade do processo.

No final dos anos 1990, cresce no mundo a percepção crítica sobre os possíveis efeitos negativos do livre comércio e da adoção das medidas de ajuste econômico, então propostas pelas instituições financeiras internacionais[30]. A crescente crise econômica e social na Argentina no governo De La Rua também contribuiu para uma melhor visualização dessa realidade.

É nesse sentido que a Alca começa a fazer parte das preocupações de parcela da sociedade civil, sindicatos, empresários, partidos políticos e parlamentares em vários países. Um dos resultados do crescimento da pressão política foi a decisão tomada na Sexta Reunião Ministerial, realizada na cidade de Buenos Aires, em 2001, de que o processo deveria ter maior transparência e, portanto, o teor da minuta do acordo que estava sendo negociado deveria ser de conhecimento público, posição esta defendida tanto pela delegação dos Estados Unidos quanto pela do Brasil.

No mesmo ano, realizou-se a Terceira Cúpula das Américas, em Quebec. Nessa reunião, ficou definitivamente reafirmado que a Alca deveria ser um projeto de área de livre comércio, sem ambições de futuros aprofundamentos no nível da integração, como uma possível união aduaneira. Torna-se claro que a Alca se molda no modelo do Nafta e não processos como o do Mercosul. Ao mesmo tempo que isso possibilita a compatibilidade da integração hemisférica com a integração do Cone Sul, também reafirma a disposição limitada dos Estados Unidos de arcar com um processo de integração mais profundo, reforçando a conclusão de que os Estados Unidos não desempenham o papel de *paymaster* da Alca, isto é, defendem as regras de comércio, incluindo muitos aspectos *trade related*, como investimentos, serviços, patentes, *copy rights*, compras governamentais, enquanto outros são deixados de lado, considerados atribuição exclusivamente nacional, como seria o caso das medidas *antidumping*. Estas últimas exigiriam, para

29 MUNDO, Philip A. National politics in a global economy. The domestic sources of U.S. Trade Policy. Washington: Georgetown University Press, 1999.

30 KUGELMAS, Eduardo. *A evolução recente do FMI:* crise e proposta de reforma. In: UNICAMP, CEDEC. Reestruturação econômica mundial e reformas liberalizantes nos países em desenvolvimento. Relatório parcial para a Fapesp, São Paulo, ago. 2004.

serem modificadas nos Estados Unidos, alteração da legislação nacional, o que não é considerado objeto das negociações. Ao mesmo tempo, não são incluídos os temas relativos ao desenvolvimento, os que mais interessam a alguns países. O argumento é que, como dissemos, o desenvolvimento será conseqüência do crescimento da riqueza trazida pelo aumento do comércio. O papel de *paymaster*, portanto, acaba sendo descartado.

11.7.4 A proposta brasileira de *Alca light*

O ano de 2003 pode ser considerado, até o momento, o mais importante para o entendimento do processo hemisférico, tornando visível os interesses envolvidos, as estratégias construídas pelos principais jogadores e os limites do processo negociador.

Delimitou-se definitivamente quais os temas que levaram ao impasse. Os assuntos que eram de interesse do Brasil em negociar na Alca eram exatamente aqueles que os Estados Unidos não se dispunham a ceder, e vice-versa. De um lado, como dissemos, os norte-americanos buscavam incluir, principalmente, serviços, compras governamentais, investimentos e propriedade intelectual, enquanto os interesses brasileiros centravam-se no acesso a mercados e no comércio agrícola.

Aquilo que um lado estava disposto a ceder em cada tema não satisfazia a necessidade do outro. Tanto Brasil quanto Estados Unidos entendiam que os temas que representavam custos no âmbito da Alca deveriam ser negociados na OMC. Configura-se, portanto, o limite das negociações. Qualquer avanço significaria perdas para, pelo menos, um dos lados.

Nenhuma das partes tinha interesse em ser responsável pelo fracasso das negociações. Dessa forma, para evitar surgir como responsável por eventual impasse ou mesmo fracasso, tentando não arcar com o custo que derivaria disso, o governo brasileiro, em meados de 2003, começou a aventar a possibilidade do estabelecimento de um acordo com regras mais flexíveis, em que cada membro poderia estabelecer o nível de comprometimento que estivesse disposto a realizar na Alca. Essa proposta, que ficou conhecida como *Alca Light*, formalizou-se na Oitava Reunião Ministerial, realizada em Miami, no final de 2003. A declaração ministerial conclusiva afirma:

> [...] Levando em conta e reconhecendo os mandatos existentes, os Ministros entendem que os países podem assumir diferentes níveis de compromissos. Procuraremos desenvolver um conjunto comum e equilibrado de direitos e obrigações, aplicáveis a todos os países. Além disso, as negociações devem permitir que os países que assim o deci-

> dam, no âmbito da Alca, acordem obrigações e benefícios adicionais. Uma das possíveis linhas de ação seria a de que esses países realizem negociações plurilaterais no âmbito da Alca, definindo as obrigações nas respectivas áreas individuais [...][31].

Inicia-se, portanto, a aparente desqualificação do tabuleiro da Alca no grande jogo internacional no qual o Brasil está envolvido.

Abre-se a possibilidade de uma grande aceleração na celebração de acordos entre os Estados Unidos e os países latino-americanos e podemos afirmar que, de certo modo, verifica-se a retomada da principal característica da Iniciativa para as Américas, que era a proposta norte-americana de realização gradativa de acordos bilaterais como forma de avanço nas negociações.

Da parte dos negociadores norte-americanos, essa percepção já se configurava, pelo menos, desde 2001. O governo George W. Bush, mesmo depois do abalo sofrido pelo 11 de setembro, já tinha bem definidas as suas prioridades para a Alca e reconhecia no Brasil o seu principal problema para o avanço do processo. A análise era de que devido ao

> [...] seu relativo poderio econômico e à pequena força coletiva do Mercosul, se apresenta como o negociador mais firme e sofisticado. [...] a tática definida pelo USTR tem todo ar de um cerco do Brasil, mediante negociações de abertura comercial com o resto da América Latina e Caribe. Utilizando o Acordo de Livre Comércio Norte-Americano (Nafta) como modelo de uma bem-sucedida integração Norte-Sul, o objetivo é convencer os outros governos latino-americanos a acelerar as negociações [...] Isto significa o lançamento de negociações com o Mercado Comum Centro-Americano, o aprofundamento do Caribbean Basin Economic Partnership, a assinatura de um acordo de livre comércio com o Chile, a expansão do Andean Trade Preference Act, e um cortejar discreto do Uruguai e da Argentina de maneira a amaciar o espírito combativo dos negociadores do Mercosul [...][32].

Para o Brasil, surgem, pelo menos, três desafios simultâneos: a) avançar na consolidação do Mercosul; b) qualificar-se enquanto um jogador capaz de influenciar os resultados no tabuleiro multilateral; c) impedir o seu isolamento na América do Sul em virtude da investida norte-americana.

---

31 Declaração Ministerial de Miami, 20 de dezembro de 2003. Disponível em: <http://www.ftaa-alca.org/ministerials/miami_s.asp>.

32 VALLADÃO, 2005.

a) Dos três desafios consideramos o primeiro como sendo o mais importante, pois tem sido a base de sustentação da estratégia brasileira para a manutenção de sua capacidade de ação no grande jogo internacional. Ainda assim, cabe reconhecer que esse reconhecimento do papel do Mercosul para a estratégia brasileira não é homogêneo na sociedade. Com a desvalorização do real em janeiro de 1999 e, depois da crise do governo De La Rua, apesar da relativa convergência política de Kirchner e Lula da Silva iniciada em 2003, a adesão das elites e da opinião pública ao bloco regional parece não se fortalecer. Mesmo assim, a retórica e a ação concreta nos governos Cardoso e Lula da Silva têm sido no sentido de sustentar o Mercosul e a relação com a Argentina como base estratégica da política exterior. Em 1999, Cardoso afirmou:

> [...] Se temos isso, se temos essa capacidade, se olharmos o hemisfério, hoje, vamos ver que, talvez com a exceção do México, certamente, sob os influxos de sua ligação com os Estados Unidos, temos uma condição positiva de inserção no sistema internacional de produção. Talvez só o Brasil, com o Mercosul, tendo sempre presente a importância da Argentina, a despeito do que possa acontecer conjunturalmente, a despeito disso mas tendo a visão estratégica de que o Mercosul é fundamental, talvez seja só o Brasil, em todo este hemisfério, com a exceção já referida, capaz de abrigar uma base produtiva que se remodelou [...][33].

Do mesmo modo, o ministro Amorim, em 2004, disse:

> [...] O Mercosul é sempre uma prioridade e continuará a ser. Esse governo tem dado muita importância política ao Mercosul. Não só aos aspectos comerciais, também aos aspectos políticos e institucionais. Continuaremos a ter como prioridade a integração da América do Sul [...][34].

Por isso mesmo, podemos dizer que a nova onda de acirramento da crise comercial entre Brasil e Argentina, em 2004 e 2005, e o fracasso da reunião

33 CARDOSO, Fernando Henrique. Discurso do presidente da República Fernando Henrique Cardoso na solenidade de abertura do Congresso Brasil—Portugal 2000 — Auditório do Palácio Itamaraty. Brasília/DF, 21 set. 1999. Disponível em: <http://www.radiobras.gov.br/integras/99/integra_2109_1.htm>.

34 Ministro de Relações Exteriores Celso Amorim. País vai manter complacência no Mercosul, entrevista concedida pelo Ministro Celso Amorim ao jornal Valor Econômico, 16 dez. 2004. Disponível em: <http://www.mre.gov.br/portugues/politica_externa/discurso_detalhe.asp?ID_DISCURSO=2535>.

de cúpula do Mercosul em dezembro de 2004, que ficou conhecida como *Ouro Preto II*, contribuíram para a crescente fragilidade dessa estratégia.

Não é nosso objetivo pormenorizar os motivos da atual crise na integração do Cone Sul, mas torna-se relevante lembrar que, em sua curta história, as dificuldades de sua construção institucional têm sido uma constante. Essa deficiência estrutural privilegiou, no decorrer dos anos, a dependência do aprofundamento da integração da vontade política dos presidentes[35].

Assim, podemos concluir que as dificuldades impostas pelo governo argentino de Kirchner, que têm algum paralelismo em dificuldades também colocadas pelo Brasil, mantêm forte relação com o modelo de integração adotado no Mercosul, que privilegiou os assuntos comerciais em detrimento do fortalecimento institucional e da criação de mecanismos promotores de coesão entre os seus membros, portanto da criação de uma agenda positiva e de desenvolvimento. Não podemos deixar de dizer que essa situação tem relação direta com a dificuldade do governo brasileiro e da sociedade do País de assumir o seu papel de *paymaster* no processo[36].

Dessa forma, o governo argentino se vê, diante da atual situação internacional e doméstica, em condições de cobrar do Brasil o efetivo desempenho do seu papel de *paymaster* no bloco, como fazem o Paraguai e o Uruguai. A incógnita é saber como arcar no curto prazo com os custos acumulados durante anos, em um contexto de constrangimentos econômicos e de crescentes dificuldades políticas internas.

b) No que se refere ao segundo desafio: o de qualificar-se enquanto jogador capaz de influenciar os resultados no tabuleiro multilateral, verificamos uma diversificação crescente nas relações internacionais do Brasil e a tentativa de formar coalizões capazes de influenciar o tabuleiro multilateral. Entre as tentativas, podemos citar a formação do G20 durante as negociações para a reunião da OMC em Cancún (setembro de 2003); o Fórum de Diálogo Índia, Brasil e África do Sul (Ibas), as ações com a China e a Rússia e, mais recentemente, a Cúpula América do Sul — Países Árabes (maio de 2005).

---

[35] DANESE, Sérgio. *Diplomacia presidencial*. Rio de Janeiro: Topbooks, 1999; MALAMUD, A. O presidencialismo na América do Sul: Argentina e Brasil em perspectiva comparada. 2001. Disponível em: <http://www.iue.it/Personal/Researchers/malamud/Presidencialismo%20na%20America%20do%20Sul%20(Analise%20Social%20168).pdf>. Acesso em: 15 nov. 2004.

[36] MATTLI, 1999, p. 160.

Vale lembrar que as crescentes vitórias brasileiras no mecanismo de solução de controvérsias da OMC (por exemplo: algodão e açúcar) têm reforçado essa estratégia que, em certa medida, demonstra para os demais países, principalmente os da América do Sul, as possibilidades de benefícios no âmbito multilateral. Isso pode representar algum aumento dos custos para o governo norte-americano na sua busca pela realização de acordos com esses países, já que reforça as pressões por mais concessões nas negociações.

c) No que se refere ao terceiro desafio: impedir o seu isolamento na América do Sul em virtude da investida norte-americana, especificamente no caso da Alca, verificamos um aumento significativo das ações brasileiras com os países da América do Sul, buscando estabelecer acordos que permitam evitar o seu isolamento diante das iniciativas vinda do norte do continente.

Nesse caso, percebemos uma forte atividade brasileira na realização de acordos que sinalizam para os governos a disposição de oferecer ganhos reais, principalmente nos projetos da área de infra-estrutura. A atuação do Banco Nacional de Desenvolvimento Econômico e Social (BNDES) tem sido central nessa tarefa. Lula da Silva, em 2005, reforçou essa idéia:

> [...] Quando chegar no mês de agosto deste ano (2005), nós, BNDES, mais a CAF estaremos financiando pelo menos uma obra de infra-estrutura em cada um dos países da América do Sul. Pelo menos uma obra [...] a primeira ponte entre Bolívia e Brasil foi construída por nós [...] Vamos inaugurar em junho, possivelmente, ou no final do ano, a segunda. A primeira com o Peru. Estamos financiando a carretera Assis-Brasil, no Acre, até dois portos peruanos no Pacífico. Estamos financiando muitas coisas na Venezuela, e estamos financiando gasoduto na Argentina. Vamos ter que financiar muitas coisas, criar projetos e parcerias entre os nossos empresários, criar condições para um sul-americano poder viajar para o Brasil, um brasileiro viajar para outro país sem precisar ir a Miami ou sem precisar ir a outro lugar (...)[37].

No entanto, surgem dúvidas quanto à consistência desse tipo de política, lembrando que a capacidade do governo em oferecer benefícios é limitada, podendo resultar no aumento da desconfiança de parte dos parceiros

[37] Discurso do presidente da República, Luiz Inácio Lula da Silva, na cerimônia de inauguração do 16° Congresso Continental Ordinário da Organização Regional Interamericana de Trabalhadores, Brasília/DF, 20 abr. 2005. Disponível em: <http://www.radiobras.gov.br/integras/2005/integra_20042005_1.htm>. Acesso em: 2 jun. 2005.

do Mercosul, principalmente a Argentina, visto que o bloco necessita de fortes investimentos para se consolidar e, se de fato esta é a prioridade para o Brasil, então, ganha força o argumento de que esses recursos deveriam rumar para a integração no Cone Sul.

O esforço brasileiro envolvendo a construção da Comunidade Sul-americana de Nações (CSN)[38], formalizada em dezembro de 2004, na cidade de Cuzco, depois de iniciativas tomadas no governo Cardoso a partir da Reunião de Brasília de agosto de 2000, poderia ser, portanto, considerado fator para o enfraquecimento da estratégia brasileira. No entendimento do governo, deve fortalecê-la, mas a capacidade global do País, por ser limitada, corre o risco de desconcentrar-se, aumentando as indefinições.

A Comunidade surge com uma série de problemas. Parece evidenciar-se a dificuldade para a participação ativa de alguns países[39]. Três ausências em Cuzco são de países do Mercosul, bloco que, até então, era visto por muitos como responsável por cumprir o papel de âncora de uma integração mais ampla. A não presença de Kirchner é algo a ser analisado mais de perto, devido às implicações que vão além de estilos pessoais de governo; assim como é difícil imaginar uma Alca sem o Brasil, torna-se do mesmo modo difícil uma Comunidade das Nações Sul-Americanas sem o explícito apoio argentino e sem uma decidida presença do Mercosul.

A base de sustentação da Comunidade Sul-americana de Nações parece longe de estar materializada, uma vez que a idéia defendida pela diplomacia argentina, reiteradamente afirmada pelo chanceler Bielsa, sugere que a prioridade, ao menos na América do Sul, é o Mercosul. Sem dúvida, e isso é evidente na chancelaria de Buenos Aires, a Comunidade só faria sentido depois de superado o déficit institucional do Mercosul. O governo argentino, assim como o brasileiro, colocaram como objetivo estratégico as relações entre os dois países. Isso não mudou, mas subsistem dúvidas no tocante ao significado desse objetivo.

No período mais recente, podemos verificar uma seqüência de ações do governo argentino no sentido de demonstrar alguma insatisfação com as posições brasileiras. A diplomacia presidencial e os estilos acabam dando

38 Integram a CSN: Argentina, Bolívia, Brasil, Chile, Colômbia, Equador, Guiana, Peru, Paraguai, Suriname, Uruguai e Venezuela.

39 Os presidentes do Paraguai, Argentina, Uruguai e Equador não compareceram à reunião realizada em Cuzco. Vicent Fox, presidente mexicano, que participaria do evento na condição de observador, desistiu de ir.

maior realce a essas atitudes. O que se quer ressaltar são as condições nas quais se move o Estado brasileiro para as negociações da Alca. O objetivo do fortalecimento do Mercosul, que sugerimos ser estratégico, tem sido um objetivo declarado, tendo, porém, dificuldades para se consolidar, ao menos no nível desejável, em vista das complexas negociações em curso. No tocante ao tabuleiro multilateral, houve um fortalecimento da capacidade negociadora brasileira. Esse fortalecimento, provavelmente, foi um ponto de apoio fundamental que viabilizou a estratégia na Alca, particularmente a da *Alca light*. Ao mesmo tempo, se no futuro houver maiores dificuldades no entorno imediato, podem colocar-se hipotecas. As alianças estabelecidas, a capacidade concreta de obter resultados em alguns contenciosos, cuja jurisprudência pode servir de modelo para o fortalecimento dos interesses de países intermediários, sugerem capacidade negociadora na Alca. Isso permitiria insistir nas reivindicações apresentadas desde Miami (1994), Santiago (1998) e Quebec (2001), particularmente as do acesso aos mercados e de maior abertura na área agrícola. Ao mesmo tempo, poderia contribuir para manter o questionamento das regras, dos procedimentos e dos temas adicionais apresentados pelos Estados Unidos e questionados pelo Brasil. As dificuldades para enfrentar os riscos de isolamento na América do Sul não podem ser subestimadas, como vimos. Esses são riscos de diferentes origens, um deles proveniente dos problemas do Mercosul, outro com base na inquestionável capacidade de atração do mercado norte-americano e a força econômica e política desse país. A Comunidade Sul-americana de Nações, que em parte visa manter a articulação da região e sua capacidade de presença continental e internacional, precisa mostrar consistência política e, sobretudo, traduzir seus objetivos em realidade. As negociações bilaterais levadas avante pelos Estados Unidos, implicam possibilidade de contornar a Alca, alcançando o mesmo objetivo. O governo brasileiro tem demonstrado conhecer os riscos, mas o peso objetivo dos acontecimentos e das forças no tabuleiro não permitem ter certeza quanto aos resultados.

11.8 Conclusão

Procuramos neste texto identificar alguns fatores que podem explicar as influências das negociações envolvendo a criação de uma área de livre comércio nas Américas sobre a formulação da política externa brasileira. Procuramos identificar a existência de uma estratégia específica para o enfrentamento dos desafios que as grandes negociações comerciais tem colocado para o Brasil.

Com isso, foi possível verificar que essas negociações se traduzem em um único grande jogo, no qual suas regras não estão previamente definidas, sendo constantemente construídas e reconstruídas com as escolhas dos jogadores envolvidos.

Podemos dizer que o Brasil é um desses jogadores centrais, com capacidade para influenciar a forma como as negociações se desenvolvem e, gradativamente, tem assumido uma responsabilidade cada vez maior nos seus resultados.

No entanto, verificamos também a importância da Alca e a centralidade que os Estados Unidos assumem neste grande esquema que estaria em construção. Sua importância relaciona-se diretamente aos impactos que têm sobre os processos de negociação em que o Brasil está envolvido, inclusive o do Mercosul com a União Européia.

A paralisia das negociações da Alca, particularmente desde dezembro de 2003, não reduz sua importância perante as escolhas a serem tomadas pelo governo brasileiro nem diminui as incertezas do jogo comercial internacional. Por isso, o seu debate continua significativo na sociedade.

Diante de todos os condicionamentos e de todas as alternativas existentes para a ação externa brasileira, somos impelidos a concluir que, cada vez mais, o objetivo do jogo se concentra mais em evitar perdas do que em obter ganhos reais. Os ganhos podem existir, mas parecem derivar, em um contexto em que persistem sinais de refreamento da liberalização indicada como irresistível, pelo ao menos até 1998[40], da capacidade da ação do Estado e da sociedade de fortalecer sua competitividade no plano mundial no quadro de um projeto de desenvolvimento. Deriva também da capacidade de maximizar vantagens, partindo, para isso, das competências nacionais e, se possível, regionais, aproveitando as eventuais oportunidades oferecidas pela globalização.

Nesse sentido, apesar das falhas táticas na estratégia que o Brasil tem buscado traçar nestes últimos 15 anos, podemos dizer que tem sido vitorioso na obtenção de algo, de um bem que tem se tornado precioso diante dos desafios a serem enfrentados. Nos parece que este bem nada mais é do que o tempo. Tempo para conhecer melhor o comportamento dos jogadores. Tempo para garantir apoio interno para as decisões externas. Tempo para que as instituições, regionais e multilaterais, mostrem-se capazes de garantir a efeti-

[40] KUGELMAS, 2004.

vidade dos acordos negociados. Enfim, tempo para que o país se capacite internamente e construa uma base mais sólida para sua atuação internacional.

A grande questão, portanto, é saber o que o Estado brasileiro, tendo em vista a necessidade de diminuir suas fragilidades estruturais, tem feito com esse tempo. Nas palavras do ministro das Relações Exteriores Celso Amorim, em 2003:

> [...] O Brasil defende o seu interesse, o que é normal. Não cabe ao Itamaraty decidir se o Brasil tem ou não tem de ter uma indústria de bens de capital. O que não pode é na hora que a gente decidir desenvolver essa indústria, descobrir que os compromissos internacionais levaram a um tal grau de rigidez que a inviabilizaram. Isso já acontece em parte. E é por isso que estamos querendo flexibilizar alguns acordos da rodada Uruguai [...][41].

As negociações da Alca, qualquer que seja o resultado, não são e não serão neutras. Um adiamento indefinido ou a conclusão por meio de um *framework agreement* terá conseqüências para os países da região, do mesmo modo que a conclusão de uma efetiva área de livre comércio. O Brasil, ao longo do século XX, buscou viabilizar-se, costuma-se repetir, como *global trader*. A experiência dos últimos anos, exatamente aqueles em que a Alca está sendo negociada, mostra a possibilidade de aumentar a presença no comércio mundial. Se as possibilidades abertas podem continuar existindo sem a consolidação de novos acordos específicos, como seria a Alca, não é possível responder. Pode-se dizer que o objetivo de ganhar tempo talvez não seja uma estratégia defensável para sempre, mas a experiência indica que acordos que podem criar constrangimentos insuperáveis não são aconselháveis. Nas condições atuais, no início do século XXI, quando está em curso uma rodada de negociações multilaterais, a Rodada Doha, na situação do Brasil e do Mercosul, parece aguardar os seus resultados, vistos os possíveis benefícios resultantes. A experiência de 1986, início da Rodada Uruguai, sugere benefícios maiores no contexto multilateral e o debate sobre a Alca insere-se nessa perspectiva.

Referências

ALBUQUERQUE, J. A. G. A Alca na política externa brasileira. *Política Externa*, São Paulo, ago./out. 2001.

[41] Entrevista com o Ministro de Relações Exteriores Celso Amorim para a *Revista CNI* — Indústria Brasileira. Brasil quer mudar o tom e o rumo das negociações na Alca. 1 out. 2003. Disponível em: <http://www.mre.gov.br>.

______. O Brasil e os chamados blocos regionais. *Revista São Paulo em Perspectiva*, São Paulo, v. 16, n. 1, p. 30-36, 2002.

______; OLIVEIRA, H. A. (Org.). *Relações internacionais e sua construção jurídica*. São Paulo: FTD, 1998. v. 1. (Série Alca).

AMORIM, C.; PIMENTEL, R. Iniciativa para as Américas: o acordo do Jardim das Rosas. In: ALBUQUERQUE, J. A. Guilhon. *Sessenta anos de política externa brasileira (1930-1990)*. São Paulo: Cultural/Nupri/USP/Fapesp, 1996. v. 2.

CARDOSO, Fernando Henrique. Discurso do senhor Presidente da República Fernando Henrique Cardoso em razão da realização da Terceira Cúpula das Américas — Quebec (Canadá). Disponível em: <http://www.mre.gov.br>. Acesso em: 20 abr. 2003.

DANESE, Sérgio. *Diplomacia presidencial*. Rio de Janeiro: Topbooks, 1999.

DECLARAÇÃO CONJUNTA. Reunião Ministerial. Cartagena, 1996. Disponível em: <http://www.ftaa-alca.org>. Acesso em: 20 jun. 2003.

DECLARAÇÃO CONJUNTA. Reunião Ministerial. Denver, 1995. Disponível em: <http://www.ftaa-alca.org>. Acesso em: 20 jun. 2003.

DECLARAÇÃO CONJUNTA. Terceira Reunião de Ministros responsáveis pelo Comércio. Belo Horizonte, Brasil, 1995. Disponível em: <http://www.ftaa-alca.org>. Acesso em: 20 jun. 2003.

DECLARAÇÃO DE CHEFES DE ESTADO e de governo (Declaração de Princípios). Miami, dez. 1994. Disponível em: <http://www.ftaa-alca.org>. Acesso em: 20 jun. 2003.

DECLARAÇÃO DE CHEFES DE ESTADO e de governo (Declaração de Princípios). Quebec, abr. 2001. Disponível em: <http://www.ftaa-alca.org>. Acesso em: 20 jun. 2003.

GUIMARÃES, Samuel Pinheiro. *Como será a Alca*. Disponível em: <www.agenciacartamaior.com.br>. Acesso em: 6 mar. 2002.

HURRELL, Andrew. O ressurgimento do regionalismo na política mundial. *Contexto Internacional*, Rio de Janeiro, v. 17, n. 1, 1995.

KUGELMAS, Eduardo. *A evolução recente do FMI:* crise e proposta de reforma. In: UNICAMP, CEDEC. Reestruturação econômica mundial e reformas liberalizantes nos países em desenvolvimento. Relatório parcial para a Fapesp, São Paulo, ago. 2004.

MALAMUD, A. O presidencialismo na América do Sul: Argentina e Brasil em perspectiva comparada. 2001. Disponível em: <http://www.iue.it/Personal/Researchers/malamud/Presidencialismo%20na%20America%20do%20Sul%20(Analise%20Social%20168).pdf>. Acesso em: 15 nov. 2004.

MARIANO, Karina L. Pasquariello. *A atuação da comissão parlamentar conjunta e do subgrupo de trabalho-10 no Mercosul*. 2001. Tese

(Doutorado) — Departamento de Ciência Política do Instituto de Filosofia e Ciências Humanas da Universidade de Campinas, Campinas.

MATTLI, Walter. *The logic of regional integration:* Europe and beyond. Cambridge: Cambridge University Press, 1999.

MELLO, Flavia de Campos. Política externa brasileira e os blocos internacionais. *São Paulo em Perspectiva*, São Paulo, v. 16, n. 1, p. 44-53, jan./mar. 2002.

MORACVSIK, Andrew. Preferences and power in the European Community: a liberal intergovernmentalist approach. In: BULMER, Simon; ANDREW, Scott. *Economic and political integration in Europe*: internal dynamics and global context. Oxford: Blackwell Publishers, 1994.

MOURA, Gerson. Brasil e Argentina: com a democracia, o fim das hostilidades. *Ciência Hoje*, v. 8, n. 46, set. 1988.

MUNDO, Philip A. National politics in a global economy. The domestic sources of U.S. Trade Policy. Washington: Georgetown University Press, 1999.

OLIVEIRA, Amâncio Jorge S. N. de. O papel da coalizão empresarial brasileira e as negociações da Alca. 2003. Tese (Doutorado) — Departamento de Ciência Política da Faculdade de Filosofia, Letras e Ciências Humanas, Universidade de São Paulo, São Paulo.

PUTNAM, Robert D. Diplomacy and domestic politics. The logic of Two-Level Games. In: EVANS, Peter B.; JACOBSON, Harold K.; PUTNAM, Robert D. Double-edged diplomacy: international bargaining and domestic politics. Califórnia: University of California Press, 1993.

ROSSI, Clóvis. Alca fará Brasil perder US$ 1 bi por ano, diz FIESP. *Folha de S.Paulo*, 26 jul. 2002.

STEINBERG, Richard. In the shadow of law or power? Consensus-based bargaining and outcomes in the GATT/WTO. *International Organization*. Cambridge: MIT Press, 2002.

THORSTENSEN, Vera. O Brasil frente à OMC, à Alca e ao Acordo CE/Mercosul. In: AMARAL JR., A. do; SANCHEZ, M. R. (Org.) *O Brasil e a Alca*: os desafios da integração. São Paulo: Aduaneiras, 2003.

VALLADÃO, Alfredo da G. e A. A autonomia pela responsabilidade: o Brasil frente ao uso legítimo da força. *Res-Publica Revista Lusófona de Ciência Política e Relações Internacionais*, ano I, n. 1, 2005. p. 117-135. Disponível em: <http://respublica.ulusofona.pt/aAutonomia.pdf>. Acesso em: 13 jun. 2005.

VIGEVANI, Tullo; MARIANO, Marcelo Passini. *Alca:* o gigante e os anões. São Paulo: Editora do Senac, 2003. v.13.(Série Ponto Futuro).

______; OLIVEIRA, Marcelo Fernandes. *A política externa brasileira na era FHC:* um exercício de autonomia pela integração. In: ENCONTRO NACIONAL DA ASSOCIAÇÃO BRASILEIRA DE CIÊNCIA POLÍTICA. Rio de Janeiro: PUC, 21-24 jul. 2004.